Tony Buzan · Barry Buzan

Das Mind-Map-Buch

Tony Buzan · Barry Buzan

Das Mind-Map-Buch

Die beste Methode
zur Steigerung
Ihres geistigen
Potenzials

mvg

Die Deutsche Bibliothek - CIP-Einheitsaufnahme

Buzan, Tony:
Das Mind-Map-Buch : die beste Methode zur Steigerung Ihres geistigen Potenzials / Tony Buzan/Barry Buzan. Aus dem Engl. übers. von Christiana Haack. - 5., aktualisierte Aufl. – Landsberg ; München : mvg, 2002
(Train your Brain)
Einheitssacht.: The mindmap book <dt.>
ISBN 3-478-71731-0

Wir widmen dieses Buch all den Kriegern des Geistes, die in diesem Jahrhundert des Gehirns und Jahrtausend des Geistes für die Erweiterung und Freiheit der menschlichen Intelligenz kämpfen.

5., aktualisierte Auflage 2002
4. Auflage 1999
3. Auflage 1998
1. und 2. Auflage 1997

Hinweis: Mind Map® und Mind Mapping® sind eingetragene Warenzeichen, deren Verwendung lizensierten Trainern vorbehalten ist.

Aus dem Englischen übersetzt von Christiana Haack.

Umschlaggestaltung: Vierthaler und Braun, München
Satz: Wolfgang Appun, München
Druck- und Bindearbeiten: Himmer GmbH, Augsburg
Printed in Great Britain 71 731/2021002
ISBN 3-478-71731-0

Inhalt

Dank

BBC Books dankt folgenden Personen und Institutionen für die Bereitstellung von Fotografien und die Erlaubnis, urheberrechtlich geschütztes Material abzudrucken. Obwohl alle Anstrengungen unternommen wurden, alle Inhaber der Urheberrechte ausfindig zu machen und ihnen zu danken, möchten wir um Verzeihung bitten, falls uns dennoch Fehler unterlaufen sind oder falls wir jemanden ausgelassen haben.
Bell Telephone Laboratories, New Jersey, Seite 302 *(oben);* **Bettmann Archive,** Seite 299 *(oben rechts)* und 302 *(unten);* **British Museum,** Seite 301 *(oben)*; **Edison National Historic Site,** Seite 296 *(oben)*; **Gemeentemusea van Amsterdam,** Seite 300 *(oben)*; **Max-Planck-Institut,** Dortmund: Mario Markus und Benno Hess, Seite 47 und 82, Mario Markus und Hans Schepers, Seite 195; **Museu Picasso, Barcelona, © DACS, 1993,** Seite 41 *(oben)*; **NHPA,** Seite 19 (A. Bannister), Seite 58 (J. Carmichael), Seite 122, Seite 167 (beide: B. Jones und M. Shimlock), Seite 187 und 222 (beide, N.A. Callow); **Dr. D.E. Nicholson/Sigma Chemical Co.,** Seite 134; **Northwestern University Library**, Evanston, Illinois, USA – Special Collections Dept., Seite 299 *(unten)*; **Oxford Scientific Films,** Seite 62 (Okapia/K.G. Vock), Seite 70 (Animals Animals/T. Rock), Seite 78 (H. Taylor), Seite 95 (Animals Animals/J. Lemker), Seite 118 (T. Tilford), Seite 142 (R. Jackman), Seite 151 (P.Henry), Seite 179 (T. Heathcote), Seite 247 (S. Hauser) und 254 (J. Watts); **Royal Collection © 1993 Her Majesty the Queen,** Seite 41 *(unten)* und 301 *(unten)*; **Royal Observatory Edinburgh and Anglo-Australian Telescope Board** (D.F. Malin), Seite 2-3; **Science Museum, London,** Seite 297; **Science Photo Library,** Seite 30 (K. Kent), Seite 42 (J. C.Revy), Seite 55 (A.Smith), Seite 135, Seite 155 (S. Moulds), Seite 203 (NASA), Seite 218 (J. Burgess), Seite 234 (K. Kent), Seite 263 (Aeroservice), Seite 275 (J. Burgess) und Seite 282 (M. Kage); **Dr. M. Stanley/Boeing,** Seite 171; **Syndics of Cambridge University Library,** Seite 295, 298 und 304; **Tate Gallery**, London, Seite 303 *(oben)*; **UPI/Bettmann,** Seite 296 *(oben)* und Seite 303 *(unten);* **Witt Library, Courtauld Institute of Art/Moravcké Galerie, Brno,** Seite 299 *(oben links).*

Aus technischen Gründen wurden alle Mind Maps kopiert – mit Ausnahme von sechs Mind Maps, die in der folgenden Auflistung als „Original“ bezeichnet werden. Alle anderen, bis auf Tony Buzans Zeichnungen auf S. 73, wurden von Julian Bingley nachgezeichnet. Über das Urheberrecht der Mind Maps verfügen jedoch die unten angeführten Personen.
Sean Adam, Seite 143; **Tony Bigonia, Richard Kohler, Matthew Puk, John Ragsdale, Chris Slabach, Thomas Spinola, Thomas Sullivan, Lorita Williams**, Seite 171 *(oben)*; **Claudius Borer** (Original), Seite 119; **Douglas Brand**, Seite 227; **Mark Brown**, Seite 106; **Barry Buzan**, Seite 226; **Tony Buzan** (Skizzen) Seite 73, Mind Maps Seite 75 (Original), Seite 194 (Original), Seite 195 (Original), Seite 258, Seite 259 *(oben)*; **Pan Collins**, Seite 146; **Lynn Collins** und **Caro Ayre**, Seite 207; **Kathy De Stefano**, Seite 120 *(oben)*; **Ulf Ekberg**, Seite 118 *(oben)* (Original); **Thomas Enskog**, Seite 215 *(oben)*; **Dr. John Geesink**, Seite 120 *(unten)*; **Lorraine Gill**, Seite 158-159; **Denny Harris**, Seite 150; **Brian Heller**, Seite 243; **IBM**, Seite 219; **Lana Israel**, Seite 242; **Jean-Luc Kastner**, Seite 271; **Raymond Keene OBE**, Seite 259; **Donna Kim und Familie**, Seite 202; **Charles La Fond**, Seite 230; **B.H. Lee**, Seite 270; **James Lee**, Seite 215 *(unten)*; **Jim Messerschmitt** und **Tony Messina**, Seite 266 und 268; **Jonathan Montagu**, Seite 290; **Katarina Naimann**, Seite 214 *(unten)*; **Vanda North**, Seite 75, 126 und 239; **Karen Schmidt**, Seite 214 *(oben)*; **Jan Pieter Six**, Seite 262; **Lars Soderberg**, Seite 231; **Norma Sweeney**, Seite 162; **Scheich Talib** (Original), Seite 291; **Nigel Temple**, Seite 263; „**Timmy**“, Seite 231; **Tessa Tok-Hart**, Seite 186; **Lady Mary Tovey**, Seite 246; **Graham Wheeler**, Seite 227; **Benjamin Zander**, Seite 163. Die Autoren der Mind Maps auf Seite 178 und 251 möchten anonym bleiben. Besonderer Dank an Dr. Stanley und Boeing für die Abdruckgenehmigung des Fotos von Dr. Stanley vor seiner Mind-Map-Meisterleistung (Seite 171).

Besonderer Dank

Wir möchten unsere Wertschätzung und unseren besonderen Dank folgenden Personen aussprechen: unseren Eltern, Gordon und Jean Buzan, die uns zum Start zu dieser unglaublichen Reise verholfen haben, und insbesondere unserer Mutter für die Teilnahme und die Arbeit, die zur Vorbereitung dieses Buches beigetragen hat; Vanda North, die als unsere Privatlektorin uns so sehr bei der Arbeit am Mind-Map-Buch half; der Künstlerin Lorraine Gill für ihre tiefgründigen Erkenntnisse in Bezug auf Bedeutung und Natur des Sehens, des Bildes und der Beziehung von Kunst und Gehirn, Gedächtnis und Kreativität; Deborah Buzan für ihre unermüdliche Ermunterung und Unterstützung während der jahrelangen Arbeit an diesem Projekt; Michael J. Gelb, der uns, dieses Buch und eine Mind-Mapping-Welt ausdauernd und voll Elan unterstützte; unseren Freunden, die so viel Zeit damit zubrachten, die verschiedenen Entwürfe zu lesen und uns dabei zu helfen – Lynn und der verstorbene Paul Collins, denen wir unter anderem die Erkenntnis verdanken, dass ein Quantensprung nur ein kleiner Sprung ist; Judy Caldwell, die Kritik im eigentlichen Wortsinn übte und uns dabei mit ihrem Enthusiasmus anfeuerte; John Humble, dessen Unterstützung der Mind-Map-Idee uns über die Jahre hinweg beständige emotionale Kraft schenkte; Sean Adam für seine ungeheure persönliche Unterstützung, sein zehnjähriges Engagement für dieses Projekt und sein stetiges, freundliches Zureden, dass Tony dieses Buch „doch zu Papier bringen" solle; George Hughes, der als Erster die Familienstudientechnik mit Mind Mapping erfolgreich anwandte; Edward Hughes, der mit Hilfe von Mind Mapping und Radialem Denken an der Universität Cambridge glänzte; Dr. Andrew Strigner, der dabei half, den radial denkenden Geist strahlen zu lassen; Peter Russell, den Mann des Brain Book, für seine fortdauernde Unterstützung; Geraldine Schwartz, die so viel für die Weiterentwicklung dieser Idee leistete; Phyllida Wilson, die bei der Reinschrift dieses Buches immer ihren Weg durch die kompliziertesten Labyrinthe fand; Tonys Büromitarbeiter – Carol Coaker, Kate Morrell und Lesley Bias –, die in der gesamten Entstehungszeit des Mind-Map-Buches für einen reibungslosen Ablauf sorgten und Mind-Mapping-Beiträge leisteten; meinem gesamten BBC-Team: Nick Chapman, Chef der weiteren Produkte; Chris Weller, Buchverlagsleiter, Sheila Ableman, Lektoratsleiterin, Deborah Taylor, Projektlektorin; Kelly Davis, Redakteurin, Kate Gee, Produktionskontrolle, Sara Kidd, Designerin, und Jennifer Fry, Bildarchiv; Martin und Alison Cursham, die die Sommerpause ermöglichten, in der dieses Buch begonnen wurde; Caro, Peter, Doris, Tanya und Julian Ayre für ihren Beistand, ihr schönes Zuhause und ihren herrlichen Park auf Greenham Hall, wo wir einen großen Teil dieses Buches schrieben; der Familie Folley, die uns ein wunderbares Heim und eine ausgezeichnete Arbeitsumgebung zur Verfügung stellten; Peter Barrett, der als Erster eine Mind-Map-Computer-Software erarbeitete; und allen Mind-Map-Anwendern, Radialen Denkern und Mitgliedern des Brain Clubs.

Über die Autoren

Tony Buzan ist der weltweit führende Autor, Dozent, und Berater für Regierungen, Unternehmen, Berufsstände, Universitäten und Schulen zum Thema Gehirn, Lernen und Denken. Er ist der Erfinder der Mind Maps®, dem Denkwerkzeug, das oft das „Schweizer Taschenmesser des Gehirns“ genannt wird. Zudem ist Tony der Gründer der *Brain Trust Charity* und des *Use Your Head / Brain Clubs*, Präsident des *Mind Sport Councils* (Rat für Geistessport) und der *Buzan Organisation*. Darüber hinaus gehen die Begriffe des „Radialen Denkens“ und der „geistigen Alphabetisierung“ auf ihn zurück.

Tony Buzan wurde 1942 in London geboren, graduierte 1964 an der Universität von British Columbia und schloss seine Studien der Psychologie, Anglistik, Mathematik und Allgemeinen Naturwissenschaften mit Auszeichnung ab. 1966 arbeitete er für den *Daily Telegraph* und gab zudem das *International Journal of MENSA*, die Zeitschrift der Gesellschaft Hochbegabter, heraus.

Unter seinen 82 Bestsellern machte ihn insbesondere der Klassiker *Kopftraining* zu einem internationalen Bestseller-Autor. Seine Bücher wurden in über 100 Ländern veröffentlicht und in 30 Sprachen übersetzt. Im letzten Jahr wurde sein Buch *Kopftraining* von der *Waterstone* Buchhandelskette und der Zeitschriftengruppe *Express* zu einem der herausragenden 1.000 Titel des letzten Jahrtausends gewählt. Sie empfehlen es als essentiell wichtig für das geistige Jahrtausend.

Tony Buzan ist ein internationaler Medienstar, der in vielen nationalen und internationalen Fernseh-, Video- und Hörfunkprogrammen auftritt, er leitet und produziert (z. B. die Serie „Use Your Head“ von BBC TV, die Serie „Open Mind“ von ITV, die einstündige Dokumentation über das Gehirn „The Enchanted Loom“ und zahlreiche Talkshows).

Seine neuesten Videos sind der preisgekrönte Film *Mind Power* (BBC), der von der Anwendung des Mind Map Konzepts im Geschäftsleben handelt, und *Family Genius*, ein Videoset, das Buzans Prinzipien auf die Erweiterung der Brainpower der ganzen Familie überträgt

Zudem arbeitet Tony Buzan als Berater für Ministerien und multinationale Konzerne (z. B. BP, IBM und Walt Disney) und lehrt in führenden internationalen Unternehmen, Universitäten und anderen Bildungseinrichtungen. Zur Drucklegung dieser Auflage rief er gerade groß angelegte Bildungsinitiativen in Zusammenarbeit mit Regierungsorganisationen in England, Singapur, Mexiko, Bahrain, Kuwait und Liechtenstein ins Leben

Tony Buzan ist Begründer der Gedächtniswettkämpfe, der World Memory Championships und der World Reading Championsship sowie Mitbegründer der Mind Sports Olympiad, der Gehirnsportolympiade, die im Jahr 2000 25.000 Teilnehmer aus 74 Ländern anlockte. Er ist außerdem der Besitzer des weltweit höchsten „Kreativitäts-IQs“, und hat über 4.000 Gedichte geschrieben.

Als ausgezeichneter Athlet berät Tony Buzan internationale Olympiatrainer und -athleten, die britische Olympiarudermannschaft sowie die britische Olympiaschachriege. Er ist gewähltes Mitglied des International Council of Psychologists, eines internationalen Rates von Psychologen, und Fellow am Institute of Training and Development sowie Mitglied des Institute of Directors und Ehrenbürger der City of London.

Einen Großteil seiner Arbeit widmet er der Hilfe lernbehinderter Menschen. Zu seiner Liste der Auszeichnungen, die auch den YPO Leadership Award umfasst, gesellte sich vor kurzem die Würdigung durch EDS mit der Auszeichnung Eagle Catcher Award, einem Preis, der jenen verliehen wird, die das Unmögliche versuchen und erreichen!

Barry Buzan ist Professor für Internationale Studien an der Universität Warwick und Forschungsdirektor des Zentrums für Friedens- und Konfliktforschung an der Universität Kopenhagen. Von 1988 bis 1990 war er zudem Vorsitzender der British International Studies Association. 1968 schloss er sein Studium an der Universität von British Columbia ab und promovierte 1973 an der London School of Economics. Seit 1970 befasst er sich eingehend mit der Anwendung und Weiterentwicklung der Mind Maps und hat seit 1981 zusammen mit seinem Bruder an *Das Mind-Map-Buch* gearbeitet.

In seiner wissenschaftlichen Arbeit spezialisierte er sich auf die Geschichte und Struktur internationaler Systeme. Er ist deshalb notwendigerweise ein Generalist und verfügt über ein breites Wissen in den Bereichen Weltgeschichte, Politik, Wirtschaftswissenschaften, Naturwissenschaften und Soziologie. Er publizierte und lehrte umfassend über die begrifflichen Aspekte der internationalen Sicherheit, die Theorie der internationalen Beziehungen und regionalen Sicherheit in Europa, Südafrika, Südasien, Südostasien, Nordostasien und dem Mittleren Osten.

Lawrence Freedman beschrieb ihn als „einen der interessantesten Theoretiker der zeitgenössischen internationalen Beziehungen".

Im Verlauf seiner wissenschaftlichen Laufbahn nutzte Barry Buzan die Mind Map als Hilfsmittel, um gewaltige und komplexe Themen in Angriff zu nehmen, wissenschaftliche Vorträge und öffentliche Reden vorzubereiten und zu halten, Artikel, Referate und Bücher zu planen und zu verfassen. Seine Veröffentlichungen umfassen: *Seabed Politics,* 1976; *People, States and Fear: The National Security Problem in International Relations* (Menschen, Staaten und Angst: Das nationale Sicherheitsproblem in internationalen Beziehungen), 1983, überarbeitete 2. Auflage 1991; *South Asian Insecurity and the Great Powers* (Südasiatische Unsicherheit und die Großmächte, 1986, zus. mit Gowher Rizvi u.a.); *An Introduction to Strategic Studies: Military Technology and International Relations* (Einführung in strategische Studien: Militärtechnologie und internationale Beziehungen), 1987; *The European Security Order Recast: Scenario for the Post-Cold-War Era* (Die Umgestaltung der europäischen Sicherheitsordnung: Szenarien für die Ära nach dem Kalten Krieg), 1990, zus. mit Morton Kelstrup, Pierre Lemaitre, Elzbieta Tromer und Ole Waever; *The Logic of Anarchy* (Die Logik der Anarchie), 1993, zus. mit Charles Jones und Richard Little und *Identity, Migration and the New Security Agenda in Europe* (Identität, Migration und die Tagesordnung der neuen Sicherheit), 1993, zus. mit Ole Waever, Morton Kelstrup und Pierre Lemaitre.

Vorwort

Tony Buzan: In meinem zweiten Studienjahr erkundigte ich mich in der Bibliothek nach Literatur über die effektivste Nutzung des Gehirns. Die Bibliothekarin verwies mich an die medizinische Abteilung!

Meinen Hinweis, dass ich mein Gehirn nicht operieren, sondern benutzen wolle, beschied sie mit der Information, dass es derlei Bücher nicht gebe. Erstaunt verließ ich die Bibliothek.

Es erging mir wie vielen anderen Studenten: Die wissenschaftliche Arbeit nahm immer stärker zu, und mein Gehirn drohte unter der Last des Studiums, das so viel Denken, Kreativität, Erinnern, Problemlösen, Analysieren und Schreiben erforderte, schier zusammenzubrechen. Ich hatte bereits nicht nur weniger Erfolge, sondern auch zunehmend Misserfolge erfahren. Je mehr ich aufzeichnete und lernte, umso weniger schien ich paradoxerweise zu erreichen!

Die logische Fortführung der möglichen Szenarien würde katastrophale Folgen zeitigen. Wenn ich weniger intensiv studierte, erhielte ich nicht die nötigen Informationen und würde somit immer schlechter werden; wenn ich mehr und unter größerem Zeitaufwand lernte sowie mehr Notizen machte, hätte mich dies ebenso in eine Abwärtsspirale des Versagens katapultiert.

Die Antwort lag meines Erachtens im aktiven Gebrauch meiner Intelligenz und Denkfähigkeit – deshalb auch mein Besuch der Bibliothek.

Nach dem Erlebnis in der Bibliothek erkannte ich, dass meine vergebliche Suche nach geeigneten Büchern in Wirklichkeit das sprichwörtliche Glück im Unglück war. Denn wenn derartige Bücher nicht erhältlich waren, hatte ich immens wichtiges Neuland betreten.

Ich begann, mich mit jedem Wissensgebiet zu beschäftigen, das meiner Meinung nach Licht auf die grundlegenden Fragen werfen könnte:

- Wie lernt man das Lernen?
- Was ist das Wesen des Denkens?
- Was sind die besten Memorierungstechniken?
- Worin bestehen die besten Techniken für kreatives Denken?
- Was sind die besten gegenwärtig bekannten Lesetechniken?
- Besteht die Möglichkeit zur Entwicklung neuer Denktechniken oder einer allumfassenden Technik?

Daraufhin begann ich, mich intensiv mit Psychologie, Neurophysiologie des Gehirns, Semantik, Neurolinguistik, Informationsverarbeitung, Gedächtnis und Mnemotechniken, Wahrnehmung, kreativem Denken und allgemeinen Naturwissenschaften zu beschäftigen.

Allmählich erkannte ich, dass das menschliche Gehirn besser und effizienter arbeitet, wenn seine verschiedenen physischen Aspekte und intellektuellen Fähigkeiten harmonisch zusammenarbeiten können, statt voneinander getrennt zu werden.

Scheinbare Kleinigkeiten zeitigten die wichtigsten Ergebnisse. Z. B. veränderte die bloße Kombination der beiden Kortexfähigkeiten von Wörtern und Farben meine Art der Aufzeichnungen. Anders ausgedrückt: Allein die Verwendung von zwei Farben für meine Aufzeichnungen verbesserte meine Erinnerung an das Geschriebene um mehr als 100 Prozent. Und vor allem gewann ich zunehmend Freude an meiner Tätigkeit.

Allmählich schälte sich ein Wissensgebäude heraus, und gleichzeitig begann ich, Schülern Nachhilfe zu erteilen, die allgemein als „lernbehindert", „hoffnungslos", „dyslexisch", „zurückgeblieben" und „straffällig" galten. Alle diese so genannten Versager verwandelten sich in gute Schüler, einige von ihnen gehörten schließlich zu den Besten ihrer jeweiligen Klasse.

Einem Mädchen, Barbara, hatte man gesagt, dass sie den niedrigsten jemals an ihrer Schule ermittelten IQ habe. Nach einem Monat Lerntraining erreichte sie einen IQ von 160. Sie absolvierte das College als beste Studentin. Der außergewöhnlich begabte Pat, ein junger Amerikaner, der fälschlich als lernbehindert klassifiziert worden war, meinte, nachdem er das Mind Mapping kennen gelernt hatte: „Ich war nicht *lernbehindert*, man hat mich *beim Lernen behindert*."

In den frühen siebziger Jahren kaufte ich einen Computer, für dessen Bedienung ein tausendseitiges Handbuch erhältlich war. Der Mensch hingegen kommt mit einem höchst komplexen Biocomputer zur Welt, der unendlich besser als jeder bekannte Computer ist – doch wo bleiben *unsere* Handbücher dafür?!

Damals, 1971, entschloss ich mich, meine Forschungsarbeit in einer Reihe von Büchern zu veröffentlichen: *An Encyclopedia of the Brain and Its Use*. Währenddessen erkannte ich das sich herausbildende Konzept des Radialen, strahlenden Denkens (Radiant Thinking) und des Mind Mappings.

Anfangs hielt ich Mind Mapping hauptsächlich für eine Gedächtnishilfe. In langen Diskussionen überzeugte mich mein Bruder Barry schließlich davon, dass kreatives Denken eine ebenso wichtige Anwendung dieser Technik ist.

Barry hat an der Theorie des Mind Mappings von einem ganz anderen Blickwinkel aus gearbeitet, sein Beitrag hat meine Entwicklung des Mind-Mapping-Prozesses wesentlich beschleunigt. Seine faszinierende Geschichte schildert er Ihnen im Folgenden.

Barry Buzan: Ich kam mit Tonys Konzept der Mind Maps erstmals 1970 in Berührung. Zu dieser Zeit befand sich die Idee im Entwicklungsstadium und nahm erst allmählich Gestalt an. Mind Maps stellten nur einen Teil von Tonys umfangreichem Plan zur Verbesserung von Lernmethoden und dem Wissen über das menschliche Gehirn dar. Wirklich ernsthaft beschäftigte ich mich mit dieser Technik, als ich sie beim Verfassen meiner Doktorarbeit anwandte.

Mich interessierte am Mind Mapping nicht so sehr die Anwendung beim Erstellen von Aufzeichnungen, sondern vielmehr beim Verfassen wissenschaftlicher Arbeiten. Ich musste nicht nur eine immer größer werdende Menge an Forschungsergebnissen systematisieren, sondern auch meine Gedanken zu der schwierigen politischen Frage klären, weshalb Friedensbewegungen fast nie ihre angestrebten Ziele erreichen.

Ich lernte Mind Maps als äußerst wirksames Denkwerkzeug kennen, weil ich mit ihrer Hilfe meine grundlegenden Ideen skizzieren und schnell und klar herausfinden konnte, wie sie miteinander in Beziehung standen. Mind Maps stellten für mich ein außergewöhnlich hilfreiches Zwischenstadium zwischen dem Denk- und dem Schreibprozess dar.

Ich erkannte bald, dass im Überbrücken der Kluft zwischen Denken und Schreiben der entscheidende Faktor für Erfolg oder Misserfolg meiner Mitdoktoranden lag. Viele versagten dabei. Sie häuften immer mehr Wissen über ihr Forschungsvorhaben an, konnten aber immer weniger alle Einzelheiten miteinander verbinden, um darüber zu schreiben.

Mind Mapping verschaffte mir einen ungeheuren Vorteil. Es befähigte mich zur Zusammenstellung und Ausarbeitung meiner Ideen, ohne immer wieder langwierige neue Entwürfe anfertigen zu müssen. Indem ich den Denk- vom Schreibprozess trennte, konnte ich klarer und umfassender denken. Als es dann ans Schreiben ging, verfügte ich bereits über eine deutliche Struktur und ein sicheres Gefühl für die Richtung, wodurch das Schreiben leichter, schneller und mit mehr Freude vonstatten ging. Ich schloss meine Dissertation in weniger als den vorgeschriebenen drei Jahren ab und verfügte so über genug Zeit, um noch ein Kapitel für ein weiteres Buch zu verfassen, bei der Gründung und späteren Herausgabe einer neuen Vierteljahreszeitschrift über internationale Beziehungen mitzuwirken, Mitherausgeber einer Studentenzeitung zu sein, das Motorradfahren anzufangen und zu heiraten. Aufgrund dieser Erfahrungen wuchs meine Begeisterung für den kreativen Denkaspekt dieser Technik.

Mind Mapping ist seither ein zentraler Bestandteil meiner wissenschaftlichen Arbeit. Mit Mind Mapping konnte ich ungewöhnlich viele Bücher, Aufsätze und Konferenzreferate schreiben und ein Generalist in einem Gebiet bleiben, auf dem die Informationsfülle die meisten zur Spezialisierung zwingt. Dank Mind Mapping kann ich zudem verständlich über abstrakte Themen schreiben, deren Komplexität nur zu oft zu einem unverständlichen Stil führt. Die Auswirkungen von Mind Mapping auf meine Karriere spiegeln sich vielleicht am besten in der Überraschung wider, mit der ich oft bei der ersten Begegnung begrüßt werde: „Sie sind viel jünger, als ich dachte. Wie haben Sie nur so viel in so kurzer Zeit publizieren können?“

Da ich die drastischen Auswirkungen von Mind Mapping auf mein eigenes Leben und meine Arbeit selbst erlebt hatte, begann ich, für das Mind Mapping insbesondere im Hinblick auf das kreative Denken zu werben.

Ende 1970 entschloß sich Tony zum Verfassen eines Buches über das Mind Mapping, und wir besprachen, in welcher Form ich zu diesem Projekt beitragen könnte. In den dazwischenliegenden Jahrzehnten haben wir unseren jeweils sehr unterschiedlichen Stil entwickelt. Ausgehend von seiner Lehr- und Autorentätigkeit hat Tony sehr viele Anwendungsmöglichkeiten erarbeitet, die Technik allmählich mit der Gehirntheorie verbunden und viele formale Regeln aufgestellt. Ich habe ein viel schmaleres Feld als wissenschaftlicher Autor beackert. Meine Mind Maps enthielten nur wenige Gestaltungselemente, fast keine Farben oder Bilder und entwickelten eine ziemlich unterschiedliche Grundstruktur. Ich setzte sie primär zum Verfassen von schriftlichen Darstellungen, doch zunehmend und mit großem Erfolg auch zum Unterrichten und für Verwaltungsaufgaben ein. Ich lernte, sehr gründlich zu denken, indem ich mit Hilfe von Mind Maps meine großen Forschungsprojekte strukturierte und durchhielt.

Aus mehreren Gründen wollten wir an diesem Buch zusammenarbeiten. So glaubten wir, dass wir durch die Synthese unserer Auffassungen ein besseres Buch schreiben könnten. Zudem teilten wir die große Begeisterung für Mind Maps und wollten sie weltweit bekannt machen. Außerdem hatte ich beim Versuch, meinen Studenten die Mind-Map-Methode beizubringen, Enttäuschungen erlebt. Diese Versuche überzeugten mich von Tonys Behauptung, dass man den Menschen nicht nur eine Methode, sondern das Denken überhaupt beibringen müsse. Ich wünschte mir ein Buch, das ich anderen mit der Bemerkung in die Hand drücken konnte: „Das zeigt Ihnen, wie Sie so wie ich denken und arbeiten können.“

Der darauf folgende lange Arbeitsprozess gestaltete sich in Form eines regelmäßigen, aber seltenen Dialogs, in dem jeder von uns dem anderen seine Ideen zur Gänze verständlich machen wollte. Dieses Buch beruht zu etwa 80 Prozent auf Tonys Arbeit: die gesamte Gehirntheorie, die Verbindung von Kreativität und Gedächtnis, die Regeln, weite Bereiche der Methode, fast alle Beispiele und die Verknüpfung mit anderen Forschungsbereichen. Er hat nahezu auch den gesamten Text verfasst. Mein Beitrag lag im Wesentlichen in der Gliederung des Buchs und in der These, dass die wahre Bedeutung von Mind Maps durch den Einsatz der Grundlegenden Ordnungs-Ideen freigesetzt wird. Darüber hinaus übernahm ich den Part des Kritikers, Nörglers, Helfers und Co-Ideenfinders.

Erst nach langer Zeit verstanden wir die Erkenntnisse des anderen ganz und konnten sie wertschätzen, doch schließlich erreichten wir nahezu vollständige Übereinstimmung. Trotz des größeren Zeitaufwands kann ein gemeinsam geschriebenes Buch mehr Bereiche abdecken und stärker in die Tiefe gehen, als es ein Autor allein hätte schaffen können. Ein solches Buch liegt Ihnen vor.

Tony Buzan: Wie Barry bereits erwähnt hat, haben wir unsere Theorie in die Tat umgesetzt und Mind Mapping beim Verfassen des vorliegenden Buches eingesetzt. Über einen Zeitraum von zehn Jahren hat jeder von uns seine eigenen Brainstorming-Mind-Maps erstellt, dann haben wir uns zusammengesetzt und unsere Ideen miteinander kombiniert. Nach ausführlichen Diskussionen haben wir die nächsten Ideen reifen lassen und miteinander verbunden, einige Zeit mit der Beobachtung von Naturerscheinungen verbracht, unsere Vorstellungen des nächsten Stadiums jeder für sich in Mind Maps dargestellt und uns dann wieder getroffen und weitergemacht.

Die Mind Map, die wir zur Entwicklung des gesamten Buches entwickelt hatten, brachte die jeweiligen Mind Maps für die einzelnen Kapitel hervor, wobei jede Mind Map wiederum die Grundlage für den Text des Kapitels darstellte. Dieser Prozess verlieh den Begriffen „Bruder“ und insbesondere „Brüderlichkeit“ eine neue Bedeutung. Schon während des Schreibens erkannten wir, dass wir einen Teamgeist erzeugt hatten, der sowohl alle Elemente unseres individuellen Geistes wie auch die gewaltigen Synergieergebnisse unserer Treffen beinhaltete.

Wir hoffen, dass Ihnen das *Mind-Map-Buch* so wie uns Entdeckungsfreude, Forscherdrang und schieres Vergnügen im kreativen Ideenfindungsprozess und bei der Kommunikation mit dem Universum eines anderen Menschen schenkt.

Nachwort zum Vorwort – Die aktualisierte Neuauflage

Mind Mapping wurde erstmals im Frühjahr 1974 durch den Vorläufer des Mind-Map-Buches – *Kopftraining* – der Welt präsentiert. Am 21. April 1995 wurde dieses Jubiläum mit einer grandiosen Geburtstagsfeier in der Londoner Royal Albert Hall begangen.

Um den großen Erfolg des Mind Map Books zu feiern, hat BBC diese aktualisierte Neuauflage herausgebracht. Zeitgleich haben BBC und der Autor eine verkürzte Version herausgebracht, die nun ein Teil von Buzan´s neuem *Mind Set* ist (leider nicht auf Deutsch erhältlich). Jedes Jahr nimmt die Zahl der Anwender des Radialen Denkens und des Mind Mappings zu. Weltweit gibt es heute schätzungsweise mehr als 250 Millionen Mind Mapper, in jedem Land der Erde wird diese Technik praktiziert.

Zur gegenseitigen Ermunterung und vereinfachten Kommunikation unter Radialen Denkern und Mind Mappern und zur Unterstützung gemeinnütziger Institutionen, die dieses Denkkonzept als notwendigen Bestandteil jedes Schullehrplans fördern, wurde kürzlich die Mind Mappers' Society ins Leben gerufen. Ihr Ziel ist es, Radiales Denken, Mind Mapping und Geistige Alphabetisierung bis zum Jahr 2010 100 Prozent der Weltbevölkerung nahe zu bringen. Schließen Sie sich uns an.

Einführung

Das Mind-Map-Buch und wie Sie damit arbeiten

Das erwartet Sie in diesem Kapitel:

- Das Mind-Map-Buch und wie Sie damit arbeiten
- Zur Gestaltung der Kapitel
- Übungen
- Die verschiedenen Ebenen des Mind-Map-Wissens
- Auch wir benötigen Feedback
- Sie und das Mind-Map-Buch

Die Ziele des Mind-Map-Buches

Dieses Buch soll Sie neugierig machen, unterhalten, anregen und herausfordern. Sie werden einige erstaunliche Tatsachen über Ihr Gehirn und seine Funktion erfahren und Ihre ersten wichtigen Schritte in Richtung geistige Freiheit machen. Das *Mind-Map-Buch* verfolgt fünf Hauptziele:

1. Es will Sie in ein neues Konzept der Gedankenentwicklung einführen – in das Radiale, strahlende Denken (Radiant Thinking).

2. Es will Sie mit einem völlig neuen Hilfsmittel bekannt machen, mit dem Sie das Radiale Denken zu Ihrem größtmöglichen Vorteil in allen Lebensbereichen anwenden können – der Mind Map.

3. Es will Ihnen grundlegende intellektuelle Freiheit schenken, indem es Ihnen zeigt, dass Sie Wesen und Entwicklung Ihres Denkprozesses kontrollieren können und dass Ihre Fähigkeit zu kreativem Denken theoretisch unbegrenzt ist.

4. Es ermöglicht Ihnen praktische Erfahrung mit Radialem Denken und steigert viele Ihrer intellektuellen Fähigkeiten sowie Ihre Intelligenz.

5. Es soll Ihnen bei der Erkundung dieses neuen Universums Spaß und Spannung vermitteln.

Der Aufbau der verschiedenen Teile dieses Buches

Damit Sie die obigen Ziele erreichen, gliedert sich das Buch in sechs Teile:

1. **Natürliche Architektur**
   Dieser Bereich vermittelt Ihnen den aktuellen Wissensstand über das menschliche Gehirn, seine Bauweise, Struktur und Funktion. Sie erfahren, dass viele der großen Denker (in diesem Buch als „große Gehirne" bezeichnet) die Fähigkeiten, über die jeder verfügt, richtig nutzten. Sie erfahren außerdem, warum trotzdem mehr als 95 Prozent der Menschen gravierende Probleme in puncto Denken, Gedächtnis, Konzentration, Motivation, Ordnen von Ideen, Entscheidungsfindung und Planung haben. Dieser Teil führt Sie auch in das Radiale Denken und das Mind Mapping ein und zeigt Ihnen, dass beides ganz natürlich unserer Gehirnstruktur entspringt. Sie erfahren, wie Sie Ihre geistige Leistung durch Radiales Denken und Mind Mapping drastisch verbessern können.

2. **Grundlagen**
   Der Grundlagenteil erläutert Ihnen die jeweiligen Fähigkeiten der linken und rechten Gehirnhälfte und zeigt Ihnen, wie Sie jede Hälfte separat nutzen können und wie Sie sie miteinander verbinden und auf diese Weise drastische Verbesserungen Ihrer Gehirnleistung erzielen können. Das Ergebnis ist die vollständige Mind-Mapping-Methode (s. Kap. 9).

3. **Struktur**
   Hier vermitteln wir Ihnen alle Gesetze und Empfehlungen für die Anwendung von Radialem Denken und Mind Mapping, damit Sie die Genauigkeit und Freiheit Ihres Denkens vergrößern können. Zusammen mit Hinweisen auf die besten Erstellungsmethoden von Mind Maps leiten wir Sie zudem an, Ihren persönlichen Mind-Mapping-Stil zu entwickeln.

4. **Synthese**
   Der Syntheseteil vermittelt Ihnen einen Überblick über die verschiedenen intellektuellen Aufgaben, die Sie mit Mind Maps erfolgreich bewältigen können, z. B. Entscheidungsfindung, Ordnen Ihrer eigenen Ideen (Notizen machen), Ordnen der Ideen anderer (Aufzeichnungen erstellen), kreatives Denken und fortgeschrittenes Brainstorming, Steigerung von Gedächtnis und Vorstellungsvermögen, Entwicklung von Teamgeist.

5. **Anwendungsbereiche**
   Dieser Teil verschafft Ihnen einen Überblick über die Anwendungsmöglichkeiten von Mind Maps. Er gliedert sich in:

   - Persönliches
   - Familie
   - Bildung und Ausbildung
   - Unternehmensbereich und Berufsleben
   - Zukunft

Diese Überschriften stehen für die Bereiche, in denen Mind Maps am häufigsten eingesetzt werden. Für jeden Bereich werden Sie sich eine Fülle spezifischer und praktischer Mind-Mapping-Fertigkeiten aneignen, die Ihnen ein umfassendes Handwerkszeug für Ihr intellektuelles Leben und Ihre Arbeit an die Hand geben. Die spezifischen Anwendungen umfassen Selbstanalyse, Problemlösung, Gedächtnis, Verfassen von Aufsätzen und Artikeln, Management und Besprechungen. Dieser Teil schließt mit der Vorstellung von Computer-Mind-Maps und einem Ausblick auf eine Zukunft, in der Sie alle Fähigkeiten Ihres Gehirns nutzen können.

6. Nachtrag

Hier wird alles Gesagte noch einmal unterhaltsam zusammengefasst. Folglich finden Sie hier Informationen über die im ganzen Buch eingestreuten Tafeln zur „natürlichen Architektur“. Außerdem finden Sie Informationen über die Notizen „Großer Gehirne“, und zwar sowohl in Form nüchterner Daten wie auch als Rätsel zum Mitmachen.

6.1 Notizen „Großer Gehirne“

Dies ist eine Sammlung von 17 Notizen von 14 der größten Denker der Welt aus Kunst, Naturwissenschaften, Politik und Literatur. Lesen Sie gründlich jede Notiz und versuchen Sie, den Verfasser herauszufinden. Bis zur Drucklegung des Buches betrug die höchste erreichte Punktzahl sieben von 17 – versuchen Sie, dieses Ergebnis zu übertreffen! (Die Lösungen finden Sie auf S. **307**.)

6.2 Natürliche-Architektur-Tafeln

Im gesamten Buch finden Sie Bilder aus dem Tier-, Pflanzen- und Mineralreich sowie Begriffswelten, die die Architektur der Natur veranschaulichen. Auch diese Bilder wurden als mögliches Rätsel dargestellt, damit Sie sehen, ob Sie die Landkarten der Natur erkennen können, von denen jede auf ihre besondere Art die Struktur und die Denkmuster Ihres Gehirns widerspiegelt. Das beste Ergebnis bei der Lösung dieser Rätsel betrug 15 von 31. (s. S. **305**.)

6.3 Weitere Informationen

Für die Leser, die sich intensiver mit dem Gehirn beschäftigen wollen, enthält dieser Abschnitt Informationen über Bücher, Seminare, Videos und Tonkassetten, das Mind-Map-Kit, den Universal Personal Organizer und andere Produkte von Tony Buzan. Es folgen auch Informationen über die Beitrittsbedingungen zum Brain Club, einer internationalen Organisation zur Förderung der Geistigen Alphabetisierung und zur Steigerung des geistigen, körperlichen und spirituellen Bewusstseins.

Gegenüberliegende Seite: Natürliche Architektur: Tafel 2

6.4 Literaturhinweise

Die Literaturhinweise umfassen Romane, populärwissenschaftliche und traditionellere wissenschaftliche Werke über das Gehirn, zudem eine Reihe von wissenschaftlichen Aufsätzen, falls Sie sich noch stärker in dieses ungemein fesselnde Thema vertiefen wollen.

Zur Gestaltung der einzelnen Kapitel

1. Kapitelaufbau

Jedes Kapitel des *Mind-Map-Buches* enthält folgende Hauptelemente:

- eine Natürliche-Architektur-Tafel. Sie zeigt ein Bild aus der Natur, das Formen des Mind Mappings und Radialen Denkens widerspiegelt
- eine Vorschau auf den Kapitelinhalt
- ein Vorwort, das die wichtigsten Punkte des Kapitels vorstellt
- das eigentliche Kapitel
- eine Überleitung zum nächsten Kapitel

2. In Kästchen hervorgehobene Informationen

Unsere Studenten haben uns wiederholt gebeten, manche Abschnitte zu betonen, da sie sich als besonders hilfreich für den Lernprozess erwiesen haben. Dem haben wir entsprochen, indem wir manche Texte gerahmt haben, damit sie optisch besser auffallen.

3. Forschung

Ein Buchsymbol (🕮) zu Beginn eines Abschnitts weist auf Forschungsberichte hin, die Ihnen veranschaulichen sollen, warum es so wichtig ist, die Empfehlungen dieses Buches zu befolgen.

Übungen

Sie gelangen auf eine neue Verständnis- und Wissensebene, wenn Sie die in diesem Buch in Form von Rätseln, Herausforderungen und Erkundungen angebotenen Übungen machen. Dazu verwenden Sie am besten einen Mind-Map-Block (weißes, unliniertes DIN-A3-Papier), mindestens zwölf zum Schreiben geeignete Filzstifte, mindestens vier verschiedenfarbige Textmarker und einen normalen Kugelschreiber oder Füller.

Sie können Mind-Map-Kits per Post anfordern (s. S. **314**). Mit diesen Materialien können Sie Ihre Fähigkeiten voll ausschöpfen und die in diesem Buch vorgestellten Techniken problemlos, schnell und mit Vergnügen erlernen. Ein weiterer Vorteil der empfohlenen Übungen besteht darin, dass Ihr Mind-Map-Block Ihre Fortschritte sichtbar aufzeichnet.

Die verschiedenen Ebenen des Mind-Map-Wissens

Unabhängig von Ihren Kenntnissen über das Mind Mapping sollten Sie zuerst einmal dieses Buch überfliegen, seinen Aufbau kennen lernen, die für Sie besonders interessanten Teile beachten und Ihre anfänglichen Ziele formulieren.

Danach fällt Ihre weitere Beschäftigung mit diesem Buch je nach Ihrem Kenntnisstand und Ihrer Erfahrung folgendermaßen aus:

1. **Anfänger**
   Anfänger, die entweder über gar keine Erfahrungen oder lediglich ganz geringe Mind-Map-Kenntnisse verfügen, sollten das *Mind-Map-Buch* wie ein Lehrbuch lesen. Eine knappe Zusammenfassung, wie Sie hierbei verfahren sollten, finden Sie in Kap. 14, S. **139-144**. Ausführlich erklärt wird diese Studientechnik in meinem Buch *Kopftraining*, Kap. 9).

2. **LeserInnen mit Vorkenntnissen**
   Wenn Sie schon ein wenig über Mind Mapping wissen und bereits Ihre ersten Mind Maps angefertigt haben, sollten Sie versuchen, mit Hilfe dieses Buches Ihre Methode zu perfektionieren. Definieren Sie Ihre persönlichen Ziele wie in Teil 5 (Anwendungsbereiche) beschrieben.

3. **Fortgeschrittene**
   Fortgeschrittene mit beträchtlicher Mind-Map-Erfahrung sollten sich auf die Teile 1 bis 3 stärker konzentrieren und hierbei besonders auf jene Gebiete, die ihnen wenig oder gar nicht vertraut sind. Dann überfliegen Sie Teil 5, um Ihre bestehenden Fertigkeiten zu untermauern, zu verfeinern und zu ergänzen.

   Auf welchem Lern-Niveau Sie sich auch befinden, wir raten Ihnen, entweder während oder nach der Lektüre dieses Buches eine Master-Mind-Map des gesamten Buchs zu erstellen.

Auch wir benötigen Feedback

Es liegt nicht in der Natur der Mind Maps, jemals komplett abgeschlossen zu sein. Auch *Das Mind-Map-Buch* wird nie ganz fertig sein, deshalb sind wir Ihnen für Ihre Rückmeldungen dankbar. Schicken Sie uns also gerne alle Ihre persönlichen Erkenntnisse in folgenden Bereichen zu:

1. **Beispiele**
   Geschichten von Ihnen, Ihren Freunden oder Bekannten, die Mind Mapping auf bemerkenswerte oder ungewöhnliche Weise anwenden konnten.

2. **Forschung**
   Wenn Sie von Untersuchungen, Forschungen oder Studien wissen, die einen der von uns in diesem Buch dargelegten Punkte untermauern, teilen Sie uns dies möglichst detailliert mit. (Schicken Sie Ihre Unterlagen an die Buzan Centres. Die Adressen finden Sie auf S. **314**).

3. **Ergänzungen**
   Wir freuen uns über alle Anregungen zu Ergänzungen, neuen Kapiteln und gar neuen Buchteilen, die Sie gerne in künftige Ausgaben dieses Buches integriert sehen würden.

4. **Notizen der „großen Gehirne“**
   Wir brauchen so viele Beispiele wie nur möglich.

5. **Übungen/Spiele**
   Wenn Sie sich selber Übungen oder Spiele zur Weiterentwicklung der Mind-Mapping-Methode ausgedacht haben oder jemanden kennen, der dies getan hat, schicken Sie uns bitte eine Skizze.

6. **Mind Maps**
   Wenn Sie über ausgezeichnete Mind Maps für künftige Ausgaben verfügen, schicken Sie uns bitte farbige Kopien oder die Originale (sofern Sie sie nicht benötigen) zur Ansicht.

7. **Literaturhinweise**
   Wenn Sie andere Bücher oder wissenschaftliche Aufsätze für hilfreich erachten, wären wir für die bibliographischen Angaben dankbar.

Sie und das *Mind-Map-Buch*

Sie verfügen über eine Ihnen eigene, einmalige Persönlichkeit und über Lernfähigkeiten, die auf einzigartige Weise entwickelt wurden und die Sie von jedem anderen Menschen auf dieser Welt unterscheiden. Deshalb achten Sie darauf, dass Sie in einem ganz auf Sie persönlich abgestimmten Tempo und Rhythmus arbeiten. Messen Sie Ihre Fortschritte nur an Ihrem persönlichen Maßstab. Die im Folgenden geschilderten Beispiele sollten nicht als Standard verstanden werden, der erreicht werden muss, sondern als Leuchtfackeln, die Ihnen die Richtung Ihres Ziels weisen.

Nach der Lektüre des *Mind-Map-Buches* empfehlen wir Ihnen, es abermals zu lesen. Dabei werden Sie das Gefühl haben, einem alten Freund zu begegnen, und Sie werden dabei Ihr Wissen stark vertiefen können.

Teil 1

Natürliche Architektur

Wer auch immer Sie sind, wo auch immer Sie sich befinden – zum Lesen dieser Worte gebrauchen Sie den schönsten, kompliziertesten, komplexesten, geheimnisvollsten und leistungsstärksten Gegenstand im uns bekannten Universum: Ihr Gehirn.

> Als erst 45.000 Jahre altes evolutionäres Modell befinden wir uns an der Schwelle zu einer Revolution, die den Lauf der menschlichen Entwicklung verändern wird. Zum ersten Mal in den dreieinhalb Millionen Jahren der Geschichte menschlicher Intelligenz hat ebenjene Intelligenz erkannt, dass sie sich selbst verstehen, analysieren und nähren kann. Indem sie sich auf sich selbst bezieht, kann sie neue Denkweisen entwickeln, die weit flexibler und wirksamer sind als die traditionellen, derzeit überall auf der Welt üblichen Denkmodelle.

Erst im Verlauf der letzten paar Jahrhunderte haben wir begonnen, Wissen über die Struktur und Funktionsweise unseres Gehirns zu sammeln. Wie die Faszination über unsere Entdeckungen, so nimmt auch die Zahl der über dieses Thema veröffentlichten Aufsätze und Artikel zu. Berechnungen zufolge haben wir in den letzten zehn Jahren 95 Prozent des gesamten Wissens über das menschliche Gehirn akkumuliert. Obwohl wir immer noch weit davon entfernt sind, es ganz zu verstehen (wir sind uns zunehmend der Tatsache bewusst, dass wir nur einen geringen Teil dessen, was es zu erfahren gilt, wissen), wissen wir genug, um unsere Auffassung von anderen Menschen und von uns selbst dauerhaft zu verändern.

Worin also bestehen diese Entdeckungen, und wie lauten die Antworten auf die folgenden Fragen?

1. Was sind die Bestandteile unseres Gehirns?

2. Wie verarbeiten wir Informationen?

3. Worin bestehen die Hauptfunktionen des Gehirns?

4. Wo sind die Gehirnfunktionen lokalisiert?

5. Wie lernen wir und woran können wir uns am leichtesten wieder erinnern?

6. Handelt es sich beim menschlichen Gehirn im Wesentlichen um einen Schemata bildenden und Schemata suchenden biologischen Gegenstand?

7. Was sind die Techniken jener genialen, aber normalen Menschen, die sich so viel mehr als ihre Mitmenschen merken können?

8. Warum befällt so viele Menschen angesichts der Leistungsfähigkeit und Funktion ihres Gehirns Verzweiflung?

9. Was ist die natürliche und angemessene Art zu denken?

10. Was ist der natürliche und angemessene Ausdruck menschlichen Denkens?

Teil 1 beantwortet all diese Fragen, führt Sie in die verblüffende natürliche Architektur Ihres Gehirns auf der Mikro- und Makroebene sowie in die Hauptgrundlagen der Gehirnfunktion ein. Sie erfahren, wie die „Großen Gehirne“ Fähigkeiten, die jedem offen stehen, nutzten und weshalb 95 Prozent der Menschen mit ihrer geistigen Leistung unzufrieden sind.

In den letzten Kapiteln des ersten Teils werden Sie in die neue, auf der Gehirnfunktion basierende Art des fortschrittlichen Denkens eingeführt: in das Radiale Denken und seinen natürlichen Ausdruck, die Mind Map.

Kapitel 1

Das faszinierende Gehirn

Das erwartet Sie in diesem Kapitel:

- Vorwort
- Die moderne Gehirnforschung
- Lernpsychologie und Erinnerung
- Gestalt – Gesamtbild
- Das Gehirn als ein mit Assoziation und Radialem Denken arbeitender Computer
- Die Entwicklungsgeschichte der menschlichen Intelligenz
- Überleitung

Vorwort

Dieses Kapitel vermittelt Ihnen in Concorde-Geschwindigkeit einen Überblick über die aktuelle biophysiologische und neurophysiologische Gehirnforschung.

Sie erfahren, wie viele Gehirnzellen Sie haben und wie diese auf erstaunlich komplexe und komplizierte Art zusammenwirken. Zudem lernen Sie die wahre Natur des Informationsverarbeitungssystems Ihres Gehirns kennen. Darüber hinaus informieren wir Sie über den aktuellen Forschungsstand in Bezug auf die linke und rechte Gehirnhälfte.

Beim Studium der Natur, der Funktionsweise des Gedächtnisses und der übrigen wesentlichen Gehirnfunktionen werden Sie das außergewöhnliche Ausmaß der Fähigkeiten und Potenziale des menschlichen Gehirns erkennen.

S. 28: Eine von Billionen (1.000.000.000.000) von Gehirnzellen zeigt die radiale natürliche Architektur

Die moderne Gehirnforschung

Die Gehirnzelle

Nach dem Studium der Gehirnzelle sah sich Sir Charles Sherrington, von vielen als Ahnherr der Neurophysiologie bezeichnet, zu folgender poetischer Bemerkung veranlasst:

„Das menschliche Gehirn ist ein verzauberter Webstuhl, an dem Millionen hin- und herschießender Schiffchen ein sich auflösendes Muster weben, immer ein bedeutungsvolles Muster, jedoch niemals ein dauerhaftes, eine sich ständig verändernde Harmonie von Untermustern. Als lasse sich die Milchstraße auf einen kosmischen Tanz ein."

> Jedes menschliche Gehirn verfügt schätzungsweise über 1.000.000.000.000 Gehirnzellen.

Jede Gehirnzelle (Neuron) enthält einen riesigen elektrochemischen Komplex und ein leistungsstarkes Mikrodatenverarbeitungs- und Übertragungssystem, das trotz seiner Kompliziertheit auf einen Nadelkopf passen würde. Jede dieser Zellen sieht wie ein Superoktopus mit einem Zentralkörper und Hunderten oder Tausenden von Tentakeln aus.

Mit zunehmender Vergrößerung erkennen wir, dass jeder Tentakel einem vom Zellkern ausstrahlenden Ast gleicht. Diese sich verzweigenden Äste der Gehirnzelle heißen Dendriten (was so viel heißt wie „baumartige Strukturen"). Ein besonders großer und langer Ast, Axon genannt, bildet den Hauptausgang für die von dieser Zelle übermittelten Informationen.

Jeder Dendrit und jedes Axon können eine Reichweite von einem Millimeter bis zu 1,5 Metern Länge haben, und überall an ihm befinden sich kleine pilzähnliche Höcker, präsynaptische Endung oder Endknopf genannt (s. die umseitige Abbildung).

Bei einem weiteren Vordringen in diese elektronenmikroskopische Welt sehen wir, dass jede präsynaptische Endigung an der präsynaptischen Membran Bündel von Bläschen mit Transmittern (Überträgerstoffen) enthält, die die wesentlichen Informationsträger in unserem menschlichen Denkprozess sind.

Eine präsynaptische Endigung einer Gehirnzelle bildet mit der postsynaptischen Membran einer anderen Gehirnzelle eine Synapse. Und wenn ein elektrischer Impuls durch die Gehirnzelle eilt, werden Transmitter durch den winzigen, mit Flüssigkeit gefüllten Zwischenraum zwischen beiden, den synaptischen Spalt, übertragen.

Die Transmitter erzeugen in der empfangenden Oberfläche einen Impuls, der die empfangende Gehirnzelle erregt, von der aus er wiederum zu einer angrenzenden Gehirnzelle weitergeleitet wird (s. Illustration, S. **31**).

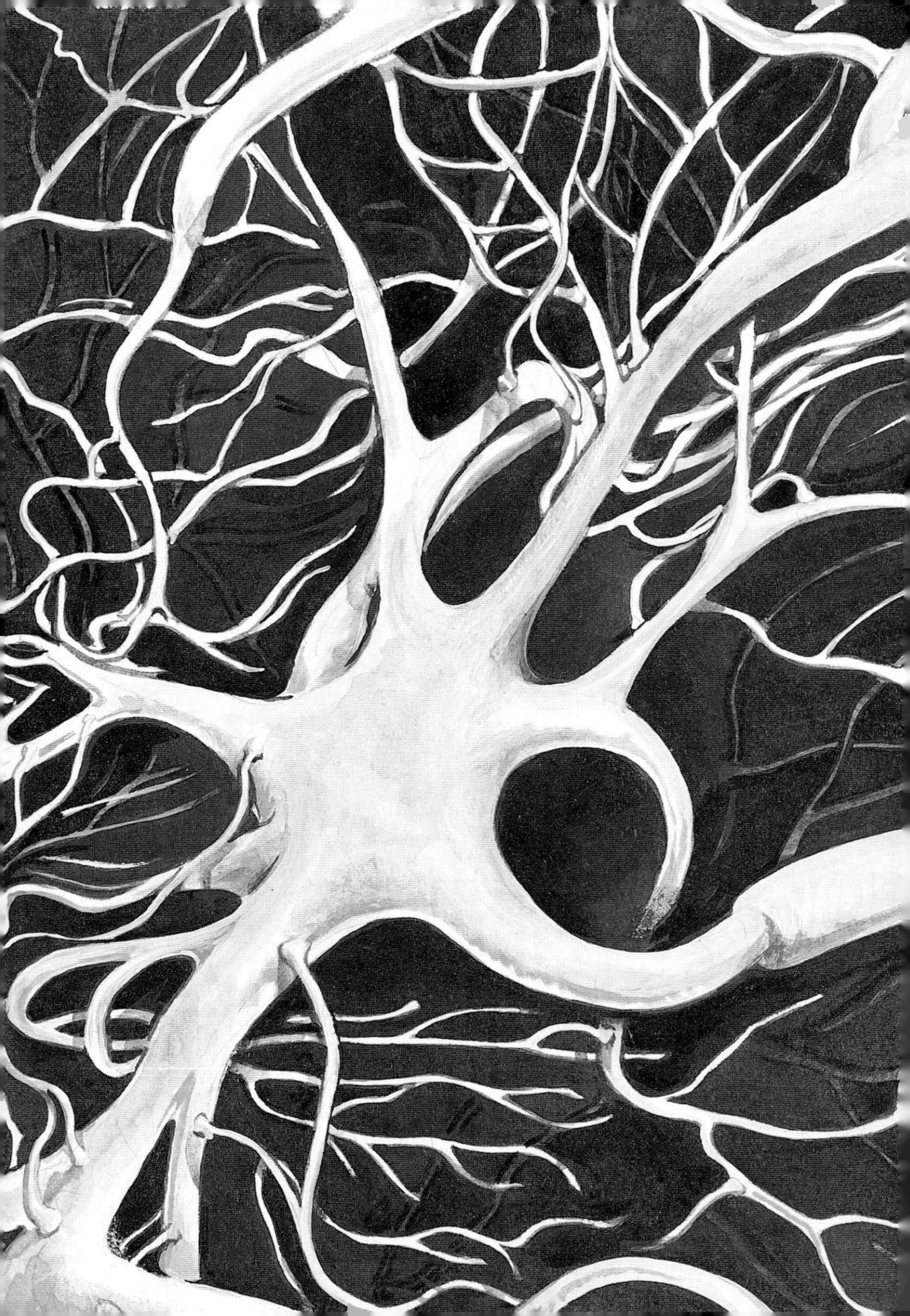

Trotz der vereinfachten Darstellung ist die Kaskade biochemischer Informationen, die über die Synapse hinwegrauscht, in Volumen und Komplexität so Ehrfurcht gebietend wie ein mikroskopischer Niagara-Fall.

Pro Sekunde kann eine Gehirnzelle Impulse von Hunderttausenden von Verbindungspunkten empfangen. Wie ein riesiges Fernsprechamt verarbeitet die Zelle von Mikrosekunde zu Mikrosekunde die gesamte ankommende Information und leitet sie auf die entsprechenden Pfade weiter.

Während eine Botschaft, ein Gedanke oder eine neu durchlebte Erinnerung von Gehirnzelle zu Gehirnzelle weitergeleitet wird, wird ein biochemischer elektromagnetischer Pfad errichtet. Jede dieser neuronalen Bahnen ist als „Erinnerungsspur“ bekannt. Diese Erinnerungsspuren oder geistigen Landkarten stellen eines der aufregendsten Gebiete der modernen Gehirnforschung dar und haben uns auf einige erstaunliche Schlussfolgerungen gebracht.

Jedesmal, wenn Sie einen Gedanken denken, wird der biochemische/elektromagnetische Widerstand entlang des Pfades, der diesen Gedanken trägt, verringert. Man kann es mit der Rodung eines Pfades durch einen Wald vergleichen. Das erste Mal ist es ein Kampf, weil man sich einen Weg durch das Unterholz schlagen muss. Das zweite Mal, wenn man diesen Weg nimmt, wird es dank der Rodungsarbeiten des ersten Mals schon einfacher. Je öfter man diesen Pfad begeht, auf umso weniger Widerstand stößt man, bis man nach vielen Wiederholungen einen breiten Weg vorfindet, der wenig oder gar keiner Rodung mehr bedarf. Ähnliches läuft im Gehirn ab: Je öfter Sie bestimmte Gedankenmuster (oder „Gedankenlandkarten“) wiederholen, desto weniger Widerstand begegnen Sie. Deshalb erhöht die Wiederholung die Wahrscheinlichkeit einer Wiederholung. Anders ausgedrückt: Je öfter ein „geistiges Ereignis“ stattfindet (also etwa ein Gedankenmuster), umso wahrscheinlicher findet es noch einmal statt.

Bei der Waldanalogie hält das wiederholte Begehen den Weg gangbar und fördert also den weiteren „Verkehr“. Je mehr Pfade und Wege Sie schaffen und benutzen, umso klarer, schneller und leistungsstärker wird Ihr Denken. Die Grenzen menschlicher Intelligenz kann man mit der Fähigkeit des Gehirns, solche Muster zu erzeugen und zu benutzen, in Beziehung setzen. Im Winter 1973 gab Professor Pjotr Kouzmich Anokhin von der Universität Moskau seine letzte öffentliche Erklärung über die Ergebnisse seiner 60 Jahre dauernden Erforschung der menschlichen Gehirnzellen ab. Seine in seinem Aufsatz „The Forming of Natural and Artificial Intelligence“ (Die Entwicklung der natürlichen und künstlichen Intelligenz) dargelegte Schlussfolgerung lautet:

„Wir können aufzeigen, dass jede der zehn Milliarden Neuronen im menschlichen Gehirn eine Verknüpfungsmöglichkeit von einer Eins mit 28 Nullen hat! Wenn ein einziges Neuron über dieses Potenzial verfügt, können wir uns kaum vorstellen, was das ganze Gehirn zu leisten vermag. Dies bedeutet, dass die gesamte Zahl der Verknüpfungsmöglichkeiten im Gehirn ausgeschrieben eine Eins gefolgt von 10,5 Millionen Kilometer Nullen wäre!“

„Bisher gibt es keinen Menschen, der das Potenzial seines Gehirns vollständig nutzen kann. Deshalb akzeptieren wir keinerlei pessimistische Einschätzung über die Grenzen des menschlichen Gehirns. Es gibt keine!“

Wie ist all das möglich? Durch die größte „Umarmung“ im bekannten Universum – in der Ihre Gehirnzellen Ihre übrigen Gehirnzellen „umarmen“. Jede einzelne Gehirnzelle kann 10.000 *und mehr* nahe gelegene Gehirnzellen im selben Augenblick umfangen.

In ebendiesen unaufhörlichen Umarmungen werden die unendlichen Muster, die unendlichen Landkarten (eben die Mind Maps) Ihres Geistes erzeugt, genährt und kultiviert. Radiales Denken spiegelt Ihre inneren Strukturen und Abläufe wider. Die Mind Map stellt den äußeren Spiegel Ihres eigenen Radialen Denkens dar und gewährt Ihnen den Zugang zu Ihrem riesigen Denkkraftwerk.

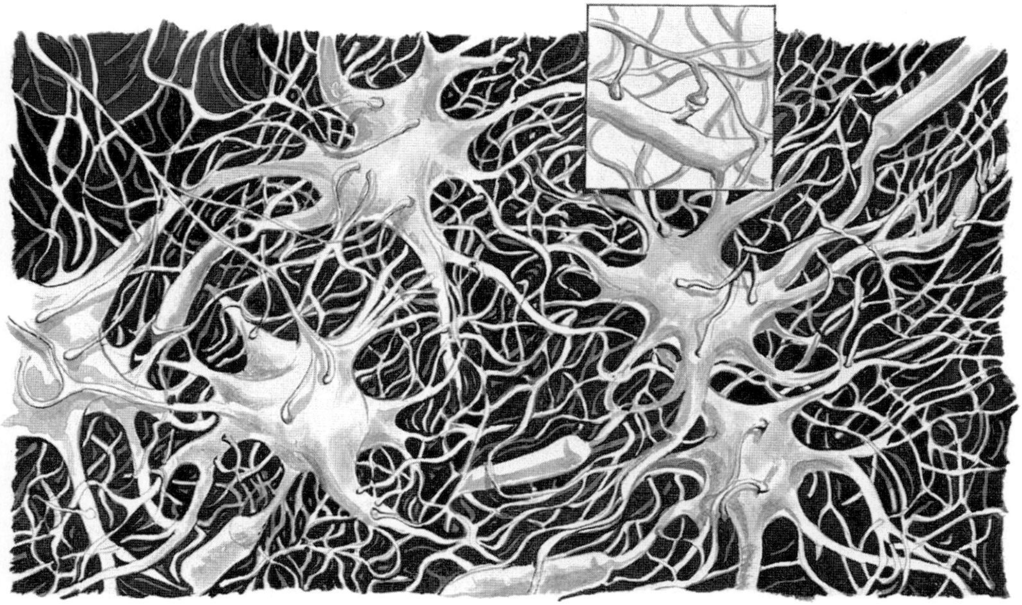

Fünf Gehirnzellen zeigen einen Teil der „neuronalen Umarmungen“ im ganzen Gehirn. Dieses Bild ist tausendfach vereinfacht und stellt einen mikroskopischen Gehirnbereich dar.

Vorhergehende Seite: Natürliche Architektur: Tafel 3

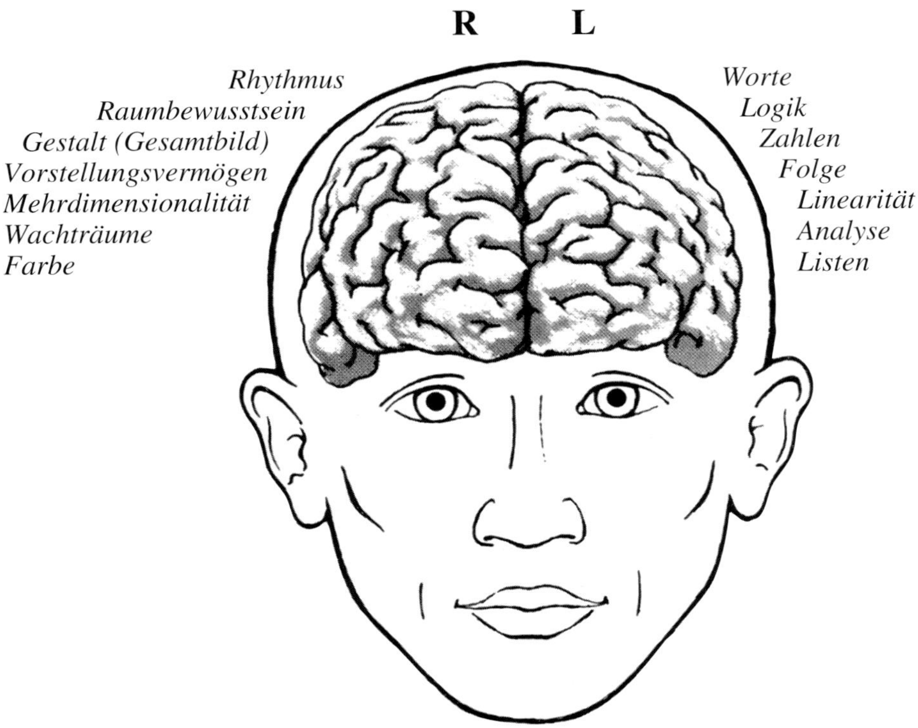

Die Großhirnrinde von vorne. Die gezeigten kortikalen Fähigkeiten bilden das Kraftwerk der intellektuellen Fähigkeiten, die beim Denken und Erstellen von Aufzeichnungen genutzt werden können.

Die Gehirnhälften

In den späten sechziger Jahren verkündete der kalifornische Professor Roger Sperry, dem später für seine Erkenntnisse der Nobelpreis verliehen wurde, die Ergebnisse seiner Forschung auf dem Gebiet der am höchsten entwickelten Gehirnregion, der Großhirnrinde.

Sperrys anfängliche Erkenntnisse ließen darauf schließen, dass die zwei Hälften der Gehirnrinde zur Aufteilung der grundlegenden intellektuellen Funktionen untereinander neigen (s. obige Abb.). Die rechte Gehirnhälfte erschien in folgenden intellektuellen Bereichen als dominant: Rhythmus, räumliches Bewusstsein, Gestalt (Gesamtbild), Vorstellungskraft, Wachträume, Farbe und Mehrdimensionalität. Die linke Gehirnhälfte erschien auf einem unterschiedlichen, aber gleichermaßen wichtigen Bereich geistiger Fähigkeiten als dominant: Wörter, Logik, Zahlen, Folge, Linearität, Analyse und Listen. Daran anschließende Forschungen von Ornstein, Zaidel, Bloch und anderen haben diese Erkenntnisse untermauert. Zudem wurde entdeckt:

Obwohl jede Gehirnhälfte bei bestimmten Aktivitäten *dominiert*, verfügen beide grundsätzlich über Fähigkeiten auf *allen* Gebieten, und die von Roger Sperry identifizierten geistigen Fähigkeiten sind in Wirklichkeit über die gesamte Gehirnrinde verteilt.

Der gegenwärtige Trend, Menschen als entweder von der linken oder von der rechten Gehirnhälfte dominiert zu klassifizieren, ist somit kontraproduktiv. So stellte Michael Bloch in seinem Aufsatz „Improving Mental Performance“ (Wie man die geistigen Fähigkeiten verbessert) fest: „Wenn wir uns als von der rechten oder linken Gehirnhälfte dominiert bezeichnen, begrenzen wir unsere Fähigkeit zur Entwicklung neuer Strategien.“

Die Bemerkung „Ich verfüge nicht über die geistige Fähigkeit X“ ist sowohl falsch wie auch ein Missverständnis. Wenn man auf einem bestimmten Gebiet Schwächen *aufweist*, muss die korrekte Feststellung lauten: „Ich muss meine geistige Fähigkeit X noch entwickeln.“ Die einzige Schranke, die uns davon abhält, all unsere geistigen Fähigkeiten zum Ausdruck zu bringen und sie zu nutzen, ist das fehlende Wissen, wie wir Zugang zu ihnen gewinnen können.

Die Skala der uns allen zugänglichen Fähigkeiten umfasst alle Fähigkeiten, die zuvor entweder der linken oder der rechten Gehirnhälfte zugeschrieben wurden:

1. **Sprache**
   - Wörter
   - Symbole
2. **Zahlen**
3. **Logik**
   - Folge
   - Auflistung
   - Linearität
   - Analyse
   - Zeit
   - Assoziation
4. **Rhythmus**
5. **Farbe**
6. **Vorstellungsvermögen**
   - Wachträume
   - Visualisierung
7. **Räumliches Bewusstsein**
   - Mehrdimensionalität – Gestalt (Gesamtbild)

Radiales Denken und Mind Mapping berücksichtigen all diese Elemente.

Lernpsychologie und Erinnerung

Die Forschung hat gezeigt, dass das menschliche Gehirn sich während des Lernprozesses hauptsächlich an Folgendes erinnert:

- Dinge vom Anfang des Lernabschnitts (Primacy-Effekt)
- Dinge vom Ende des Lernabschnitts (Recency-Effekt)
- Dinge, die mit bereits gespeicherten Daten oder Mustern *assoziiert* oder mit anderen Aspekten dessen, was gelernt wird, verknüpft werden
- Dinge, die als irgendwie herausragend oder einzigartig *betont* werden
- Dinge, die besonders stark einen der fünf Sinne ansprechen
- Dinge, die für die betreffende Person von besonderem Interesse sind

Diese Auflistung von Erkenntnissen vermittelt Ihnen zusammen mit der gegenüberliegenden Graphik entscheidende Informationen zum Verständnis der Abläufe in unserem Gehirn.

In der Tat veranlasste mich ebendieses Wissen (nicht die Gehirnhälftentheorie, wie manche vermuteten) zur Entwicklung des Mind Mappings. Als ich in den sechziger Jahren an verschiedenen Universitäten über Lern- und Gedächtnispsychologie Vorlesungen hielt, bemerkte ich allmählich die ungeheure Diskrepanz zwischen der von mir gelehrten Theorie und meinem tatsächlichen Tun.

Meine Unterrichtsnotizen bestanden aus den üblichen linearen Notizen, wodurch ich die übliche Menge an wichtigen Details vergaß und auch die Kommunikation beeinträchtigt wurde. Ich benutzte solche Notizen als Grundlage für meinen Unterricht über das Gedächtnis, in dem ich darauf hinwies, dass die zwei Hauptfaktoren des Erinnerns *Assoziation* und *Betonung* sind. Dennoch mangelte es meinen eigenen Notizen ausgerechnet an diesen beiden wichtigen Punkten!

Indem ich mich ständig fragte: „Was kann mir in meinen Notizen dazu verhelfen, Assoziation und Betonung zu vermitteln?“, gelangte ich Ende der sechziger, Anfang der siebziger Jahre zu einer frühen Form des Mind Mappings. (Nähere Hinweise zur Erinnerungsfunktion während des Lernens finden Sie in meinem Buch *Kopftraining*, Goldmann.)

Meine daran anschließenden Forschungen über Informationsverarbeitung, Struktur und Funktionsweise der Gehirnzellen sowie der Großhirnrinde bestätigten und stärkten die ursprüngliche Theorie: Die Mind Maps waren geboren.

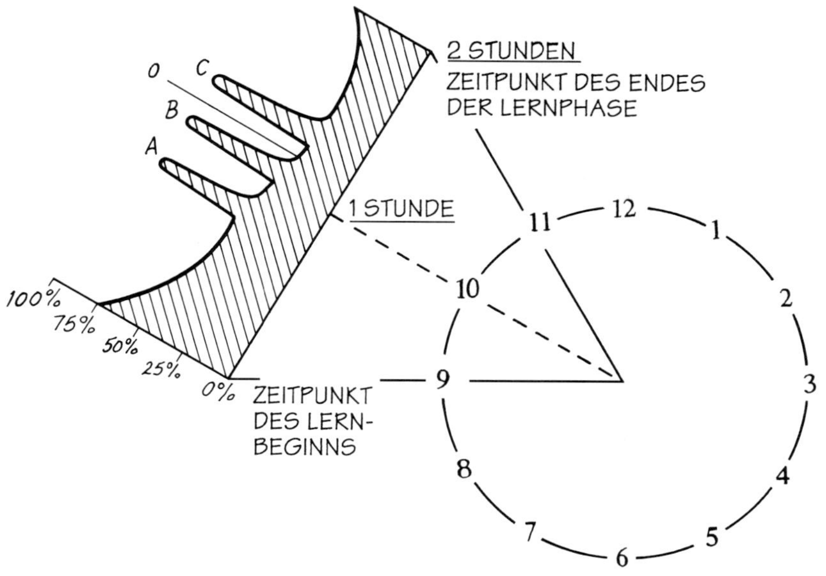

Die Graphik zeigt die Höhe- und Tiefpunkte des Erinnerns während einer Lernperiode. Die Gründe für die Höhepunkte liefern die Grundlagen für eine neue Lerntheorie (s. S. ***34****).*

Gestalt – Gesamtbild

Unser Gehirn tendiert zur Suche nach Mustern und zur Vervollständigung von Informationen. Die meisten Menschen, die die Wörter „Eins, zwei, drei …“ lesen, werden z.B. gegen den Impuls ankämpfen müssen, „vier“ zu ergänzen. Wenn jemand sagt: „Ich muss dir etwas Ungeheuerliches erzählen … herje! Tut mir Leid, mir ist gerade eingefallen, dass ich das niemandem weitererzählen darf“, wird Ihr Geist nach einer Vervollständigung der Information schreien! Diese Neigung des Gehirns, nach Vervollständigung von Informationen zu suchen, wird durch die Struktur der Mind Map befriedigt. Mind Maps erlauben eine unendliche Folge assoziativer „Sondierungen“, die umfassend jeder Idee oder Fragestellung, mit der Sie sich befassen, nachgehen.

Das Gehirn als ein mit Assoziationen und Radialem Denken arbeitender Computer

Diese verblüffende Maschine, Ihr Gehirn, hat fünf Hauptaufgaben – Empfangen, Behalten, Analysieren, Ausdrücken und Kontrollieren –, die sich wie folgt erklären:

1. **Empfangen**
Alles, was von *irgendeinem* Ihrer Sinne aufgenommen wird.

2. **Behalten**
Ihr Gedächtnis, einschließlich Merkfähigkeit (die Fähigkeit, Wissen zu speichern) und Erinnerung (die Fähigkeit des Zugriffs auf dieses gespeicherte Wissen).

3. **Analysieren**
Erkennen von Mustern und Informationsverarbeitung.

4. **Ausdrücken**
Jede Form von kommunikativem oder schöpferischem Handeln, einschließlich Denken.

5. **Kontrollieren**
Bezieht sich auf alle geistigen und körperlichen Funktionen.

Diese fünf Kategorien verstärken einander. Es ist z. B. leichter, Informationen zu empfangen, wenn man interessiert und motiviert ist und wenn der Empfangsprozess mit den Gehirnfunktionen kompatibel ist. Wenn man die Information effizient empfangen hat, kann man sie leichter behalten und analysieren. Umgekehrt erhöht effizientes Behalten und Analysieren die Fähigkeit zum Informationsempfang.

Gleichermaßen erfordert die Analyse, die eine komplexe Anordnung von Informationsverarbeitungsaufgaben umfasst, die Fähigkeit, das Empfangene zu behalten (zu speichern und zu verknüpfen). Die Qualität der Analyse wird von Ihrer Fähigkeit, die Information zu empfangen und zu behalten, beeinflusst. Diese drei Funktionen konvergieren zu der vierten – dem Ausdruck dessen, was empfangen, behalten und analysiert wurde, durch Mind Mapping, Sprache, Gestik usw.

Die fünfte Kategorie, die Kontrolle, bezieht sich auf die allgemeine Überwachung all unserer geistigen und körperlichen Funktionen durch das Gehirn – einschließlich des allgemeinen Gesundheitszustands, der Körperhaltung sowie der Kontakte mit der Umwelt. Diese Kategorie ist von besonderer Bedeutung, da ein gesunder Geist und ein gesunder Körper wichtig sind, wenn die Fähigkeiten *Empfangen, Behalten, Analysieren und Ausdrücken* voll funktionieren sollen.

Die Entwicklungsgeschichte der menschlichen Intelligenz

Die Geschichte der menschlichen Intelligenz kann man als die Suche des Gehirns nach Wegen der effektiven Kommunikation mit sich selber sehen.

Als der erste Mensch den ersten Strich zog, wurde eine Revolution im menschlichen Bewusstsein vorangetrieben, bei der die Mind Map die letzte Entwicklungsstufe darstellt. (Für eine vertiefte Darstellung s. Lorraine Gills *Line is man-made.*)

Als die Menschen erkannten, dass sie ihre inneren „geistigen Bilder" nach außen projizieren konnten, beschleunigte sich die Entwicklung. Die ersten Striche wurden zu Bildern, sie nahmen mit der Höhlenmalerei der frühen australischen Aborigines ihren Anfang. Mit zunehmender Entwicklung der Zivilisation wurden die Bilder erst zu Symbolen, dann zu Alphabeten und Schriftzeichen verdichtet - wie etwa die chinesischen Schriftzeichen oder die ägyptischen Hieroglyphen. Mit der Entwicklung des westlichen Denkens und dem sich ausbreitenden Einfluss des Römischen Reiches wurde der Übergang vom Bild zum Buchstaben abgeschlossen. Seitdem hielt über fast 2.000 Jahre lang der Buchstabe das inzwischen verachtete Bild in seinem Bann.

> Die ersten Menschen, die Zeichen hinterließen, kennzeichneten somit *buchstäblich* einen riesigen Sprung in der Evolution der Intelligenz, denn sie externalisierten die ersten Spuren der geistigen Welt. Dadurch fixierten sie ihre Gedanken in Zeit und Raum und ermöglichten es so ihren Gedanken, ebenjene Mehrdimensionalitäten zu überschreiten. Die menschliche Intelligenz konnte nun über unendliche Zeit- und Raumspannen mit sich selbst kommunizieren.

Symbole, Bilder und Codes entwickelten sich schließlich zur Schrift und in diesem entscheidenden Fortschritt lag der Schlüssel zur Entstehung und zum Wachsen hoch entwickelter Kulturen wie jenen in Mesopotamien und China. Diese Völker erfreuten sich offensichtlicher Vorteile über jene, die noch nicht über die Schrift verfügten und somit keinen Zugang zu Weisheit und Wissen der großen Denker der Vergangenheit hatten.

Wie ein breiter Fluss, der in eine schmale Schleuse gezwungen wird, beschleunigte sich über die Jahrhunderte hinweg der Trend zum Informationssammeln und mündete in der heutigen „Wissensexplosion". In jüngerer Zeit wurde diese „Explosion" zum Teil auch dadurch mitverursacht, dass man annahm, dass das Schreiben das einzig richtige Hilfsmittel zum Lernen, zur Analyse und zur Weiterverbreitung von Informationen sei.

Wenn das Schreiben wirklich die beste Art der Aufnahme, Analyse und Weitergabe von Information ist, warum haben dann so viele Menschen Schwierigkeiten beim Lernen und Denken und bei der Entfaltung der Kreativität und der Verbesserung ihrer Gedächtnisleistung? Warum klagen sie über ihre grundlegende Unfähigkeit, über mangelndes Selbstvertrauen, nachlassendes Interesse, abnehmendes Konzentrationsvermögen, schwindende Gedächtnisleistung und Denkprobleme?
Die üblichen Reaktionen auf diese Probleme umfassen Selbstverunglimpfung, Leistung unter dem eigentlichen Niveau, Apathie und das Hinnehmen strenger, dogmatischer Regeln, die allesamt die natürliche Gehirnfunktion noch mehr behindern.
Wir halten das Wort, den Satz, die Logik und auch die Zahlen für die Grundsteine unserer Zivilisation und zwingen unsere Gehirne zum Gebrauch einengender Ausdrucksmöglichkeiten, die wir für die einzig richtigen halten.
Warum tun wir das? Weil wir, in universellen evolutionären Begriffen, noch immer Neugeborene sind. Von daher ist es verständlich, dass wir uns in die gegenwärtige unbequeme Lage „hineinexperimentiert“ haben. Das folgende Kapitel beschreibt diese Lage, und die daran anschließenden Kapitel wollen zur Lösung dieser Probleme beitragen.

Überleitung

Dank der Physiologie und der Psychologie wissen wir, dass das Gehirn ungeheure Kräfte birgt, die nur darauf warten, freigesetzt zu werden. Um mehr über das wahre Leistungsvermögen des Gehirns und die Art, es zu gebrauchen, zu erfahren, müssen wir jene als „Große Gehirne“ bezeichneten Menschen genauer betrachten. Im folgenden Kapitel begegnen wir einigen großen Denkern der Vergangenheit und stellen uns die Frage, ob sie in der Lage waren, eine größere Bandbreite assoziativer, kreativer Fähigkeiten und des Radialen Denkens zu nutzen.

Kapitel 2

Die „Großen Gehirne“

Das erwartet Sie in diesem Kapitel:

- Vorwort
- Die „Großen Gehirne“
- Alle geistigen Fähigkeiten nutzen
- Überleitung

Vorwort

Alle als „Große Gehirne“ bezeichneten Denker auf den Gebieten Kunst, Naturwissenschaften, Politik, Literatur, Militär, Wirtschaft und Erziehung haben als Denkhilfe Notizen verwandt. Auf der Grundlage des in Kapitel 1 enthüllten Wissens über die Funktionsweise des Gehirns untersucht Kapitel 2, in welchem Ausmaß einige bedeutende historische Persönlichkeiten ihr ungeheures Denkvermögen genutzt haben.

Die „Großen Gehirne“

Jene unter Ihnen, die man in ihrer Kindheit wegen ihrer „konfusen Notizen“ oder „Kritzeleien“ gescholten hat, wird hiermit Trost und Ehrenrettung zuteil!

Während meiner Lehrtätigkeit in den vergangenen 25 Jahren zeigte ich oft Notizen eines allgemein als „groß“ anerkannten Denkers, ohne ihn namentlich zu nennen. Meistens bat ich die Kursteilnehmer, den Verfasser dieser Notizen zu nennen. Im Regelfall nannten die Teilnehmer dann (meist fälschlicherweise) da Vinci, Einstein, Picasso, Darwin und zumindest einen berühmten Musiker, Naturwissenschaftler oder Politiker. Dieses Experiment zeigt unsere *Vermutung*, dass

Menschen wie da Vinci und Einstein ihre großen Werke durch Einsatz einer größeren Bandbreite geistiger Fähigkeiten als ihre Zeitgenossen erreicht haben müssen. Die folgenden Beispiele liefern den Beweis dafür, dass die „Großen Gehirne" in der Tat ihre natürlichen Fähigkeiten besser nutzten und – anders als alle ihre stärker linear denkenden Zeitgenossen – intuitiv Radiales Denken und Mind Mapping anwandten.

Alle geistigen Fähigkeiten nutzen

Ein schnelles Verfahren, die Qualität Ihrer eigenen Notizen oder die anderer Menschen zu beurteilen, besteht darin, sich die Liste geistiger Fähigkeiten auf S. **33** anzusehen und nachzuprüfen, wie viele dieser Fähigkeiten in den Notizen vorhanden sind – je mehr, desto besser.

Leonardo da Vincis Notizen (s. S. **41**) untermauern dies. Er benutzte Wörter, Symbole, Folgen, Listen, Linearität, Analyse, Assoziationen, visuelle Rhythmen, Zahlen, Bilder, Mehrdimensionalität, Gestalt. – Ein Beispiel für den vollendeten Ausdruck eines vollendeten Geistes. Picassos Notizen (ebenfalls S. **41**) erweisen sich als ähnlich umfassend. Versuchen Sie einmal zur Auflockerung zu raten, welche Notizen von da Vinci und welche von Picasso stammen, ehe Sie sich an das „Große-Gehirne"-Rätsel auf S. **295-304** wagen (s. auch S. **18**).

In den Notizen des „Große-Gehirne"-Rätsels (s. S. **295**) finden Sie weitere Beispiele großer Denker, deren Ausdrucksmöglichkeiten die volle Bandbreite ihrer geistigen Fähigkeiten widerspiegeln.

Überleitung

Diese Notizen, in denen sich der Gedankenprozess großer Denker widerspiegelt, zeigen auf, dass diese Menschen in der Tat eine größere Skala ihrer angeborenen Geisteskräfte als ihre Zeitgenossen nutzten. Wir wissen inzwischen, dass wir alle die gleichen angeborenen Geisteskräfte nutzen *könnten*. Warum also leiden so viele Menschen unter schwerwiegenden Problemen in ihrem Denken, ihrer Kreativität, bei dem Versuch der Problemlösung, bei der Planung, mit ihrem Gedächtnis und im Umgang mit Veränderung? Den Gründen dafür wird im folgenden Kapitel „Gehirn in der Klemme" nachgegangen.

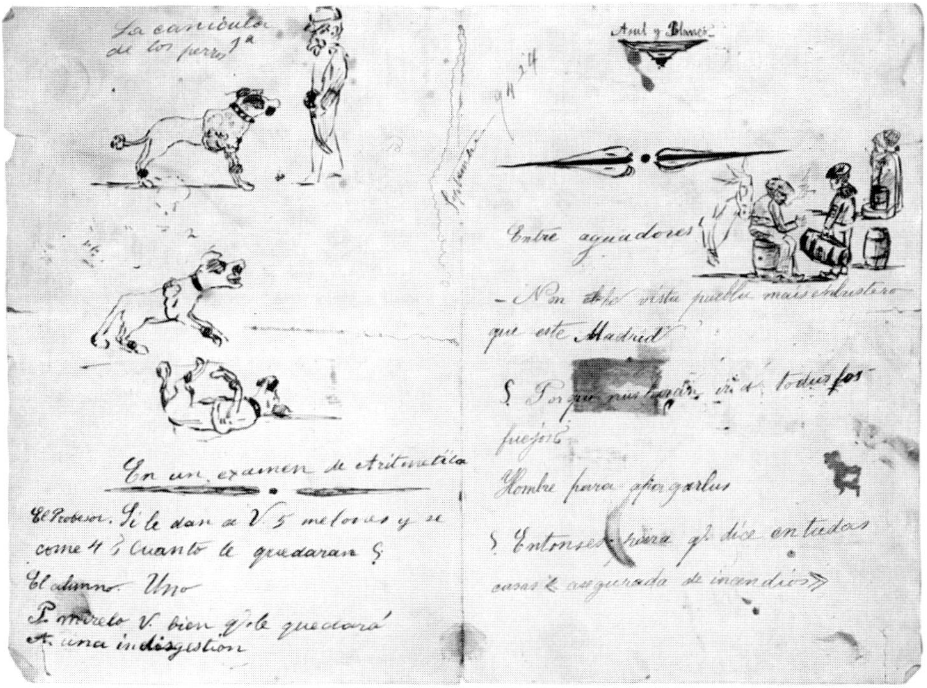

1. *Notiz eines „Großen Gehirns“*

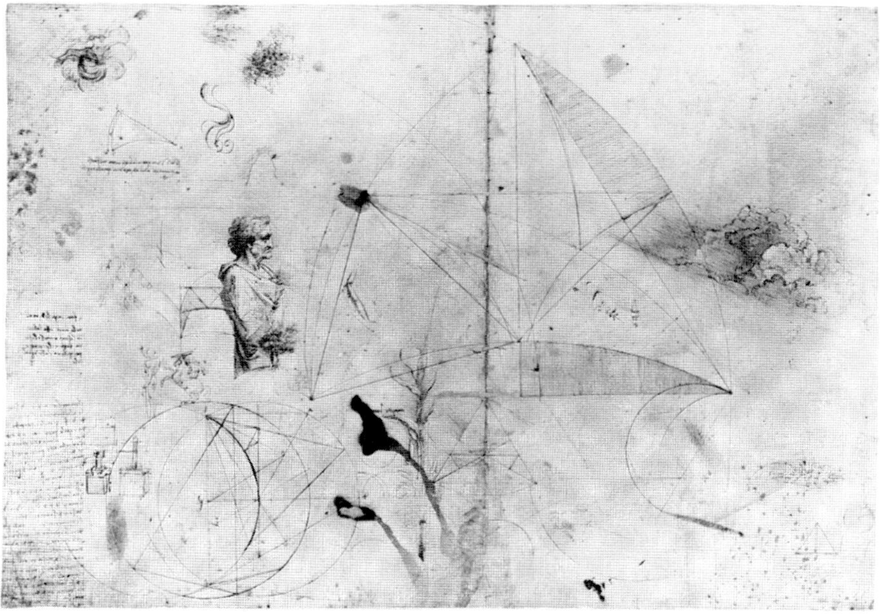

2. *Notiz eines „Großen Gehirns“*

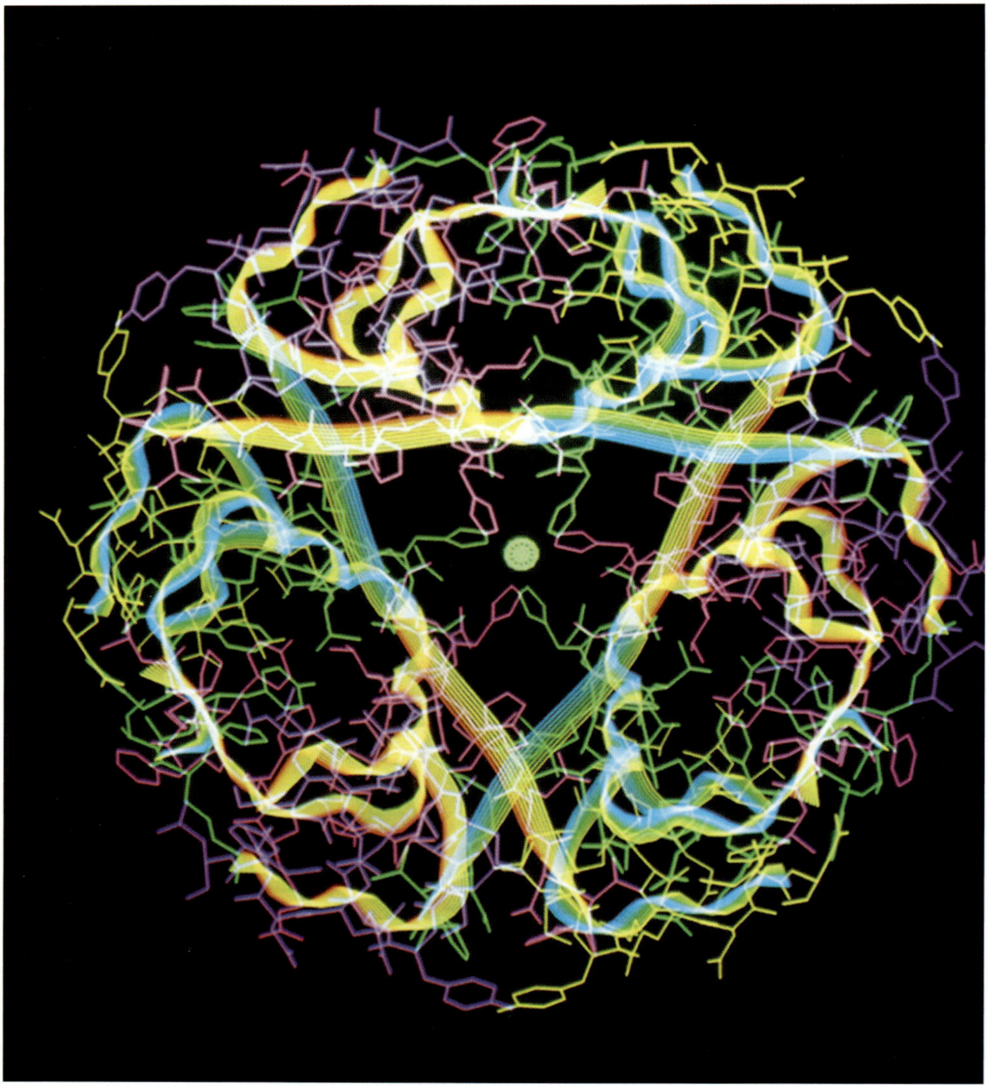

Natürliche Architektur: Tafel 4

Kapitel 3

Gehirn in der Klemme

Das erwartet Sie in diesem Kapitel

- Vorwort
- Lineare Standardnotizen/-aufzeichnungen
- Die wichtigsten Stilarten der Standardnotizen/-aufzeichnungen
- Hilfsmittel, die für Standardnotizen/-aufzeichnungen verwendet werden
- Die Nachteile der Standardnotizen/-aufzeichnungen
- Die Folgen für unser Gehirn
- Einige wichtige Forschungsergebnisse
- Überleitung

Vorwort

Dieses Kapitel enthüllt die inhärenten Schwächen des gegenwärtig weltweit am meisten angewandten Notier-/Aufzeichnungssystems. Indem wir die Effektivität verschiedener Notier- und Aufzeichnungssysteme analysieren, können wir allmählich eine Methode entwickeln, die *mit dem* statt *gegen das* Gehirn arbeitet.

Lineare Standardnotizen/-aufzeichnungen

Zuallererst müssen wir klar zwischen Notizen und Aufzeichnungen unterscheiden. Sich Notizen zu machen bedeutet, die eigenen Gedanken zu ordnen – oft auf kreative, innovative Weise. Aufzeichnungen zu machen heißt, die Gedanken eines anderen, die etwa in einem Buch, einem Artikel oder in einem Vortrag ausgedrückt wurden, zusammenzufassen.

In den vergangenen zwei Jahrzehnten haben meine Kollegen und ich die verschiedenen Stilarten des Notierens/Aufzeichnens auf allen Bildungsniveaus, in Schulen, Universitäten und verschiedenen Berufszweigen untersucht. Diese Untersuchungen fanden in vielen verschiedenen Ländern statt und umfassten Beobachtungen, Fragen und praktische Experimente.

In einem dieser Versuche wurden die Gruppenmitglieder gebeten, innerhalb von fünf Minuten eine innovative, kreative Rede über das Thema „Das Gehirn – Innovation, Kreativität und Zukunft" vorzubereiten. Ihnen standen zahlreiche verschiedene Papiersorten, farbige Stifte und anderes Schreibmaterial zur Verfügung. Sie wurden außerdem gebeten, folgende Gesichtspunkte bei ihren Notizen zu berücksichtigen:

- Gedächtnis
- Kommunikation und Darstellung
- Innovation und Kreativität
- Planung
- Analyse
- Entscheidungsfindung
- Zeitmanagement
- Problemlösungen
- Humor
- Einbeziehung des Publikums

Trotz der Vielfalt des angebotenen Schreibmaterials wählte die Mehrzahl der Teilnehmer herkömmliches liniertes Papier und nur einen Stift (in der Regel schwarz, blau oder grau).

Stil	Ziele	Hilfsmittel
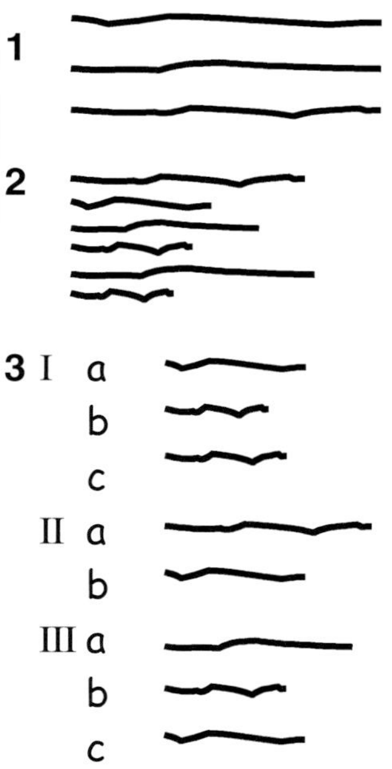	Gedächtnis Gegenwart Innovation/Kreativität Planung Analyse Entscheidungen etc.	Worte Zahlen Abläufe Linien Listen Logik Analyse Einfarbigkeit

Die drei wichtigsten Notizstile werden von 95 Prozent aller Menschen, die etwas notieren oder aufzeichnen, weltweit in allen Ausbildungsstätten und Berufszweigen und unabhängig von der Sprache oder Nationalität verwendet. Wird daraus nicht ganz klar deutlich, weshalb unser Gehirn in der Klemme steckt (s. S. ***45-52****)?*

Die wichtigsten Stilarten der Standardnotizen/ -aufzeichnungen

Die drei wichtigsten, in dem Versuch angewandten Stilarten sehen Sie in oben abgebildeter Graphik.

1. Der Satz-/Erzählstil besteht lediglich darin, das zu Vermittelnde in erzählender Form niederzuschreiben.

2. Der Listenstil umfasst das Niederschreiben der Ideen in der Reihenfolge, wie sie auftauchen.

3. Der gliederungsähnliche/numerische/alphabetische Stil besteht im Notieren von Haupt- und Unterpunkten in einer hierarchischen Ordnung.

Viele Menschen kombinieren verschiedene Teile dieser drei Hauptstilarten miteinander. Doch es gibt noch eine vierte, seltenere Stilart, die oft als „konfus" oder „schlampig" abgetan wird. Dieser vierte Stil ähnelt, wie wir noch sehen werden, dem Mind Mapping.

Überall auf der Welt sind die gegenwärtigen Standardnotier- und Aufzeichnungssysteme identisch. Obwohl die Notizen im Mittleren Osten und in Asien vielleicht anders *aussehen*, weisen sie doch die gleichen Elemente auf. Auch wenn man im Chinesischen, Japanischen und Arabischen von oben nach unten bzw. von rechts nach links (s. S. **48**) schreibt, ist die Darstellung doch immer linear.

In allen der von uns aufgesuchten Schulen, Universitäten oder Unternehmen wandten *mehr als 95 Prozent* der Testpersonen die drei oben dargestellten Hauptstilarten an.

Hilfsmittel, die für Standardnotizen/ -aufzeichnungen verwendet werden

Bei jeder der drei Hauptstilrichtungen wurden folgende Hilfsmittel benutzt:

1. **Lineare Gestaltung**
Die Notizen wurden gewöhnlich in geraden Linien niedergeschrieben. Grammatik, chronologische Abfolge und hierarchische Ordnung kamen ebenfalls zur Anwendung.

2. **Symbole**
Diese umfassten Buchstaben, Wörter und Zahlen.

3. **Analyse**
Man ging zwar analytisch vor, aber durch die lineare Gestaltung wurde die Analyse nachteilig beeinflusst, was zeigt, dass im Allgemeinen mehr Wert auf die lineare Darstellung als auf den Inhalt gelegt wird.

Ein rascher Rückblick auf Kapitel 1 (S. **26 ff.**) ruft uns ins Gedächtnis zurück, dass Symbole, lineare Darstellungen und Analyse, also die wichtigsten Elemente der gegenwärtigen Standardnotizen/-aufzeichnungen, lediglich drei der vielen für die menschliche Großhirnrinde verfügbaren Hilfsmittel ausmachen. Diese herkömmlichen Notizen lassen Folgendes fast völlig außer Acht:

- visueller Rhythmus
- visuelle Gestaltung oder Gestaltung überhaupt
- Farben
- Bilder (Vorstellungsvermögen)
- Visualisierung
- Mehrdimensionalität
- räumliches Bewusstsein
- Gestalt (Gesamtbild)
- Assoziationen

Da diese fehlenden Elemente für die gesamte Gehirnfunktion und speziell beim Erinnern während des Lernens wichtig sind, überrascht es nicht, dass die meisten unserer Versuchsteilnehmer das ganze Notizenmachen als ziemlich frustrierend empfanden.

Zudem wurden 95 Prozent der Notizen in einer einzigen Farbe geschrieben (meist blau, schwarz oder grau). „Monoton" ist die Wurzel von „Monotonie". Und was macht das Gehirn, wenn es sich langweilt? Es schaltet ab, schläft ein. 95 Prozent der des Lesens und Schreibens fähigen menschlichen Bevölkerung erstellen auf eine Art Notizen, bei der sie sich und andere tödlich langweilen und in einen Dämmerzustand versetzen. Wir brauchen uns nur in den Bibliotheken von Schulen, Universitäten oder in kommunalen Büchereien überall auf der Welt umzuschauen. Was macht die Hälfte der Leute dort? Schlafen!

*S. **47**: Natürliche Architektur: Tafel 5*

سيداتي وسادتي، السلام عليكم وأهلاً بكم

إلى عالم الدفاع والأمن. وفيه هذا الأسبوع:

* لماذا قررت كوريا الانسحاب من معاهدة منع انتشار الأسلحة النووية؟

* وعملية بناء القوات البحرية في منطقة الخليج.

* والنقاش الاستراتيجي الدائر في فرنسا حول مستقبل العلاقة العسكرية مع حلف شمال الأطلسي.

عالم الدفاع والأمن يأتيكم كالمعتاد من القسم العربي في هيئة الإذاعة البريطانية في لندن.

Diese arabischen Notizen veranschaulichen die Ähnlichkeit der weltweiten Art, sich Notizen zu machen, unabhängig davon, ob man nun von links nach rechts, von rechts nach links oder, wie in den asiatischen Sprachen, von oben nach unten schreibt (s. S. ***45****).*

Diese weltweite „Schlafkrankheit“ als Reaktion auf das Lernen verdanken wir der Tatsache, dass während der letzten Jahrhunderte die überwiegende Mehrheit der Menschen Notizen auf eine Weise angefertigt hat, die erheblich weniger als die Hälfte unserer verfügbaren kortikalen Fähigkeiten ausschöpft. Dies beruht darauf, dass die mit der linken und rechten Gehirnhälfte assoziierten Fähigkeiten untereinander nicht so zusammenspielen können, dass dabei eine positive Aufwärtsspirale von Bewegung und Wachstum erzeugt wird. Stattdessen haben wir unserem Gehirn ein System aufgezwungen, das das Gehirn zur Abwehr und zum Vergessen animiert!

Die Nachteile der Standardnotizen/-aufzeichnungen

Die gegenwärtigen Methoden, sich Notizen oder Aufzeichnungen zu machen, bringen folgende Nachteile mit sich:

1. Sie verschleiern die Schlüsselwörter.
Wichtige Ideen werden immer von Schlüsselwörtern transportiert. In herkömmlichen Notizen tauchen diese Schlüsselwörter oft auf verschiedenen Seiten im Text auf und gehen so in der Masse weniger wichtiger Informationen unter. Dadurch kann das Gehirn kaum noch die entsprechenden Assoziationen zwischen den Schlüsselbegriffen herstellen.

2. Sie erschweren das Erinnern.
Monotone (einfarbige) Notizen sind visuell langweilig. Deshalb lehnt man sie ab und vergisst sie leicht. Zudem schauen die Standardnotizen oft wie endlose, einander ähnliche Listen aus. Die Langeweile beim Erstellen solcher Listen versetzt das Gehirn in einen halbhypnotischen Zustand, wodurch es ihm fast unmöglich wird, sich an den Inhalt zu erinnern.

3. Sie verschwenden Zeit.
Die herkömmlichen Notizen- und Aufzeichnungssysteme vergeuden in allen Lernphasen Zeit, weil:

- sie dazu ermuntern, sich Unnötiges zu notieren,
- man deshalb unnötige Notizen lesen muss,
- man deshalb unnötige Notizen nochmals lesen muss,
- man nach Schlüsselwörtern suchen muss.

4. Sie regen nicht die Kreativität des Gehirns an.
Die lineare Form herkömmlicher Notizen hindert das Gehirn daran, Assoziationen zu knüpfen, und wirkt so jeglicher Kreativität und Gedächtnisleistung entgegen. Zudem hat das Gehirn, insbesondere wenn es mit listenähnlichen Notizen konfrontiert wird, ständig das Gefühl, die Notizen müssten endlich zum Schluss kommen oder aufhören. Dieses falsche Gefühl der Vervollständigung wirkt fast wie eine geistige Narkose, indem es unseren Denkprozess verlangsamt und schier erstickt.

Die Folgen für unser Gehirn

Der wiederholte Einsatz ineffektiver Notizen-/Aufzeichnungssysteme zieht eine Reihe von Folgen für unser Gehirn nach sich:

- Als Folge der verständlichen Rebellion des Gehirns gegen diese schlechte Behandlung verlieren wir unsere Konzentrationsfähigkeit.
- Wir verfallen in die zeitraubende Gewohnheit, uns Notizen über Notizen zu machen, um den immer flüchtiger werdenden Kern dessen, was wir studieren, zu erhaschen.
- Wir verlieren das Vertrauen in uns und unsere geistigen Fähigkeiten.
- Wir verlieren die Lust am Lernen, die bei kleinen Kindern und allen, die das Lernen glücklicherweise lernen durften, so auffällt.
- Wir leiden unter Langeweile und Frustration.
- Je angestrengter wir arbeiten, umso weniger Fortschritte erzielen wir, weil wir unabsichtlich gegen uns selbst arbeiten.

Unsere gegenwärtigen Notizen-/Aufzeichnungssysteme erbringen immer geringer werdende Erträge. Wir brauchen jedoch ein System, das wachsende Erträge gewährleistet.

📖 Zwei Beispiele sind hier zu erwähnen. Das erste betrifft die Geschichte eines autistischen Mädchens, wie bei Springer und Deutch in *Left Brain Right Brain* 1985 beschrieben. Die Autoren berichten, dass bei Autisten mit einer gravierenden Sprachbehinderung oft eine außergewöhnliche künstlerische Begabung vorkommt.

Sie beobachteten, dass „Nadia im Alter von dreieinhalb Jahren naturalistische Zeichnungen mit bemerkenswerten Details anfertigte …“ Dann stellten sie die Behauptung auf, dass diese besonderen Fähigkeiten den Beitrag der rechten Gehirnhälfte widerspiegeln, und bemerkten später, dass Nadias Zeichenkünste „*mit fortdauernder Therapie abnahmen*“.

Wäre Nadia in einer mit ihrer Gehirnfunktion verträglichen Weise unterrichtet worden, hätte sie wahrscheinlich ihre bereits stark ausgeprägten künstlerischen

Fähigkeiten *zusätzlich* zur Entwicklung sprachlicher Fähigkeiten weiterentfalten können. Hierbei wäre das Mind Mapping das geeignete Mittel gewesen.

Das zweite Beispiel betrifft ein junges Mädchen aus New York, das als Achtjährige eine Einserschülerin war. Mit zehn wurde sie Zweierschülerin, mit elf rutschte sie auf drei ab, mit zwölf auf vier, näherte sich also dem völligen Misserfolg. Sie selbst, ihre Eltern und Lehrer standen vor einem Rätsel, da sie weiterhin eifrig, wenn nicht sogar immer fleißiger gelernt hatte und offensichtlich intelligent war.

Ihre Eltern machten einen Termin mit mir aus. Nach einem langen, traurigen Gespräch hellte sich plötzlich die Miene des Mädchens auf, und sie meinte: „Es *gibt* etwas, worin ich von Jahr zu Jahr besser werde."

„Was ist das denn?", fragte ich.

„Meine Notizen und Aufzeichnungen", erwiderte sie.

Ihre Antwort traf mich wie ein Donnerschlag, denn sie löste das Rätsel. Um besser in der Schule zu werden, hatte sie angenommen, dass sie mehr und bessere Notizen anfertigen müsse. „Besser" bedeutete für sie „satzähnlicher", also soweit wie möglich wörtlich und im herkömmlichen Sinne „sauber und ordentlich". Infolgedessen verwandte sie in aller Unschuld immer mehr Mühe auf genau jene Aktivität, die sie das, was sie lernte, falsch verstehen und vergessen ließ. Diese Methode wandte der Russe Schereschewski, der über ein photographisches Gedächtnis verfügte, absichtlich an, damit er einmal gesehene Dinge wieder besser *vergessen* konnte, um sich nicht zu sehr mit Informationen zu belasten! Sobald die Schülerin diesen fatalen Mechanismus erkannt hatte, konnte sie mit Hilfe des Mind Mappings die Entwicklung rückgängig machen.

Einige wichtige Forschungsergebnisse

🕮 Diese Erkenntnisse werden durch viele wissenschaftliche Untersuchungen bestätigt, vor allem durch die von Dr. Howe von der Universität Exeter.

Dr. Howes Forschungen zielten darauf ab, die Effektivität verschiedener Notizarten zu evaluieren. Die Effektivität wurde danach beurteilt, wie gut die Studenten nach ihren Notizen referieren konnten, was anzeigte, ob sie das Thema voll und ganz verstanden hatten.

Sie mussten ihre Notizen auch zur Wiederholung verwenden, sich an die Informationen in Prüfungssituationen erinnern und überlegt antworten können, wenn sie die Notizen nicht mehr benutzen durften. Folgende Reihenfolge kam dabei heraus, das Schlechte zuerst, das Beste zuletzt:

1. Vollständig kopierte Notizen im Wortlaut

2. Vollständige Kopie in eigenen Worten

3. Zusammenfassung in Sätzen im Wortlaut

4. Zusammenfassung in Sätzen in eigenen Worten

5. Vorgegebene Schlüsselbegriffe (sie erwiesen sich manchmal als unzureichend, weil der Empfänger nicht immer die entsprechenden geisti gen Assoziationen herstellen konnte)

6. Eigene Schlüsselbegriffe

Howes Studie zeigte, dass Kürze, Effektivität und aktives persönliches Engagement entscheidende Faktoren für erfolgreiches Notieren darstellen.

Überleitung

Wie wir gesehen haben, beanspruchen die traditionellen Notiz- und Aufzeichnungssysteme nur einen Bruchteil des ungeheuren Lernpotenzials des Gehirns. Wir wissen auch, dass die „Großen Gehirne" einen viel größeren Teil der uns allen zugänglichen geistigen Kapazität nutzten. Mit diesem Wissen ausgerüstet, können wir uns in das folgende Kapitel vorwagen, in dem Radiales Denken vorgestellt wird – eine klarere, natürlichere und effektivere Methode, unser Gehirn zu gebrauchen.

Kapitel 4

Radiales, strahlendes Denken

Das erwartet Sie in diesem Kapitel:

- Vorwort
- Radiales, strahlendes Denken
- Überleitung

Vorwort

Dieses Kapitel ergänzt die Informationen aus Kapitel 1 bis 3 und führt Sie in das Radiale Denken ein, das uns einen gewaltigen evolutionären Schritt voranbringt, wenn es darum geht, das menschliche Gehirn zu verstehen.

Radiales, strahlendes Denken

Das Informationsverarbeitungssystem Ihres Gehirns

Was geht in Ihrem Gehirn vor, wenn Sie eine reife Birne schmecken, Blumen riechen, Musik hören, einen Wasserlauf betrachten, einen geliebten Menschen berühren oder einfach in Erinnerungen schwelgen? Jegliche Information, die Ihr Gehirn erreicht – jede Empfindung, jede Erinnerung oder jeder Gedanke (jedes Wort, Bild, jede Zahl, Farbe, Note, jeder Code, Geruch, Strich, Schlag und jede Beschaffenheit eines Dinges) kann als eine zentrale Kugel dargestellt werden, von der Hunderte, Tausende, Millionen von „Haken" ausgehen (s. S. **54**).

Jeder Haken stellt eine Assoziation dar, jede Assoziation verfügt über ihre eigene unendliche Reihe von Verknüpfungen. Die Zahl Ihrer bereits „benutzten" Assoziationen kann man als Ihr Gedächtnis, Ihre Datenbank verstehen. Sie können sicher sein, dass in dem Geist, der dies liest, ein Datenverarbeitungssystem enthalten ist, das die Analyse- und Speicherkapazitäten des besten Computers der Welt in den Schatten stellt (s. S. **56**).

*Graphische Darstellung eines einzigen „Informationsteils“ im Gehirn (s. S. **53-54**).*

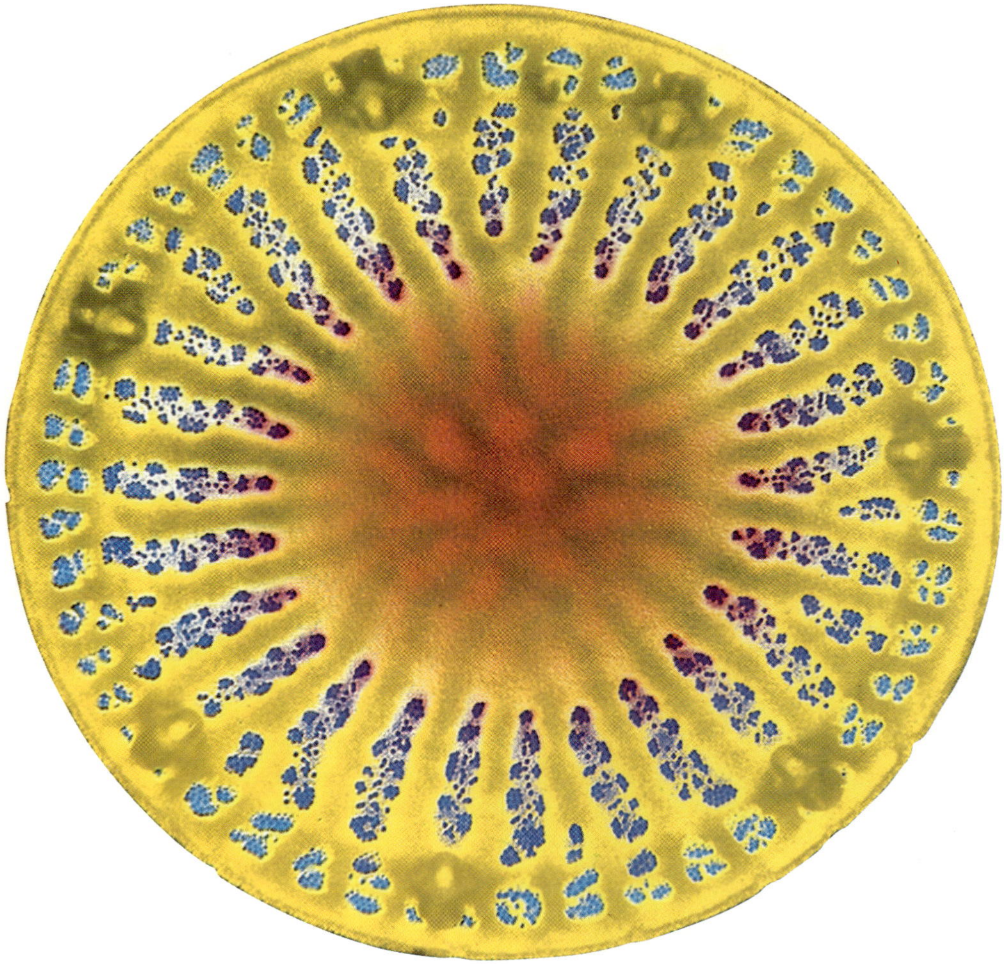

Natürliche Architektur: Tafel 6

Als Folge der Nutzung dieses mit vielen Haken versehenen, multi-ordinatigen Informations- und Speichersystems enthält Ihr Gehirn bereits Informationslandkarten, die den besten Kartographen der Welt ungläubig nach Luft schnappen ließen, wenn er sie zu sehen bekäme.

Das Denkmuster Ihres Gehirns kann man somit als eine riesige, sich verästelnde Assoziationsmaschine sehen – als einen Super-Biocomputer mit Gedankenlinien, die von einer praktisch unendlichen Zahl von Datenknoten ausstrahlen. Diese Struktur spiegelt die neuronalen Netzwerke wider, die die physische Architektur Ihres Gehirns ausmachen.

Rasches Nachrechnen zeigt auf, dass Ihre bereits existierende Datenbank mit den von ihr ausstrahlenden Assoziationen aus vielen Trillionen von Datenassoziationen besteht.

🕮 Einige Menschen gebrauchen diese riesige Datenbank als Entschuldigung, um mit dem Lernen aufzuhören, indem sie erklären, ihre Gehirne seien fast voll. Sie wollen nichts Neues mehr lernen, weil sie diesen wertvollen, verbleibenden Platz für „wirklich wichtige Dinge" reservieren wollen. Doch es besteht kein Grund zur Sorge, weil wir heute dank der Arbeiten von Dr. Mark Rosenzweig aus Paris wissen, dass Ihr Gehirn, auch wenn man es 100 Jahre lang pro Sekunde mit zehn Informationen fütterte (wobei jede Information aus einem einfachen Wort oder Bild bestünde), noch immer nur ein Zehntel seiner Speicherkapazität nützte.

Diese erstaunliche Speicherkapazität wird durch die geradezu unglaubliche Differenziertheit der komplizierten neurophysiologischen Bahnen ermöglicht. Sogar ein einziges Teilstück einer neurophysiologischen Bahn ist erstaunlich komplex (s. S. **28**). Und wie Professor Anokhin betonte, werden selbst diese phänomenalen Speicherkapazitäten durch die Fähigkeit des Gehirns, unter Verwendung der bereits gesammelten Daten Muster zu bilden, weit in den Schatten gestellt (s. auch S. **134**).

Wie viele Daten Sie auch schon gespeichert und wie viele Assoziationen Sie bereits geknüpft haben, Ihr Potenzial, neue Muster und Kombinationen zu prägen, übersteigt dies um *viele* Trillionen!

Je mehr Sie lernen, je mehr neue Informationen Sie auf ganzheitliche, radiale, systematische Weise sammeln, umso leichter fällt Ihnen das Lernen.

Von dieser gigantischen Fähigkeit zur Informationsverarbeitung und zum Lernen leitet sich das Konzept des Radialen Denkens ab. Die Mind Map ist ein Produkt des Radialen Denkens.

Radiales Denken (was so viel wie „von einem Mittelpunkt ausstrahlen" heißt) bezieht sich auf assoziative Denkprozesse, die von einem Mittelpunkt ausgehen oder mit einem Mittelpunkt verbunden sind. Die andere Bedeutung des englischen Begriffs „radiant" lautet „hell leuchtend", „vor Freude und Hoffnung strahlende Augen" und „der Brennpunkt einer Sternschnuppe" – vergleichbar mit einem „Gedankenblitz".

Wie gewinnen wir Zugang zu dieser aufregenden neuen Art zu denken? Mit der Mind Map, der äußeren Ausdrucksform des Radialen Denkens. Eine Mind Map strahlt immer von einem Zentralbild aus. Jedes Wort und jedes Bild wird in sich selbst ein untergeordneter Mittelpunkt von Assoziationen, das Ganze wird zu einem Glied einer potenziell unendlichen Kette von Mustern, die sich vom gemeinsamen Mittelpunkt weg oder zu ihm hin verzweigen. Obwohl die Mind Map auf einem zweidimensionalen Blatt Papier gezeichnet wird, stellt sie eine multidimensionale Wirklichkeit dar, weil sie Raum, Zeit und Farbe umfasst.

Ehe wir die Anwendung dieses wirksamen Hilfsmittels erlernen, müssen wir die Funktionsprinzipien des Gehirns, das Mind Mapping hervorbringt, verstehen – ebenso die Tatsache, dass Radiales Denken die natürliche und praktisch automatische Art ist, auf die alle menschlichen Gehirne seit jeher funktionieren. In der evolutionären Entwicklung unseres Denkprozesses haben wir jedoch nur einzelne Strahlen statt des ganzen multidimensionalen Kraftwerks genutzt.

Überleitung

Ein radial denkendes Gehirn sollte sich in einer radialen Form, die das Muster des eigenen Denkprozesses widerspiegelt, ausdrücken. Im nächsten Kapitel „Der vor uns liegende Weg" erfahren wir, dass die Mind Map ebendiese Form darstellt.

S. 58: Natürliche Architektur: Tafel 7

Kapitel 5

Der Weg, der vor uns liegt

Das erwartet Sie in diesem Kapitel:

- Vorwort
- Die Mind Map – eine Definition
- Kommentare von Mind-Map-Anwendern
- Überleitung

Vorwort

Dieses Kapitel erläutert den natürlichen Ausdruck des Radialen Denkens: die Mind Map, den nächsten Schritt in der Evolution des menschlichen Denkens.

Die Mind Map – eine Definition

Die Mind Map ist ein Ausdruck Radialen Denkens und somit eine natürliche Funktion des menschlichen Geistes. Sie stellt eine wirksame graphische Technik dar, einen Universalschlüssel für die Erschließung unseres Gehirnpotenzials. Die Mind Map kann in jedem Lebensbereich angewandt werden, in dem verbessertes Lernen und klareres Denken die menschliche Leistung erhöht. Die Mind Map weist vier grundlegende Eigenschaften auf:

1. Der Gegenstand der Aufmerksamkeit kristallisiert sich in einem Zentralbild.
2. Die Hauptthemen des Gegenstands *strahlen* vom Zentralbild wie Äste aus.
3. Die Äste enthalten Schlüsselbilder oder Schlüsselworte, die auf einer mit dem Zentralbild verbundenen Linie in Druckbuchstaben geschrieben werden. Themen von untergeordneter Bedeutung werden als Zweige, die mit Ästen höheren Niveaus verbunden sind, dargestellt.
4. Die Äste bilden ein Gefüge miteinander verbundener Knotenpunkte.

Man kann Mind Maps durch Farben, Bilder, Codes und Mehrdimensionalität intensivieren und interessanter, ansprechender und individueller gestalten. Dies wiederum fördert die Kreativität, das Gedächtnis und speziell den Rückruf von Informationen.

Dank Mind Maps können Sie leichter zwischen Ihren geistigen Speicher*kapazitäten* und der *Leistungsfähigkeit* Ihres geistigen Speichers unterscheiden. Die Kapazitäten können Sie mit Hilfe von Mind Mapping besser unter Beweis stellen, und die Leistung wird durch Mind Mapping verbessert. Oder anders ausgedrückt: Das effiziente Speichern von Daten vervielfacht Ihre Kapazität. Man könnte dies mit dem Unterschied zwischen einem systematisch und einem wild durcheinander eingeräumten Lagerhaus vergleichen – oder mit einer Bibliothek mit und ohne Katalogsystem.

Kommentare von Mind-Map-Anwendern

Mind Mapper aller Altersstufen, verschiedenster Berufe und unterschiedlichster formaler Bildung beschreiben das Mind Mapping wie folgt:

- „Ein Hilfsmittel, das einem dabei hilft, sich um sich selbst zu kümmern."
- „*Das* Werkzeug zum geistigen Training."
- „Ein Spiegel des Geistes."
- „Ein Hilfsmittel zur Förderung des Gehirns."
- „Mein geistiger Vulkan."
- „Ein Werkzeug, mit dessen Hilfe man intelligent wird."
- „Ein zielorientiertes Gedankennetzwerk."
- „Ein Werkzeug, um Intelligenz unter Beweis zu stellen."
- „Die umfassendste kreative Denkmethode."
- „Eine multidimensionale Mnemotechnik."
- „Ein bewusst selbstkontrolliertes Elektroenzephalogramm (EEG)."
- „Eine Externalisierung der inneren Gedankenmuster/Landkarten des Gehirns."
- „Die Methode, mit der ich es endlich genießen kann, mein Gehirn zu gebrauchen!"
- „Ein Weg zu geistiger Freiheit."
- „Eine Mind Map ist eine Externalisierung aller Aspekte kortikaler Fähigkeiten und der Intelligenz, die es dem Gehirn erlaubt, zu seinem ungeheuren Speicher an verborgenen Fähigkeiten eleganter und schneller Zugang zu erhalten."
- „Mind Mapping bedeutet für das Informations- und Raumfahrtzeitalter das Gleiche, was lineare Notizen für das Industriezeitalter bedeutet haben."

Oder, wie ein Anwender es nach seiner ersten Erfahrung mit dem Mind Mapping formulierte: „Mir kommt es vor, als wäre ich mein ganzes Leben lang mit einer schmutzigen Windschutzscheibe Auto gefahren, und das Mind Mapping hätte sie plötzlich für mich geputzt."

All diese Aussagen beschreiben Mind Mapping höchst treffend und offenbaren, dass das Mind Mapping die nächste Stufe in der Entwicklung vom linearen („eindimensionalen") über das laterale („zweidimensionale") zum multidimensionalen oder Radialen Denken darstellt.

Überleitung

Mit Ihrem jetzigen Wissen über die Funktionsweise und das Potenzial Ihres Gehirns sind Sie für die Reise durch die komplizierte Welt Ihrer Großhirnrinde vorbereitet. Diese Reise, die Sie durch eine Reihe von Brainstorming-Übungen zur vollendeten Mind-Mapping-Kunst führt, wird die Grundlagen dafür schaffen, dass Sie Ihr geistiges Potenzial ausdrücken und freisetzen können.

Teil 2

Grundlagen

Kapitel 6 bis 9 erforschen die Zwillingswelten von Wörtern und Bildern und zeigen Ihnen, wie Sie außergewöhnliche geistige Energien durch die Anwendung wirksamer Brainstorming- und Assoziationstechniken freisetzen können. Diese Kapitel führen Sie vom elementaren Brainstorming mit Radialem Denken über das Mini-Mind-Map-Brainstorming hin zur eigentlichen Mind-Map-Methode.

Kapitel 6

Brainstorming mit einzelnen Wörtern

Das erwartet Sie in diesem Kapitel:

- Vorwort
- Mini-Mind-Map-Wortübungen
- Hintergründe
- Anwendungsmöglichkeiten
- Überleitung

*S. **62**: Natürliche Architektur: Tafel 8*

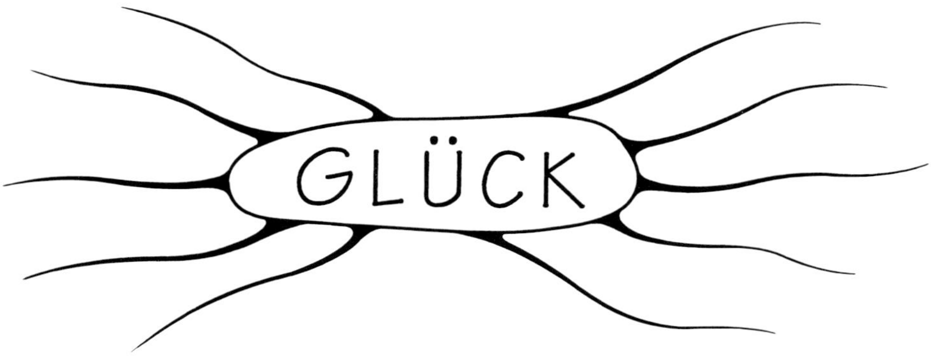

Die „Glück"-Übung (s. S. ***64-66****)*

Vorwort

Das Kapitel „Brainstorming mit Wörtern" erforscht das Informationsverarbeitungssystem des Gehirns, dem Radiales Denken zugrunde liegt. Durch die Brainstorming-Übungen werden Sie das riesige Potenzial Ihres Assoziationscomputers entdecken und zudem Einblick in Ihre Ihnen eigene Einzigartigkeit wie auch in die Einzigartigkeit anderer Personen gewinnen.

Wir stellen Ihnen eine neue Brainstorming-Technik und interessante Forschungsergebnisse vor. Insbesondere informieren wir Sie fundiert über die Grundprinzipien der Kommunikation und darüber, wie man Missverständnisse untereinander vermeiden kann.

Mini-Mind-Map-Wortübungen

Die Mini-Mind-Map stellt eine Vorform der Mind Map dar. So „miniaturhaft" diese Mind Map auch sein mag, so zeitigt sie doch geradezu großartige Auswirkungen.

Für die folgenden Übungen benötigen Sie Stifte und einen Mind-Map-Block (s. S. **314**) oder mehrere große Blätter unliniertes Papier.

Wie Sie die Übungen angehen sollten

Denken Sie an den Begriff „Glück“ und schreiben Sie zügig die ersten zehn Assoziationen, die für Sie von diesem Zentralwort ausstrahlen, in je einem Schlüsselwort in Druckbuchstaben auf die Linien. Legen Sie keinesfalls eine Pause ein, sondern notieren Sie alles, gleichgültig, wie lächerlich es scheinen mag. Die Übung ist keine Prüfung und sollte nicht länger als eine Minute dauern. Wenn möglich, bitten Sie zwei oder drei andere Personen, mit Ihnen dieselbe Übung zu machen. Während der Übung dürfen Sie nicht über Ihre Assoziationen sprechen.

Analyse der Ergebnisse

Nun suchen Sie die bei allen Mitgliedern Ihrer Gruppe identischen Wörter. (Hier ist mit „identisch“ wirklich genau dasselbe Wort gemeint.) Vor dem Auszählen der Ergebnisse sollte jeder von Ihnen, einzeln und geheim, schätzen, wie viele Wörter bei *allen* Gruppenmitgliedern identisch sind, wie viele Wörter bei allen bis auf ein Mitglied vorkommen und wie viele Wörter nur von einer Person gewählt wurden.

Wenn Sie die Übung und die darauffolgende Schätzung beendet haben, vergleichen Sie Ihre Wörter mit denen der anderen Teilnehmer. Dann zählen Sie die identischen Wörter. (Wenn Sie die Übung allein machen, vergleichen Sie Ihre Assoziationen mit denen des Autors, s.u.)

Alle Teilnehmer können nacheinander ihre Wortlisten vorlesen, während die anderen diese Listen mitschreiben, die mit ihren eigenen Wörtern identischen Wörter unterstreichen und außerdem farbig oder mit einem anderen Code kennzeichnen, wem welche Wörter eingefallen sind.

Die meisten Leute sagen voraus, dass es wohl viele identische Wörter geben wird und lediglich einige wenige Wörter nur einmal auftauchen werden. Nach Tausenden von Versuchen sind wir jedoch zu dem Ergebnis gelangt, dass bei einer Vierergruppe bereits nur *ein gemeinsames Wort* höchst selten vorkommt.

Wenn dieses „gemeinsame“ Wort nun den Mittelpunkt der nächsten Mini-Mind-Map bildet und dieselben vier Leute gebeten werden, die Übung zu wiederholen, kann man das gleiche Ergebnis beobachten, was zeigt, dass selbst anfängliche Gemeinsamkeiten in fundamental unterschiedlichen Endergebnissen resultieren können! Je mehr Teilnehmer sich in einer Gruppe befinden, umso geringer ist die Wahrscheinlichkeit, dass allen Teilnehmern überhaupt ein gemeinsames Wort einfällt (s. Graphik, S. **66**).

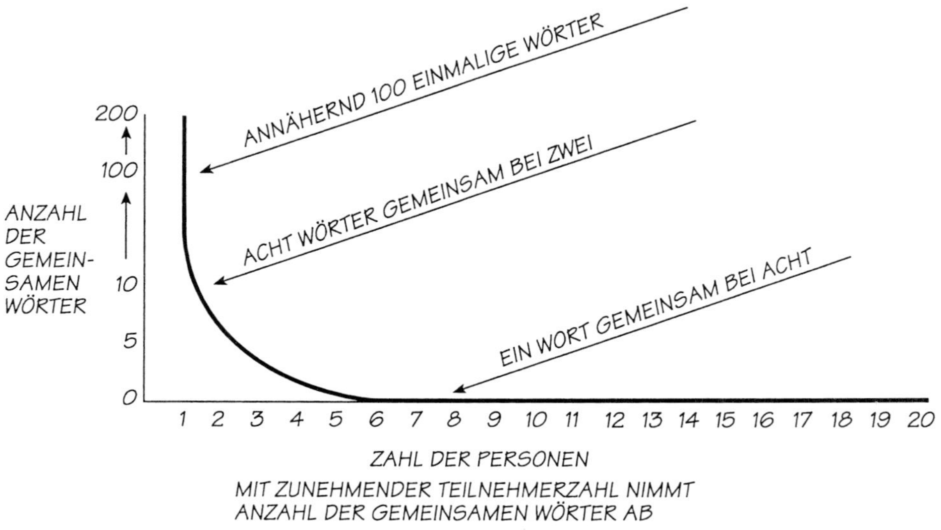

Die Graphik illustriert die unglaubliche Einzigartigkeit der Denknetzwerke jedes Menschen.

Ergebnisse ähnlicher Übungen

Die „Glück"-Übung führt mit jedem beliebigen Wort zu vergleichbaren Ergebnissen. Beispielsweise führte eine Gruppe von leitenden Bankangestellten zwischen 40 und 55 Jahren und ähnlichem Hintergrund die gleiche Übung mit dem Wort „laufen" durch. Gemäß unserer Vorhersage gab es im Durchschnitt kein gemeinsames Wort bei allen vier Gruppenmitgliedern; hin und wieder kam ein gemeinsames Wort bei drei Teilnehmern vor; ein paar identische Wörter fanden sich bei zwei Leuten, die meisten Wörter aber tauchten nur ein einziges Mal auf.

Die Teilnehmer klagten, dass dies nicht fair sei, weil das Wort „laufen" keine besondere Bedeutung für sie habe. Wäre es für sie von besonderem Interesse, so meinten sie, wären viel mehr identische Wörter aufgetaucht. So gab man ihnen eine zweite Übung, wobei man „laufen" durch „Geld" ersetzte. Zu ihrem Erstaunen wichen die Ergebnisse *noch* stärker voneinander ab.

Dieses Ergebnis widerspricht dem weit verbreiteten Missverständnis, dass Menschen mit zunehmender Bildung einander immer ähnlicher würden. Radiales Denken beweist das Gegenteil: *Mit zunehmendem Bildungsgrad eines Menschen werden seine Assoziationsnetzwerke immer einzigartiger.*

Auf der gegenüberliegenden Seite sehen Sie die Resultate aus drei Vierergruppen, die ihre Assoziationen zum Begriff „laufen" niedergeschrieben haben. Die Wörter, die bei mehr als einer Person auftauchen, sind farbig gekennzeichnet.

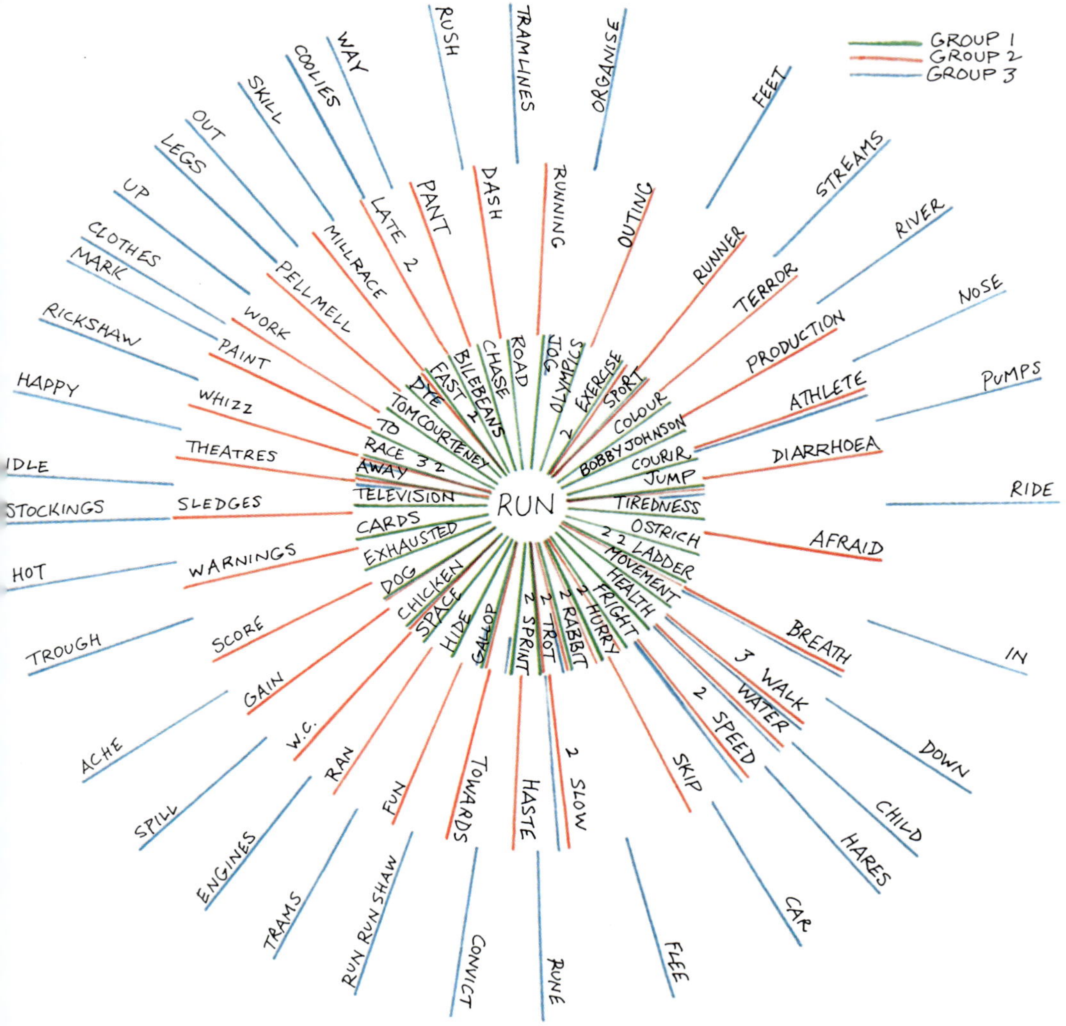

*Die „multi-ordinatige" „Laufen"-Übung dreier Vierergruppen (s. S. **66**).*

Hintergründe

Das ungeheure Potenzial Ihres Assoziationscomputers

Denken Sie einmal an die Tatsache, dass jeder Anblick, Ton, Geruch, Geschmack oder jede Empfindung, die Sie je erlebt haben – sei es bewusst oder halbbewusst – wie ein winziger radialer Mittelpunkt mit Millionen von ihm ausgehenden Assoziationen ist.

Und nun stellen Sie sich vor, Sie sollten all diese Assoziationen schriftlich festhalten. Das wäre ein Ding der Unmöglichkeit, weil Ihnen immer dann ein Gedanke zu dem, was Sie gerade notieren, in den Sinn käme, wenn Sie dabei wären, etwas aufzuschreiben. Das wäre wiederum eine weitere Assoziation, die Sie vermerken müssten, und alles ginge *endlos* so weiter. Das menschliche Gehirn kann unendlich assoziieren; und unser kreatives Denkvermögen ist ähnlich unbegrenzt.

Das durchschnittliche menschliche Gehirn verfügt über viele Trillionen „benutzter" Assoziationen. Dieses riesige Netzwerk kann man nicht nur als Ihr Gedächtnis bezeichnen, sondern auch als Ihr gesamtes bewusstes und halbbewusstes (parabewusstes) Selbst (s. Tony Buzan, *Harnessing the ParaBrain*).

Die Einzigartigkeit jedes Individuums

Die Tatsache, dass den Menschen so wenige gemeinsame Assoziationen für ein vorgegebenes Wort, Bild oder eine Idee einfallen, bedeutet, dass wir uns alle auf unvergleichliche, nahezu unheimliche Weise voneinander unterscheiden. Anders ausgedrückt ist jeder Mensch weit individueller und einzigartiger als bislang vermutet. Auch in Ihrem Gehirn gibt es Billionen von Assoziationen, die von keinem anderen Menschen in der Vergangenheit, Gegenwart oder Zukunft geteilt werden.

Ein einzigartiges Mineral bezeichnen wir als „Juwel", als „unbezahlbar", „wertvoll", „selten", „schön" oder als „unersetzlich". Angesichts der Forschungsergebnisse über das menschliche Gehirn sollten wir allmählich uns selbst und unsere Mitmenschen mit diesen Begriffen beschreiben.

*S. **70** Natürliche Architektur: Tafel 9*

Anwendungsmöglichkeiten

Unsere Einzigartigkeit bringt viele Vorteile mit sich. Beispielsweise ist das Ergebnis umso besser, je unterschiedlichere Ideen bei der Lösung von Problemen oder bei Brainstormings geäußert werden. Der Einzelne spielt deshalb eine äußerst wichtige Rolle. Im größeren gesamtgesellschaftlichen Zusammenhang könnte man daraufhin so genanntes „straffälliges", „unnormales" oder „exzentrisches" Verhalten oft in einem neuen Licht als „angemessene Abweichung von der Norm, die zu verstärkter Kreativität führt", betrachten. Auf diese Weise könnten sich viele scheinbare soziale Probleme in Wirklichkeit als Lösungen erweisen.

Unsere Ergebnisse werfen auch ein Licht auf die Gefahren, die damit einhergehen, wenn man Menschen eher als Gruppen denn als Individuen betrachtet. Die Wertschätzung unserer Einzigartigkeit könnte zur Lösung zwischenmenschlicher wie auch gesellschaftlicher Konflikte beitragen.

Assoziationsübungen offenbaren die unbegrenzte Leistungsfähigkeit, und zwar sowohl der „Begabten" als auch der bisher als „durchschnittlich" eingestuften Menschen. Diese Übungen können uns daher aus unserer selbstauferlegten geistigen Begrenzung befreien. Schon allein durch die in diesem Kapitel beschriebene „Glücks"-Übung kann jeder eine sofortige explosionsartige Freisetzung seiner geistigen Kraft erfahren.

Nehmen wir das Beispiel eines achtjährigen Jungen, der als schwachsinnig eingestuft wurde. Nachdem er die obige Übung beendet hatte, fragte ich ihn, ob er für jedes der Wörter, die er niedergeschrieben hatte, weitere Assoziationen finden könne. Er hielt kurz inne, schrieb zwei auf, dann schaute er hoch, wobei seine Augen zu leuchten begannen, und fragte: „Kann ich weitermachen?" Als ich bejahte, fing er erst zögernd an. Dann begannen die Wörter und Assoziationen immer schneller aus ihm herauszuströmen. Seine ganze Körperhaltung veränderte sich, er wirkte eifrig, voller Energie und glücklich und rief: „Ich bin gescheit! Ich bin gescheit!" *Er hatte recht*. Das Einzige, was mangelhaft war, war seine *Ausbildung*.

Das Wissen um die radiale, strahlenförmige Natur der Wirklichkeit verleiht uns Einblick in die Gesetzmäßigkeiten des Verstehens und Missverstehens und hilft uns folglich, viele der emotionalen und logischen Fallen, die unsere Kommunikationsversuche stören, zu vermeiden. Brainstorming ist der erste Schritt hin zur Mind Map. Die Übungen in diesem Buch können Ihre assoziativen Fähigkeiten stärken und aufbauen.

Überleitung

Wenn man die Fähigkeit des Gehirns zu Radialem Denken auf die „linkskortikale Fähigkeit" des „rationalen Denkens" und der Wörter anwenden kann, gilt das Gleiche dann auch für die „rechtskortikale Fähigkeit" der Assoziation von Bildern und der Phantasie? Das nächste Kapitel geht dieser Frage nach.

Kapitel 7

Brainstorming mit Bildern

Das erwartet Sie in diesem Kapitel:

- Vorwort
- Die Kraft der Bilder
- Mini-Mind-Map-Bildübung
- Überleitung

Vorwort

Dieses Kapitel befasst sich mit der modernen Gehirnforschung, die die Fachleute weltweit in Erstaunen versetzt hat. Zusammen mit den hier beschriebenen praktischen Übungen wird dieses Wissen Ihnen den Zugang zu dem riesigen Speicher imaginativer Fähigkeiten eröffnen, die bei 95 Prozent der Bevölkerung immer noch im Verborgenen liegen.

Die Kraft der Bilder

📖 1970 veröffentlichte die Zeitschrift *Scientific American* die Ergebnisse eines faszinierenden Experiments von Ralph Haber. Haber hatte seinen Probanden 2.560 Dias gezeigt, und zwar jedes zehn Sekunden lang. Die Probanden brauchten etwa sieben Stunden, um alle Dias anzuschauen, doch fand dies in mehreren, über etliche Tage verteilten Sitzungen statt. Eine Stunde nach dem Vorführen des letzten Dias wurden die Versuchsteilnehmer darauf getestet, ob sie die Dias wiedererkannten. Jedem Teilnehmer wurden 2.560 Paar Dias gezeigt, von denen jeweils eines aus der ursprünglich gezeigten Reihe stammte, das andere hingegen aus einer ähnlichen, dem Probanden aber unbekannten Reihe. Im Durchschnitt erkannten die Probanden *zwischen 85 und 95 Prozent* der Bilder wieder.

Damit wurde die unangefochtene Genauigkeit des Gehirns als empfangender, behaltender und abrufender Mechanismus bestätigt. Haber führte danach ein zweites Experiment zur Überprüfung der Fähigkeit des Gehirns durch, Dinge unter Zeitdruck wiederzuerkennen. Dabei wurde jedes Dia nur eine Sekunde lang gezeigt. Die Ergebnisse unterschieden sich nicht vom vorangegangenen Versuch, was beweist, dass das Gehirn nicht nur über eine außergewöhnliche Einprägungs- und Abrufkapazität verfügt, sondern dass es dies auch ohne Verlust an Genauigkeit in unglaublicher Geschwindigkeit zu leisten vermag.

Um das Gehirn abermals auf den Prüfstand zu stellen, machte Haber einen dritten Versuch, bei dem die Dias wiederum nur eine Sekunde lang, jedoch spiegelverkehrt gezeigt wurden. Auch diesmal waren die Ergebnisse identisch, was zeigt, dass das Gehirn selbst bei hohen Geschwindigkeiten Bilder im dreidimensionalen Raum ohne Effizienzverlust jonglieren kann.

Haber stellte fest: „Diese Experimente mit visuellen Stimuli lassen vermuten, dass das Wiedererkennen von Bildern im Wesentlichen perfekt ist. Wahrscheinlich wären die gleichen Ergebnisse herausgekommen, wenn wir 25.000 statt 2.500 Bilder eingesetzt hätten.“

📖 Ein anderer Forscher, R. S. Nickerson, berichtete im *Canadian Journal of Psychology* von Versuchsergebnissen, bei denen jedem Probanden 600 Bilder im Sekundentakt gezeigt wurden. Die Wiedererkennungsrate unmittelbar nach der Vorführung betrug 98 Prozent!

Wie Haber weitete Nickerson seine Forschung aus und erhöhte die Zahl der Bilder von 600 auf 10.000. Bezeichnenderweise betont Nickerson, dass jedes der 10.000 Bilder „lebendig“ war (also auffallende, erinnernswerte Bilder, wie die in Mind Maps verwendeten). Bei diesen Bildern erreichten die Versuchsteilnehmer eine Wiedererkennungsgenauigkeit von 99,9 Prozent. Unter Zubilligung eines gewissen Grades an Langeweile und Erschöpfung schätzten Nickerson und seine Kollegen, dass die Versuchsteilnehmer bei einer *Million* gezeigter Bilder 986.300 wiedererkannt hätten – das entspricht einer Genauigkeit von 98,6 Prozent.

In seinem Aufsatz „Learning 10.000 Pictures“ im *Quarterly Journal of Experimental Psychology* stellt Lionel Standing fest, dass „die Kapazität des Wiedererkennens von Bildern nahezu grenzenlos ist“!

„Ein Bild sagt mehr als 1.000 Worte“, besagt ein altes Sprichwort. Der Grund, weshalb das so ist, liegt darin, dass Bilder von einer ungeheuren Bandbreite kortikaler Fähigkeiten Gebrauch machen: Farbe, Form, Linie, Mehrdimensionalität, Beschaffenheit, visueller Rhythmus und insbesondere Vorstellungskraft, also Imagination. Dieses Wort stammt aus dem Lateinischen und bedeutet wörtlich „sich geistig ausmalen“.

Bilder rufen deshalb häufig viel mehr hervor als Wörter, sind genauer und kraftvoller, wenn es darum geht, eine Assoziationskette auszulösen. Sie steigern so das kreative Denken und das Gedächtnis. Umso unsinniger ist es, dass bei mehr als 95 Prozent aller Notizen und Aufzeichnungen auf Bilder verzichtet wird.

Der Grund für die Ablehnung des Bildes liegt zum Teil in der modernen Überbetonung des Wortes als Haupttransportmittel von Informationen. Diese Ablehnung mag jedoch auch auf den falschen Glauben vieler Menschen zurückzuführen sein, sie könnten nicht zeichnen.

In den letzten 30 Jahren haben sowohl wir selbst als auch andere (die Künstlerinnen Dr. Betty Edwards und Lorraine Gill eingeschlossen) Meinungsumfragen in diesem Bereich durchgeführt. Dabei gaben 25 Prozent der Befragten an, sie verfügten über *keinerlei* Visualisierungsvermögen, und mehr als 90 Prozent glaubten, dass sie aufgrund ihrer genetischen Veranlagung überhaupt zum Malen oder Zeichnen unfähig seien. Weitere Forschungen belegten aber, dass jeder Mensch mit einem „normalen" Gehirn (das also nicht aufgrund genetischer oder körperlicher Defekte irgendwie beschädigt ist) das Zeichnen bis zu einem relativ hohen Niveau lernen kann (s. unten).

Links: Beste künstlerische Leistung einer rechtshändigen Person, mit der rechten Hand gezeichnet.
Rechts: Beste künstlerische Leistung derselben Person nach zwei Stunden Unterricht, mit der linken Hand gezeichnet.

Der Grund, warum so viele Menschen sich für untalentiert halten, liegt darin, dass sie anfängliche Fehler als grundlegende Unfähigkeit missverstehen und für das wahre Maß ihrer Begabung halten, anstatt einzusehen, dass das Gehirn nur durch wiederholtes Üben Erfolg hat. Deshalb lassen sie eine geistige Fähigkeit, die durchaus hätte aufblühen können, verwelken und eingehen.

📖 In seinem Buch *Ghosts in the Mind`s Machine* (Geister in der Maschinerie des Geistes) stellt S. M. Kosslyn fest, dass sich „in den meisten unserer Bilderversuche die Teilnehmer durch Übung entscheidend verbessern".

Mind Mapping erweckt dieses außergewöhnliche Visualisierungsvermögen wieder zu neuem Leben. Wo das Gehirn seine Fähigkeit zum Abbilden entfaltet, entwickeln sich auch Denkvermögen, Wahrnehmungsfähigkeiten, Gedächtnis, Kreativität und Selbstvertrauen.

Zwei weit verbreitete, negative Überzeugungen haben zur heutigen Ablehnung der Visualisierungsfähigkeiten geführt:

1. Fehleinschätzung Nr. 1: Bilder und Farben sind in gewisser Weise primitiv, kindisch, unreif und ohne Bedeutung.

2. Fehleinschätzung Nr. 2: Das Talent, Bilder zu malen oder zu kopieren, ist eine gottgegebene Begabung, die nur ganz wenige besitzen. (Es ist in der Tat ein gottgegebenes Talent, allerdings verfügt jeder darüber!)

Mit dem wachsenden Wissen über das menschliche Gehirn erkennen wir allmählich, dass ein neues Gleichgewicht zwischen den Fähigkeiten des Bildes und denen des Wortes hergestellt werden muss. In der Computerindustrie wird dies durch die rasante Entwicklung von Computern widergespiegelt, die es uns erlauben, Wörter und Bilder zu verbinden und miteinander zu manipulieren. Auf persönlicher Ebene hat dies zur Mind Map geführt.

Mini-Mind-Map-Bildübung

Diese Übung empfehlen wir jenen Lesern, die sich ihre visuelle „geistige Muskulatur" aufbauen wollen. Sie ist bis auf die Tatsache, dass das Bild in den Mittelpunkt gestellt wird und auf jedem der das Bild umgebenden zehn Äste die ersten zehn „Bildassoziationen" gezeichnet werden, mit der „Glück"-Übung identisch.

Bei einer derartigen Übung müssen die Teilnehmer ihre Hemmungen überwinden. Gleichgültig, wie „schlecht" die ersten Bilder erscheinen mögen, bilden sie aufgrund der Natur des menschlichen Gehirns, etwas so oft zu versuchen, bis sich der Erfolg (und nicht: der Misserfolg) einstellt, ein erstes Versuchsstadium, dem eine kontinuierliche und unausweichliche Verbesserung folgt.

*Beispiel einer Mini-Mind-Map-Bildübung von Vanda North (s. S. **74-77**)*

Ein gutes und empfehlenswertes Zentralbild ist für den Anfang „Haus“, weil man zu diesem Thema mühelos zahlreiche Bilder assoziieren kann.

Die Ziele dieser Übung

Die Ziele dieser visuellen Assoziationsübung lauten:

1. Die Freisetzung der enormen visuellen Möglichkeiten der Großhirnrinde.
2. Die Vergrößerung der Speicher- und Abrufkapazitäten des Gedächtnisses durch den Einsatz von Bildern zur Betonung und Assoziation.
3. Die Vergrößerung des ästhetischen Vergnügens – schiere Freude an den Bildern selbst.
4. Die Abkehr von der Ablehnung des Einsatzes von Bildern beim Lernen.
5. Hilfe zur geistigen Entspannung.
6. Die allmähliche Entwicklung der außergewöhnlichen Visualisierungs- und Wahrnehmungsfähigkeiten, die von großen Künstlern und Denkern wie etwa Leonardo da Vinci genutzt wurden.

Angewandte Bildassoziation

Möchten Sie anhand eines Beispiels sehen, wie Bildassoziation in der Praxis funktioniert?

Der fünfjährige Sohn eines Teilnehmers schloss sich einer Reihe von Erwachsenen in einem unserer Seminare an. Alexander, der erst einige zusammenhanglose Buchstaben schreiben konnte, bestand kühn und hartnäckig darauf, bei der Übung mitzumachen. Trotz der Proteste der Erwachsenen durfte er es schließlich auch.

Alexander wählte das menschliche Gehirn als sein Zentralbild in der Mind Map, weil er in den vorangegangenen Tagen so oft davon gehört hatte. Dann begann er wie folgt „laut zu malen“.

„Jetzt, schauen wir mal, was macht mein Gehirn? ... Ach ja, es stellt Fragen!“ Während er so redete, zeichnete er das grobe Bild eines Fragezeichens und fuhr sogleich fort: „Und was macht mein Gehirn noch? ... Ach ja, es hat Freunde!“ Dabei zeichnete er rasch ein kleines Bild von zwei Händen, die sich halten, und meinte weiter: „Was macht mein Gehirn noch?“

„Ach ja, es sagt ‘danke’!“ und dabei zeichnete er einen kleinen Umschlag. Er machte mit zunehmender Freude weiter, indem er bei jeder Erkenntnis von seinem Stuhl hochhüpfte: „Was macht mein Gehirn sonst noch? ... Ach ja, es liebt Mama und Papa!“ Dabei malte er ein kleines Herz. Ohne einen Moment zu zögern und mit einem Ausruf der Begeisterung am Schluss, zeichnete er seine zehn visuellen

Assoziationen. Sein Gehirn funktionierte völlig natürlich – strahlenförmig fließend, offen und elegant assoziierend.

Ausführung der Übung

Ausgerüstet mit all diesen Informationen über Ihre angeborene Fähigkeit zur Bildassoziation verfahren Sie nun genauso wie bei der Wortassoziation und schaffen Ihr persönliches Zentralbild für den Begriff „Heim“ (oder verwenden Sie das Bild auf S. **75** und fügen Sie die Bilder, die Ihnen in den Sinn kommen, hinzu).

Überleitung

Nachdem Sie jetzt diese zwei Brainstorming-Übungen beendet haben, die verschiedene Großhirnfähigkeiten beanspruchen, müssen Sie nun die beiden verschiedenartigen Welten der Wörter und der Bilder integrieren, also miteinander verknüpfen. Das folgende Kapitel führt die Reise vom grundlegenden Brainstorming zum Mind Mapping fort.

*Seite **78**: Natürliche Architektur: Tafel 10*

Kapitel 8

Vom Brainstorming zum Mind Mapping

Das erwartet Sie in diesem Kapitel:

- Vorwort
- So erweitern Sie Ihre Assoziationsfähigkeiten
- Übung
- Überleitung

Vorwort

Dieses Kapitel führt den in Kapitel 6 mit der „Glück“-Übung begonnenen Prozess fort. Ausgehend vom Mini-Mind-Map-Niveau leitet es Sie bis an die Schwelle des vollständigen Mind Mapping, indem es Ihnen zeigt, wie Sie jede Mini-Mind-Map beliebig vergrößern können.

So erweitern Sie Ihre Assoziationsfähigkeiten

Als nächstes erweitern wir die ursprüngliche „Glück“-Übung, indem wir die bereits dargestellten Richtlinien befolgen.

Auf genau dieselbe Weise, wie Ihre zehn ursprünglichen Wörter von dem zentralen Begriff „Glück“ ausstrahlten, kann jedes dieser zehn Wörter wiederum seine *eigenen* Assoziationen verursachen. Assoziieren Sie „frei“ über jedes Ihrer zehn Wörter, verbinden Sie die Begriffe, die Ihnen dabei einfallen, mit Linien, und schreiben Sie die einzelnen Schlüsselwörter in deutlichen Druckbuchstaben auf ebenso lange Linien wie die Wörter. Auf diese Weise können Sie allmählich einen „verbalen“ Mind-Map-Baum aus Assoziationen wie auf S. **81** erstellen.

Die zehn Primärwörter werden größer geschrieben, und ihre Linien sind dicker als die der Sekundärwörter. Damit soll ihre Bedeutung als die zehn Schlüsselbegriffe, die Ihnen als Erstes in den Sinn kamen, hervorgehoben werden.

Während Sie Verbindungen zwischen den Wörtern in Ihrer Mini-Mind-Map herstellen, steigern Sie die Differenziertheit und die Leistung Ihres Gedächtnisses.

📖 1985 führten Anderson und Parlmutter einen aufschlussreichen Versuch über die Leistungen des Gedächtnisses durch. Sie gaben den Probanden zentrale Schlüsselwörter vor und baten sie, Assoziationen mit einem vorgegebenen Anfangsbuchstaben zu bilden.

So bekam eine Gruppe etwa das Schlüsselwort und die Buchstabenfolge „Hund – c, Knochen – f"; eine zweite Gruppe die Folge „Spieler – c, Knochen – f". Dann testete man, wie rasch die Probanden auf das Wort „Fleisch" kamen. Die Teilnehmer der ersten Gruppe waren schneller, weil das vorhergehende Wort „Hund" die Gedächtniskette von „Hund – Knochen – Fleisch" aktivierte. Anderson und Parlmutter kamen zu folgendem Schluss:

> „Das Gedächtnis funktioniert durch einen Aktivierungsprozess, der sich von einem Wort zu einem assoziierten Wort verbreitet."

Übung

Werfen Sie einen flüchtigen Blick auf die Abbildung auf der nächsten Seite. Dann erweitern Sie jedes Ihrer zehn primären Schlüsselwörter mit weiteren Assoziationen. Widmen Sie jedem Schlüsselwort eine Minute (zehn Minuten insgesamt).

Wenn Sie diese Übung abgeschlossen haben, sind Sie bei der zweiten, dritten und vierten Astebene Ihrer Mini-Mind-Map angelangt. Jetzt erkennen Sie, dass Sie ewig so weitermachen können!

Diese Übung zeigt, dass Ihr Gehirn bei Anwendung geeigneter Techniken seine eigene unendliche kreative Fähigkeit erforschen und zum Ausdruck bringen kann.

Überleitung

Da Sie Ihre Vorstellungs- und Wortassoziationskräfte integriert, also miteinander verbunden und erweitert haben, sind Sie nun bereit, Ihre volle Bandbreite kortikaler und geistiger Fähigkeiten in der eigentlichen Mind Map auszudrücken.

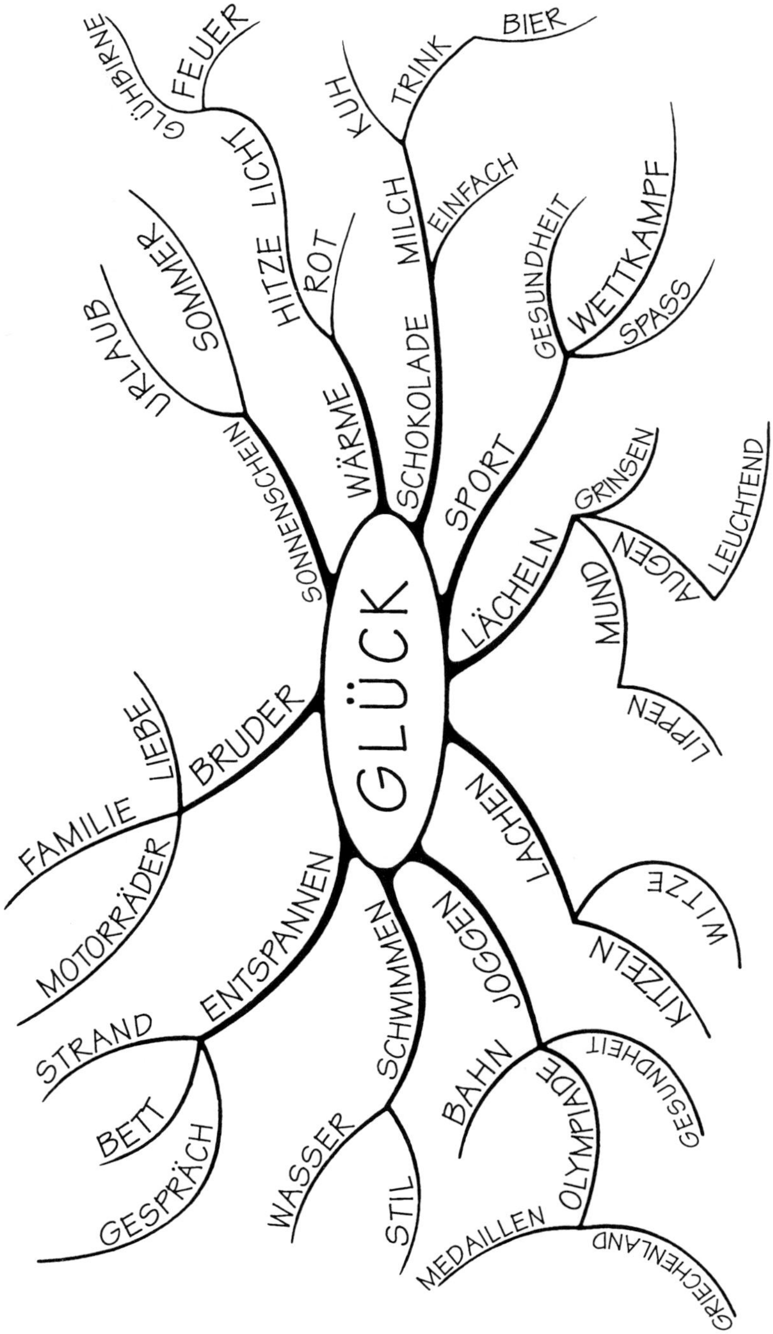

Die erweiterte ursprüngliche „Glück"-Übungführt zum grundlegenden Word-Mind-Mapping

*S. **82**: Natürliche Architektur: Tafel 11*

Kapitel 9

Mind Mapping

Das erwartet Sie in diesem Kapitel:

- Vorwort
- So nutzen Sie die volle Bandbreite Ihrer kortikalen Fähigkeiten
- Einführung in Hierarchien und Kategorien
- Reise durch den Geist eines Mind Mappers, Teil 1
- Hintergründe
- Reise durch den Geist eines Mind Mappers, Teil 2
- Weitere Informationen über Hierarchien und Kategorien
- Vorteile von Hierarchie, Kategorisierung und „Grundlegenden Ordnungs-Ideen“ (GOI)
- Vorteile des Mind Mappings gegenüber linearen Notizen und Aufzeichnungen
- Überleitung

Vorwort

Dieses Kapitel führt Sie in Methoden ein, mit deren Hilfe Sie Ihr Denken ordnen und strukturieren können; die „Reise durch den Geist eines Mind Mappers“ befähigt Sie, den Mind-Mapping-Prozess „von innen“ heraus zu betrachten. Darüber hinaus legen wir Ihnen weitere Beweise für die Fähigkeit Ihres Gehirns vor, Verbindungen herzustellen und kreativ zu sein.

So nutzen Sie die volle Bandbreite Ihrer kortikalen Fähigkeiten

Die ganze Kraft der Mind Map erkennt man, wenn man ein Zentralbild statt eines Zentralwortes wählt und wenn man nach Möglichkeit Bilder statt Wörter verwendet. Die Kombination der beiden kortikalen Fähigkeiten Sprache und Bilder vervielfacht Ihr intellektuelles Vermögen, insbesondere wenn Sie Ihre eigenen Bilder zeichnen.

📖 1989 beschrieb W. M. Matlin ein Experiment, das diese These beweist. Es wurde 16 Jahre zuvor von Bull und Whittrock durchgeführt, um die Auswirkungen von Bildern auf den Lernprozess herauszufinden.

Bull und Whittrock baten neun- und zehnjährige Kinder, Wörter wie „Gehirn", „Zeitschrift", „Ärger" und „Wahrheit" zu lernen. Die Kinder wurden in drei Gruppen eingeteilt. Gruppe 1 las die Wörter und ihre Definition, schrieb sie auf und schuf sich dann ihre eigenen Bilder, und zwar sowohl des jeweiligen Wortes als auch seiner Definition. Die Kinder aus Gruppe 2 verfuhren wie die aus Gruppe 1, jedoch mit dem Unterschied, dass sie nicht ihre eigenen Bilder zu Papier brachten, sondern nur Bilder nachzeichneten. Die Kinder in Gruppe 3 schrieben immer wieder lediglich das Wort und seine Definition auf.

Eine Woche später testete man, ob die Kinder sich an die Wörter und ihre Definitionen erinnerten. Die Kinder aus Gruppe 1, die eigene Bilder gemalt hatten, schnitten mit Abstand am besten ab, wohingegen die Kinder aus Gruppe 3, die gar nicht gemalt hatten, die schlechtesten Ergebnisse vorwiesen. Dieses Ergebnis untermauert die Tatsache, dass die Mind Map ein einzigartiges Hilfsmittel zum Lernen darstellt. Sie verwendet nicht nur Bilder, sie *ist* selbst ein Bild.

> Die Mind Map nützt die volle Bandbreite kortikaler Fähigkeiten – Wort, Bild, Zahl, Logik, Rhythmus, Farbe und räumliches Bewusstsein – in einer einmaligen, einzigartig wirkungsvollen Technik.

Einführung in Hierarchien und Kategorien

Damit Sie dieses ungeheure geistige Potenzial kontrollieren und anwenden können, müssen Sie Ihre Gedanken, aber auch Ihre Mind Map mittels Hierarchien und Kategorien strukturieren. Als Erstes müssen Sie hierzu Ihre so genannten Grundlegenden Ordnungs-Ideen (GOI) erkennen.

GOI sind Schlüsselbegriffe, innerhalb derer eine Unmenge anderer Begriffe geordnet werden können. Der Begriff „Maschinen" enthält z. B. eine große Menge von

Kategorien, eine davon wäre etwa „Motorfahrzeuge". Diese gliedert sich weiter auf, z.B. in „Autos". „Autos" wiederum enthält eine Unmenge verschiedener Marken, einschließlich „Ford", die man dann in verschiedene Modelle aufteilen kann.

Unter diesem Aspekt betrachtet, ist „Maschine" ein stärkeres Wort als „Ford", weil dieses Wort eine große Bandbreite an Informationen umfasst und potenziell strukturiert. „Maschine" weist auf eine Reihe von Kategorien hin und stellt sie zudem in eine ihm selbst untergeordnete hierarchische Ordnung.

Desgleichen kann diese Hierarchie nach oben auf höhere Generalisierungsebenen ausgedehnt werden: Der Begriff „Gebrauchsgegenstände" z.B. hat „Maschine" als Unterpunkt. Diese Grundlegenden Ordnungs-Ideen sind der Schlüssel für die Gestaltung und Lenkung des kreativen Assoziationsprozesses. In anderen Worten: GOI sind die Kapitelüberschriften, die Sie verwenden würden, wenn Sie ein Buch über das betreffende Thema verfassen wollten.

📖 Eine klassische Studie von Bower, Clark, Lesgold und Wimzenz aus dem Jahr 1969 belegt die Bedeutung von Hierarchien als Gedächtnishilfe. In diesem Experiment teilte man Versuchspersonen in zwei Gruppen ein. Jeder Gruppe wurden vier Karten mit jeweils 28 Wörtern darauf gezeigt.

Den Teilnehmern der ersten Gruppe zeigte man in Hierarchien geordnete Wörter; so wurde etwa das Wort „Instrument" oben platziert, davon führten Verästelungen zu den Begriffen „Saiteninstrumente" und „Schlaginstrumente". Auf der nächsten Ebene führten Verästelungen vom Wort „Saiteninstrumente" hinunter zu „Geige", „Bratsche" und „Cello", während sich „Schlaginstrumente" zu „Orchesterpauke", „Kesselpauke", „Bongo" usw. verzweigte.

Den Teilnehmern der zweiten Gruppe zeigte man genau dieselben Wörter, jedoch in beliebiger Reihenfolge. Beide Gruppen prüfte man daraufhin auf die Fähigkeit, sich an diese Wörter zu erinnern. Wie Sie vielleicht schon erahnen, schnitten die Teilnehmer aus Gruppe 1, denen man die Wörter hierarchisch geordnet gezeigt hatte, weitaus besser ab als die Teilnehmer aus Gruppe 2, denen man zufällige Listen derselben Wörter vorgelegt hatte.

Reise durch den Geist eines Mind Mappers, Teil 1

Sie bekommen nun die Gelegenheit, in den Geist eines Individuums zu „schlüpfen" und seine Ideen über das Wesen des Glücks zu erkunden. Im Verlauf dieses Prozesses bietet sich Ihnen die Möglichkeit, alle bisher gelernten Mind-Mapping-Techniken und zudem einige neue anzuwenden.

Der Mind Mapper beginnt mit einem Zentralbild, das den Begriff „Glück" ausdrückt. Dieses Bild sollte Mehrdimensionalität und mindestens drei Farben aufweisen. Die erste Grundlegende Ordnungs-Idee, die unserem Mind Mapper zu diesem Thema in den Sinn kommt, ist „Aktivitäten". Er schreibt dies in großen Druckbuchstaben auf eine dicke, geschwungene, zum Mittelpunkt führende Linie, die genauso lang wie das Wort selbst ist.

Eine schnelle Assoziationsverzweigung – ein Segelboot, ein Herz, ein Läufer und das Wort „Teilen“ – strahlt von der Idee „Aktivitäten“ aus.

Das Gehirn unseres Mind Mappers schnellt jetzt zu einer anderen GOI – „Leute“. Er schreibt diesen Begriff auf die linke Seite der Mind Map, ebenfalls vergrößert und ebenfalls mit einer dicken Linie, die zum Zentralbild führt. Die verschiedenen Farben, mit denen das Wort notiert wird, spiegeln die verschiedenen Hautfarben der Menschheit (einschließlich etwaiger Marsbewohner) wider!

Eine weitere Verzweigung von Ideen – „Darsteller“, „Familie“, „Freunde“, „Helfer“, „Säugetiere“ – strahlt von diesem Schlüsselwort aus.

Einige diese Gedanken generieren selbst Ideen. An „Darsteller“ wird „Zauberer“, „Schauspieler“, „Clowns“ angegliedert und an „Familie“: „Bruder“, „Mama“, „Papa“. „Helfer“ generiert die Begriffe „Ärzte“, „Krankenschwestern“, „Lehrer“, „Trainer“. Die nächsten drei Gedanken sind allesamt Grundlegende Ordnungs-Ideen – „Nahrung“, „Umgebung“, „Empfindungen“ – und erhalten deshalb einen entsprechenden Rang auf der Mind Map.

Die nächsten zwei Gedanken werden durch das Wort „Umgebung“ ausgelöst. Unser Gastgeber fügt sofort ein Bergbild und das Wort „ländlich“ hinzu. An diesem Punkt wollen wir eine Pause einlegen, um die Hintergründe dessen, was bisher abgelaufen ist, zu untersuchen.

Hintergründe

Bei der von unserem „Gastgeber“ geschaffenen Mind Map ist offensichtlich, dass jedes der Schlüsselwörter oder Bilder den Mittelpunkt einer neuen Mind Map bilden könnte, von der aus neue Verzweigungen ausstrahlen würden.

> Berücksichtigt man diese Tatsache, so ist jede Mind Map potenziell unendlich. In Anbetracht ihrer strahlenförmigen Natur fügt jedes einer Mind Map angefügte Schlüsselwort oder Bild die Möglichkeit einer neuen und größeren Assoziationskette hinzu, die wiederum die Möglichkeiten neuer Assoziationsreihen schafft usw. Dies zeigt erneut die unendliche assoziative und kreative Natur des menschlichen Gehirns.

Dadurch wird der weit verbreitete Glaube widerlegt, dass das Hervorbringen von Ideen viel schwieriger als ihr Bearbeiten und Gestalten sei. Wenn unsere Mind-Mapping-Fähigkeit unendlich ist, besteht die einzige Schwierigkeit nur in der Entscheidung, wann man aufhört; doch kann Mind Mapping auch dabei helfen.

Im Gegensatz dazu arbeiten lineare Notizen in Listenform unmittelbar der Arbeitsweise des Geistes zuwider, indem sie eine einzige Idee hervorbringen und sie dann von den vorausgegangenen und folgenden Ideen abschneiden. Durch das fortwährende Herausreißen einer Idee aus ihrem Zusammenhang hemmen sie den natürlichen Denkprozess und töten ihn schließlich ab.

Listen behindern die freie Assoziation des Gehirns, bremsen sie bis zur Stagnation ab und errichten enge Denkstrukturen, die die Wahrscheinlichkeit verringern, dass Kreativität und Erinnerung frei fließen können.

Das kommt daher, weil Listen der assoziativen Natur des Gehirns direkt zuwiderhandeln. Sowie eine Idee aufgezeichnet ist, ist sie auch schon „erledigt", abgespalten von den vorhergehenden oder folgenden Einfällen. In den Torrance-Tests z. B., bei denen die Teilnehmer gebeten werden, sich so viele Assoziationen wie möglich für eine vorgegebene Idee auszudenken, beträgt die durchschnittliche Assoziationszahl armselige 26 Assoziationen – wobei jeder Teilnehmer beliebig viel Zeit zur Verfügung hat. Wären die Teilnehmer mit Radialem Denken vertraut gewesen, hätten sie mehrere Millionen Assoziationen erreicht, ehe sie vor Erschöpfung aufgegeben hätten.

Reise durch den Geist eines Mind Mappers, Teil 2

Bei der Rückkehr zu unserem Mind Mapper erleben wir, dass unser Gastgeber – vorübergehend durch seine frühere Ausbildung beeinträchtigt – an einer geistigen Blockade leidet. Aufgrund unseres mangelhaften Wissens über unseren Geist setzen solche geistigen Blockaden manche Menschen für einige Sekunden, Minuten, Stunden, Jahre, manchmal sogar lebenslang schachmatt. Hat man jedoch erst einmal die unerschöpfliche assoziative Natur des Gehirns verstanden, kann man ihm helfen, sich selbst zu helfen.

Indem er sich die Neigung unseres Gehirns zunutze macht, leer stehende Räume zu einem Gesamtbild zu vervollständigen, fügt unser Gastgeber einfach leere Linien an die Schlüsselwörter der Mind Map an und regt so sein Gehirn zum „Ausfüllen" dieser verlockenden Bereiche an.

> Wenn man erst begreift, dass man alles mit allem assoziieren kann, findet man fast augenblicklich Assoziationen, *vor allem wenn man einen weiteren Anreiz gibt.*

Von da an verfolgen wir mit Vergnügen, wie unser Gastgeber das assoziative Netzwerk vervollständigt und mehr Bilder hinzufügt; zweite, dritte und vierte Ideenebenen; wie er Bereiche miteinander verbindet, entsprechende Codes verwendet und Umrisse anbringt, wenn er einen Hauptast für vollständig erachtet.

In diesem Stadium wird ein weiterer Aspekt des Radialen Denkens/des Mind Mapping offensichtlich: dass nämlich die Mind Map auf der *Logik der Assoziation* beruht, und nicht auf der Logik der Zeit. Die Mind Map erstreckt sich in alle Richtungen und erreicht alle möglichen Gedanken aus jedem erdenklichen Winkel.

Da unser Gastgeber nun genug Ideen für die Erfordernisse seiner Rede, Präsentation, seines Aufsatzes oder seiner Untersuchung hervorgebracht hat, entschließt er sich, die Ideen weiter zu ordnen, indem er jeder eine Nummer gibt und so die Mind Map in eine chronologische Abfolge bringt, falls dies nötig sein sollte. (Näheres zu chronologischen Abfolgen s. Kap. 22, 23, 25, 27 und 28.)

Weitere Informationen über Hierarchien und Kategorien

Die Grundlegenden Ordnungs-Ideen in jeder Mind Map bestehen aus jenen Wörtern oder Bildern, die die einfachsten und offensichtlichsten Ordnungsmittel darstellen – also aus Schlüsselbegriffen, die die meisten Assoziationen nach sich ziehen.

Ebendie Anwendung von Hierarchie und Kategorisierung unterscheidet die vollständige Mind Map von der vorher beschriebenen Mini-Mind-Map. Bei letzterer gewannen die ersten zehn Wörter oder Bilder ihre Bedeutung einfach durch ihr früheres Vorkommen. Bei der vollständigen Mind Map werden sie entsprechend ihrer Wichtigkeit angeordnet. Man kann auf einfache Weise die Haupt-GOI durch Fragen wie die folgenden entdecken:

- Welches Wissen ist erforderlich?
- Wenn dies ein Buch wäre, wie würden dann die Kapitelüberschriften lauten?
- Was sind meine spezifischen Ziele?
- Was sind die sieben wichtigsten Kategorien in dem betreffenden Bereich?
- Was sind meine grundlegenden Fragen? – „Warum?“, „Was?“, „Wo?“, „Wer?“, „Wie?“, „Welcher?“, „Wann?“ leisten oft bemerkenswert gute Dienste als Hauptäste in einer Mind Map.

Sehr oft werden diese Fragen die gewünschten GOI ans Licht bringen. Falls nicht, beginnen Sie mit dem Zentralbild oder Thema, und ziehen Sie vier bis sieben sich von ihm aus verzweigende Linien. Dann stellen Sie die obigen Fragen. Oder Sie wenden wieder die Mini-Mind-Map-Technik an, schreiben die ersten zehn Wörter oder Bilder auf, die Ihnen in den Sinn kommen, und fragen sich, welche davon unter allgemeineren Überschriften zusammengefasst werden könnten.

Vorteile von Hierarchie, Kategorisierung und Grundlegenden Ordnungs-Ideen

1. Die Primärideen sind am richtigen Platz, sodass die Sekundär- und Tertiärideen schnell und problemlos folgen können, um eine harmonische Gedankenstruktur zu fördern.

2. GOI helfen bei der Formung, Gestaltung und beim Aufbau von Mind Maps, indem sie es ermöglichen, auf natürlich strukturierte Weise zu denken.

Übung

Unter Anwendung aller bislang gelernten Mind-Mapping-Techniken erstellen Sie Ihre vollständige Mind Map über den Begriff Glück und vergleichen Sie sie mit der auf S. **80**.

Vorteile des Mind Mappings gegenüber linearen Notizen und Aufzeichnungen

1. Zeitersparnis durch Notieren lediglich der relevanten Wörter: zwischen 50 und 95 Prozent.
2. Zeitersparnis durch das Lesen lediglich der relevanten Wörter: mehr als 90 Prozent.
3. Zeitersparnis beim Wiederholen der Mind-Map-Notizen: mehr als 90 Prozent.
4. Zeitersparnis, da man nicht unter unnötigem Wortwust nach Schlüsselwörtern suchen muss: über 90 Prozent.
5. Die Konzentration auf wichtige Themen wird verstärkt.
6. Leichte Erkennbarkeit der wesentlichen Schlüsselwörter.
7. Wesentliche Schlüsselwörter werden in Zeit und Raum nebeneinander gestellt, was die Kreativität und das Erinnerungsvermögen verbessert.
8. Klare und treffende Assoziationen zwischen Schlüsselwörtern.
9. Dem Gehirn fällt es leichter, visuell anregende, vielfarbige, multidimensionale Mind Maps zu akzeptieren und sich daran zu erinnern als an monotone, langweilige lineare Notizen.
10. Beim Mind Mapping befindet man sich ständig an der Schwelle zu neuen Entdeckungen und neuen Erkenntnissen. Dies fördert einen beständigen und potenziell unendlichen Gedankenstrom.
11. Die Mind Map wirkt im Einklang mit dem natürlichen Streben des Gehirns nach Vollständigkeit oder Ganzheit.
12. Durch den ständigen Gebrauch all seiner kortikalen Fähigkeiten wird das Gehirn zunehmend wacher und aufnahmebereiter.

Überleitung

Nach der Lektüre von Teil 1 und 2 sind Sie mit der Architektur und den Grundlagen des Radialen Denkens vertraut. Sie sind zudem vom elementaren Brainstorming über Mini-Mind-Mapping bis zum vollständigen Mind Mapping fortgeschritten.

Jetzt benötigen Sie eine Struktur, innerhalb derer Sie Ihr Radiales Denken ausdrücken können. Teil 3 behandelt die fundamentalen Richtlinien, die Ihre natürliche Kreativität freisetzen statt sie zu hemmen.

Teil 3

Struktur

Teil 3 stellt alle Mind-Map-Gesetze und -Empfehlungen vor. Mit Hilfe dieser Richtlinien werden Sie Ihre geistige Genauigkeit, Kreativität, Leistungskraft und Freiheit erheblich steigern können. Wenn Sie erst einmal die grundlegenden Mind-Map-Gesetze verstanden und verinnerlicht haben, können Sie schnell Ihren individuellen Mind-Mapping-Stil entwickeln.

Kapitel 10

Die wichtigsten Grundsätze

Das erwartet Sie in diesem Kapitel:

- Vorwort
- Die menschliche Intelligenz aus der Sicht eines Marsmenschen
- Die drei „A"s des Mind Mappings
- Mind-Map-Gesetze und -Empfehlungen
- Zusammenfassung der Mind-Map-Gesetze
- Logische Grundlagen der Mind-Map-Gesetze
- Zusammenfassung der Mind-Map-Empfehlungen
- Logische Grundlagen der Mind-Map-Empfehlungen
- Die vier Hauptgefahren
- Überleitung

Vorwort

Kapitel 10 beginnt mit der Entwicklung der menschlichen Intelligenz aus der Sichtweise eines fiktiven Marsmenschen. Diese außerirdische Perspektive erlaubt es, die wesentlichen Grundsätze des Radialen Denkens mit größerer Objektivität, als sie sonst möglich wäre, zu betrachten.

Sie finden in diesem Kapitel die Mind-Map-Gesetze und -Empfehlungen. Sie werden anhand praktischer Übungen veranschaulicht, damit Sie leichter geistige Blockaden durchbrechen, sich an die Ergebnisse Ihres Mind Mappings erinnern und für gute Arbeitsbedingungen sorgen können. Schließlich erfahren Sie, wie Sie den meisten Stolpersteinen ausweichen können, die einem Mind-Map-Anfänger drohen.

Die menschliche Intelligenz aus der Sicht eines Marsmenschen

Stellen Sie sich vor, Sie sind ein Marsmensch aus einer Milliarden Jahre alten Zivilisation, der die von der Entwicklungsgeschichte her noch junge, aber sehr begabte Erdbevölkerung erforschen, ihr helfen und sich schließlich mit ihr anfreunden soll.

Beim gründlichen Studium der Erdenbewohner finden Sie heraus, dass sie über eine umwerfend komplexe Großhirnrinde mit einer großen Bandbreite fortgeschrittener geistiger Fähigkeiten, einer unerschöpflichen Assoziationskraft, einer praktisch grenzenlosen Speicherkapazität und einer ähnlich unbeschränkten Fähigkeit zur Hervorbringung neuer Ideen und Assoziationen verfügen. Zudem sind sie mit einem wunderbaren, anpassungsfähigen Körper ausgestattet, der ihre Intelligenz unterstützt und transportiert, und mit einer angeborenen Neugier, die sie zum Erforschen aller Aspekte des Universums antreibt.

Sie bemerken dann, dass die Vertreter dieser Rasse beim Versuch, ihre großartigen geistigen Fähigkeiten zu nutzen, ihre Intelligenz nur durch den unglaublich engen und ihre Fähigkeiten behindernden Kanal der Sprache quetschen.

Angerührt von dieser tragikomischen Situation, wollen Sie den Menschen eine Reihe von Mind-Map-Gesetzen an die Hand geben, damit sie ihre einzigartigen Fähigkeiten leichter freisetzen können. Diese Gesetze müssen in jeder akademischen Disziplin Gültigkeit besitzen, in der die Menschen sie möglicherweise anwenden wollen: Semantik, Neurophysiologie, Informationsverarbeitungstheorie, Großhirnrindentheorie, Physik, Psychologie, Philosophie, Gedächtnisforschung oder Lerntheorie. Hier nun die von Ihnen vorgeschlagenen Gesetze, Theorien und Empfehlungen.

Die drei „A“s des Mind Mappings

In vielen östlichen Kulturen gaben Lehrmeister ihren neuen Schülern traditionellerweise nur drei fundamentale Anweisungen: „Gehorche“, „mache mit“ und „löse dich“. Jede dieser Anweisungen charakterisiert ein bestimmtes Lernstadium.

„Gehorche“ zeigt an, dass der Schüler den Lehrer nachahmen und nur wenn unbedingt nötig um Erklärungen bitten sollte. Alle anderen Fragen sollten vermerkt und erst auf der nächsten Stufe gestellt werden.

„Mache mit“ bezieht sich auf das zweite Stadium, in dem der Schüler nach dem Erlernen der grundlegenden Methoden durch entsprechende Fragen beginnt, das Wissen zu verfestigen und zu integrieren. Auf dieser Stufe hilft der Schüler dem Meister bei der Analyse und dem Hervorbringen von neuen Erkenntnissen.

„Löse dich“ bedeutet, dass der Schüler nach dem Erlernen all dessen, was der Meister lehren konnte, den Meister dadurch ehrt, dass er den geistigen Evolutionsprozess weiterführt. Auf diese Weise kann der Schüler das Wissen des Meisters als Grundlage nutzen, von der aus er neue Einsichten und Paradigmen schafft und so zum Meister der kommenden Generation wird.

Die Mind-Mapping-Äquivalente dieser drei Unterweisungen sind die drei „A“s. Sie lauten: „akzeptieren“, „anwenden“, „adaptieren“.

- *„Akzeptieren“* bedeutet, dass Sie im ersten Stadium alle vorgefassten Meinungen, die Sie vielleicht über Ihre geistigen Beschränkungen hegen, beiseite lassen und *exakt* den Mind-Map-Gesetzen folgen, wobei Sie die vorgegebenen Modelle so genau wie möglich nachahmen.
- *„Anwenden“* ist das zweite Stadium nach Abschluss des grundlegenden, in diesem Buch vermittelten Trainings. Wir schlagen Ihnen vor, dass Sie jetzt wenigstens 100 Mind Maps erstellen, wobei Sie die Gesetze und Empfehlungen dieses Kapitels anwenden, Ihren eigenen Mind-Mapping-Stil entwickeln und mit den in den folgenden Kapiteln beschriebenen unterschiedlichen Arten von Mind Maps experimentieren. Sie sollten Mind Mapping für alle Formen Ihrer Notizen und Aufzeichnungen verwenden, bis Sie das Gefühl haben, dass Sie damit völlig selbstverständlich Ihre Gedanken ordnen können.
- *„Adaptieren“* bezieht sich auf die weitergehende Entwicklung Ihrer Mind-Map-Fähigkeiten. Nach der Erstellung mehrerer hundert „reiner“ Mind Maps ist jetzt die Zeit gekommen, mit der Mind-Map-Form zu experimentieren, sie zu adaptieren und zu verändern. Lassen Sie uns Ihre Ergebnisse wissen.

Mind-Map-Gesetze und -Empfehlungen

Die Gesetze

Die Mind-Map-Gesetze sollen Ihre geistige Freiheit vergrößern, statt sie einzuschränken. Dabei dürfen wir Ordnung nicht mit Starrheit und Freiheit nicht mit Chaos verwechseln. Nur zu häufig wird Ordnung abwertend als starr und einschränkend wahrgenommen. Und Freiheit wird ähnlich oft mit Chaos und Strukturmangel verwechselt. Tatsächlich ist aber geistige Freiheit die Fähigkeit, Ordnung aus dem Chaos herzustellen. Die Mind-Map-Gesetze helfen Ihnen genau dabei. Man unterscheidet zwischen den Gesetzen der Mind-Map-Technik und den Gesetzen der Gestaltung:

Die Mind-Map-Techniken

1. Setzen Sie Betonung ein.
2. Setzen Sie Assoziationen ein.
3. Bemühen Sie sich um Deutlichkeit.
4. Entwickeln Sie Ihren persönlichen Stil.

Die Mind-Map-Gestaltung

1. Setzen Sie Hierarchien ein.
2. Setzen Sie eine numerische Ordnung ein.

Die Empfehlungen

Die Empfehlungen ergänzen die Gesetze und sind wie folgt unterteilt:

1. Durchbrechen Sie Ihre geistigen Blockaden.
2. Nutzen Sie positive Verstärkung.
3. Bereiten Sie alles vor.

Zusammenfassung der Mind-Map-Gesetze

Die Mind-Map-Techniken

1. Setzen Sie Betonung ein.

- Verwenden Sie immer ein Zentralbild.
- Verwenden Sie Bilder in Ihrer gesamten Mind Map.
- Verwenden Sie drei oder mehr Farben pro Zentralbild.
- Verwenden Sie unterschiedliche Mehrdimensionalität in den Bildern.
- Setzen Sie Synästhesie ein (Verschmelzung der Körpersinne).
- Variieren Sie die Größe von Schriften, Linien und Bildern.
- Sorgen Sie für geordnete Raumeinteilung.
- Lassen Sie Zwischenräume frei.

2. Setzen Sie Assoziationen ein.

- Verwenden Sie Pfeile, wenn Sie Verbindungen innerhalb und zwischen den Verästelungen herstellen wollen.
- Verwenden Sie Farben.
- Verwenden Sie Codes.

3. Bemühen Sie sich um Deutlichkeit.

- Schreiben Sie nur ein Schlüsselwort pro Linie.
- Schreiben Sie alle Wörter in Druckbuchstaben.
- Schreiben Sie die Schlüsselwörter auf Linien.
- Ziehen Sie die Linie so lang wie das Wort.
- Verbinden Sie die Linien miteinander.
- Ziehen Sie die Zentrallinien sinngemäß dicker.
- Lassen Sie Ihre Begrenzungen Ihre Verästelungskonturen „umarmen“.
- Gestalten Sie Ihre Bilder so klar wie möglich.
- Legen Sie Ihr Blatt horizontal vor sich hin.
- Schreiben Sie möglichst senkrecht.

4. Entwickeln Sie Ihren persönlichen Stil.

Die Mind-Map-Gestaltung

1. Setzen Sie Hierarchien ein.

2. Setzen Sie eine numerische Ordnung ein.

S. 95: Natürliche Architektur: Tafel 12

Logische Grundlagen der Mind-Map-Gesetze

Die Mind-Map-Techniken

1. Setzen Sie Betonung ein.

Betonung stellt, wie wir bereits gesehen haben, einen der Hauptfaktoren für die Förderung des Gedächtnisses und die Steigerung der Kreativität dar. Alle zur Betonung verwendeten Techniken können auch zur Assoziation genutzt werden und umgekehrt. Mit den folgenden Gesetzen können Sie maximale und angemessene Betonung in Ihren Mind Maps erzielen.

Verwenden Sie immer ein Zentralbild.
Ein Bild konzentriert automatisch Auge und Gehirn auf sich. Es löst zahlreiche Assoziationen aus und wirkt in erstaunlichem Maß als Gedächtnisstütze. Es zieht Sie an, gefällt Ihnen und richtet Ihre Aufmerksamkeit auf sich. Wenn ein Wort (statt eines Bildes) in Ihrer Mind Map im Mittelpunkt steht, können Sie das Wort durch den Einsatz von Mehrdimensionalität, Vielfarbigkeit und ansprechender Form in ein Bild verwandeln.

Verwenden Sie Bilder in Ihrer gesamten Mind Map.
Der Einsatz von Bildern, wo immer sie möglich sind, schenkt Ihnen all die oben beschriebenen Vorteile, schafft obendrein ein anregendes Gleichgewicht zwischen Ihren visuellen und linguistischen kortikalen Fähigkeiten und verbessert Ihre visuelle Wahrnehmung.

Wenn Sie einmal für einen Augenblick Ihre Angst vergessen, dass Sie nicht malen können, und z. B. einen Schmetterling zu zeichnen versuchen, stellen Ihre ersten Bilder Sie vielleicht nicht zufrieden. Aber Sie haben es wenigstens probiert, und wenn Sie das nächste Mal einen Schmetterling sehen, werden Sie ihn sich genauer anschauen wollen, damit Sie sich an ihn erinnern und ihn nachzeichnen können. Durch den Einsatz von Bildern in Ihren Mind Maps werden Sie sich somit besser auf das wirkliche Leben konzentrieren und danach streben, Ihre Darstellung realer Gegenstände zu verbessern. Sie werden buchstäblich „die Augen öffnen“ für die Welt um sich herum.

Verwenden Sie drei oder mehr Farben pro Zentralbild.
Farben stimulieren das Gedächtnis und die Kreativität und retten Sie vor einfarbiger Eintönigkeit. Farben beleben Ihre Bilder und verschönern sie.

Verwenden Sie eine räumliche Darstellungsweise in Ihren Bildern.
„Räumlichkeit" lässt Dinge „herausragen", und alles Herausragende lässt sich leichter erinnern und mitteilen. Daher sollten Sie die wichtigsten Teile Ihrer Mind Map dadurch betonen, dass Sie sie dreidimensional zeichnen oder schreiben.

Setzen Sie Synästhesie (die Verschmelzung der Körpersinne) ein.
Wo immer möglich, sollten Sie in Ihren Mind Maps Wörter oder Bilder verwenden, die die Körpersinne, also Sehen, Hören, Riechen, Schmecken, Berühren und Kinästhesie (Muskelsinn) ansprechen. Viele bekannte Künstler und auch große Schriftsteller und Dichter wenden diese Methode an. Z. B. gebraucht Homer in seiner Odyssee die volle Bandbreite menschlicher Empfindungen, um die Turbulenzen und Gefahren auf Odysseus' Heimfahrt nach dem Sieg über Troja zu schildern. In der folgenden Szene hatte Odysseus den Fehler begangen, den Meeresgott Poseidon zu verärgern, der sich durch das Entfesseln eines schrecklichen Sturms rächt:

Sprach's, da schlug auf ihn eine große Woge von oben
Furchtbar stürzend herab und drehte im Wirbel das Floß um.
Weit vom Floß fiel er selber ins Meer und ließ aus den Händen
Fahren das Steuerruder, und mittendurch brach ihm den Mastbaum,
Aus sich mischenden Winden kommend, ein schrecklicher Windstoß;
Weit weg fielen das Segeltuch und die Rahe ins Meer hin.
Lange hielt es ihn untergetaucht, und er konnte sich nicht gleich
Aufwärts bringen unter dem Druck der Woge, der großen;
Ihn beschwerten die Kleider, die Gabe der hehren Kalypso.
Spät erst tauchte er auf und spie aus dem Munde das bittre
Salz aus, das ihm in Strömen von seinem Kopfe herabrann.
Doch auch so, erschöpft wie er war, vergaß er das Floß nicht,
Sondern strebte ihm nach in den Wogen, bekam es zu fassen,
Setzte sich mitten darauf und entging dem Ziele des Todes.
Doch das trug die Flut mit der Strömung hierhin und dorthin,
So wie der herbstliche Nord die Disteln über die Ebne
Vor sich her treibt, die aber haften aneinander,
So auch trieben das Floß die Winde hierhin und dorthin.

Zitiert nach: Homer, Odyssee, Reclam 1979, S. 83f

Achten Sie hier auf Rhythmus, Wiederholung, Aufeinanderfolge, Metaphorik, das Ansprechen aller Sinne, den Fortgang der Handlung, Übertreibung, Farbe und Gefühl – alles kombiniert in einem meisterhaften Abschnitt.

Es ist spannend, kleine Kinder dabei zu beobachten, wie sie die Natur mit all ihren Sinnen erfahren. Sie berühren, schmecken, bewegen und erkunden; sie singen, leiern, reimen, erzählen einander Geschichten und erzeugen dabei bezaubernde Mind-Map-Phantasien und Wachträume.

Wie diese Kinder setzte der große Erinnerungskünstler Schereschewski, bekannt als „S", Synästhesie als Erinnerungshilfe für buchstäblich jeden Augenblick seines Lebens ein. In seinem Buch über „S", *The Mind of a Mnemonist*, schreibt Alexander Luria: „Auch für „S" überwog die Bedeutung von Wörtern. Jedes Wort hatte den Effekt, dass es in seinem Geist ein graphisches Bild aufbot. Was ihn von der großen Masse unterschied, war die Tatsache, dass seine Bilder unvergleichlich viel lebhafter und beständiger als die anderer Menschen waren. Zudem waren seine Bilder stets mit synästhetischen Komponenten verbunden …"

Auch Bewegung ist eine wesentliche Mnemotechnik und lässt sich ebenfalls vorteilhaft in Ihren Mind Maps einsetzen. Um Ihre Mind Map in Bewegung zu versetzen, fügen Sie einfach visuelle Bewegungsindikatoren wie in den folgenden Beispielen hinzu.

Variieren Sie die Größe von Schriften, Linien und Bildern.
Größenunterschiede zeigen am besten die jeweilige Bedeutung von Gegenständen in einer Hierarchie. Vergrößerungen setzen betonende Akzente und erhöhen so die Wahrscheinlichkeit der Erinnerung.

Sorgen Sie für eine geordnete Raumaufteilung.
Eine geordnete Raumaufteilung macht das Bild klarer, hilft beim Einsatz von Hierarchien und bei der Kategorisierung, lässt die Mind Map offen für Zusätze und sieht gefällig aus.

Lassen Sie Zwischenräume frei.
Indem Sie um jeden Punkt herum Platz freilassen, wird Ihre Mind Map geordnet und strukturiert. Letztendlich kann der Zwischenraum zwischen den einzelnen Punkten genauso wichtig wie diese selbst sein. Im japanischen Ikebana beruht beispielsweise die gesamte Anordnung auf dem Zwischenraum zwischen den Blumen. Ähnlich wird in der Musik der Klang oft um die Stille herum arrangiert. Beethovens Fünfte Symphonie z. B. beginnt mit einer Pause oder lautlosen Note.

2. Setzen Sie Assoziationen ein.

Assoziationen sind der andere Hauptfaktor, der bei der Gedächtnis- und Kreativitätssteigerung zum Einsatz kommt. Ebendiese integrierenden Hilfsmittel nutzt unser Gehirn, um unseren körperlichen Empfindungen Sinn zu geben, und darin liegt der Schlüssel zum menschlichen Gedächtnis und Verstehen.

Wenn Ihr Zentralbild und Ihre Grundlegenden Ordnungs-Ideen feststehen, kann Ihr Gehirn sich mit jeglichem Thema beschäftigen. Wie schon erwähnt, kann jede Technik, die für Assoziationen angewandt wird, auch zur Betonung eingesetzt werden und umgekehrt.

Verwenden Sie Pfeile, wenn Sie Verbindungen innerhalb und zwischen den Verästelungen herstellen wollen.
Mit Hilfe von Pfeilen kann Ihr Auge automatisch zwei verschiedene Teile Ihrer Mind Map verbinden. Die Pfeile können in nur eine Richtung zeigen oder aber mehrere Spitzen haben und von unterschiedlicher Größe, Form und Dimension sein. Sie verleihen Ihren Gedanken eine räumliche Richtung.

Verwenden Sie Farben.
Farbigkeit stellt eines der wirkungsvollsten Hilfsmittel dar. Die Wahl bestimmter Farben zur Kennzeichnung bestimmter Ziele oder gewisser Bereiche Ihrer Mind Map erlaubt Ihnen den schnelleren Zugriff zur Information, verbessert Ihre Erinnerung und vergrößert die Anzahl und Bandbreite Ihrer kreativen Einfälle. Sowohl Einzelpersonen als auch Gruppen können solche farbigen Codes und Symbole entwickeln.

Verwenden Sie Codes.
Codes befähigen Sie dazu, unverzüglich Verbindungen zwischen verschiedenen Teilen Ihrer Mind Map herzustellen, gleichgültig wie weit diese auf dem Blatt voneinander entfernt sind. Diese Kennzeichnungen können die Form von Häkchen, Kreuzen, Kreisen, Dreiecken und Unterstreichungen haben oder feiner ausgearbeitet sein, wie in der Mind Map auf S. **106**. Codes können zudem viel Zeit sparen.

Z. B. können Sie in allen Notizen eine Reihe einfacher Codes zur Darstellung von häufig auftauchenden Personen, Projekten oder Abläufen verwenden.

Codes verstärken und steigern die Kategorisierung und Hierarchie durch die einfache Anwendung von Farben, Symbolen, Formen und Bildern. Sie können mit ihrer Hilfe auch Quellenmaterial (wie etwa biographische Hinweise) mit Ihrer Mind Map verbinden.

3. Bemühen Sie sich um Deutlichkeit.

Undeutlichkeit verschleiert die Wahrnehmung. Wenn Sie Ihre Notizen hinschmieren, behindern diese Ihr Gedächtnis, statt ihm zu helfen.

Schreiben Sie nur ein Schlüsselwort pro Linie.
Jedes einzelne Wort kann Tausende möglicher Assoziationen nach sich ziehen. Indem Sie ein Wort pro Linie schreiben, gewinnen Sie Assoziationsfreiheit. Wichtige Wendungen gehen nicht verloren. (Näheres hierzu s. „Die Vorstellung, kurze Sätze oder Wendungen sagten mehr aus als eine richtige Mind Map", S. **110f.**)

Schreiben Sie alle Wörter in Druckbuchstaben.
Druckbuchstaben verfügen über eine klarere Form, deshalb ist es möglich, sie sich leichter einzuprägen. Der zusätzliche Zeitaufwand beim Schreiben wird durch die Vorteile der schnellen kreativen Assoziation und Erinnerung mehr als wettgemacht. Mit Druckbuchstaben fasst man sich auch kürzer, und durch den Einsatz von Groß- und Kleinbuchstaben kann man die jeweilige Bedeutung der Wörter auf der Mind Map ersichtlich machen.

Schreiben Sie die Schlüsselwörter auf Linien.
Die Linie bildet das „Gerüst" für das Wort. Sie sorgt so für Ordnung und Übersichtlichkeit, was wiederum die Verständlichkeit der Mind Map und das persönliche Erinnerungsvermögen steigert. Linien fördern zudem weitere Verbindungen und Zusätze (s. die Abb. auf S. **114**).

Ziehen Sie die Linie so lang wie das Wort.
Dieses Gesetz erleichtert das nahe Aneinanderschreiben der Wörter und somit die Assoziation. Zudem können Sie dank des gewonnenen Platzes mehr Informationen auf Ihrer Mind Map unterbringen. (Näheres hierzu auf S. **224**.)

Verbinden Sie die Linien miteinander.
Mit Hilfe der Verbindungen auf Ihrer Mind Map können Sie die Gedanken verbinden, die Ihnen in den Sinn kommen. Sie können die Linien in Pfeile, Kurven, Schlingen, Kreise, Ovale, Dreiecke, Polyeder oder in irgendeine andere Form aus dem unerschöpflichen Reservoir Ihrer Vorstellungskraft umformen.

Ziehen Sie die Zentrallinien dicker.
Durch die Betonung signalisieren dickere Linien Ihrem Gehirn unverzüglich die Bedeutung Ihrer Zentralideen. Wenn sich Ihre Mind Map im Erkundungsstadium befindet, entdecken Sie vielleicht während des Mind-Mapping-Prozesses, dass einige der peripheren Ideen tatsächlich wichtiger als die zentralen sind. In einem solchen Fall ziehen Sie die äußeren Linien nach, wo es erforderlich ist. Sinngemäß geschwungene Linien bieten einen zusätzlichen visuellen Anreiz.

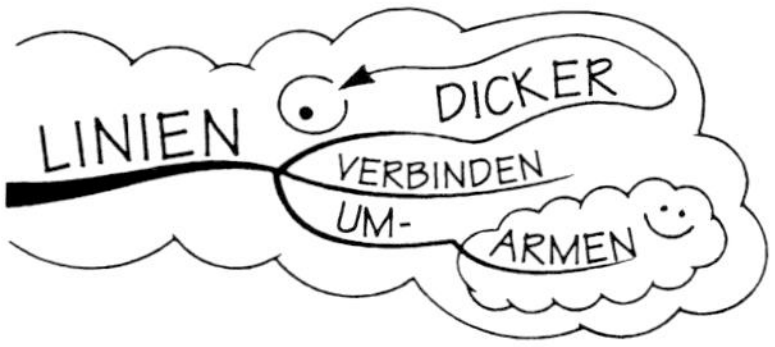

Lassen Sie die Begrenzungen die Verästelungskonturen „umarmen".
Wenn eine Begrenzungslinie die Kontur eines vollständigen Mind-Map-Astes „umarmt", umreißt sie klar die Form dieses Astes. Diese individuelle Form kann dann die Erinnerung an die in diesem Ast enthaltene Information abrufen. Für fortgeschrittene Mnemotechniker können solche Formen zu „lebendigen Bildern" werden, wodurch sich die Wahrscheinlichkeit drastisch erhöht, dass man sich an den Inhalt erinnert.

Viele von uns haben dies als Kind praktisch unbewusst getan. Erinnern Sie sich, wie Sie vielleicht an einem sonnigen Tag im Freien lagen und den mit Wolken gesprenkelten Himmel ansahen? Wenn ja, haben Sie wahrscheinlich die vorbeiziehenden Wolken angeschaut und gedacht: „Ach, da ist ein Schaf!" „Das ist ein Dinosaurier!" „Das sieht aus wie ein Schiff!" „Das da ist ein Vogel!" ... Ihr Gehirn schuf aus zufälligen Formen Bilder und verankerte sie so stärker in Ihrem Gedächtnis. Auf die gleiche Weise können Sie durch den Einsatz von Formen auf Ihrer Mind Map viele Informationsteile zu einer Form ordnen, die Sie sich leichter merken können. Dieses Verknüpfen von Daten gehört zu den anerkannten Mnemotechniken.

Der Psychologie zufolge ist unser Kurzzeitgedächtnis bloß zur Speicherung von durchschnittlich sieben Informationseinheiten fähig. Durch das Verknüpfen der neuen Informationen mit dem bereits gespeicherten Wissen können wir unsere Speicherkapazität viel besser ausnutzen. Ein ungeübter Gehirnbenutzer füllt z. B. vielleicht seinen gesamten Kurzzeitgedächtnisspeicher, um sich eine siebenstellige

Telefonnummer zu merken. Der geübte Gehirnbenutzer hingegen häuft die sieben Zahlen auf eine bedeutungsvollere Art an und lässt so Platz für weitere Informationen.

📖 1982 führten Chase und Erickson einen 1986 von Glass und Holyoak beschriebenen Versuch zu diesem Aspekt des Gedächtnisses durch. Ein Proband erwies sich als besonders interessant. Zunächst konnte er sich nur an die durchschnittlichen sieben Daten erinnern, nach mehr als zwei Jahren Übung im Verknüpfen von Daten jedoch konnte er sich 82 neue Dateneinheiten merken. Er verfolgte die besondere Strategie, neue Informationen mit bereits in seinem Langzeitgedächtnis gespeicherten Daten zu verknüpfen. Z. B. assoziierte er die Folge „351" mit einem früheren Weltrekord über einen Lauf über eine Meile Distanz (3 Minuten, 51 Sekunden).

Das Zeichnen von Begrenzungen auf einer Mind Map hat offensichtliche Vorteile. Wenn Sie mehr Äste anfügen möchten, nachdem Sie eine Begrenzung gezogen haben, können die neuen Verästelungen durch eine neue Begrenzung umschlossen werden, vergleichbar mit den Jahresringen bei einem Baum.

Gestalten Sie Ihre Bilder so klar wie möglich.
Äußere Klarheit fördert innere Gedankenklarheit. Eine übersichtliche Mind Map sieht außerdem schöner aus.

Legen Sie Ihr Blatt horizontal vor sich hin.
Das Quer- oder „Landschafts"-Format gewährt Ihnen mehr Freiheit und Platz zum Zeichnen Ihrer Mind Map als das Hoch- oder „Porträt"-Format. Zudem kann man eine Mind Map im Querformat besser lesen.

Unerfahrene Mind Mapper lassen Körper und Stift oft in der gleichen Position verharren, während sie das Blatt hin- und herdrehen. Während des Mind Mappings mag dies problemlos funktionieren, aber das erneute Lesen der Mind Map erfordert dann allerlei Verrenkungen!

Schreiben Sie möglichst senkrecht.
Die senkrechte Schrift erlaubt Ihrem Gehirn einen leichteren Zugang zu den in der Mind Map ausgedrückten Gedanken, und dieses Gesetz bezieht sich sowohl auf den Winkel der Linien wie auch auf die Schrift selbst. Wenn Sie Ihre Linien so horizontal wie möglich ziehen, können Sie Ihre Mind Map viel leichter lesen.

4. Entwickeln Sie Ihren persönlichen Stil.

Unsere Mind Maps sollten die einmaligen Netzwerke und Gedankenmuster in unserem Gehirn widerspiegeln; je stärker sie das tun, umso mehr kann sich das Gehirn damit identifizieren.

Um einen persönlichen Mind-Mapping-Stil zu entwickeln, sollten Sie die „1+"-Regel befolgen. Jede Ihrer Mind Maps sollte demzufolge etwas farbiger, etwas mehr dreidimensional, ein wenig einfallsreicher, eine Spur schöner und etwas logischer in assoziativer Hinsicht ausfallen als die vorhergehende. Auf diese Weise entwickeln und verfeinern Sie beständig alle Ihre geistigen Fähigkeiten. Sie werden auch Mind Maps erstellen, die Sie nochmals anschauen und benutzen wollen. Je individueller Sie Ihre Mind Maps gestalten, umso leichter können Sie sich an die darin enthaltene Information erinnern. (Näheres hierzu Kap. 11, S. **115**)

1. Setzen Sie Hierarchien ein.

Wie bereits in Kapitel 9 besprochen, steigert der Einsatz von Hierarchien und eine Kategorisierung durch die Grundlegenden Ordnungs-Ideen Ihr geistiges Potenzial enorm.

2. Setzen Sie eine numerische Ordnung ein.

Wenn Ihre Mind Map die Grundlage für eine spezielle Aufgabe, etwa eine Rede, einen Aufsatz oder eine Prüfungsantwort ist, werden Sie Ihre Gedanken in einer bestimmten Ordnung vermitteln wollen, sei sie nun chronologisch oder der Bedeutung der einzelnen Punkte entsprechend angelegt.

Dazu können Sie einfach die Äste in der gewünschten Ordnung numerieren und sogar, sofern nötig, die benötigte Redezeit oder die Betonung einzelner Elemente auf jedem Ast vermerken. Natürlich können Sie auch Buchstaben statt Zahlen verwenden. In jedem Fall führt diese Gliederung automatisch zu logischeren Gedanken.

Zusammenfassung der Mind-Map-Empfehlungen

Durchbrechen Sie Ihre geistigen Blockaden

1. **Fügen Sie leere Linien hinzu.**
2. **Stellen Sie Fragen.**
3. **Fügen Sie Bilder hinzu.**
4. **Halten Sie sich vor Augen, dass Ihre Assoziationsfähigkeit unbegrenzt ist.**

Nutzen Sie Verstärkungsmechanismen

1. **Schauen Sie sich Ihre Mind Maps zur Wiederholung nochmals an.**
2. **Führen Sie schnelle Mind-Map-Kontrollwiederholungen durch.**

Bereiten Sie sich vor

1. **Bereiten Sie sich geistig vor.**
   - Entwickeln Sie eine positive geistige Einstellung.
   - Kopieren Sie Bilder.
   - Lassen Sie sich nicht entmutigen.
   - Widmen Sie sich dem Absurden.
   - Gestalten Sie Ihre Mind Map so schön wie möglich.
2. **Benutzen Sie hochwertige Materialien.**
3. **Sorgen Sie für optimale Arbeitsbedingungen.**
   - Sorgen Sie für eine vernünftige Zimmertemperatur.
   - Arbeiten Sie möglichst bei Tageslicht.
   - Sorgen Sie für viel frische Luft.
   - Möblieren Sie das Zimmer entsprechend.
   - Schaffen Sie eine angenehme Umgebung.
   - Spielen Sie passende Musik ab oder arbeiten Sie in Stille, wenn Sie das bevorzugen.

Logische Grundlagen der Mind-Map-Empfehlungen

Die Mind-Map-Empfehlungen sollen Ihnen helfen, die Gesetze der Kreativität anzuwenden, den Strom Ihrer Gedanken freizusetzen und für die bestmögliche geistige und physische Umgebung zu sorgen.

Durchbrechen geistiger Blockaden

1. **Fügen Sie leere Linien hinzu.**
Bei einer vorübergehenden Blockade fügen Sie einfach eine oder mehrere Linien zu Ihrer Mind Map hinzu. Das fordert Ihr Gehirn zur Vervollständigung dessen heraus, was noch nicht fertig ist, und wird Ihre unerschöpfliche Assoziationskraft „anzapfen“.

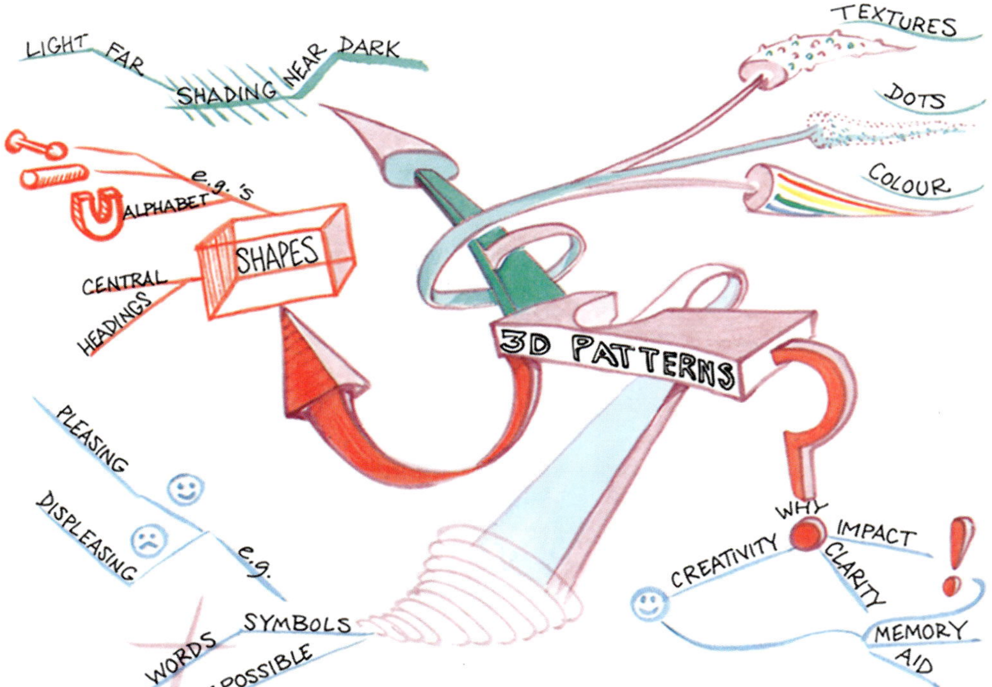

*Die Mind Map von Mark Brown zeigt auf bemerkenswerte Weise den Einsatz von Bildern, Formen und Mehrdimensionalität (s. S. **97-100**).*

2. **Stellen Sie Fragen.**
Fragen stellen das Haupthilfsmittel dar, mit dem das Gehirn Wissensnetzwerke anhäuft. Wenn Sie Ihr Gehirn mit passenden Fragen herausfordern, regen Sie eine blockadebrechende Antwort an.

3. **Fügen Sie Bilder hinzu.**
Das Hinzufügen von Bildern zu Ihrer Mind Map löst wahrscheinlich weitere Assoziationen und Erinnerungen aus.

4. **Halten Sie sich vor Augen, dass Sie über eine unendliche Assoziationsfähigkeit verfügen.**
Das Bewahren dieses Bewusstseins wird Ihr Gehirn von seinen althergebrachten Beschränkungen befreien.

Übungen

In diesem Stadium finden Sie vielleicht zwei Übungen sinnvoll. Wählen Sie erstens irgendeine Information aus Ihrem Gedächtnis und verbinden Sie sie logisch oder assoziativ mit irgendeinem zufällig gewählten Gegenstand.

Nehmen Sie zweitens irgendeinen Teil der Mind Map, bei der Sie nicht mehr weiterkommen, und machen Sie ihn zum Mittelpunkt einer neuen Mini-Mind-Map. Assoziieren Sie möglichst schnell Wörter, damit Ihr geistiger Fluss wieder ins Strömen kommt.

Verstärkungsmechanismen

1. **Schauen Sie sich Ihre Mind Maps zur Wiederholung nochmals an.**
Untersuchungen haben gezeigt, dass sich die Gedächtnisleistung nach einer Wiederholung einer spezifischen Zeitkurve entsprechend ändert (s. Tony Buzan, *Nichts vergessen*, S.101). Wenn Sie sich aktiv (im Gegensatz zu passiv) an Ihre Mind Map erinnern müssen, etwa für eine Prüfung oder ein bestimmtes Vorhaben, sollten Sie daher eine Wiederholung in bestimmten Zeitabständen einplanen. Dadurch können Sie bestimmte Gebiete verfeinern oder korrigieren, andere ergänzen, die bislang vielleicht fehlten, und besonders wichtige Assoziationen verstärken. Nach einer einstündigen Lernperiode sollten Sie im Idealfall Ihre Mind Map in folgenden Intervallen noch einmal ansehen:

- nach 10 bis 30 Minuten
- nach einem Tag
- nach einer Woche
- nach einem Monat
- nach drei Monaten
- nach sechs Monaten

Dann wird die Mind Map in Ihrem Langzeitgedächtnis verankert sein.

2. Führen Sie schnelle Mind-Map-Kontrollwiederholungen durch.
Während der nochmaligen Durchsicht Ihrer Mind Map sollten Sie gelegentlich eine Tempo-Mind-Map erstellen (das dauert nur wenige Minuten), in der Sie alles, woran Sie sich vom Original erinnern, kurz zusammenfassen.

Wenn Sie eine dieser neuen Mind Maps anfertigen, schaffen Sie Ihre Erinnerungen neu und frischen sie auf. Kreativität und Gedächtnis sind eben die zwei Seiten derselben Medaille.

Wenn Sie Ihre Mind-Map-Originale zur Wiederholung lediglich anschauen, bleibt Ihr Gehirn vom äußeren Anreiz der Mind Map abhängig, da es nur erkennen soll, was es bereits getan hat. Beim Erstellen einer neuen Mind Map hingegen können Sie Ihr Erinnerungsvermögen ohne äußeren Anreiz überprüfen. Danach können Sie das Ergebnis mit Ihrem Mind-Map-Original vergleichen und mögliche Fehler, Widersprüche oder Auslassungen berichtigen.

Vorbereitung

Zur Leistungsmaximierung sollten Sie den idealen Kontext – sowohl geistig wie auch körperlich – schaffen, in dem Sie Ihre Mind Maps erstellen. Mit Hilfe der folgenden Empfehlungen können Sie sicherstellen, dass Sie über die bestmögliche Einstellung, die optimalen Materialien und Arbeitsbedingungen verfügen.

1. Bereiten Sie sich geistig vor.

Entwickeln Sie eine positive geistige Einstellung.
Eine positive geistige Einstellung hebt Blockaden des Geistes auf, vergrößert die Wahrscheinlichkeit, dass spontane Verbindungen geknüpft werden können, entspannt den Körper, verbessert die Wahrnehmung und schafft überhaupt eine positive Erwartungshaltung. All diese Vorteile werden sich in Ihrer Mind Map widerspiegeln. Deshalb sollte man jede Mind-Mapping-Aufgabe unbedingt mit einer positiven Einstellung beginnen, selbst wenn sie in einer traditionell „negativ“ besetzten Situation, wie etwa bei einer Prüfung angefertigt wird.

Kopieren Sie Bilder.
Wo immer möglich, sollten Sie andere Mind Maps, Bilder und Kunstwerke kopieren. Denn Ihr Gehirn lernt durch das Kopieren und schafft dann neue Bilder oder Begriffe, indem es von den kopierten Vorlagen ausgeht. Ihre so genannte Formatio reticularis (eine komplizierte „Ausleseeinrichtung“ an Ihrer Gehirnbasis) hält automatisch Ausschau nach Informationen, die zur Verbesserung Ihrer Mind-Map-Fähigkeiten beitragen.

Lassen Sie sich nicht entmutigen!
Viele Leute sind enttäuscht, wenn ihre Mind Maps nicht ihren Erwartungen entsprechen. In solch einem Fall sollten Sie Ihre Mind Map vorurteilsfrei analysieren und dann in jedem Fall weitermachen.

Widmen Sie sich dem Absurden!
Vor allem in den kreativen Anfangsphasen einer jeden Mind Map sollten Sie alle

„absurden“ oder „dummen“ Einfälle notieren und alle zusätzlichen Einfälle zulassen, die daraus entstehen. Scheinbar absurde oder dumme Einfälle sind gewöhnlich jene, die stark von der Norm abweichen. Dieselben Einfälle entpuppen sich allerdings oft als diejenigen, die zu großen gedanklichen Durchbrüchen verhelfen, die ebenfalls weit von der Norm abweichen.

Gestalten Sie Ihre Mind Map so schön wie möglich.
Ihr Gehirn ist von Natur aus auf Schönheit eingestellt. Je schöner Ihre Mind Map ist, umso mehr entsteht aus ihr und desto besser erinnern Sie sich an sie. (Näheres über die Vorstellungskraft auf S. **71-77**.)

2. Benutzen Sie hochwertige Materialien.

Auf einer unbewussten Ebene neigen wir dazu, bei jeder Sinneswahrnehmung je nach ihrer Anziehungskraft auf uns „ein-“ oder „abzuschalten“. Sie sollten deshalb das beste erhältliche Papier, die besten Stifte, Textmarker und Ablagesysteme verwenden, damit Sie sich von ihnen angezogen fühlen und sie gerne benutzen.

3. Sorgen Sie für optimale Arbeitsbedingungen.

Ihre Arbeitsumgebung kann, wie die Arbeitsmittel, in Ihnen eine ablehnende, neutrale oder positive Reaktion hervorrufen. Gestalten Sie deshalb Ihre Umgebung so angenehm und bequem wie möglich, damit Sie in die beste geistige Verfassung kommen.

Sorgen Sie für eine vernünftige Zimmertemperatur.
Extreme Temperaturen lenken Sie von der Arbeit ab.

Arbeiten Sie möglichst bei Tageslicht.
Tageslicht ist das für Ihre Augen entspannendste Licht und vermittelt Ihrem Gehirn genauere Informationen über Form, Farbe, Linie und Dimension.

Sorgen Sie für genügend frische Luft.
Sauerstoff ist eines der Hauptnahrungsmittel unseres Gehirns. Frischluft steigert so Ihre Wahrnehmung und geistige Vitalität.

Möblieren Sie das Zimmer entsprechend.
Überzeugen Sie sich, dass Ihr Stuhl und Schreibtisch von der besten erhältlichen Qualität sind und Ihnen vom Design her eine entspannte, bequeme und aufrechte Haltung ermöglichen. Eine gute Haltung verbessert den Sauerstofftransport ins Gehirn, erhöht die Wahrnehmung sowie die geistige und körperliche Vitalität. Darüber hinaus ist der Anreiz, an schönen, bequemen Möbeln zu arbeiten, auch viel größer.

Schaffen Sie sich eine angenehme Umgebung.
Eine angenehme Umgebung ermuntert Sie ebenso wie gute Arbeitsmaterialien und qualitativ hochwertige Möbel zum Benutzen Ihres Arbeitsplatzes.

Weil Lernen oft mit Strafe assoziiert wird, machen viele unbewusst Ihren Arbeitsplatz zu einer Gefängniszelle. Schaffen Sie sich einen Platz, wo Sie gerne hingehen, selbst wenn Sie gerade keine spezielle Lernaufgabe haben. Einige Bilder an der Wand, ein schöner Teppich – all dies kann Ihren Arbeitsplatz ansprechend gestalten.

Spielen Sie passende Musik ab, oder arbeiten Sie bei Stille, wenn Sie dies bevorzugen.
Wir reagieren alle unterschiedlich auf Musik. Einige Menschen hören beim Mind-Mapping gerne Musik, andere bevorzugen die Stille.

Es ist wichtig, dass Sie beides einmal ausprobieren und die Musik – egal ob Klassik, Jazz, Pop, Rock oder etwas anderes – aussuchen, die zu Ihnen und Ihrer Stimmung in diesem Augenblick passt.

Die vier Hauptgefahren

Dies sind vier Hauptgefahrenbereiche für jeden Mind Mapper:

1. Mind Maps, die keine wirklichen Mind Maps sind.
2. Die Vorstellung, kurze Sätze oder Wendungen sagten mehr aus als eine „richtige" Mind Map.
3. Die Vorstellung, eine „unordentliche" Mind Map tauge nichts.
4. Eine ablehnende Gefühlsreaktion auf eine Mind Map.

All diese Klippen können Sie leicht umschiffen, solange Sie sich an die unten dargelegten Grundsätze erinnern.

1. Mind Maps, die keine wirklichen Mind Maps sind.
Abbildungen wie auf Seite **112** werden oft von Menschen geschaffen, die sich erst seit kurzem mit dem Mind Mapping beschäftigen und noch nicht alle Mind-Map-Gesetze ganz verinnerlicht haben.

Auf den ersten Blick sehen diese Zeichnungen wie Mind Maps aus und scheinen den Mind-Map-Richtlinien zu entsprechen. Sie weisen jedoch eine Reihe von Unterschieden zu professionellen Mind Maps auf, denn in den scheinbaren Mind Maps werden bei zunehmender Entwicklung die Strukturen immer zufälliger und eintöniger. Darüber hinaus werden alle Ideen auf dieselbe Ebene reduziert und jeweils von den anderen getrennt, also *dis*soziiert.

Weil die Gesetze in Bezug auf Klarheit, Betonung und Assoziation nicht befolgt wurden, führte das, was sich zu einer Ordnung und Struktur zu entwickeln schien, in Wirklichkeit zu einem ziemlichen Durcheinander, zu Eintönigkeit und Chaos.

2. Die Vorstellung, kurze Sätze oder Wendungen sagten mehr aus als eine „richtige" Mind Map.

Diese Gefahr lässt sich anhand eines praktischen Beispiels am besten veranschaulichen.

Stellen wir uns vor, jemand verlebte einen unglücklichen Nachmittag und möchte nun die in Abb. 1 und 2 auf S. **114** gezeigten Mind-Map-Tagebucheinträge schreiben.

Auf den ersten Blick scheint die erste Abbildung ein ausgezeichneter Bericht eines in der Tat „sehr unglücklich" verlaufenen Nachmittags zu sein. Bei genauerem Hinsehen zeigen sich jedoch eine Reihe von Nachteilen. Unter anderem erschwert diese Notiz die Überprüfung der Interpretation des Nachmittags ungemein. Der Satz „Ein sehr unglücklicher Nachmittag" drückt ein vorgefasstes Konzept aus, das keine anderen Möglichkeiten zulässt.

Im Gegensatz dazu zerlegt Abbildung 2 den Satz in seine einzelnen Wortbedeutungen und gestattet jedem Wort die Freiheit, seine individuellen Assoziationen auszustrahlen.

Noch drastischer kann man in Abbildung 3 den Sinn des Mind Mappings erkennen, in der die Ein-Wort-Regel zu ihrem logischen Schluss geführt wird und auch Bilder hinzugefügt wurden. Hier können Sie sehen, dass der *Hauptbegriff* des Nachmittags im Begriff *Glück* besteht, wobei die Hauptbetonung auf dem *„Un-"* in „unglücklich" liegt. Sie waren vielleicht krank, hatten einen schlimmen Misserfolg oder erhielten eine ganz schlechte Nachricht, was alles zutreffend sein mag. Es ist aber *auch* wahr, dass der Nachmittag etwas Positives hatte (die Sonne schien vielleicht, wenn auch nur kurz!), was Sie dank der Ein-Wort/Ein-Bild-Regel wahrheitsgemäß niederlegen können. Die Mind-Map-Regel, jeweils nur einen einzigen Punkt anzuführen, lässt Sie sowohl Ihre innere wie auch Ihre äußere Umgebung klarer und realistischer sehen und ermöglicht es Ihnen so, „wahrhaftiger" sich selbst gegenüber zu sein.

Im schlimmsten Fall können negative Sätze ganze Tage, Jahre und sogar Jahrzehnte aus dem Leben mancher Menschen streichen. „Letztes Jahr war das schlimmste Jahr meines Lebens", „Meine Schulzeit war die Hölle!", sind zwei oft gehörte Beispiele für diese Art der negativen Konditionierung.

Wenn man derartige Gedanken ständig wiederholt, erscheinen sie einem schließlich als wahr. Aber sie sind es nicht. Gewiss, wir erleben alle hin und wieder Enttäuschungen. Aber es gibt immer einige positive Dinge – und wenn es nur die Tatsache wäre, dass wir noch am Leben und uns unserer Traurigkeit bewusst sind! Und natürlich die Tatsache, dass wir noch immer die Möglichkeit haben, uns positiv zu verändern und zu entwickeln.

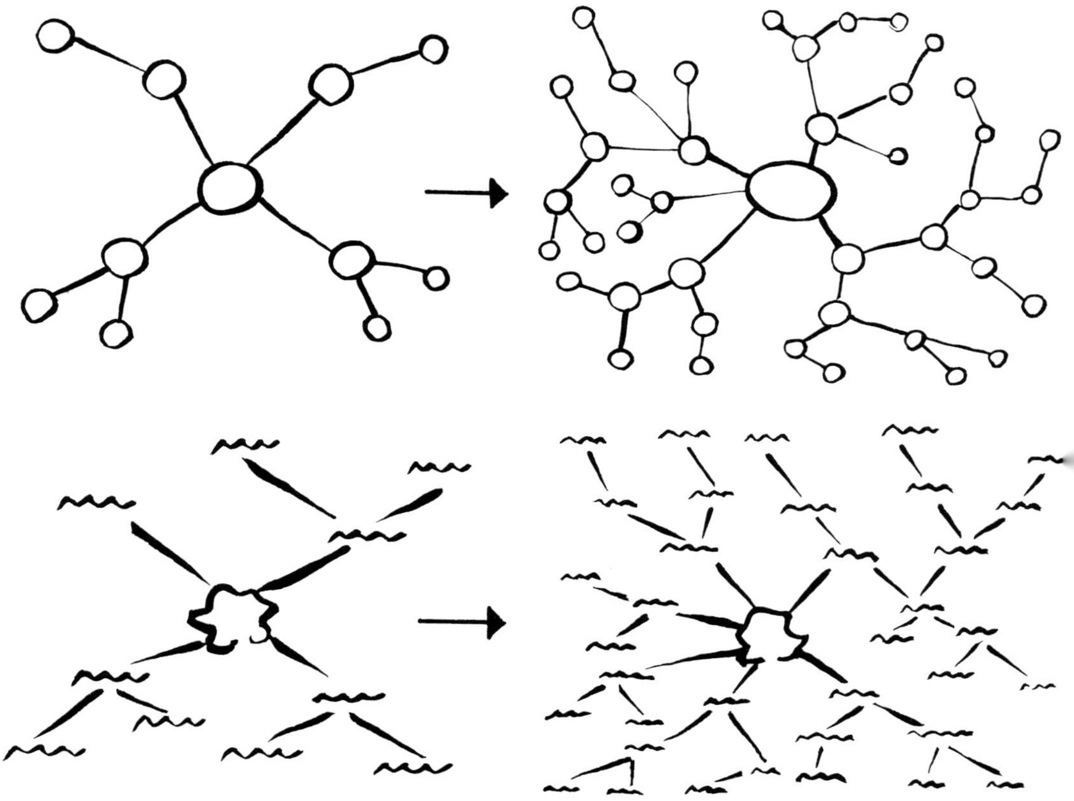

*Mind Maps, die keine wirklichen Mind Maps sind. Welche dieser Strukturen führt zu Verwirrung, Eintönigkeit und drastischen Gedanken? (s. S. **110**.)*

Die Verwendung einzelner Wörter in Ihrer Mind Map erlaubt es Ihnen, Ihre innere und äußere Umgebung deutlicher und realistischer zu sehen. Sie sorgt auch für ein gutes Gleichgewicht, da ein einziges Wort es erlaubt, dass Sie auch die „andere Seite" der Dinge wahrnehmen. Dieses Verfahren ist zudem besonders hilfreich, wenn es darum geht, Probleme zu lösen oder kreatives Denken einzusetzen, weil es Ihren Geist für alle Möglichkeiten öffnet.

3. Die Vorstellung, eine „unordentliche" Mind Map tauge nichts.

In bestimmten Situationen, etwa aus Zeitmangel oder beim Anhören eines ziemlich wirren Vortrags, erstellen Sie vielleicht eine „konfus" wirkende Mind Map. Das heißt aber nicht, dass sie „schlecht" wäre. Sie spiegelt lediglich Ihre geistige Verfassung zu dieser Zeit wider oder die mehr oder minder konfuse Botschaft, die Ihr Geist empfangen hat.

Ihrer „konfus" ausschauenden Mind Map fehlt es vielleicht an Klarheit und Schönheit, aber sie hält dennoch Ihre geistigen Abläufe während ihrer Erstellung fest.

Sauber geschriebene lineare Notizen schauen vielleicht schön aus, aber was nützen sie Ihnen, wenn Sie diese Informationen abrufen wollen? Wie wir bereits gesehen haben, erscheinen solche Notizen auf den ersten Blick sehr genau und geordnet, doch das Auge kann sie aufgrund der fehlenden Betonung und Assoziationen häufig kaum mehr entschlüsseln.

Diese Erkenntnis kann Ihnen dazu verhelfen, Schuldgefühle abzubauen. Der Blick auf Ihre Mind Map verhilft Ihnen möglicherweise zu der Einsicht, dass nicht Sie, sondern der Vortragende, dem Sie zugehört haben, oder der Verfasser des Buches, das Sie gelesen haben, unorganisiert und konfus war!

4. Ablehnende Gefühlsreaktionen auf Ihre Mind Map.

Hin und wieder erstellen Sie vielleicht auf Anhieb eine „endgültige" Mind Map, oft aber werden Sie erst einen „ersten Versuch" zuwege bringen. Wenn Ihre Mind Map Sie enttäuscht, denken Sie einfach daran, dass es sich dabei nur um einen ersten Entwurf handelt, der noch der Korrektur bedarf.

Übung

In diesem Buch wurden die Mind Maps so ausgewählt oder vorbereitet, dass sie so viele der Mind-Map-Gesetze und -Anwendungen wie möglich veranschaulichen. Nach Möglichkeit sollten Sie jetzt alle Mind Maps dieses Buches überfliegen, sie mit den oben aufgestellten Gesetzen vergleichen und, wo nötig, Kritik anbringen. Danach sollten Sie einzelne Bestandteile der besten Mind Maps kopieren, um Ihre eigenen noch strahlenderen und schöneren Mind Maps zu erstellen, die Sie sich umso leichter merken können!

Abb. 1: Übliche Notiz in Form einer Wendung, die auf den ersten Blick angemessen erscheint, aber gefährliche Ungenauigkeiten enthält.

Abb. 2: Präzisere Notiz, in der jedes Wort eigene Assoziationen hervorbringt.

Abb. 3: Eine den Mind-Map-Richtlinien entsprechende Notiz.

*Notizen über einen „sehr unglücklichen Nachmittag", in denen die Anwendung der Mind-Map-Gesetze den Verfasser der Wahrheit näher bringt (s. S. **111-112**).*

Überleitung

Dieses Kapitel hat Ihnen das nötige Wissen vermittelt, damit Sie in das Universum des Radialen Denkens eintauchen können! Nachdem Sie die Mind-Map-Gesetze und -Empfehlungen nun verinnerlicht haben, sollten Sie jetzt dazu übergehen, Ihre Mind Maps ganz individuell zu erstellen. Das folgende Kapitel „Entwickeln Sie Ihren persönlichen Stil" erläutert, wie Sie Ihre Mind Maps verbessern können, indem Sie mit Hilfe Ihrer Mind Maps Ihre ganz persönliche Kombination von Fähigkeiten und Eigenschaften ausdrücken.

Kapitel 11

Entwickeln Sie Ihren persönlichen Stil

Das erwartet Sie in diesem Kapitel:

- Vorwort
- Die Kunst des Mind Mappings
- Beispiele für Mind-Map-Kunst
- Vorteile der Schaffung künstlerischer Mind Maps
- Ein großer Mind-Map-Künstler
- Überleitung

Vorwort

In diesem Kapitel lernen Sie, wie Sie die Mind-Map-Gesetze und -Empfehlungen zum Ausdruck Ihrer Persönlichkeit nutzen können. Wir beginnen mit einigen sehr unterschiedlichen Beispielen für Mind-Map-Kunst und erkunden dann die möglichen Vorteile der Schaffung künstlerischer Mind Maps. Zum Schluss folgt eine faszinierende Geschichte über einen Mind Mapper, der sich fast zufällig einen Traum erfüllte.

Die Kunst des Mind Mappings

Mind Maps bieten eine ideale Gelegenheit zur Verbesserung Ihrer Koordination zwischen Auge und Hand sowie zur Entwicklung und Verfeinerung Ihrer visuellen Fähigkeiten. Ihre bereits entwickelten bildnerischen Fähigkeiten können Sie dazu nutzen, Ihre Mind Maps zu einem Kunstwerk zu machen. Solche Mind Maps befähigen Sie zum Ausdruck Ihrer künstlerischen und kreativen Persönlichkeit. Für die Entwicklung Ihres eigenen Stils ist die Anwendung der Richtlinien von Bild, Farbe, Dimension und Raumaufteilung besonders nützlich.

Beispiele für Mind-Map-Kunst

Die ungewöhnliche, baumähnliche Mind Map auf S. **119** stammt von Claudius Borer, der in ganz Europa für seine künstlerischen Mind Maps über Unternehmensstrukturen Berühmtheit erlangt hat. Diese typische Mind Map umfasst die grundlegenden Wege, die Hauptäste und die möglichen Früchte für ein wachsendes Unternehmen.

Die Mind Map auf S. **120** oben zeichnete Kathy De Stefano, eine Marketing-Spezialistin, zur Illustrierung ihrer Vorstellungen vom idealen Arbeitsplatz.

Dr. John Geesink, ein international gefragter Computerberater im Industriesektor, schuf die Mind Map auf S. **120** unten. Er wollte den Begriff „Liebe“ künstlerisch, humorvoll und ohne Worte ausdrücken.

Vorteile der Schaffung künstlerischer Mind Maps

1. Entwicklung künstlerischer Fähigkeiten und visueller Wahrnehmung, was wiederum Gedächtnisleistung, kreatives Denken und Selbstvertrauen steigert.

2. Stressreduktion, Entspannung und Selbsterfahrung.

3. Vergnügen.

4. Das Liefern guter „Rollenmodelle“ für andere Mind Mapper.

5. Größeres Kunstverständnis.

6. Geschäftliche Erfolge. (Mind Mapping schlug z. B. einen fünfjährigen englischen Jungen so in seinen Bann, dass er mindestens zwei Mind Maps täglich anfertigte und jede für das Fünffache seines wöchentlichen Taschengeldes verkaufte!)

Ein großer Mind-Map-Künstler

1984 nahm Ulf Ekberg, ein schwedischer Schiffskapitän und Computerfachmann, an einem Mind-Map-Kurs teil. Man erwartete viel von ihm, denn er zeichnete regelmäßig Cartoons für seine Firmenzeitung und hatte begonnen, Porträt- und Landschaftsmalerei zu studieren.

Am Kursende, als alle Teilnehmer ihre Abschluss-Mind-Maps zu Ende bringen sollten, hatte Ulf einen Blackout! Furchtbar enttäuscht fuhr er übers Wochenende nach Hause und schwor sich, den Kurs so zu Ende zu bringen, wie er es sich vorgestellt hatte.

Um die Enttäuschungen des Tages zu verdauen, machte er sich an seinem großen Boot an die Arbeit, das er in seinem Garten liegen hatte. Es war ein eiskalter Wintertag in Stockholm, und als Ulf fertig war, rutschte er aus und fiel drei Meter tief auf den gefrorenen Boden. Zu seinem Entzücken landete er genau auf seinen Füßen. Als er aber zuversichtlich einen Schritt vorwärts machte, fiel er vor Schmerzen um und musste buchstäblich ins Haus kriechen. Der herbeigeholte Arzt diagnostizierte zwei Knochenfissuren in jeder Ferse, sodass er mindestens zwei Monate lang nicht richtig laufen können würde.

Nachdem Ulfs Ärger über die erzwungene Unbeweglichkeit abgeklungen war, entschloss er sich, sich einen seiner Träume zu erfüllen – er wollte ein Bild im Stil Salvador Dalis malen. Er plante, als Thema eine Master-Mind-Map in Bildform zu verwenden, die alles, was er in dem Kurs gelernt hatte, sowie seine eigenen Interpretationen und Weiterentwicklungen verkörpern sollte. Unter den Begriffen, die er in seine Mind Map integrieren wollte, waren:

- Innenschau – das Gehirn sieht sich selbst, sieht sich selbst, sieht sich selbst …
- Das römische Ideal „*mens sana in corpore sano*" („ein gesunder Geist in einem gesunden Körper"/„ein gesunder Körper in einem gesunden Geist")
- Liebe als wesentliches Element für ein gesundes Funktionieren des Gehirns.
- Das Gehirn als Synergie – seine Teile summieren sich zu mehr als seinem Ganzen.
- Zeit als eine Variable.
- Die Fähigkeit des Geistes, was immer er wünscht zu erschaffen.
- Jonglieren als Metapher für Gleichgewicht und Selbstkontrolle.
- Der starke Gerechtigkeitssinn in einem bestens geübten Gehirn.
- Das größte Gehirn der Erde.
- Das Gehirn als Musical.
- Die grundlegende Seinsfrage.
- Einsteins Relativitätstheorie im Kontext des Gehirns als unendlichem Assoziationscomputer.
- Fehler als annehmbare und erfreuliche Bestandteile des Lernprozesses.
- Das Durchbrechen aller bekannten Grenzen.

*Ulf Ekbergs Master-Mind-Map (s. S. **117**).*

Natürliche Architektur: Tafel 13

*Die Mind Map von Claudius Borer zeigt, wie die Anwendung der Grundprinzipien (Wurzeln) zu angemessenen Früchten führt! (s. S. **116**)*

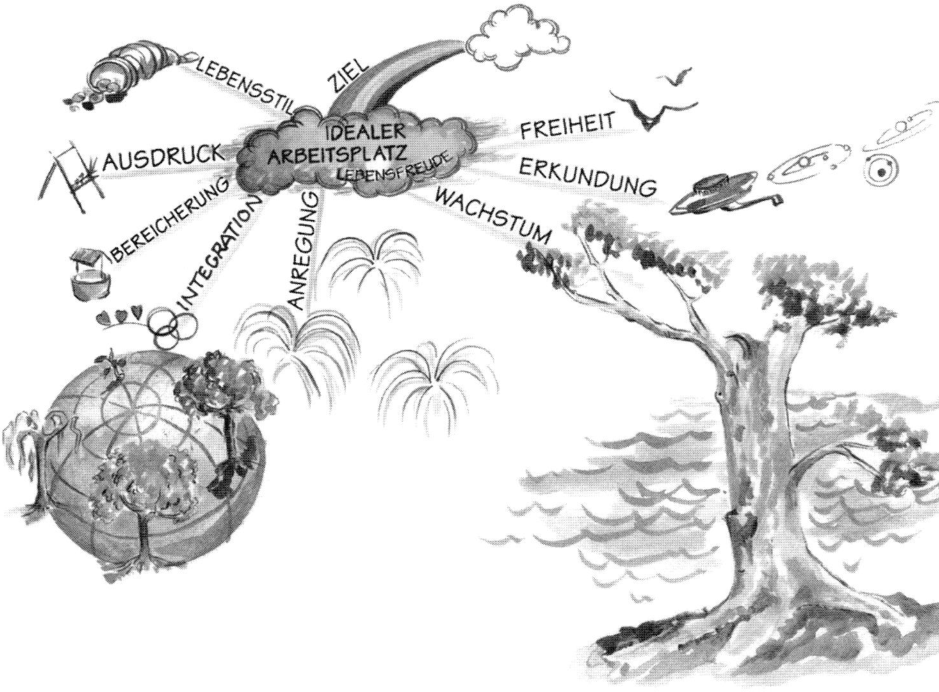

De Stefanos Mind Map bezüglich ihrer Vorstellung vom idealen Job (s. S. ***116****).*

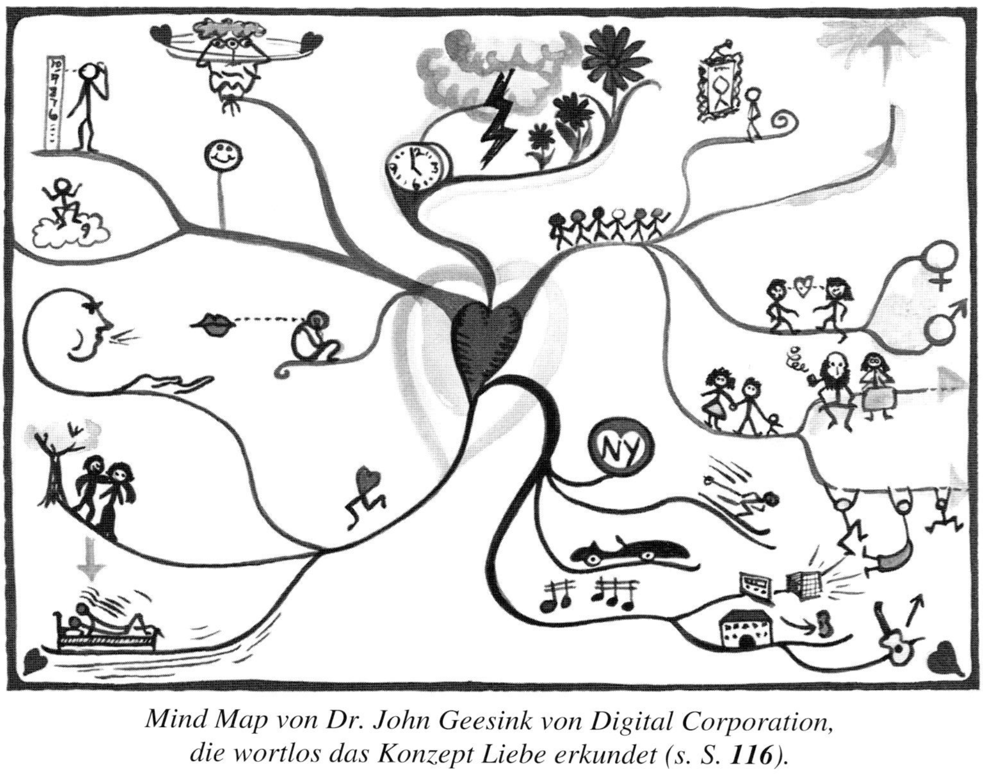

Mind Map von Dr. John Geesink von Digital Corporation,
die wortlos das Konzept Liebe erkundet (s. S. ***116****).*

Dieses erste wirkliche Mind-Map-Kunstwerk ist bereits in limitierter Auflage erschienen und rasch zu einem Sammlerobjekt geworden.

Die Beschäftigung mit Ekbergs Mind-Map-Kunstwerk dürfte Sie mit vielen in diesem Kapitel noch nicht erwähnten Ideen vertraut machen und Sie noch stärker zur Entwicklung Ihres persönlichen Mind-Map-Stils anregen.

Überleitung

Jetzt fühlen Sie sich vielleicht ein wenig wie ein Kind, dem man gerade eine Reihe schwieriger und schöner Spielsachen geschenkt hat und das nun nicht genau weiß, was es damit anfangen soll. Der nächste Teil erkundet die ungeheure Bandbreite von Anwendungsmöglichkeiten für die Mind-Map-Fähigkeiten und -Techniken, die Sie gelernt haben.

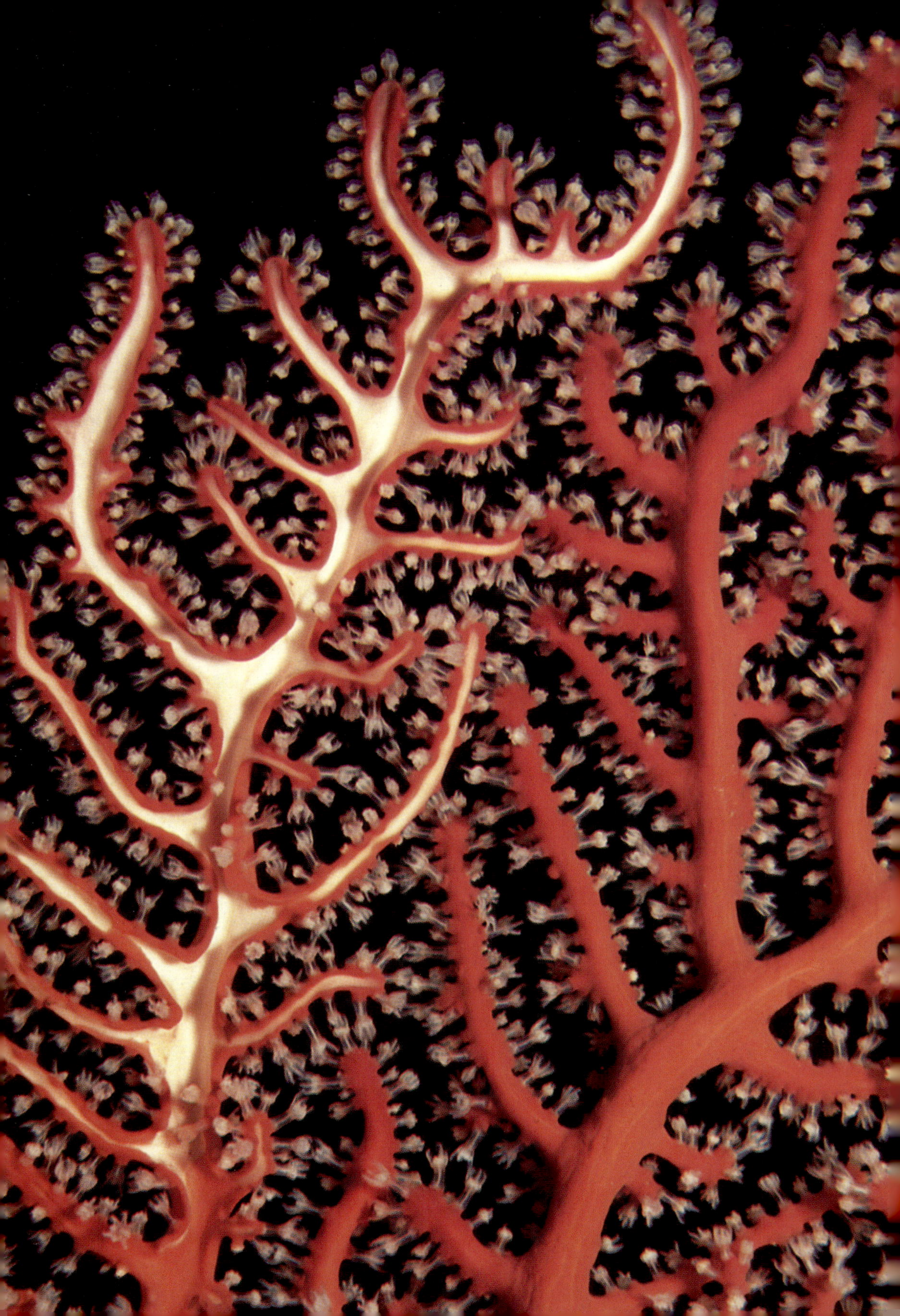

Teil 4

Synthese

Dieser Teil befasst sich mit den vielen unterschiedlichen Aufgaben, die mit Hilfe von Mind Maps erfolgreich gelöst werden können. Diese Aufgaben umfassen die folgenden intellektuellen Bereiche: Entscheidungsfindung; Ordnen Ihrer eigenen Ideen und der Ideen anderer; Gedächnis, kreatives Denken und Brainstorming; die Entwicklung eines Gruppen- oder Meta-Geistes.

Kapitel 12

Entscheidungsfindung

Das erwartet Sie in diesem Kapitel:

- Vorwort
- Allgemeine Entscheidungsfindung
- Einfache Entscheidungsfindung
- Reise durch den Geist eines Mind Mappers, Teil 3
- So fällen Sie Entscheidungen
- So gehen Sie mit Unentschlossenheit um
- Übungen zur Entscheidungsfindung
- Vorteile dyadischer Mind Maps
- Überleitung

Gegenüberliegende Seite: Natürliche Architektur: Tafel 14

Vorwort

Mind Mapping eignet sich besonders gut zur persönlichen Entscheidungsfindung. Mit Hilfe einer Mind Map erkennen Sie Ihre Bedürfnisse und Wünsche, Prioritäten und Zwänge und können so Entscheidungen treffen, die auf einer klareren Sicht der betreffenden Fragen beruhen. Da Sie jetzt umfassend über die Mind-Map-Gesetze Bescheid wissen, können Sie mit Hilfe dieses Kapitels Ihre neuen Fähigkeiten bei der Entscheidungsfindung anwenden.

Allgemeine Entscheidungsfindung

Bei der allgemeinen Entscheidungsfindung hilft Ihnen Mind Mapping, konkurrierende Faktoren gegeneinander abzuwägen.

Nehmen wir als Beispiel die Entscheidung für oder gegen den Kauf eines neuen Autos. Sie benötigen ein gewisses Maß an Komfort und Qualität, haben aber nicht viel Geld. Deshalb müssen Sie vielleicht einen Gebrauchtwagen in Erwägung ziehen, sodass Sie die finanzielle Ersparnis gegen eventuelle Einbußen bei der Zuverlässigkeit und der Lebensdauer des Wagens aufrechnen müssen.

Die Mind Map nimmt Ihnen die Entscheidung nicht ab, vergrößert jedoch drastisch *Ihre* Fähigkeit der Entscheidungsfindung, indem sie ein Schlaglicht auf die wichtigsten Fragen wirft.

Einfache Entscheidungsfindung

Eine einfache Entscheidung dieser Art wird als eine dyadische Entscheidung bezeichnet (abgeleitet vom lateinischen *dyas*, was „zwei" bedeutet). Dyadische Entscheidungen bilden die erste Stufe der Ordnungsfindung. Man kann sie allgemein als Evaluationsentscheidungen kategorisieren und sie beinhalten so simple Fragen wie: ja/nein, besser/schlechter, stärker/schwächer, wirksamer/weniger wirksam, leistungsstärker/weniger leistungsstark, teurer/weniger teuer. Die dritte Reise durch den Geist eines Mind Mappers liefert dafür ein gutes Beispiel.

Reise durch den Geist eines Mind Mappers, Teil 3

Bei einem erneuten Besuch bei unserem Gastgeber trägt sich dieser gerade mit der Entscheidung, ob er ein Haus kaufen soll oder nicht.

Gemäß den Mind-Map-Gesetzen platziert er ein multidimensionales, buntes Bild in die Mitte der Mind Map. Weil es sich hier um eine Evaluationsentscheidung handelt, lauten die Grundlegenden Ordnungs-Ideen Ja und Nein.

Nach der Erstellung des Zentralbildes und der Hauptäste wendet unser Gastgeber die Mini-Mind-Map-Methode an, die es der Mind Map erlaubt, alle Einfälle zum Thema Hauskauf zu erfassen. Sobald einige der Hauptäste am richtigen Platz sind, lässt unser Gastgeber gemäß der Mini-Mind-Map-Methode die Gedankenfolge in seinem Kopf einfach strömen. Jeder Einfall wird dort platziert, wo er am besten in die Mind Map passt, die Ja-Argumente auf der einen, die Nein-Argumente auf der anderen Seite. Weil Assoziationen selten linear auftauchen, wird er normalerweise ziemlich viel von einem Ast zum anderen springen müssen, wie es die Gedankenfolge erfordert. (Eine methodische Ast-für-Ast-Vervollständigung der Mind Map ist nicht erwünscht, weil sie das Gehirn in seiner Arbeit behindert und in die Falle einer halbchronologischen Denkmethode tappen lässt.) Viel besser ist es, den Geist ungehindert schweifen zu lassen, indem man ihm die volle Bandbreite von Gedanken und Emotionen zugesteht, die innerhalb des wachsenden Assoziationsgewebes zusammengefügt werden.

Der Bild- und Farbengebrauch unseres Gastgebers ist bei der Entscheidungsfindung besonders wichtig, weil diese visuellen Elemente beim Erfassen von Begriffen und Emotionen helfen. Entgegen einer weit verbreiteten Meinung tragen Emotionen wesentlich zur Entscheidungsfindung bei und sollten deshalb entsprechend gewichtet werden.

So fällen Sie Entscheidungen

Nach dem Zusammenstellen aller relevanten Informationen, Gedanken und Emotionen auf der Mind Map gibt es fünf Methoden für das Fällen einer dyadischen Entscheidung:

1. Prozess-generiert

In vielen Fällen gebiert der Mind-Map-Prozess selbst die Lösung. Weil das Gehirn einen Überblick über alle gesammelten Daten erhält, kommt es zu einem plötzlichen „Aha-Effekt", der den Entscheidungsfindungsprozess erfolgreich beendet.

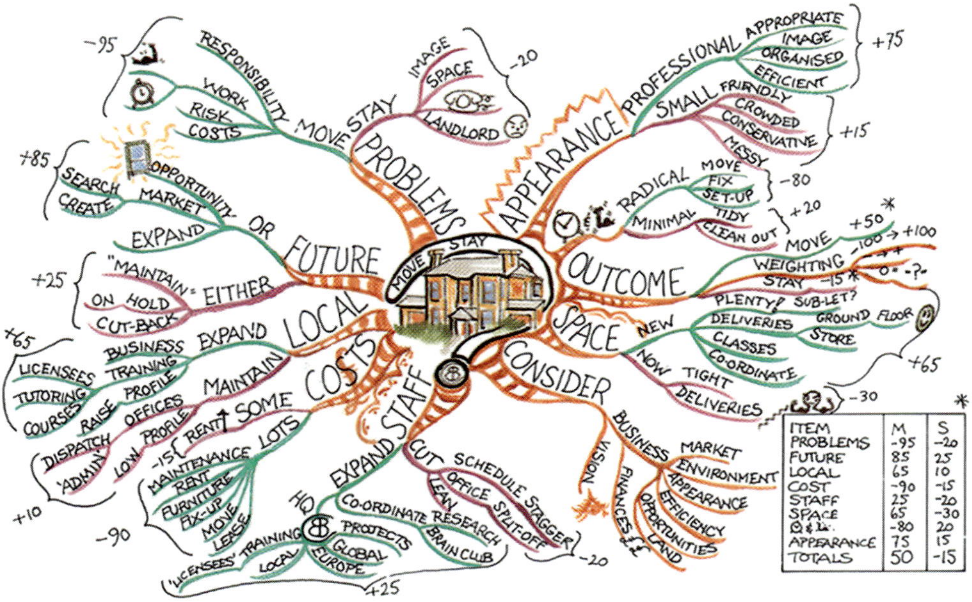

*Mind Map von Vanda North als Hilfe bei der Entscheidung, ob sie ihr Unternehmen verlagern sollte oder nicht (s. S. **125-126**).*

2. Auszählmethode

Wenn nach Vervollständigung der Mind Map die Entscheidung noch nicht feststeht, kann man die Auszählmethode anwenden. Dabei gibt man jedem Schlüsselwort auf jeder Seite der Mind Map eine Nummer zwischen 1 und 100 entsprechend seiner Bedeutung (s. obige Mind Map). Wenn jeder Begriff mit einer Nummer versehen ist, wird das Ergebnis ausgezählt, erst auf der Ja-Seite, dann auf der Nein-Seite. Die höchste Summe „gewinnt".

Die Mind Map von Vanda North, der früheren Präsidentin der Internationalen Gesellschaft für Schnelleres Lernen und Lehren und Mitbegründerin des Brain Trust, liefert ein gutes Beispiel für eine Mind Map mittels Auszählmethode. Vanda musste eine Reihe von privaten und beruflichen Argumenten bei der Entscheidung abwägen, ob sie ihren Unternehmensstandort verlegen solle oder nicht. Sie sehen, welche Entscheidung dabei herauskam!

3. Intuition/Superlogik

Führen weder die erste noch die zweite Methode zu einer Entscheidung, kann man sich auf der Basis der Intuition bzw. „aus dem Bauch heraus" entscheiden.

Intuition ist eine viel verleumdete geistige Fähigkeit, die der Neuropsychologe Michael Gelb und ich auch „Superlogik" nennen. Das Gehirn nutzt Superlogik, um seine riesige Datenbank (bestehend aus vielen Milliarden Einzelheiten früherer Erfahrungen) in Bezug auf die zu treffende Entscheidung zu betrachten.

Im Nu vollführt das Gehirn die erstaunlichsten mathematischen Berechnungen, indem es Billionen von Möglichkeiten und Vertauschungen berücksichtigt, um zu einer mathematisch exakten Schätzung der Erfolgswahrscheinlichkeit zu gelangen, was man unbewusst wie folgt ausdrücken kann: „Unter Berücksichtigung der praktisch unendlichen Datenbank Ihres bisherigen Lebens und unter Einbeziehung der Billionen von Dateneinheiten, die Sie mir in der gegenwärtigen Entscheidungsfindungssituation präsentiert haben, lautet meine aktuelle Schätzung Ihres wahrscheinlichen Erfolgs 83,7862 Prozent."

Das Ergebnis dieser gewaltigen Rechnung wird im Gehirn registriert, in eine biologische Reaktion übersetzt und vom Individuum als „Gefühl aus dem Bauch heraus" gedeutet.

🕮 Untersuchungen an der Harvard Business School belegen, dass leitende Angestellte und Vorstände nationaler und multinationaler Unternehmen *80 Prozent ihres Erfolgs* auf intuitives Handeln zurückführen. Die Mind Map eignet sich besonders gut für diese Form des Superdenkens, indem sie dem Gehirn mehr und breiter angelegte Informationen verschafft, auf denen es seine Berechnungen anstellen kann.

4. Inkubation

Eine weitere Methode besteht darin, eine Idee im Gehirn reifen zu lassen. Mit anderen Worten, nach der Erstellung Ihrer Entscheidungsfindungs-Mind-Map gönnen Sie Ihrem Gehirn ein wenig Entspannung. In Zeiten der Ruhe und Einsamkeit harmonisiert sich das Gehirn und integriert alle bisher aufgenommenen Informationen, stellt also Verbindungen zwischen ihnen her.

Und in eben solchen Zeiten treffen wir die wichtigsten und besten Entscheidungen, weil Entspannung die riesigen Kräfte des Para-Gehirns freisetzt – die 99 Prozent unserer nicht genutzten geistigen Fähigkeiten, einschließlich des sogenannten „Unbewussten". (Näheres hierzu s. Tony Buzan, *Harnessing the ParaBrain.*)

Die praktische Erfahrung belegt diese Methode. Viele Leute berichten z. B., dass sie sich plötzlich erinnern, wo etwas liegt, dass ihnen aus heiterem Himmel kreative Einfälle kommen oder sie urplötzlich erkennen, dass sie eine bestimmte Wahl treffen müssen, während sie in der Badewanne liegen, sich rasieren, Auto fahren, joggen, im Bett liegen, vor sich hin träumen, im Garten arbeiten, am Strand sitzen, spazierengehen oder in einer anderen friedlichen, stillen Situation, wenn sie allein sind. Diese Technik empfiehlt sich, weil gerade in solchen Situationen Ihr Gehirn sich harmonisiert und Informationen integriert und folglich dazu neigt, genau dann seine wichtigsten und zutreffendsten Entscheidungen zu fällen.

5. Wenn sich die Gewichte in der Balance befinden

Wenn Sie Ihre Mind Map vollständig erstellt haben und keine der obigen Methoden eine Entscheidung brachte, befinden sich „Ja" und „Nein" mit Sicherheit im Gleichgewicht. In einem derartigen Fall führt jede Wahl zu einem zufrieden stellenden Ergebnis, und vielleicht hilft es Ihnen, einfach eine Münze zu werfen (die dyadische Entscheidung par excellence) – Kopf für die eine Möglichkeit, Zahl für die andere.

Während Sie die Münze werfen, sollten Sie Ihre Gefühle genau unter die Lupe nehmen, vielleicht bevorzugen Sie ja doch eine bestimmte Möglichkeit. Vom „Kopf" her können Sie sich nicht entscheiden, aber Ihr Para-Gehirn hat womöglich seine superlogische Wahl bereits getroffen.

Wenn die Münze Kopf zeigt und Ihre erste Reaktion von Enttäuschung oder Erleichterung geprägt ist, zeigt dies endlich Ihre wahren Gefühle, sodass Sie nun die richtige Entscheidung fällen können.

So gehen Sie mit Unentschlossenheit um

In ganz wenigen Fällen können die obigen Methoden der Entscheidungsfindung versagen und Sie schweben weiterhin in der Luft. Dann durchläuft Ihr Gehirn einen heiklen Wechsel von der dyadischen (zwei Alternativen) zu einer triadischen Wahl (drei Alternativen). Die Entscheidung schwankt nicht länger zwischen „Ja" oder „Nein", sondern zwischen folgenden Lösungen:

1. Ja.
2. Nein.
3. Denke weiter über die Entscheidung nach.

Die dritte Möglichkeit ist nicht nur im Augenblick kontraproduktiv, sie wird es um so mehr, je länger sie aufrechterhalten wird. Schließlich *wird* sie zur Entscheidung, weil Ihre geistigen Energien in diese Richtung gelenkt werden.

Die einfachste Lösung des Problems besteht in der Entscheidung gegen die dritte Möglichkeit! Anders ausgedrückt, in dem Augenblick, in dem Sie die Spirale, in der sich Ihre Gedanken drehen, erkennen, sollten Sie unverzüglich „Ja" oder „Nein" wählen, also die erste oder die zweite Möglichkeit. Das Grundprinzip besteht hier darin, dass es mehr bringt, sich irgendwie zu entscheiden, als in diesem lähmenden Zustand zu verharren.

Übungen zur Entscheidungsfindung

Wie alle Denkformen bedarf auch die dyadische Entscheidungsfindung der Übung. Trainieren Sie Ihre Entscheidungsfindungsfähigkeiten dadurch, dass Sie sich folgende Fragen stellen:

- „Sollte ich Artikel X kaufen?"
- „Sollte ich das Fach X lernen?"
- „Sollte ich die persönliche Eigenschaft X ändern?"
- „Sollte ich der Organisation X beitreten?"
- „Sollte ich nach X fahren?"

In der folgenden Übung geht es darum, Grundlegende Ordnungs-Ideen ohne irgendwelche Informationen zu finden – also eine Reihe von Fragen zu konstruieren, die Sie auf jeden beliebigen Gegenstand anwenden und die als Fragenkatalog für eine ganze Mind Map dienen können, wenn der Gegenstand erst benannt ist. Diese Übung kann Ihnen auch dabei helfen, eine Frage zu analysieren, ehe Sie sie zu beantworten versuchen. Bei der folgenden Übung auf der nächsten Seite werden die Hauptäste der Mind Map wie folgt erklärt:

1. **Geschichte** – Was sind die Ursprünge? Wie hat das Objekt sich entwickelt?

2. **Struktur** – Welche Form nimmt das Objekt an? Wie ist es aufgebaut? Diese Fragen können vom Molekularen bis zum Architektonischen reichen.

3. **Funktion** – Wie funktioniert es? Was sind seine Antriebskräfte?

4. **Rolle** – Was macht das Objekt: a) in der natürlichen Welt? und b) in der menschlichen Welt?

5. **Klassifizierung** – In welcher Beziehung steht das Objekt zu anderen Dingen? Diese Beziehung kann wiederum von allgemeinen Fragetypen über Fragen zum tierischen, pflanzlichen oder mineralischen Bereich bis hin zu spezifischen Einteilungen wie der nach der Spezies oder in Elementtafeln reichen. Führen Sie doch einmal diese Übung mit einem der folgenden Vorschläge durch. Der Gegenstand X könnte sein: Pferd, Auto, Kohlenstoff, Spanien, Sonne, Gott, Stein, Buch, Fernsehen. Natürlich können Sie sich auch selbst etwas aussuchen. Wenn Sie mit der Übung fertig sind, probieren Sie aus, ob Sie den Fragenkatalog für grundlegende Mind-Map-Ideen verbessern können (wenn ja, teilen Sie es uns mit!).

Sie können auch dyadische Mind Maps über allgemein diskutierte Themen erstellen, wie Religion, Politik, Moral, Berufsleben oder das Bildungssystem.

Vorteile dyadischer Mind Maps

1. Dyadische Mind Maps erlauben es Ihrem Gehirn, unverzüglich eine ganze Reihe komplexer und miteinander verbundener Informationen aufzunehmen, indem sie sich auf alle für die Entscheidung wichtigen Punkte konzentrieren. Sie geben dem Gehirn zudem einen strukturierten Rahmen für Assoziationen vor und stellen sicher, dass alle relevanten Fragen berücksichtigt werden.

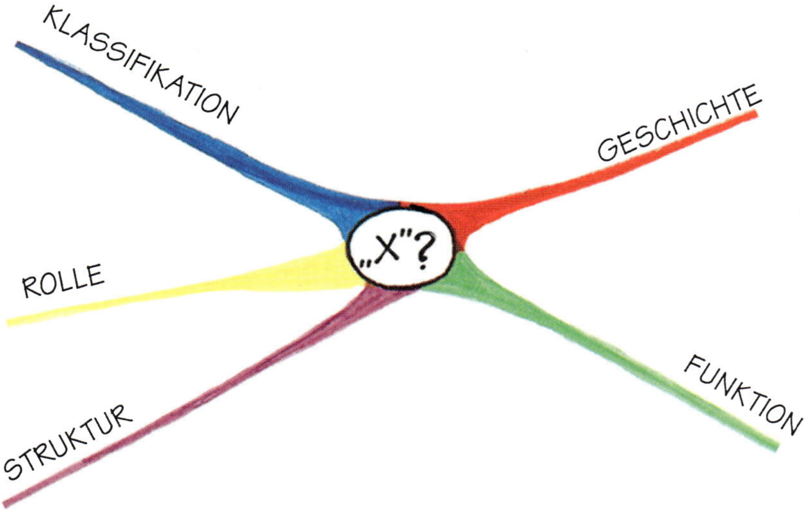

*Die „X"-Übung! (s. S. **128**.)*

2. Dyadische Mind Maps nutzen die volle Bandbreite kortikaler Fähigkeiten, was zu einer gründlicher durchdachten Entscheidung führt.

3. Durch den Einsatz von Bildern, Farben und Dimensionen wird dem Entscheidungsfindungsprozess die nötige Kreativität verliehen.

4. Dyadische Mind Maps verwenden auch Farben und Bilder, um wichtige emotionale Reaktionen in die Entscheidung einzubringen und die Hauptpunkte hervorstechen zu lassen.

5. Der Mind-Mapping-Prozess selbst führt oft schon zur Entscheidung oder löst sie zumindest aus.

6. Dyadische Mind Maps bringen eine größere Anzahl entscheidungsrelevanter Argumente als jede Listenmethode hervor und gewährleisten so eine treffendere Entscheidung, vor allem bei der Auszählmethode.

7. Sie nutzen eine größere Bandbreite kortikaler Fähigkeiten als üblich und setzen so die intuitiven, superlogischen Fähigkeiten des Gehirns frei.

8. Sie sorgen für eine ausgewogene und umfassende Umgebung, in der die richtigen Entscheidungen ausreifen können.

9. Mit Hilfe gründlichen Nachdenkens über den inneren Entscheidungsfindungsprozess befähigen sie den Einzelnen, sich auf alle für diese Entscheidung relevanten Punkte zu konzentrieren.

Überleitung

Nachdem Sie sich mit der dyadischen Entscheidungsfindung vertraut gemacht haben, sind Sie nun bereit für den Übergang zum polykategorischen Mind Mapping. Das folgende Kapitel führt Sie in diese spannende Technik ein, die Ihnen bei komplexeren Entscheidungen und dem Ordnen Ihrer Einfälle hilft.

Kapitel 13

Ordnen Sie Ihre Ideen

Das erwartet Sie in diesem Kapitel:

- Vorwort
- So machen Sie sich Notizen
- Komplexes Mind Mapping
- Reise durch den Geist eines Mind Mappers, Teil 4
- Übungen für den Gedankenaufbau
- Vorteile von polykategorischen Mind Maps
- Überleitung

Vorwort

In diesem Kapitel lernen Sie, wie Sie Ihre Ideen mit Hilfe polykategorischer Mind Maps ordnen können (Notizenmachen). Diese umfassen komplexere Hierarchien und eine größere Zahl von Grundlegenden Ordnungs-Ideen als das einfache dyadische Modell. Polykategorische Mind Maps eignen sich für die meisten beschreibenden, analytischen oder evaluierenden Aufgaben. Hier zeigen wir solche Entscheidungsfindungsbeispiele, die den Übergang vom dyadischen zum polykategorischen Mind Mapping erleichtern. Zudem führen Sie Ihre Reise durch den Geist eines Mind Mappers fort und machen einige amüsante Übungen.

So machen Sie sich Notizen

Das Notizenmachen ist der Prozess, durch den Sie Informationen entweder aus Ihrem Gedächtnis oder aus Ihren kreativen Speichern gewinnen und diese Informationen in einer äußeren Form ordnen. In ebendiesem Prozess ordnen Sie *Ihre eigenen* Ideen entweder auf dyadische oder polykategorische (komplexere) Weise.

Komplexes Mind Mapping

Wo bei einfachen dyadischen Mind Maps zwei Hauptäste vom Mittelpunkt ausstrahlen, kann die komplexe oder polykategorische Mind Map eine beliebige Zahl von Hauptästen aufweisen. Meist sind es jedoch zwischen drei und sieben.

Das kommt daher, dass das Durchschnittsgehirn nicht mehr als sieben Informationen im Kurzzeitgedächtnis speichern kann. Sie sollten deshalb versuchen, das Minimum an GOI, die wirklich Ihr Thema erfassen, auszuwählen und mit ihrer Hilfe die Informationen in überschaubare Portionen zu zerlegen. Die folgenden GOI-Gruppen haben sich als nützlich erwiesen:

- Grundlegende Fragen – wie / wann / wo / warum / was / wer / welches?
- Unterteilungen – Kapitel / Lektionen / Themen
- Merkmale – Eigenschaften der Dinge
- Geschichte – chronologische Abfolge der Ereignisse
- Struktur – Formen der Dinge
- Funktion – was Dinge tun
- Prozess – wie Dinge funktionieren
- Bewertung – wie gut / lohnend / nützlich etwas ist
- Klassifizierung – wie Dinge zueinander in Beziehung stehen
- Definitionen – was Dinge bedeuten
- Persönlichkeiten – welche Rollen / Eigenschaften Menschen haben

Wenn Sie die Entwicklung und Handhabung polykategorischer Mind Maps lernen, werden sich die Fähigkeiten Ihres Gehirns, was Beschreibung, Analyse, Bewertung und Synthese von Informationen angeht, ungemein vergrößern. Interessanterweise haben sich im Lauf des letzten Jahrhunderts die hochkomplizierten hierarchischen Klassifizierungssysteme in Biologie und Astronomie (s. folgende Seite) immer stärker komplexen polykategorischen Mind Maps angenähert – ein Beispiel dafür, wie Mind Maps die Natur widerspiegeln!

Reise durch das Gehirn eines Mind Mappers, Teil 4

Seit wir im letzten Kapitel unseren Gastgeber verlassen haben, hat er sich aufgrund einer vollständigen dyadischen Mind Map zum Hauskauf entschieden. Nun muss er eine noch kompliziertere Frage lösen: „Was für eine *Art* Haus soll ich kaufen?" Zunächst läuft der Prozess gleich ab. Unser Gastgeber stellt ein entsprechendes dreidimensionales, farbiges Bild in den Mittelpunkt seiner Mind Map. Dann wählt er die Grundlegenden Ordnungs-Ideen, die die ganze Bandbreite der Wahlmöglichkeiten abdecken: Preis, Umgebung, Zweck, Anbauten, Größe, Baustil.

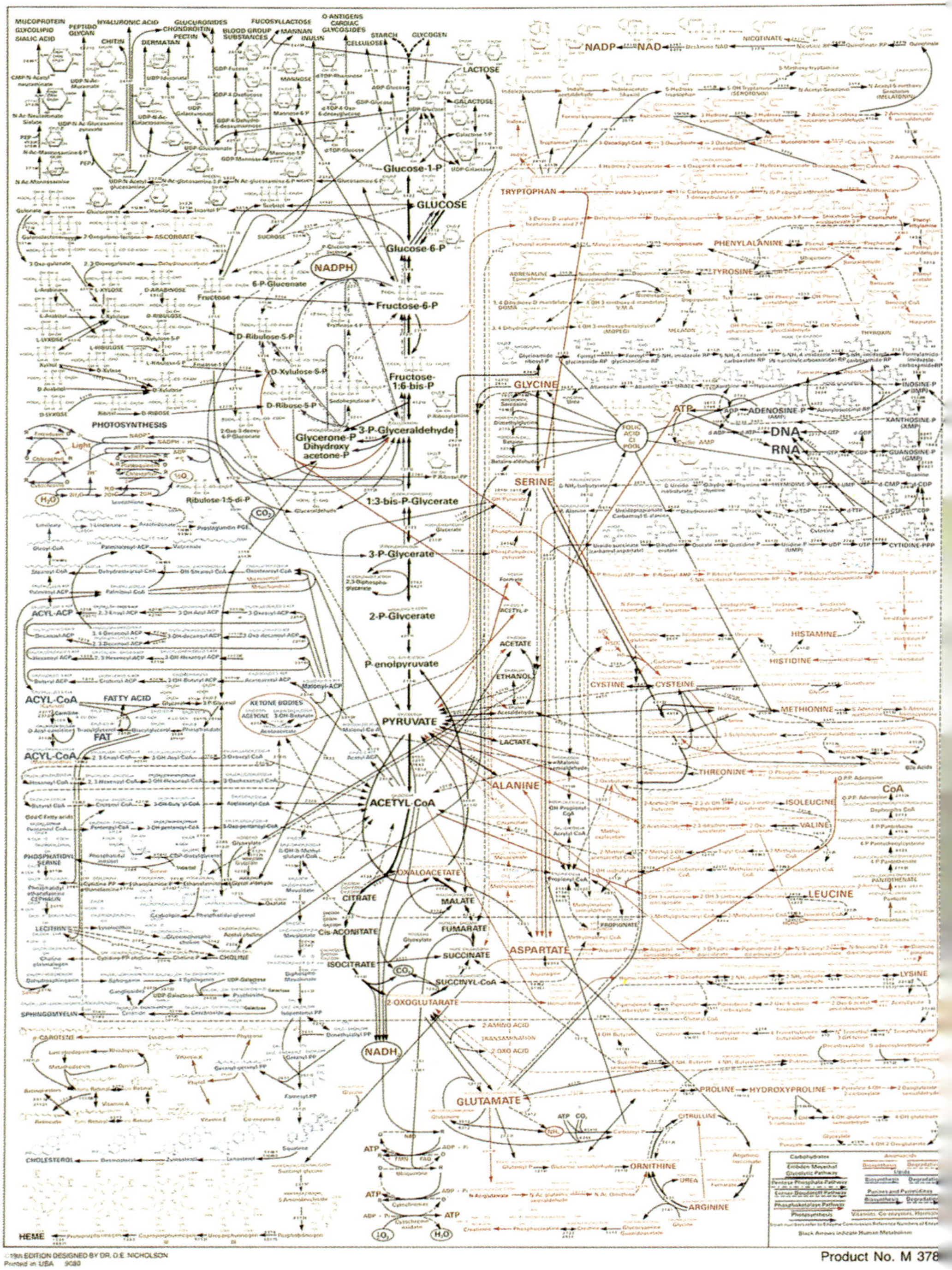

Klassifizierungssystem, das einer polykategorischen Mind Map ähnelt (s. S. ***132****).*

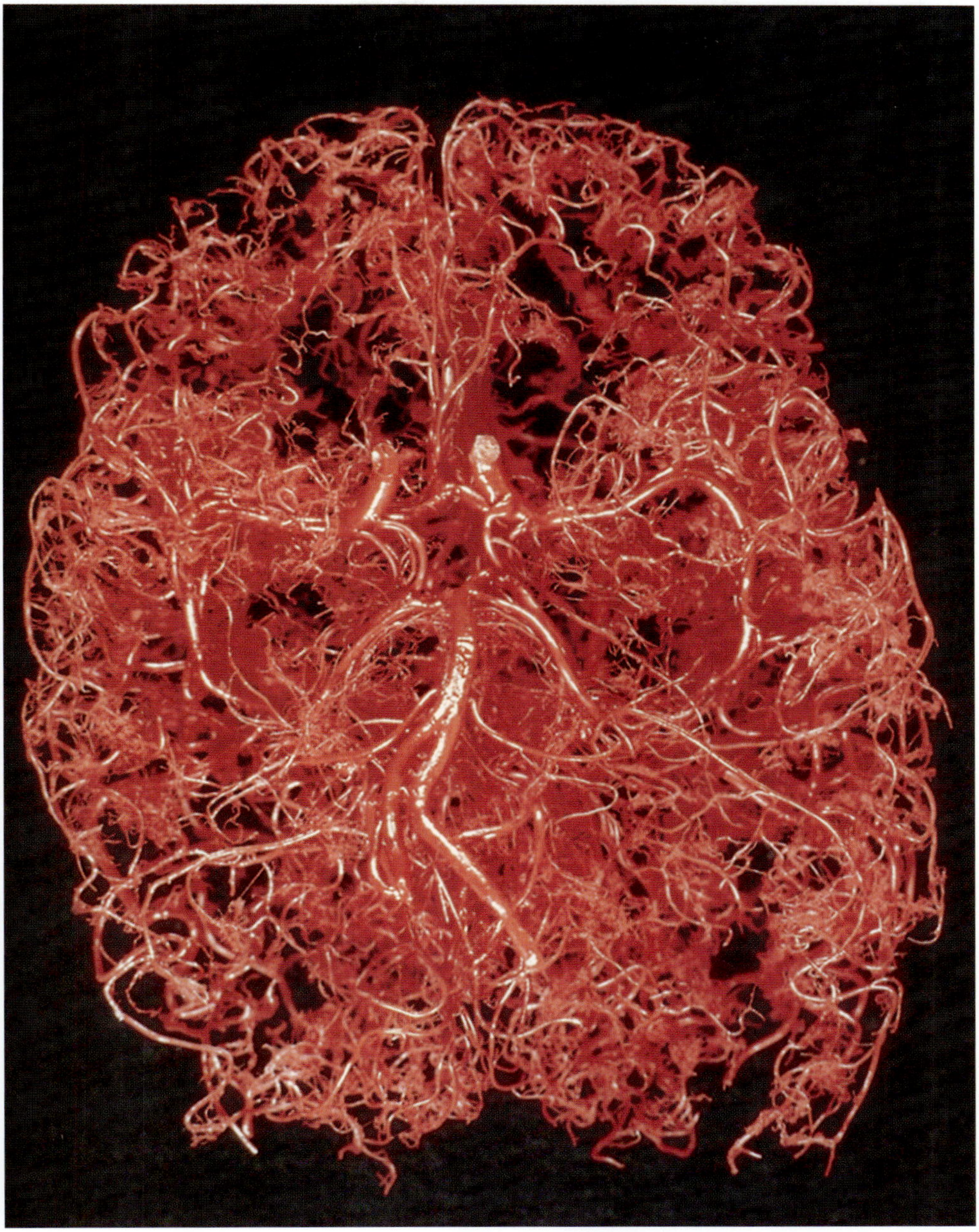

Natürliche Architektur: Tafel 15

Wenn er diese Parameter aufgestellt hat, kann unser Gastgeber seine besonderen Wünsche und Vorlieben unter jede Überschrift schreiben. Dieser Prozess erhellt sofort die Bandbreite der zu treffenden Entscheidungen und wirft ein Schlaglicht auf die den Kauf bestimmenden Hauptargumente. Die Mind Map fällt nicht selbst die Entscheidung – sie präsentiert dem Mind Mapper eine Auswahl von Alternativen, innerhalb derer die optimale Entscheidung getroffen werden kann. Nachdem die polykategorische Mind Map fertig ist, kann unser Mind Mapper nun die Immobilienanzeigen mit einer viel klareren Vorstellung dessen studieren, was er in puncto Haus will und braucht.

Übungen für den Gedankenaufbau

Wie alle Denkformen kann man auch das polykategorische Mind Mapping erlernen und weiterentwickeln. Es folgen deshalb zwei nützliche und unterhaltsame Übungen zum Thema Gedankenaufbau.

Warum es amüsant wäre?

Jede dieser Übungen kann man als Tempo-Mind-Map ausführen, da man mit ihnen bestens sein Geschick bei der zügigen Auswahl relevanter GOI verbessern kann. Stellen Sie sich vor, warum Folgendes so amüsant wäre, und erstellen Sie eine Mind Map:

1. Ausgehen mit …
2. Kauf eines …
3. Erlernen von …
4. Ändern von …
5. Glauben an …
6. Sich zurückziehen von …
7. Anfangen mit …
8. Hervorbringen von …
9. Fertigstellen von …

Geben Sie einen Gegenstand für jeden Punkt auf der Liste an und versuchen Sie, auf einige abwegige Einfälle zu kommen, um gleichzeitig Ihre Vorstellungskraft, Ihr Gedächtnis und Ihre Kreativität anzukurbeln. Als nächstes erstellen Sie dann für jeden Einfall eine Tempo-Mind-Map, wobei Sie auf keinen Fall mehr als sieben Hauptgründe für das jeweilige Vergnügen angeben sollten. (Ein Nebeneffekt dieser Übungen liegt darin, dass sie oft zu einer tatsächlichen Unternehmung führen, wenn man erkennt, wie viel Spaß man dabei haben könnte!)

Der Gegenstand X

Dies ist eine abstraktere und daher anspruchsvollere Art, Ihre GOI-Auswahlfähigkeiten zu prüfen. Dabei erstellen Sie eine Mind Map zur Beschreibung eines Gegenstands X. Das Problem liegt darin, dass Sie Gegenstand X nicht kennen, also müssen Sie einen Katalog von allgemeinen GOI suchen, die dann jeden *beliebigen* Gegenstand umfassend und geordnet beschreiben könnten.

Eine Entscheidung treffen

Nach Erstellung einer polykategorischen Mind Map ähnelt der Entscheidungsfindungsprozess jenem der einfachen dyadischen Entscheidung und Sie gehen dabei genauso vor wie im vorigen Kapitel erläutert.

Vorteile von polykategorischen Mind Maps

Nach Fertigstellung einer polykategorischen Mind Map wenden Sie eine oder mehrere der in Kapitel 12 beschriebenen Methoden an (s. S. **125** „So fällen Sie Entscheidungen“), um zu Ihrer Entscheidung zu gelangen. Die wichtigsten Vorteile einer polykategorischen Mind Map lauten:

1. Sie unterstützen Sie bei der Entwicklung Ihrer Klassifizierungs- und Kategorisierungsfähigkeiten sowie bei Ihrer Scharfsicht und Klarheit.

2. Sie befähigen Sie dazu, komplexe Daten in einer vollständigen Form auf einer einzigen Seite zu sammeln, und erhöhen so die Chancen einer gut durchdachten, intelligenten Entscheidung.

3. Sie werfen Schlaglichter auf die wichtigsten Fragen, die bei der Entscheidung berücksichtigt werden müssen.

4. Wie dyadische Mind Maps nutzen sie die volle Bandbreite kortikaler Fähigkeiten, was zu einer besonders gründlich durchdachten Entscheidung führt.

5. Durch die Stimulierung all dieser kortikalen Bereiche ermuntern polykategorische Mind Maps das Gehirn zum Dialog mit sich selbst. Anders ausgedrückt, sie erlauben dem Gehirn, seine Aktivität in einem externalisierten ganzheitlichen Bild zu beobachten und so mehr über sich zu erfahren. Dieses neue Wissen erweitert den Blickwinkel des Gehirns und ermuntert es zu weiteren Gedanken über das Thema.

6. Die Mind Maps können als Erinnerungsstütze für die Gründe Ihrer Entscheidungen oder als Richtlinien für andere Situationen, in denen ähnliche Entscheidungen getroffen werden müssen, abgelegt werden.

Überleitung

Nachdem Sie gelernt haben, Ihre Ideen zu organisieren und *Notizen* mit Hilfe polykategorischer Mind Maps zu machen, fällt es Ihnen wahrscheinlich leicht, die Ideen anderer zu ordnen, also *Aufzeichnungen* zu erstellen. Die wichtige und erfreuliche Kunst des Aufzeichnens, leider noch immer ein Albtraum für viele Menschen, wird im nächsten Kapitel behandelt.

Kapitel 14

Die Ideen anderer ordnen

Das erwartet Sie in diesem Kapitel:

- Vorwort
- So machen Sie sich Aufzeichnungen
- Die vier Hauptaufgaben von Aufzeichnungen
- So gehen Sie bei Aufzeichnungen produktiv vor
- Ein praktisches Beispiel für polykategorisches Mind Mapping
- Vorteile polykategorischer Mind Maps bei Aufzeichnungen
- Überleitung

Vorwort

Dieses Kapitel befasst sich mit dem Einsatz polykategorischer Mind Maps beim Ordnen der Ideen anderer Personen (also beim Erstellen von Aufzeichnungen). Zuerst beschäftigen wir uns mit den Hauptaufgaben von Aufzeichnungen, dann erfahren Sie, wie man Aufzeichnungen so vorbereitet, dass Sie den größtmöglichen Nutzen aus jeder Studienperiode ziehen können. Zudem bieten wir Ihnen noch ein praktisches Beispiel für polykategorische Aufzeichnungen und eine Zusammenfassung der Vorteile, die daraus resultieren.

So machen Sie sich Aufzeichnungen

Aufzeichnungen sind das Aufnehmen von Ideen anderer aus Vorträgen, Büchern und anderen Medien sowie deren Ordnen zu einem Gefüge, das die ursprünglichen Gedanken widerspiegelt. Aufzeichnungen sollten durch die eigenen Gedanken des Aufzeichnenden ergänzt werden.

Die vier Hauptaufgaben von Aufzeichnungen

- Mnemonisch
- Analytisch
- Kreativ
- Dialogisch

Mnemonisch

Überall auf der Welt halten anscheinend die meisten Schüler und Studenten Aufzeichnungen leider lediglich für eine Gedächtnisstütze. Sie sorgen sich bloß darum, dass sie sich mit Hilfe ihrer Aufzeichnungen gerade bis zu ihren Prüfungen an das Gelesene erinnern können. Danach „dürfen“ sie die Informationen getrost vergessen. Die Erinnerung an das Gesagte ist in der Tat eine der Hauptaufgaben von Aufzeichnungen, aber keineswegs die einzige. Andere, wie Analyse und Kreativität sind gleichermaßen wichtig.

Die Mind Map stellt ein besonders wirksames mnemonisches Hilfsmittel dar. Als Aufzeichnungstechnik weist die Mind Map keine der Nachteile der üblichen linearen Aufzeichnungen auf (wie in Kap. 3, S. **49** erläutert). Stattdessen bietet sie alle Vorteile einer Methode, die im Einklang mit Ihrem Gehirn arbeitet, indem sie die volle Bandbreite seiner Fähigkeiten nutzt und freisetzt.

Analytisch

Wenn man Vorträge oder schriftliches Material aufzeichnet, muss man als Erstes die zugrunde liegende Struktur der dargelegten Informationen erkennen. Mind Mapping kann Ihnen helfen, die Grundlegenden Ordnungs-Ideen und Hierarchien aus einer linearen Information herauszufiltern.

Kreativ

Die besten Aufzeichnungen helfen Ihnen nicht nur beim Erinnern und Analysieren von Informationen, sondern fungieren auch als Wegbereiter für kreative Gedanken.

Mind Maps verbinden Aufzeichnungen aus der äußeren Umgebung (Vorträge, Bücher, Zeitschriften und andere Medien) mit den Notizen der inneren Umgebung (Entscheidungsfindung, Analyse und kreatives Denken).

Dialogisch

Wenn Sie mit Hilfe des Mind Mappings Aufzeichnungen über eine Vorlesung oder ein Buch anfertigen, sollten Ihre Aufzeichnungen alle wichtigen Informationen aus dieser Quelle enthalten – *im Idealfall auch die spontanen Einfälle, die Ihnen während der Vorlesung oder während der Lektüre in den Sinn kommen.* Anders ausgedrückt, Ihre Mind Map sollte den Dialog zwischen Ihrem Verstand und dem des Redners oder Autors widerspiegeln. Sie können mit Hilfe spezieller Farben- oder Symbolcodes Ihre eigenen Beiträge zu diesem Gedankenaustausch kennzeichnen.

> Wenn es der Vorlesung oder dem Buch an Klarheit im Aufbau oder Ausdruck mangelt, spiegelt Ihre Mind Map dies wider, was zu einer konfusen Mind Map führen kann, aber auch die Ursache der Verwirrung offenbart. Deshalb haben Sie die Situation viel besser im Griff als jemand, der lineare Aufzeichnungen macht, die diese Verworrenheit seitenweise in sauber geschriebenen, aber praktisch nutzlosen Zeilen und Listen verbergen.

Die Mind Map wird so zu einem äußerst wirksamen Hilfsmittel, sowohl für das Zusammentragen von Informationen anderer wie auch für die Beurteilung deren Denkens.

So gehen Sie bei Aufzeichnungen produktiv vor

Um Ihre Aufzeichnungsmöglichkeiten am besten nutzen zu können, müssen Sie Ihr Verfahren so organisieren, dass Sie im Verlauf Ihrer Aufzeichnungen eine klar strukturierte Mind Map erstellen können. Die beste Vorgehensweise für Aufzeichnungen aus einem Buch bietet die Organische Studienmethode mittels Mind Map, wie sie ausführlich im Buch *Kopftraining* (Kap. 9) beschrieben wurde. Die grundlegenden Einzelschritte sind folgende:

1. Blättern Sie schnell das Buch/den Aufsatz durch, damit Sie ein Gefühl für seinen Aufbau bekommen.
2. Rechnen Sie aus, wie lange Sie für Ihre Studien brauchen, und bestimmen Sie die Menge des in dieser Zeit behandelten Materials.
3. Erstellen Sie eine Mind Map über Ihr bereits vorhandenes Wissen auf diesem Gebiet, um sich assoziative geistige „Greifhaken“ zu schaffen.

Natürliche Architektur: Tafel 16

*Mind Map eines Vaters, Sean Adam, der seiner Tochter beim Bestehen ihrer Literaturprüfung helfen wollte (was ihm auch gelang!) (s. S. **145**).*

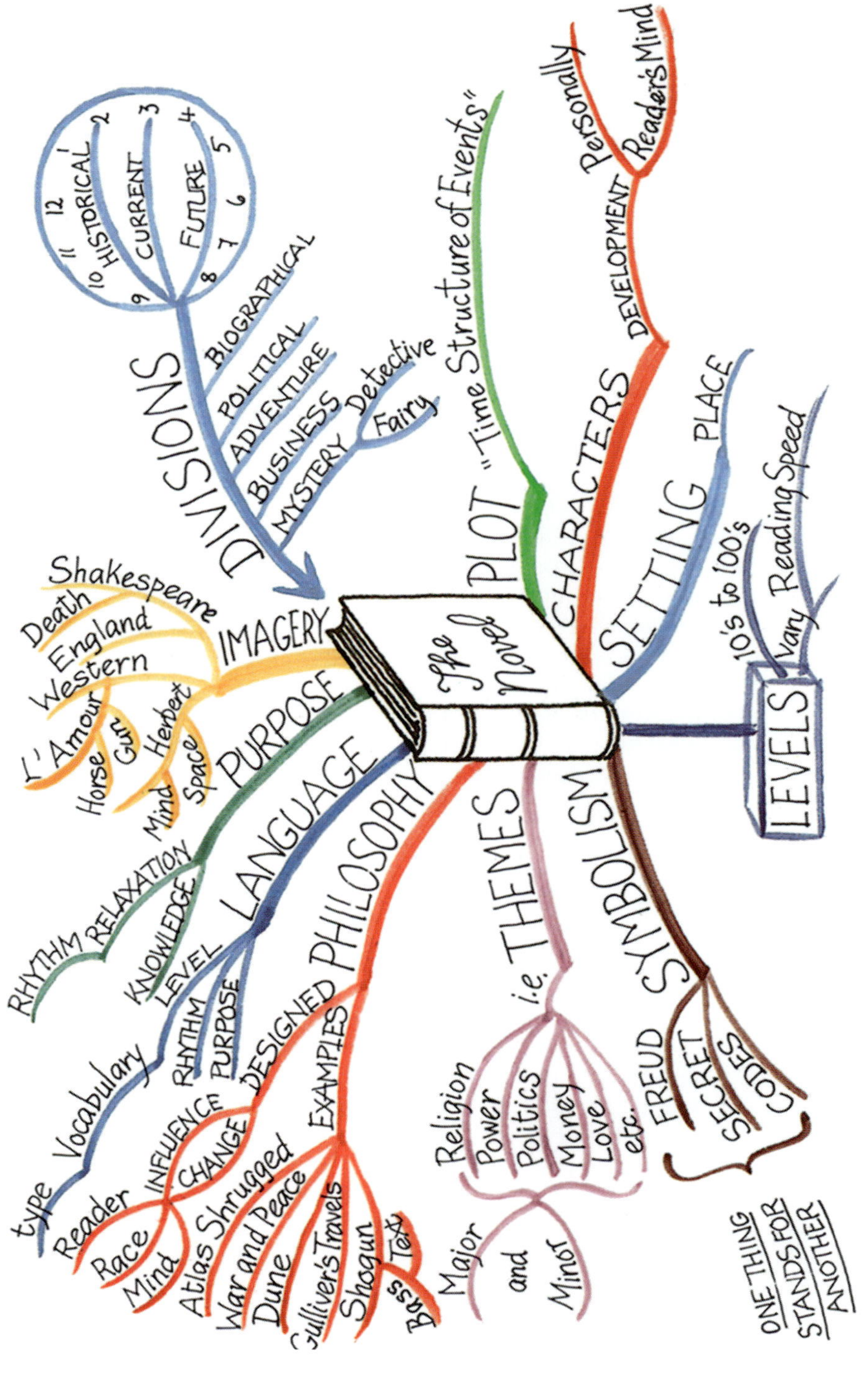

4. Definieren Sie Ihre Ziele für diesen Studienabschnitt und fertigen Sie eine weitere Mind Map über all die Fragen an, die in dieser Phase beantwortet werden sollen.

5. Verschaffen Sie sich einen Überblick über den Text, indem Sie sich die Inhaltsangabe, Hauptüberschriften, Ergebnisse, Schlussfolgerungen, Zusammenfassungen, wichtigen Illustrationen oder Graphiken und alle anderen wichtigen, ins Auge stechenden Teile anschauen. Dadurch erhalten Sie das Zentralbild und die Hauptäste (oder GOI) Ihrer neuen polykategorischen Mind Map. Viele Studenten berichten, dass sie oft 90 Prozent ihrer Lernaufgabe am Ende des Überblicksstadiums erledigt haben. Durch die Konzentration auf die Gesamtstruktur und wesentliche Textelemente wird die zugrunde liegende Ordnungsstruktur des Autors schnell klar und kann leicht in die Mind Map übertragen werden.

6. Gehen Sie jetzt zur Vorschau weiter, indem Sie alles, was nicht im Überblick abgedeckt wurde, anschauen, vor allem Anfang und Ende der Abschnitte, der Kapitel und Absätze, in denen sich die wichtigen Informationen meist konzentrieren. Fügen Sie diese Informationen zu Ihrer Mind Map hinzu.

7. Die nächste Stufe ist die Einsichtnahme, bei der Sie die Menge des Lernpuzzles ergänzen, wobei Sie Hauptproblembereiche noch überspringen. Nachdem Sie sich mit dem Rest des Textes vertraut gemacht haben, fällt es Ihnen wahrscheinlich viel leichter, diese Passagen zu verstehen und Ihre Mind Map zu ergänzen.

8. Schließlich kommt die Nachbereitung, bei der Sie die schwierigen Gebiete, die Sie bislang übersprungen haben, durchgehen und noch einmal durch den Text schauen, um offene Fragen zu beantworten oder noch nicht erreichte Ziele zu erfüllen. Jetzt sollten Sie Ihre Mind Map fertigstellen.

Man kann den ganzen Prozess mit einem Puzzle vergleichen: Erst schaut man sich das ganze Bild auf der Schachtel an, dann legt man die Ecken und Ränder, schließlich füllt man die Mitte aus, bis man eine vollständige Nachbildung vor sich liegen hat.

Für eine Vorlesung oder einen Vortrag empfiehlt sich eine ähnliche Vorgehensweise. Damit Sie sich das Aufzeichnen erleichtern, bitten Sie den Redner vorher um eine Zusammenfassung der wichtigen Themen, Stoffgebiete oder Kategorien, die in der Sitzung behandelt werden sollen. Falls das nicht möglich ist, erstellen Sie einfach während des Zuhörens eine Mind Map, und suchen Sie im Verlauf der Vorlesung oder des Vortrags nach den GOI. Danach können Sie Ihre Mind Map überarbeiten. Dabei müssen Sie sich einen Reim aus den gebotenen Informationen machen, was Ihr Verständnis des Vortrags erhöht. (Nähere Informationen zum Mind Mapping von Vorlesungen s. Kap. 26.)

Ein praktisches Beispiel für polykategorisches Mind Mapping

Die polykategorische Mind Map auf S. **143** hat ein Vater erstellt, der seiner Tochter beim Bestehen der Universitätsaufnahmeprüfung für englische Literatur helfen wollte.

Wenn man einer so komplizierten Struktur wie einem Roman gegenübersteht, ist es ein großer Vorteil für das Gehirn, wenn es sich auf das geistige „Netz" einer polykategorischen Mind Map beziehen kann, die die literarischen Hauptelemente des Romans aufzeigt.

Dieser Mind-Map-Typ befähigt den Leser, die Essenz eines jeden Textes viel genauer und umfassender zu ergründen. Zudem erleichtert er die Umwandlung dieser wesentlichen Informationen in gesprochene oder geschriebene Form (wie das in einem Aufsatz oder in einer mündlichen Prüfungsantwort erwartet wird).

Die Mind Map auf der folgenden Seite wurde im Verlauf von vier Monaten von Pan Collins, der Produzentin einer beliebten irischen Fernsehsendung, erstellt. Pan Collins musste alle Gedanken ihrer Teammitarbeiter zu möglichen Themen, zu den Moderatoren, zur Programmeinteilung usw. ordnen. Für ihre eigenen Unterlagen notierte sie auf markanten Pfeilen die Einschaltquote der jeweiligen Sendung.

Vorteile polykategorischer Mind Maps bei Aufzeichnungen

1. Alle zwölf in Kapitel 9 erwähnten Vorteile (s. S. **89**).
2. Ihre enormen Assoziationskräfte nach dem Motto „Wer suchet, der findet" werden freigesetzt.
3. Lernziele können viel schneller erreicht werden.
4. Mind-Map-Aufzeichnungen können schnell und mühelos zu Aufsätzen, Reden, öffentlichen Darstellungen und anderen kreativen oder kommunikativen Formen umgestaltet werden.
5. Ständig zunehmende Klarheit des analytischen Denkens.
6. Wachsendes Vergnügen am Wissenserwerb.
7. Ein ständiger und leicht zugänglicher Bericht all Ihrer bedeutsamen Lernerfahrungen.

Überleitung

Nachdem Sie das Mind Mapping zum Ordnen Ihrer eigenen Ideen und der Ideen anderer eingesetzt haben, können Sie nun den Zusammenhang zwischen Mind Maps und dem Gedächtnis erkunden – das ist das Thema des folgenden Kapitels.

Mind Map von Pan Collins, der Produzentin einer irischen Fernsehsendung, für die Planung und Aufnahme wichtiger Sendungen (s. S. ***145****).*

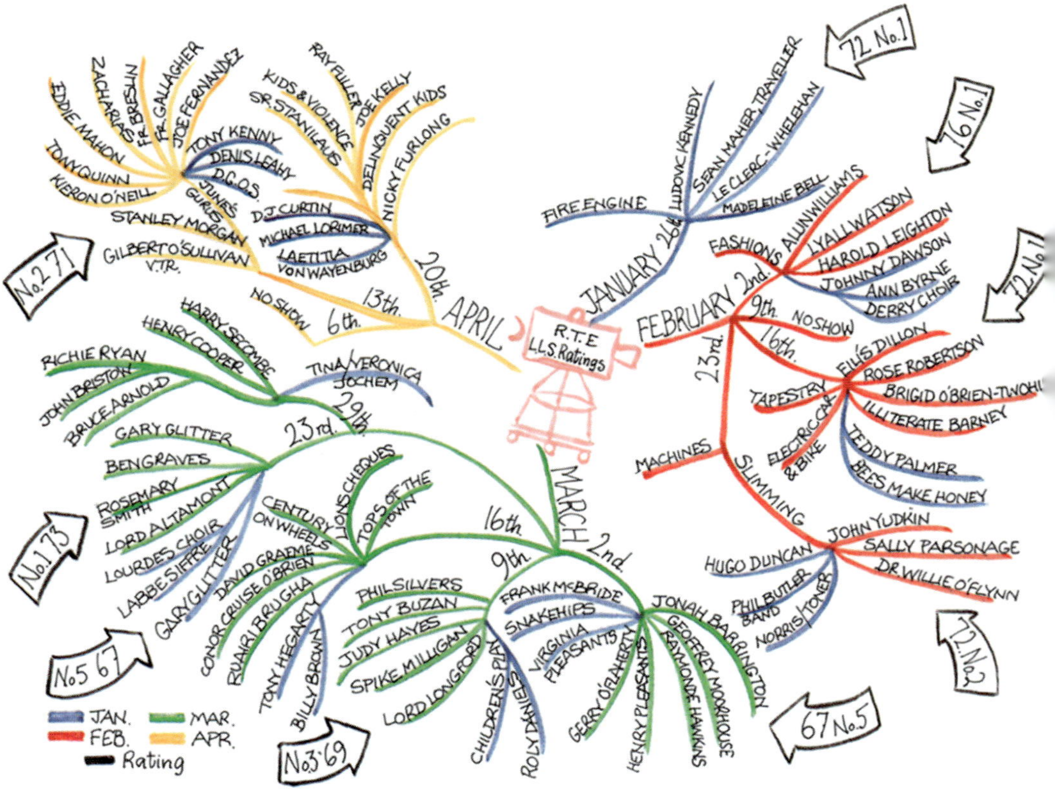

Kapitel 15

Gedächtnis

Das erwartet Sie in diesem Kapitel:

- Vorwort
- Eine griechische Sage
- Die Mind Map als eine multidimensionale Gedächtnishilfe
- Die mnemonische Mind Map als Spiegel der Kreativität
- Anwendungsmöglichkeiten mnemonischer Mind Maps
- Vorteile mnemonischer Mind Maps
- Überleitung

Vorwort

Dieses Kapitel beginnt mit einer griechischen Sage, die viel über die Verbindung zwischen Gedächtnis, Tatkraft und Kreativität aussagt. Dann erkunden wir Mind Maps als mnemonische und kreative Denkhilfsmittel, ehe wir die Vorteile mnemonischer Mind Maps zusammenfassen.

Eine griechische Sage

Der Götterkönig Zeus war ein berüchtigter Schürzenjäger. Er verbrachte den Großteil seiner Zeit damit, entweder unverblümt oder in einer Verkleidung die schönsten Frauen im Himmel und auf Erden zu verführen.

Entgegen der weit verbreiteten Annahme waren seine Vorlieben nicht gleichmäßig verteilt – es gab eine Göttin, mit der er viel mehr Zeit als mit irgendeiner anderen verbrachte. Sie hieß Mnemosyne und war die Göttin der Erinnerung. Einmal brachte er neun Tage und Nächte in leidenschaftlicher Liebe mit ihr zu, was zur Geburt der neun Musen führte.

Die Musen verkörpern Kreativität. Jede von ihnen ist die Göttin einer besonderen Kunst:

- Erato für die Liebesdichtung
- Kalliope für die erzählende Dichtung
- Euterpe für die Tonkunst
- Polyhymnia für den Gesang
- Thalia für die Komödie
- Melpomene für die Tragödie
- Urania für die Sternenkunde
- Klio für die Geschichte
- Terpsichore für den Tanz

Zeus symbolisiert Tatkraft und Energie. Gemäß der Sage führen also Tatkraft und Energie zusammen mit der Erinnerung zu einer in der Kreativität resultierenden Fruchtbarkeit. Dieser Zusammenhang hat wichtige Auswirkungen auf die Mind-Mapping-Theorie.

Die Mind Map als eine multidimensionale Gedächtnishilfe

Mnemotechniken umfassen den Einsatz von Vorstellungsvermögen und Assoziationen, um ein neues Bild zu erzeugen, das man sich merken kann. Genau wie Vorstellungskraft und Assoziationen verbindet die Mind Map *alle* kortikalen Fähigkeiten, um so eine hoch entwickelte multidimensionale Gedächtnishilfe hervorzubringen.

Multidimensional heißt in diesem Zusammenhang, dass Ihnen die Mind Map statt des eindimensionalen (Linie) oder zweidimensionalen (Blatt) Blickwinkels die Schaffung eines inneren, strahlenförmigen, dreidimensionalen Bildes erlaubt, das sich verknüpfende Assoziationen, Farbe und Zeit verwendet.

Ein kreativer Gedanke verbindet in ähnlicher Weise zwei Elemente, um einen dritten Gedanken zu schaffen und so die Gegenwart in die Zukunft zu projizieren. Mit dem kreativen Hilfsmittel können Sie die Gegenwart in die Zukunft projizieren, um diese Zukunft zu verändern oder überhaupt zu erschaffen. *Das mnemonische Hilfsmittel hilft Ihnen, die Vergangenheit in der Gegenwart wiederzuerschaffen.*

Die mnemonische Mind Map ist daher in Mechanismus und Design identisch mit der multidimensionalen *kreativen* Mind Map. Wie die mnemonische Mind Map Ihre Gedächtnisleistung drastisch vervielfacht, so vervielfacht die kreative Mind Map das einfache kreative Denkmodell unbegrenzt in alle Richtungen.

Die mnemonische Mind Map als Spiegel der Kreativität

Wie das Gedächtnis basiert das kreative Denken auf der Vorstellungskraft und der Assoziation. Das Ziel ist die Verbindung von Punkt A mit Punkt B, wodurch dann die neue, innovative, von der Norm abweichende Idee, die wir als „kreativ" bezeichnen, entsteht. Die mnemonischen und kreativen Denkprozesse sind somit in ihrer Struktur identisch – der einzige Unterschied besteht in der Absicht.

Ein mnemonisches Hilfsmittel verbindet zwei Dinge, um dem Gehirn den Wiederabruf, die Erinnerung, eines dritten Bildes in der Zukunft zu ermöglichen. Ein kreatives Hilfsmittel verbindet genauso zwei Elemente, um ein drittes in die Zukunft zu projizieren, aber das kreative Ziel besteht in der Veränderung oder Beeinflussung der Zukunft, wohingegen Mnemotechnik auf Erinnerung abzielt.

Durch das Erstellen mnemonischer Mind Maps können Sie also gleichzeitig Ihre kreativen Denkfähigkeiten trainieren. Diese wiederum verstärken die Gedächtniskapazität, wodurch eine sich wechselseitig verstärkende Aufwärtsspirale entsteht.

Die Abbildung auf der nächsten Seite veranschaulicht die Mind Map als sowohl mnemonisches wie auch kreatives Denkhilfsmittel. Sie stammt von dem führenden amerikanischen Videoproduzenten Denny Harris und sollte ihn eigentlich an das erinnern, was er in einem Video über das Gedächtnis abhandeln wollte. Seine Mind Map fasst den Inhalt des Videos samt Vorschau, einer tief gehenden Erklärung der Zahl/Form-Mnemotechnik, den Anwendungen einer einfachen Mnemotechnik und der allgemeinen in dem Video gezeigten Diskussion von Theorie und Praxis zusammen. In diesem Fall entwickelte sich eine mnemonische Mind Map zu einem wahrhaft kreativen Prozess und generierte selbst neue Einfälle für den Aufbau und Inhalt des Videos – das Gedächtnis füttert die Kreativität, die das Gedächtnis füttert.

Anwendungsmöglichkeiten mnemonischer Mind Maps

Die meisten spezifischen Anwendungsmöglichkeiten werden in Teil 5 unter „Persönliches", „Familie", „Bildung und Ausbildung" sowie „Unternehmensbereich und Berufsleben" abgehandelt. Dennoch gibt es viele andere allgemeine Gedächtnisanwendungen für Mind Maps, etwa die Erinnerung an besonders interessante Radio- und Fernsehsendungen, Träume, erfreuliche Familienereignisse oder eine Liste von zu erledigenden Dingen.

Als besonders nützlich erweisen sich mnemonische Mind Maps bei der Suche nach etwas, was einem entfallen ist – vielleicht wie jemand heißt oder wo sich etwas befindet.

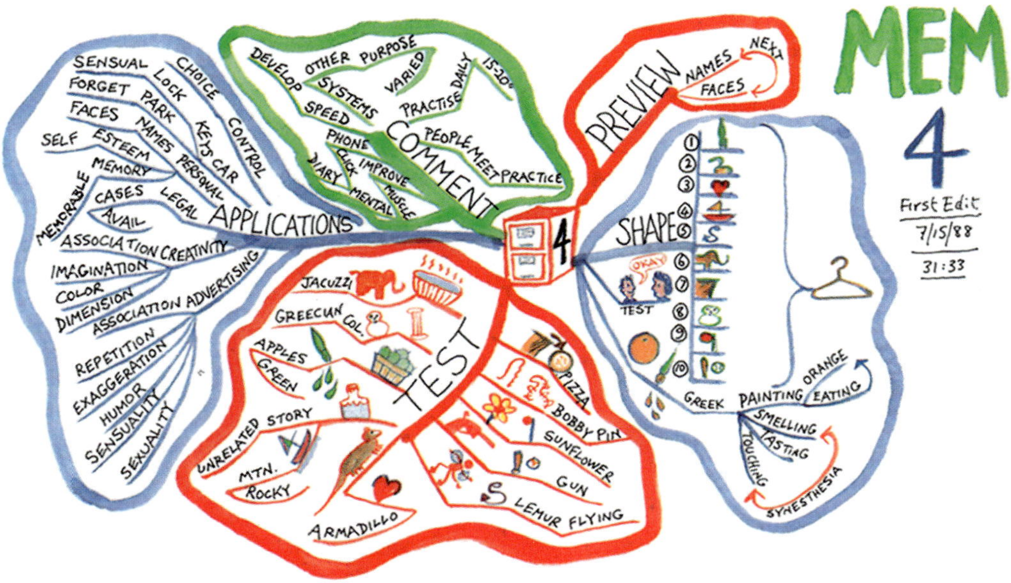

Mind Map des bekannten Film- und Videoproduzenten Denny Harris, die eine ganze Sendung über das Gedächtnis zusammenfasst (s. S. ***149****).*

In solchen Fällen führt die Konzentration auf die fehlende Erinnerung meist zu gar nichts, weil „sie" verschwunden ist und man sich dann auf etwas Fehlendes oder eben nichts konzentriert. Behalten Sie sich Ihre Assoziationskraft im Hinterkopf, lassen Sie den Mittelpunkt Ihrer Mind Map leer und umgeben Sie ihn mit Wörtern und Bildern, die mit dem fehlenden Mittelpunkt in Verbindung stehen.

Wenn es sich etwa bei dem „fehlenden" Mittelpunkt um den Namen einer Person handelt, würden die davon ausstrahlenden Äste Geschlecht, Alter, Aussehen, Familie, Stimme, Hobbys, Beruf und den Zeitpunkt, an dem Sie diese Person das erste und das letzte Mal sahen, umfassen. So vergrößern Sie die Wahrscheinlichkeit erheblich, dass Ihr Gehirn den Mittelpunkt aus seiner Datenbank erkennt. (Näheres hierzu s. Tony Buzan, *Nichts vergessen,* Kap. 23 – 24.)

Wenn Ihnen das Erstellen einer realen Mind Map bei der Suche nach einer „fehlenden" Erinnerung als zu aufwendig erscheint, können Sie sich auch einfach einen inneren Bildschirm vorstellen, auf dem Sie eine solche Mind Map entstehen lassen.

Natürliche Architektur: Tafel 17

Vorteile mnemonischer Mind Maps

1. Sie nutzen alle kortikalen Fähigkeiten und vergrößern somit drastisch die Wahrscheinlichkeit, sich an etwas zu erinnern.

2. Sie aktivieren das Gehirn auf allen Ebenen und machen es wacher und gewandter, sodass die Erinnerung leichter fällt.

3. Aufgrund der Attraktivität der Mind Maps will das Gehirn zu ihnen zurückkehren, was wiederum die Wahrscheinlichkeit einer spontanen Erinnerung erhöht.

4. Sie sind im Grunde als Gedächtnishilfe angelegt.

5. Der Einsatz einer mnemonischen Mind Map aktiviert das Gehirn und steigert seine mnemotechnische Geschicklichkeit, sodass sich mit jedem Mind Mapping die grundlegenden Gedächtnisfähigkeiten steigern.

6. Sie spiegeln den kreativen Denkprozess wider und verstärken damit gleichzeitig die Fähigkeit zu kreativem Denken.

7. Sie erhalten während der ganzen Lern-/Zuhörphase ein hohes Erinnerungsniveau aufrecht (dies steht im Gegensatz zu den üblichen Vergessenskurven, s. Tony Buzan, *Nichts vergessen*, Kap. 5).

8. Sie nutzen alle Assoziationsfähigkeiten eines Menschen, steigern die Gehirnkapazitäten, sodass es leichter fällt, sich etwas einzuprägen oder Informationen miteinander zu verknüpfen, und erhöhen auf diese Weise die Erinnerungswahrscheinlichkeit.

9. Sie stellen eine „todsichere“ Erinnerungstechnik dar und verbessern damit Selbstvertrauen, Motivation und die geistige Funktion überhaupt.

Überleitung

Gedächtnis und Kreativität sind somit zwei Seiten einer Medaille. Da wir die mnemonischen Vorteile von Mind Maps jetzt kennen, erleuchtet das nächste Kapitel ihre zahlreichen Vorteile als kreative Denk- und Brainstorming-Hilfsmittel.

Kapitel 16

Kreatives Denken

Das erwartet Sie in diesem Kapitel:

- Vorwort
- Die Ziele des kreativen Mind Mappings
- Die Mind Map als kreativer Denkmechanismus
- Die Stadien des kreativen Denkprozesses
- Mind Mapping als Methode, zu neuen Paradigmen zu gelangen
- Kreatives Denken und die Vorteile des Mind Mappings
- Überleitung

Vorwort

Dieses Kapitel konzentriert sich auf das kreative Denken mit Hilfe von Mind Maps. Sie erfahren, warum Mind Maps auf diesem Gebiet so erstaunlich hilfreich sind und wie Sie sie zur Erweiterung Ihres eigenen kreativen Denkens und Ihrer Brainstorming-Fähigkeiten nutzen und so wichtige neue Einsichten gewinnen können.

Die Ziele des kreativen Mind Mappings

Mind Maps, die zum kreativen Denken oder für das Brainstorming eingesetzt werden, haben zahlreiche Ziele; die wichtigsten lauten:

1. Erkundung aller kreativen Möglichkeiten eines vorgegebenen Themas.

2. Befreiung des Geistes von früheren Annahmen über das Thema, und somit Platzschaffen für neue kreative Gedanken.

3. Hervorbringen von Einfällen, die in bestimmte Aktivitäten oder veränderte oder geschaffene Tatsachen münden.

4. Förderung stetigen kreativen Denkens.

5. Schaffung eines neuen Begriffsrahmens, innerhalb dessen frühere Ideen neu geordnet werden.

6. Blitzartige Erfassung und Weiterentwicklung von Einsichten, wenn sie einem in den Sinn kommen.

7. Kreative Planung.

Die Mind Map als kreativer Denkmechanismus

Die Mind Map eignet sich hervorragend zum kreativen Denken, weil sie alle gemeinhin mit Kreativität, vor allem mit Vorstellungskraft, Ideenassoziation und Flexibilität verbundenen Fähigkeiten nutzt.

📖 In der psychologischen Literatur, vor allem in den Versuchsbeschreibungen zum kreativen Denken von E. Paul Torrance, wird Flexibilität als wesentliches Element des kreativen Denkens beschrieben. Andere wichtige Faktoren umfassen die Fähigkeit zur:

- Verbindung neuer und einzigartiger Ideen mit früher existierenden
- Verwendung verschiedener Farben beim kreativen Denken
- Verwendung verschiedener Formen beim kreativen Denken
- Kombination ungewöhnlicher Elemente
- Vergrößerung und Einsatz von Mehrdimensionalität
- Anpassung der Begriffslage
- Neuanordnung und Verbindung früher schon bestehender Begriffe
- Umkehrung früher bestehender Konzepte
- Reaktion auf einen ästhetisch anziehenden Gegenstand
- Reaktion auf einen gefühlsmäßig ansprechenden Gegenstand
- Reaktion auf einen Gegenstand, der das Sehen, Hören, Riechen, Schmecken und Berühren anspricht
- Verwendung miteinander austauschbarer Formen und Codes

Natürliche Architektur: Tafel 18

Die Mind-Map-Gesetze und ihre allgemeine Theorie zeigen, dass die Mind Map in der Tat eine diffizil ausgearbeitete, ausgezeichnete äußere Manifestation *all* dieser beschriebenen Kategorien darstellt: Sie ist eine äußere Manifestation des vollständigen kreativen Denkprozesses.

Meine eigenen Untersuchungen brachten übrigens eine auffallende Ähnlichkeit zwischen den Hauptfaktoren kreativen Denkens und den Hauptfaktoren in der Entwicklungsgeschichte der Mnemotechniken ans Licht. (Näheres s. S. **148-149**, Kap. 15.)

Die nahezu identische Natur des kreativen Denkens und der mnemonischen Prinzipien bestätigt Mind Maps als grundlegendes, natürliches Hilfsmittel für diese Gedankenformen. Sie untermauert zudem die Behauptung, dass – entgegen mancher Theorien über die Kreativität und das Gedächtnis – diese beiden Prozesse tatsächlich nicht getrennt voneinander, unterschiedlich oder gar Gegensätze sind, sondern vielmehr Spiegelbilder desselben Prozesses.

Die verbreitete Ansicht, kreative Genies seien geistesabwesend und vergesslich, lässt die Tatsache außer Acht, dass diese großartigen Menschen nur solche Dinge vergessen, die manche Psychologen für erinnernswert halten. Wenn man sich auf ihre Gedächtniskräfte in Bezug auf das Thema ihrer kreativen Gedanken konzentrierte, fände man genauso große Gedächtnisleistungen wie bei bekannten Erinnerungskünstlern.

Die Stadien des kreativen Denkprozesses

Die korrekte Anwendung der Mind-Mapping-Technik in Bezug auf kreatives Denken kann den einzelnen Mind Mapper zur Produktion *doppelt so vieler* kreativer Ideen befähigen, als herkömmliche große Brainstorming-Gruppen in der gleichen Zeit hervorbringen. Es folgen nun die fünf Stadien des Mind Mappings in Bezug auf das kreative Denken.

1. Die Blitz-Mind-Map

Zeichnen Sie zunächst einmal ein stimulierendes Zentralbild. (Wenn Sie z. B. über neue Möglichkeiten in der Luftfahrttechnik nachdenken, zeichnen Sie vielleicht Concorde-ähnliche Tragflächen.) Ihr Bild sollte in der Mitte eines großen unlinierten Blattes platziert sein, und von da aus sollte *jede* Idee ausstrahlen, die Ihnen bei dem Gedanken an das Thema in den Sinn kommt.

Sie sollten die Ideen so schnell wie möglich sprudeln lassen, auf keinen Fall länger als 20 Minuten dafür brauchen. Der Zwang, unter Zeitdruck zu arbeiten, befreit Ihr Gehirn aus seinen gewohnten Denkmustern und fördert neue und zunächst oft abstrus anmutende Einfälle. Diese anscheinend abwegigen Ideen sollten wir *immer* zulassen, weil sie uns neue Perspektiven erschließen und mit alten, einschränkenden Gewohnheiten brechen. Ein Zitat des Philosophen Rudolf Flesch illustriert dies: „Kreatives Denken kann einfach die Erkenntnis bedeuten, dass kein besonderer Vorzug darin liegt, die Dinge so zu tun, wie sie immer getan wurden."

Es mag auch hilfreich sein, sich an Ezra Pounds berühmten Ausspruch zu erinnern: „Genie ... ist die Fähigkeit, zehn Dinge zu sehen, wo der Normalsterbliche eines sieht und wo ein begabter Mensch zwei oder drei wahrnimmt, sowie die Fähigkeit, jene multiple Wahrnehmung in den Stoff seiner Kunst einfließen zu lassen."

Warum das Blatt möglichst groß sein sollte, findet sich in unserer Regel: „Eine Mind Map dehnt sich aus, um den verfügbaren Raum auszufüllen." Beim kreativen

Denken brauchen Sie möglichst viel Platz als Anreiz für Ihr Gehirn, immer mehr Ideen strömen zu lassen.

2. Erste Überarbeitung und Revision

Legen Sie eine kleine Pause ein, lassen Sie Ihr Gehirn zur Ruhe kommen und integrieren Sie allmählich die bislang generierten Ideen. Dann müssen Sie eine neue Mind Map erstellen, in der Sie die Hauptäste oder Grundlegenden Ordnungs-Ideen identifizieren, verbinden, kategorisieren, Hierarchien aufbauen, neue Assoziationen finden und im Kontext der gesamten Mind Map alle anfangs als „dumm“ oder „abstrus“ erschienenen Ideen neu berücksichtigen. Je unkonventioneller eine Idee, desto besser ist sie oft.

Während dieser ersten Überarbeitung bemerken Sie vielleicht ähnliche oder identische Begriffe, die an den Randzonen Ihrer Mind Map auftauchen. Sie sollten diese nicht als unnötige Wiederholungen abtun, denn sie unterscheiden sich grundlegend darin, dass sie sich an verschiedene, vom Zentralbild ausstrahlende Äste binden. Diese Randwiederholungen spiegeln die eigentliche Bedeutung von Ideen wider, die zwar tief in Ihrem Wissensspeicher verborgen liegen, aber jeden Aspekt Ihres Denkens beeinflussen.

Um solchen Begriffen ihr angemessenes geistiges und visuelles Gewicht zu verleihen, sollten Sie sie bei ihrem zweiten Auftauchen unterstreichen, beim dritten Erscheinen mit einer geometrischen Figur betonen und bei ihrem eventuellen vierten Auftauchen dreidimensional einrahmen.

Die Verbindung dieser miteinander in Beziehung stehenden dreidimensionalen Gebiete auf Ihrer Mind Map und die Dimensionalisierung der Verbindung kann buchstäblich ein neues geistiges Gerüst schaffen und zu einem Gedankenblitz führen, der dann einschlägt, wenn alte Tatsachen aus einer neuen Perspektive gesehen werden. Solch ein Umschwung stellt eine gewaltige und sofortige Neuordnung aller Gedankenstrukturen dar.

Auf gewisse Weise scheint solch eine Mind Map „die Regeln zu durchbrechen“, da das Zentralbild und die Hauptäste nicht mehr länger die zentrale Rolle spielen. Dennoch ist eine solche Mind Map weit von einer Regelverletzung entfernt, vielmehr setzt sie die Regeln vollständig ein, vor allem die der Betonung und der Vorstellungskraft. Eine neue, an den Rändern entdeckte und wiederholte Idee wird vielleicht zum neuen Mittelpunkt. Dem Suche-und-Finde-Mechanismus Ihres Gehirns folgend, erkundet die Mind Map die weitesten Ausdehnungen Ihrer gegenwärtigen Gedanken auf der Suche nach einem neuen Mittelpunkt, der den alten ersetzen soll. In der Folge wird dieser neue Mittelpunkt selbst von einem neuen und noch weiter entwickelten Konzept ersetzt.

> Die Mind Map unterstützt und reflektiert somit die intellektuelle Suche und das intellektuelle Wachstum.

*Nächste Doppelseite: Mind Map von Lorraine Gill über die Kreativität und den Blickwinkel des Künstlers (s. S. **160**).*

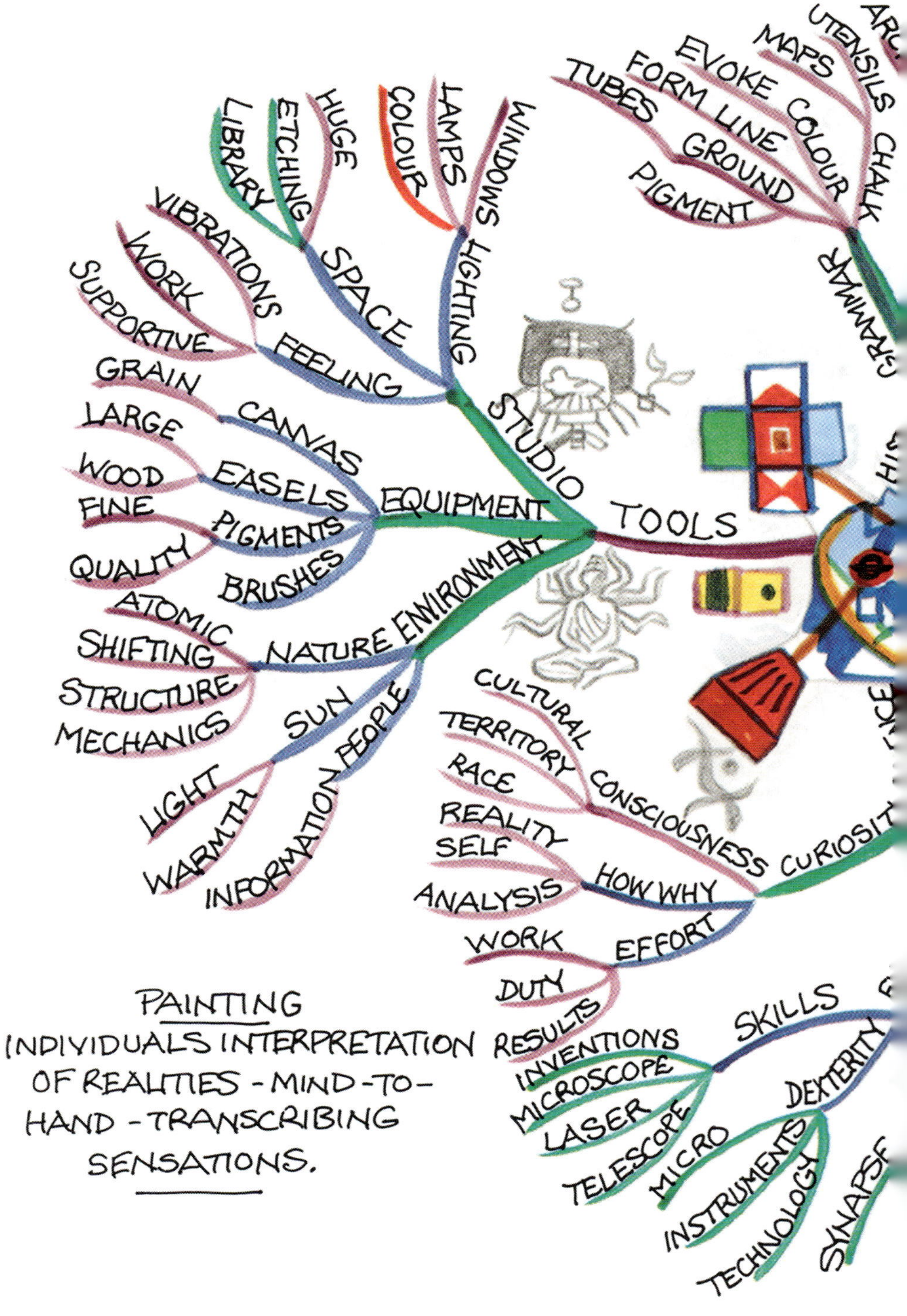
TOOLS
STUDIO
EQUIPMENT
ENVIRONMENT
LIGHTING
WINDOWS
LAMPS
COLOUR
SPACE
HUGE
ETCHING
LIBRARY
FEELING
VIBRATIONS
WORK
SUPPORTIVE
CANVAS
GRAIN
EASELS
LARGE
WOOD
PIGMENTS
FINE
QUALITY
BRUSHES
NATURE
ATOMIC
SHIFTING
STRUCTURE
MECHANICS
SUN
LIGHT
WARMTH
PEOPLE
INFORMATION
CONSCIOUSNESS
CULTURAL
TERRITORY
RACE
REALITY
SELF
HOW WHY
ANALYSIS
EFFORT
WORK
DUTY
RESULTS
SKILLS
INVENTIONS
MICROSCOPE
LASER
TELESCOPE
DEXTERITY
MICRO
INSTRUMENTS
TECHNOLOGY
GRAMMAR
TUBES
FORM LINE
EVOKE
MAPS
UTENSILS
CHALK
COLOUR
GROUND
PIGMENT
PAINTING
INDIVIDUALS INTERPRETATION OF REALITIES - MIND-TO-HAND - TRANSCRIBING SENSATIONS.

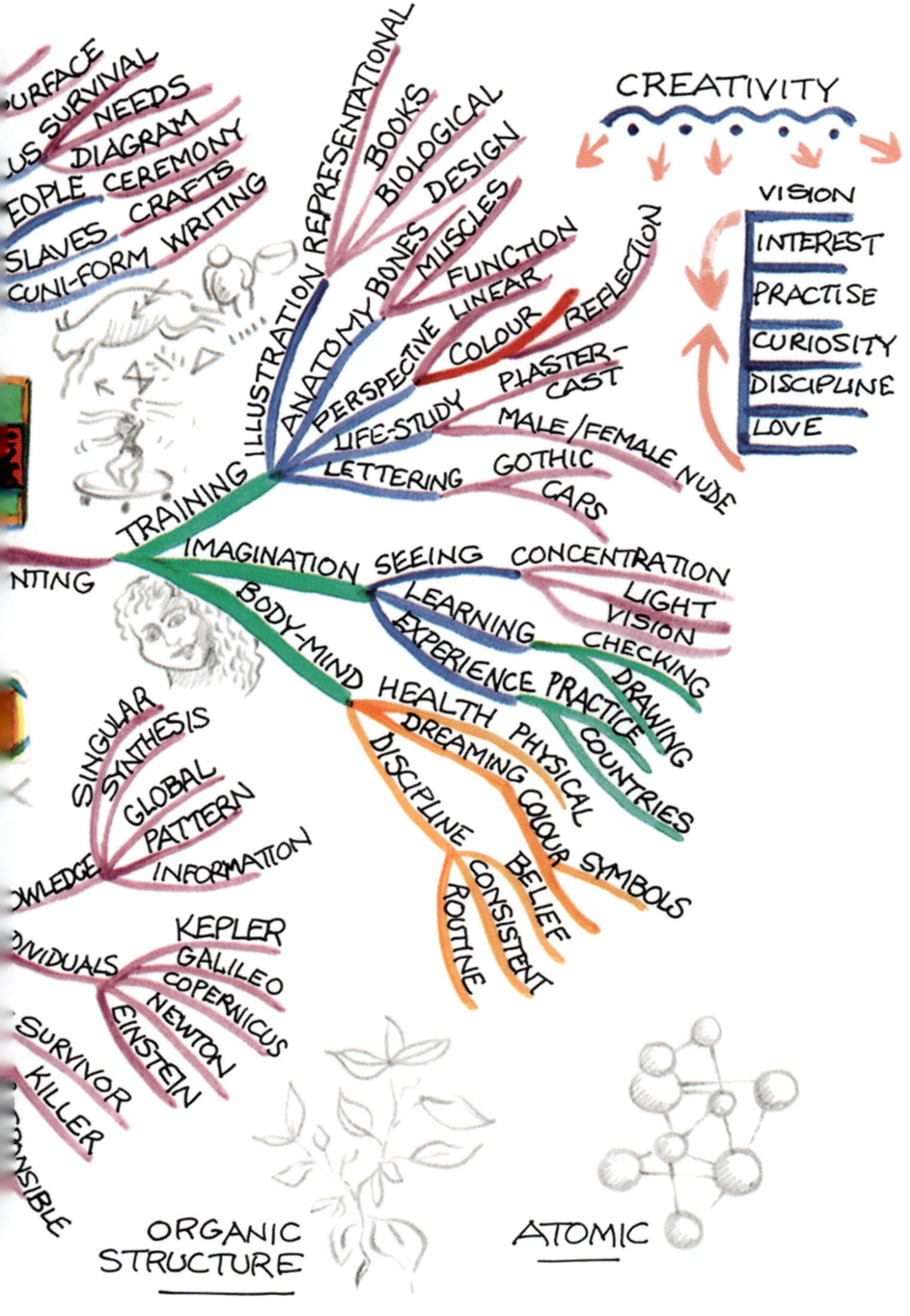
CREATIVITY
VISION
INTEREST
PRACTISE
CURIOSITY
DISCIPLINE
LOVE
TRAINING
ILLUSTRATION
REPRESENTATIONAL
BOOKS
BIOLOGICAL
DESIGN
ANATOMY-BONES
MUSCLES
FUNCTION
PERSPECTIVE
LINEAR
COLOUR
REFLECTION
LIFE-STUDY
PLASTER-CAST
MALE/FEMALE NUDE
LETTERING
GOTHIC
CAPS
IMAGINATION
SEEING
CONCENTRATION
LIGHT
VISION
LEARNING
CHECKING
EXPERIENCE
DRAWING
PRACTICE
COUNTRIES
BODY-MIND
HEALTH
PHYSICAL
DREAMING
COLOUR
SYMBOLS
DISCIPLINE
BELIEF
CONSISTENT
ROUTINE
URFACE
SURVIVAL
NEEDS
DIAGRAM
EOPLE
CEREMONY
SLAVES
CRAFTS
CUNI-FORM
WRITING
NTING
SINGULAR
SYNTHESIS
GLOBAL
PATTERN
INFORMATION
OWLEDGE
KEPLER
GALILEO
COPERNICUS
NEWTON
EINSTEIN
IVIDUALS
SURVIVOR
KILLER
ONSIBLE
ORGANIC STRUCTURE
ATOMIC

3. Inkubation

Wie schon in Kapitel 12 (S. **127**) behandelt, kommt einem eine plötzliche kreative Eingebung oft dann, wenn sich das Gehirn in einem entspannten, ruhigen Zustand befindet, etwa wenn man allein ist, also vielleicht beim Spaziergehen, Joggen, im Schlaf oder während eines Wachtraums, da in solchen Zuständen das Gehirn den Prozess des Radialen Denkens in die entferntesten Zonen des Para-Gehirns vordringen lässt, und sich so die Wahrscheinlichkeit geistiger Durchbrüche vergrößert.

Die großen kreativen Denker haben im Lauf der Geschichte diese Methode angewandt. Einstein lehrte seine Studenten, die Inkubationsphase als notwendigen Bestandteil all ihrer Überlegungen einzukalkulieren; Kekule, der Entdecker des Benzenkerns, plante Inkubations-/Tagträumphasen in sein tägliches Arbeitsprogramm ein.

4. Zweite Überarbeitung und Revision

Nach der Inkubation betrachtet Ihr Gehirn die erste und zweite Mind Map aus einer neuen Perspektive, daher ist es hilfreich, eine weitere Schnellfeuer-Mind-Map zu erstellen, um die bisherigen Ergebnisse dieser Integration zu festigen.

Während dieses Stadiums müssen Sie alle in Phase 1, 2 und 3 gesammelten und integrierten Informationen berücksichtigen, um zu einer umfassenden Mind Map zu gelangen.

Die Mind Map auf S. **162** von Norma Sweeny war das Ergebnis ausführlicher Inkubation und etlicher Gedankenrevisionen. Sie stellt Sweenys Ideensammlung für die Vorstellung des Brain Clubs dar.

5. Das Abschlussstadium

In diesem Stadium müssen Sie nach der Lösung, Entscheidung oder Erkenntnis, also Ihrem ursprünglichen kreativen Denkziel, suchen. Dies schließt oft die Verbindung scheinbar unvereinbarer Elemente in Ihrer endgültigen Mind Map ein und führt so zu wichtigen neuen Einsichten und Durchbrüchen.

Mind Mapping als Methode, zu neuen Paradigmen zu gelangen

Beim tief gehenden und ausführlichen kreativen Denken kann die Inkubation eine neue Sichtweise auf die gesammelten Einsichten, auch Paradigmenwechsel genannt, zutage bringen, wenn bei der ersten Überarbeitung und Revision neue Einsichten erreicht wurden.

Die Mind Map auf S. **158-159** von Lorraine Gill fasst eine Reihe von Vorträgen über den kreativen Prozess aus der Sicht einer Künstlerin zusammen. Die Mind Map verkörpert die Kunstgeschichte, das Entstehen einer „Grammatik des Sehens“ und die Hilfsmittel für die Erschaffung kreativer Aufgaben. Mit der modernen Gehirnforschung übereinstimmend betont die Mind Map die Kunst als eine Wissenschaft (und umgekehrt) und streicht zudem die Schulung sowohl des Vorstellungsvermögens wie auch des Körpers im kreativen Prozess heraus.

Die Mind Map auf S. **163** von Benjamin Zander, des Dirigenten der Bostoner Philharmoniker, ist das Ergebnis eines solchen Prozesses. Die Mind Map spiegelt Zanders verblüffend neue Interpretation von Beethovens Neunter Symphonie wider, die das Ergebnis von jahrelangen Studien, Mind Mapping und gründlicher Inkubation war.

Ein Paradigmenwechsel ist eine weltweite Veränderung des Denkens über Annahmen, die sich international durchgesetzt hat. Z. B. sind Darwins Evolutionslehre oder Einsteins Relativitätstheorie Paradigmen von Gedanken, die frühere Paradigmen ersetzten. Die Mind Map ist das Haupthilfsmittel zum Aufzeichnen des beim Paradigmenwechsel ablaufenden Prozesses.
Für den kreativ denkenden Mind Mapper wird die neue Erkenntnis selbst oft durch plötzliche Erkenntnisse, die während der Inkubation im Para-Gehirn auftauchten, in einen neuen Rahmen gestellt. Auf diese Weise fügt der Mind Mapper seinem Denken weitere Dimensionen hinzu, zeichnet die Stadien des Paradigmenwechsels auf, gewinnt dadurch mnemonische und makroskopische Visionen des Themengegenstands, die nicht nur zu kreativen Ideen, sondern schließlich zu Weisheit führen.

*Mind Map von Norma Sweeny über die weltweite Vorstellung des Brain Clubs, insbesondere in den arabischen Ländern (s. S. **160**).*

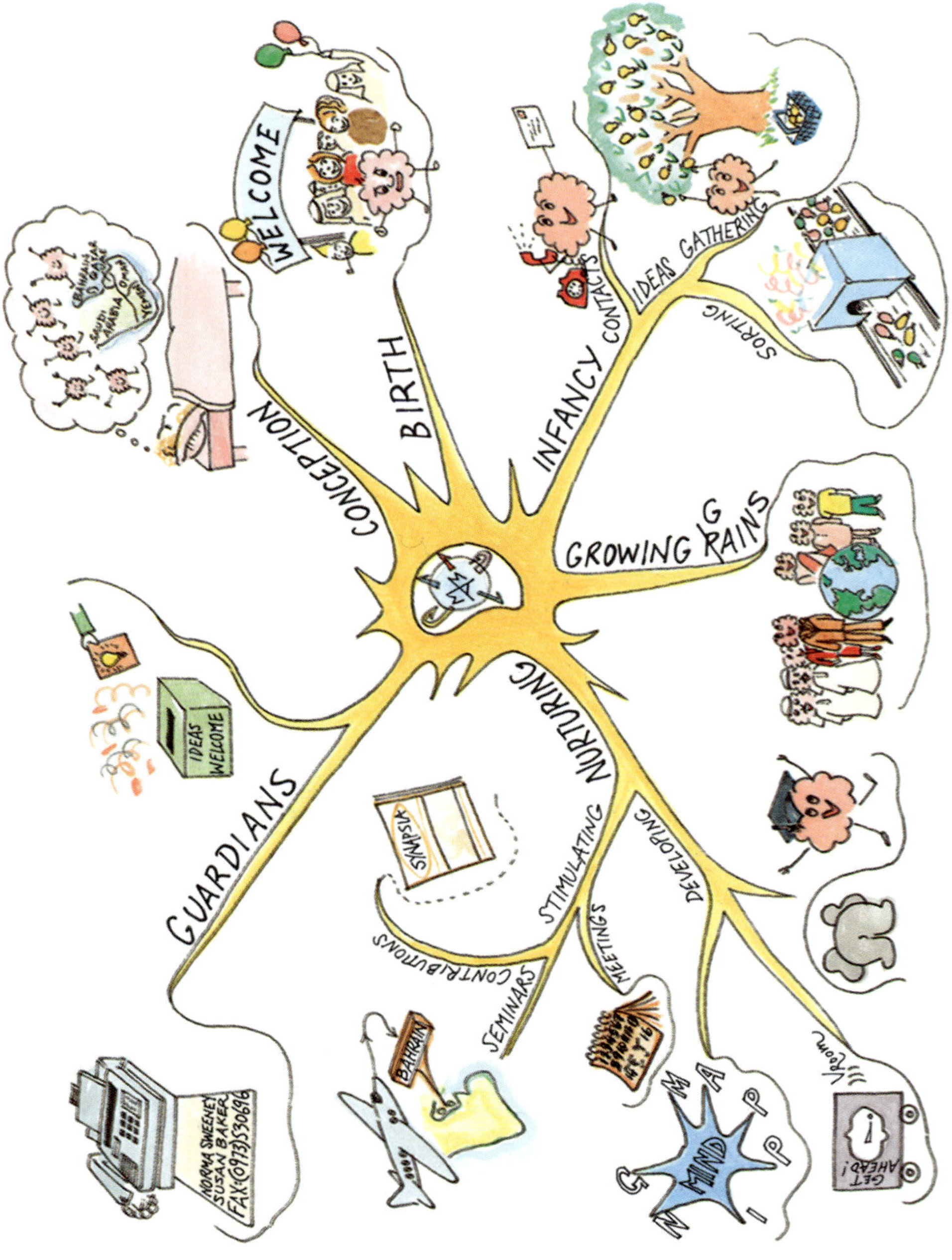

Äußerst kreative Mind Map über das Schöpfungsthema in Beethovens Neunter Symphonie von Benjamin Zander, dem Dirigenten des Boston Philharmonic Orchestra (s. S. ***161****).*

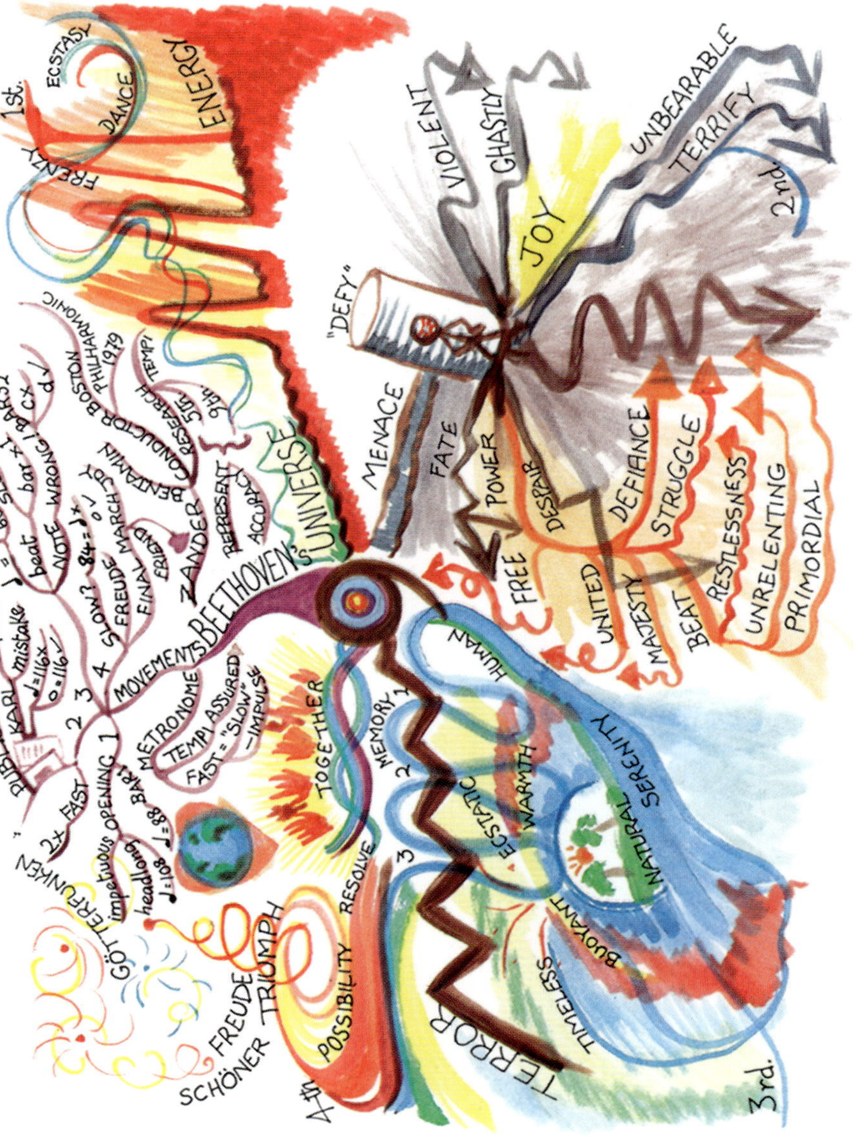

Kreatives Denken und die Vorteile des Mind Mappings

1. Sie nutzen automatisch alle Fähigkeiten kreativen Denkens.
2. Sie erzeugen ständig wachsende geistige Energie, während sich der Mind Mapper auf sein Ziel zubewegt.
3. Sie lassen den Mind Mapper sehr viele Elemente auf einmal betrachten und erhöhen so die Wahrscheinlichkeit der kreativen Assoziationen und Integration.
4. Sie befähigen das Gehirn, neuen Ideen nachzuspüren, die normalerweise an den Randzonen des Denkens verborgen liegen.
5. Sie vergrößern die Wahrscheinlichkeit neuer Einsichten.
6. Sie verstärken und stützen den Inkubationsprozess und vergrößern so die Wahrscheinlichkeit der Generierung neuer Ideen.
7. Sie ermuntern zu Humor und Verspieltheit, wodurch der Mind Mapper problemlos weitab von der Norm herumstreifen und eine wirklich kreative Idee hervorbringen kann.

Überleitung

Wenn Sie erst einmal Ihre persönliche Kreativität durch Mind Maps freigesetzt haben, können Sie einen gewaltigen zusätzlichen Impetus durch die Zusammenarbeit mit anderen gewinnen, um Teamgeist zu schaffen. Davon handelt das nächste Kapitel.

Kapitel 17

Die Gruppen-Mind-Map

Das erwartet Sie in diesem Kapitel:

- Vorwort
- Aufgaben des Gruppen-Mind-Mappings
- So schaffen Sie Teamgeist
- Anwendungsmöglichkeiten für das Gruppen-Mind-Mapping
- Beispiele für Gruppen-Mind-Maps
- Der dyadische Gruppengeist
- Die offensichtlichen Vorteile von Gruppen-Mind-Maps
- Überleitung

Vorwort

In diesem Kapitel erforschen wir die aufregenden Möglichkeiten von Gruppen-Mind-Maps, bei denen mehrere Einzelpersonen in der Gruppe ihre individuellen kreativen Fähigkeiten kombinieren und vervielfältigen können.

Aufgaben des Gruppen-Mind-Mappings

Welche Vorteile es bringt, wenn Einzelpersonen sich zu Mind-Mapping-Gruppen zusammentun, fasst Michael Bloch vom Sperry Laboratory in seinem Thesenpapier *Improving Mental Performance* (Die Verbesserung der geistigen Leistungen) zusammen: „In unserem Alltagsleben häufen wir unglaubliche und ganz individuelle Erfahrungen an.

Wegen dieser Einzigartigkeit verfügt jeder Einzelne über ein ganz individuelles Wissen und einen ganz individuellen Blickwinkel. Daher ist die Zusammenarbeit mit anderen bei der Lösung von Problemen so segensreich. Indem wir unser Mind-Map-Wissen mit dem anderer Menschen kombinieren, fördern wir sowohl unsere Assoziationen wie auch die anderer Menschen."

Während des Gruppen-Brainstormings wird die Mind Map zur äußeren Widerspiegelung des entstehenden Gruppenkonsenses und in der Folge zu einem Gruppenbericht oder einer Gruppenerinnerung.

In diesem Prozess vereinen die einzelnen Gehirne ihre Energie, um ein separates „Gruppengehirn" zu schaffen. Gleichzeitig spiegelt die Mind Map die Entstehung dieses vielfachen Selbst wider und zeichnet das Gespräch in dessen Innern auf.

> Im besten Fall kann man die Gruppen-Mind-Map nicht von einer Mind Map eines einzigen großen Denkers unterscheiden.

So schaffen Sie Teamgeist

📖 Es gibt zahlreiche Untersuchungen über die positive Wirkung von Wissensüberprüfung und angemessener Fragestellung, eine Wirkung, die durch den Einsatz der Mind Map verstärkt wird.

Frase und Schwartz führten 1975 eine der aufschlussreichsten Untersuchungen hierzu durch; sie teilten ihre Testteilnehmer in drei Gruppen ein. In Gruppe 1 las eine Person einen Abschnitt vor und stellte dann dem Partner Fragen über diesen Abschnitt. In Gruppe 2 las ein Teilnehmer einen Abschnitt vor und wurde dann vom Partner darüber befragt. In Gruppe 3 lasen die Teilnehmer still und jeder für sich den Abschnitt und sprachen nicht miteinander. Gruppe 1 und 2 schnitten bei dem darauffolgenden Erinnerungstest gut ab, die dritte Gruppe schnitt schlecht ab.

Die Erkenntnisse aus diesem Experiment unterstützen die Annahme, dass das Notieren Ihres eigenen Wissens und Ihrer Fragen in einer Mind Map zu einem weit besseren Verständnis des Gelesenen führt. Zudem belegen sie die Vermutung, dass die Arbeit in Gruppen oder paarweise und das gemeinsame Gespräch über das behandelte Thema ganz erheblich mehr Nutzen bringen als das Arbeiten alleine – aktives Verbalisieren verbessert die Informationsverarbeitung und die Erinnerung. Darüber hinaus bewirkt die Arbeit mit anderen, dass jeder Einzelne mit seiner einzigartigen Sichtweise und seinen Assoziationen zu einer größeren Gesamt-Mind-Map und zu einem viel umfassenderen und integrierten Lernen beiträgt.

Die einzelnen Stadien der Gruppen-Mind-Map ähneln denen des individuellen Mind Mappings in Bezug auf das kreative Denken. Der Hauptunterschied besteht darin, dass viele der Funktionen, die im Para-Gehirn des Einzelnen während der Inkubationsphase ablaufen, durch körperliche Aktivitäten auf Seiten der Teilnehmer einer Mind-Mapping-Gruppe ersetzt werden. (Näheres auf S. **168-170**.)

Natürliche Architektur: Tafel 19

Der Gruppen-Mind-Mapping-Prozess verläuft in sieben Hauptstadien:

1. Definition des Gegenstands

Das Thema wird klar und präzise definiert, die Ziele werden gesetzt, und den Teilnehmern werden alle für ihre Überlegungen möglicherweise relevanten Informationen gegeben.

2. Individuelles Brainstorming

Jeder Teilnehmer sollte mindestens eine Stunde lang eine Blitz-Mind-Map erstellen, sie überarbeiten und revidieren, wobei die Hauptäste oder Grundlegenden Ordnungs-Ideen sichtbar werden sollten. (Dies entspricht den Stufen 1 und 2 des individuellen Mind-Mapping-Prozesses in Bezug auf das kreative Denken, so wie sie auf S. **156-157** beschrieben wurden.)

Diese Methode unterscheidet sich deutlich vom herkömmlichen Brainstorming, in dem eine Person die Gruppe leitet und die von anderen Teilnehmern hervorgebrachten Schlüsselwortideen auf eine Flipchart oder eine Leinwand schreibt. Dieses Vorgehen wirkt sich kontraproduktiv aus, weil jeder in der Gruppe geäußerte Begriff mentale Wirbel und Strudel erzeugt, die alle Teilnehmer in dieselbe Richtung mitreißen. Auf diese Weise heben die herkömmlichen Brainstorming-Gruppen die nichtlineare Assoziationskraft des Gehirns auf und gehen so der gewaltigen Gewinne verlustig, die möglich wären, wenn anfangs jedes Gehirn seine eigenen Gedanken zu diesem Thema erforschen könnte, ohne gleich unterbrochen zu werden.

3. Kleingruppendiskussion

Jetzt teilt sich die Gruppe in Kleingruppen von drei bis fünf Teilnehmern auf. In jeder Kleingruppe tauschen die Mitglieder ihre Ideen aus und fügen zu ihren individuellen Mind Maps die Ideen der anderen Teilnehmer hinzu. Veranschlagen Sie eine Stunde dafür.

Während dieses Prozesses sollten alle unbedingt eine *absolut* positive und akzeptierende Haltung einnehmen. Jedwede Idee sollte von allen Mitgliedern unterstützt und akzeptiert werden. Auf diese Weise wird das individuelle Gehirn, das diese Idee hervorgebracht hat, zur Weiterführung der Assoziationskette ermutigt. Das nächste Glied in der Kette stellt sich vielleicht als grundlegende Einsicht heraus, die einer ursprünglich vielleicht als schwach, dumm oder unbedeutend erschienenen Idee entspringt.

4. Erstellung einer ersten multiplen Mind Map

Danach ist die Gruppe für die Erstellung ihrer ersten von einem multiplen Geist geschaffenen Mind Map bereit.

Eine sehr große Leinwand oder ein wandgroßes Papier wird für die Aufzeichnung der grundlegenden Struktur verwendet. Das kann entweder die ganze Gruppe, ein Mind Mapper aus jeder Kleingruppe oder eine Person, die als Sekretär fungiert, übernehmen. Man sollte sich auf Farben- und Formencodes einigen, um Gedankenklarheit und Fokussierung zu gewährleisten.

Grundlegende Ordnungs-Ideen werden als Hauptäste ausgewählt, und *alle* diese Ideen werden in die Mind Map eingezeichnet, wobei die Gruppe ihre uneingeschränkt positive Einstellung bewahrt. Diese Mind Map stellt für den Gruppengeist das gleiche Stadium dar wie Stufe 2 des individuellen Brainstormings für den einzelnen Mind Mapper.

5. Inkubationsphase

Wie beim individuellen kreativen Mind Mapping ist es entscheidend, die Gruppen-Mind-Map wirken zu lassen.

Wieder unterscheidet sich das Mind-Mapping-Brainstorming deutlich von herkömmlichen Methoden, in denen das Verfolgen von Ideen eher eine ununterbrochene verbale und analytische Aktivität bis zur Erreichung eines Ziels ist. Dabei nutzt man nur einen Bruchteil der Gehirnkapazitäten und kommt deshalb zu einem mageren Ergebnis, das diesen Bruchteil noch kleiner macht. Denn durch die Ausschaltung so vieler natürlicher Denkfähigkeiten des Gehirns werden die ausgeschalteten nicht nur nicht genutzt, sondern es geht zudem ihre synergetische Beziehung zu den wenigen genutzten Fähigkeiten verloren.

6. Zweite Überarbeitung und Revision

Nach der Inkubationsphase muss die Gruppe Stadium 2, 3 und 4 wiederholen, um die Ergebnisse der neu durchdachten und integrierten Gedanken zu erfassen. Das bedeutet individuelle Schnellfeuer-Mind-Maps, dann das Erstellen einer überarbeiteten Mind Map, die die Hauptäste zeigt, Ideenaustausch, Modifizierung der Mind Maps in Kleingruppen und schließlich die Erstellung einer zweiten Gruppen-Mind-Map.

Die beiden riesigen Gruppen-Mind-Maps können dann zur Vorbereitung auf das Abschlussstadium verglichen werden.

Die Mind Map auf S. **171** oben ist eine Gruppen-Mind-Map von acht Digital-Managern, die fünf Tage lang über die Entwicklung von Teamwork arbeiteten. Ihre Schlussfolgerungen waren eindeutig positiv!

7. Analyse und Entscheidungsfindung

In diesem Stadium trifft die Gruppe wichtige Entscheidungen, setzt Ziele, entwirft Pläne und überarbeitet die Mind Map mit Hilfe der in Kapitel 12 beschriebenen Methoden.

Anwendungsmöglichkeiten für das Gruppen-Mind-Mapping

Die Hauptanwendungsmöglichkeiten für Gruppen-Mind-Maps sind folgende:

- Vereinte Kreativität
- Vereintes Erinnerungsvermögen
- Problemlösung und Analyse in der Gruppe
- Entscheidungsfindung in der Gruppe
- Projektmanagement in der Gruppe
- Gruppenaus- und -weiterbildung

Beispiele für Gruppen-Mind-Maps

In den letzten Jahren wurde die Gruppen-Mind-Mapping-Methode von Familien, Schulen, Universitäten und multinationalen Unternehmen mit sehr großem Erfolg eingesetzt.

Ein Boeing-Flugzeugtechnikhandbuch wurde zu einer acht Meter langen Mind Map verdichtet, sodass ein Team von 100 leitenden Luftfahrtingenieuren sich nun den Stoff in wenigen Wochen aneignen kann, für den bisher einige Jahre benötigt worden waren. Dabei sparte man schätzungsweise elf Millionen Dollar (s. S. **171** unten).

Electronic Data Systems (EDS), Digital Equipment Corporation und Nabisco haben Gruppen-Studienprogramme durchgeführt. Durch den Einsatz von Gruppen-Mind-Mapping und der so genannten Organischen Studienmethode mit Mind Maps konnten bis zu 120 Manager morgens einen Seminarraum betreten und ihn abends mit dem inhaltlichen Wissen von vier bis sechs Handbüchern wieder verlassen, das sie verstanden, in einer Mind Map erfasst, integriert, umfassend erinnert und auf ihre berufliche Situation bezogen hatten.

An den Universitäten Oxford und Cambridge haben Studenten wie Edward Hughes (s. Tony Buzan, *Kopftraining,*) mit Hilfe von Gruppen-Mind-Mapping in einer minimalen Studienzeit außergewöhnlich hervorragende Examensnoten erzielt.

Überall auf der Welt bilden sich „Familiengeniegruppen“, in denen die Familie zu einem Gruppengeist wird und die betreffenden Eltern und Kinder stetig bei allen selbstgewählten geistigen (und oft auch körperlichen) Aktivitäten allen anderen voraus sind. Näheres über Mind Maps eines gesamten „Familien-Studientags“ finden Sie in Kapitel 21.

Mind Map leitender Digital-Angestellter über die Entwicklung von Teamarbeit.

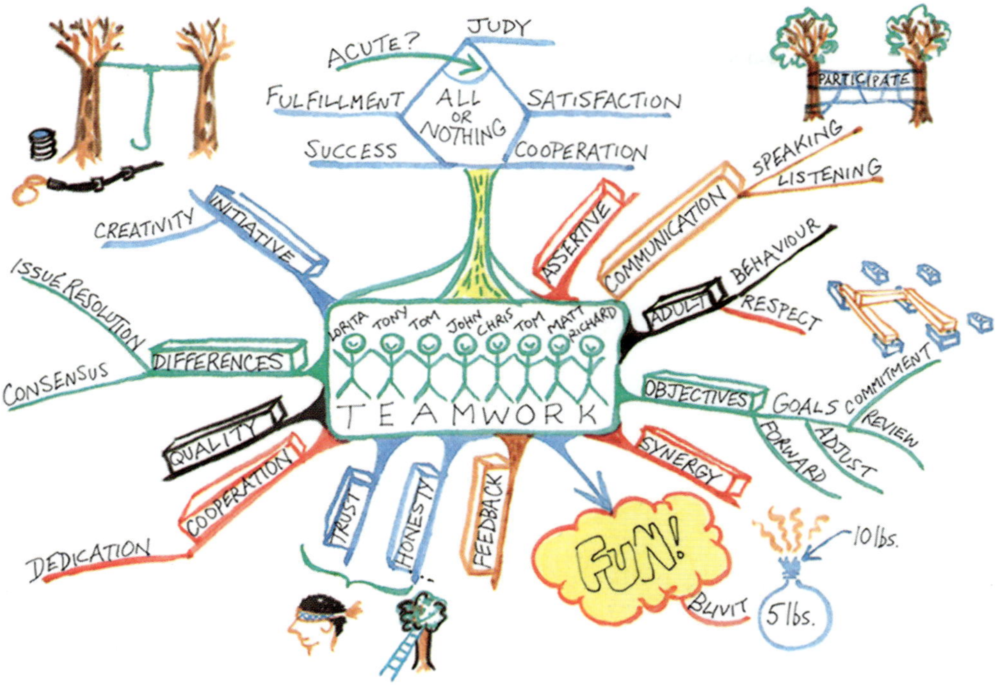

Dr. Stanley mit der acht Meter langen Boeing-Flugzeug-Mind-Map
*(s. S. **170** und S. **261**).*

Der dyadische Gruppengeist

Die grundlegendste Form eines Gruppengeistes ist der dyadische Geist, in dem zwei Individuen partnerschaftlich an einem bestimmten kreativen Projekt arbeiten. Dabei wird ähnlich verfahren, wie in Kapitel 21 für den größeren Gruppengeist beschrieben:

1. Sie definieren das Thema.
2. Die Einzelpersonen trennen sich, um ihre individuellen Schnellfeuer-Mind-Maps und Basis-Mind-Maps vorzubereiten.
3. Sie treffen sich zum Gespräch und tauschen Ideen aus.
4. Sie erstellen die erste gemeinsame Mind Map.
5. Sie lassen die gerade integrierten Ideen reifen (Inkubation).
6. Sie erstellen eine überarbeitete, revidierte gemeinsame Mind Map.
7. Sie analysieren und treffen Entscheidungen.

In längerfristigen Projekten (wie dem Verfassen dieses Buches durch meinen Bruder und mich) weist das gemeinsame Mind Mapping etliche Vorteile auf. Die sich daraus ergebenden Mind Maps können als Ordnungs- und Berichtssysteme sowie als Gesprächsanreiz in den vielen für ein solches Projekt erforderlichen Besprechungen eingesetzt werden. Sie befähigen Sie auch dazu, den Prozess über lange Zeit und in zahlreichen Sitzungen zu überstehen, ohne dass dabei die Kontinuität und der Elan abnehmen.

Die offensichtlichen Vorteile von Gruppen-Mind-Maps

1. Diese Denk- und Lernmethode entspricht der Natur des menschlichen Gehirns.
2. Während des Gruppen-Mind-Mapping-Prozesses liegt auf dem einzelnen Mitglied und der gesamten Gruppe die gleiche und beständige Betonung. Je öfter die Einzelpersonen ihre geistigen Universen erkunden dürfen, umso mehr werden sie mitbringen und zur Gruppe beitragen, ohne in irgendeiner Weise ihres Beitrags verlustig zu gehen.

3. Der Gruppengeist profitiert von den Beiträgen Einzelner und gibt unverzüglich seine eigene Stärke wieder an die Einzelmitglieder zurück, wodurch deren eigene Fähigkeit, zum Gruppengeist beizutragen, weiter steigt.

4. Sogar in den frühen Stadien kann Gruppen-Mind-Mapping viel mehr brauchbare und kreative Ideen hervorbringen als traditionelle Brainstorming-Methoden.

5. Gruppen-Mind-Mapping lässt automatisch einen Konsens entstehen, schafft somit Teamgeist und konzentriert den Geist aller auf die Gruppenziele.

6. Jede Idee jedes Mitglieds wird akzeptiert. Somit akzeptieren die Mitglieder zunehmend den entstehenden Gruppenkonsens.

7. Die Gruppen-Mind-Map fungiert als Anhaltspunkt für das Gruppengedächtnis. Sie stellt auch sicher, dass beim Sitzungsende jedes Gruppenmitglied über ein ähnliches und umfassendes Verständnis des Erreichten verfügt.

(Dies unterscheidet sich deutlich von den herkömmlichen Methoden, bei denen die Gruppenmitglieder normalerweise in scheinbarem Einvernehmen auseinander gehen, wobei sich später herausstellt, dass sich ihre Meinungen sehr von den Ansichten der anderen unterscheiden.)

8. Die Gruppen-Mind-Map stellt ein wirksames Mittel zur Weiterentwicklung des Einzelnen dar und fungiert als relativ neutraler Bezugspunkt, mit dem der Einzelne Ideen erproben und erkunden kann.

Aus diesem und den vorausgegangenen Kapiteln über Ihre individuelle Einzigartigkeit werden Sie zu der Schlussfolgerung gelangen, dass Ihre Beiträge für Sie selbst und auch für die Gruppe umso mehr an Bedeutung gewinnen, je individueller sie sind.

Eine besonders effektive und unterhaltsame Art, zu dieser Einzigartigkeit zu gelangen, bietet die Entwicklung Ihres persönlichen Mind-Mapping-Stils.

Überleitung

Mit diesem Kapitel ist Ihr Grundtraining im einfachen und fortgeschritteneren Mind-Mapping sowohl auf individueller wie auch auf Gruppenebene beendet. Der nächste Teil untersucht die vielen aufregenden Anwendungsgebiete für Ihre neu entdeckten Fähigkeiten in allen Einzelheiten. Er schließt mit faszinierenden neuen Entwicklungen auf dem Gebiet des Mind Mapping mit Hilfe von Computern und Tony Buzans persönlichem Ausblick auf eine Zukunft, die von Radialem Denken und Geistiger Alphabetisierung geprägt ist.

Teil 5

Anwendungsbereiche

In diesem Teil behandeln wir die zahlreichen praktischen Anwendungsbereiche, in denen Sie ihre neu erworbenen Mind-Mapping-Fähigkeiten einsetzen können: Wir beginnen mit persönlichen Anwendungen (Selbstanalyse, Problemlösung und das Führen eines Mind-Map-Kalenders), dann folgen Familienstudien, Anwendungen im Bildungs- und Ausbildungsbereich (Denken, Lehren und das Mind Mapping eines Buches, Vortrags oder Videos) und Anwendungen im Berufs- und Unternehmensbereich einschließlich der neuen Entwicklungen von Computer-Mind-Maps und der Aussicht auf eine von Radialem Denken geprägte Zukunft. Vielleicht wollen Sie alles der Reihe nach durcharbeiten oder Sie schlagen nur die Kapitel nach, die Ihnen für Ihre Bedürfnisse am wichtigsten erscheinen.

Persönliches
- Selbstanalyse
- Problemlösungen
- Mind-Map-Kalender

Familie
- Familienstudien und Geschichtenerzählen

Bildung und Ausbildung
- Denken
- Unterrichten
- Entwicklung einer Master-Mind-Map

Unternehmensbereich und Berufsleben
- Besprechungen
- Öffentliche Reden und Auftritte
- Management
- Computer-Mind-Mapping

Die Zukunft
- Radiales Denken

Abschnitt A

Persönliches

Kapitel 18

Selbstanalyse

Das erwartet Sie in diesem Kapitel:

- Vorwort
- Selbstanalyse mit Hilfe von Mind Maps
- Die Vergangenheit betrachten und künftiger Ziele planen
- So helfen Sie anderen bei der Selbstanalyse
- Beispiele für Selbstanalyse-Mind-Maps
- Vorteile von Selbstanalyse-Mind-Maps
- Überleitung

Vorwort

Dieses Kapitel untersucht, wie Sie mit Hilfe von Mind Maps mehr über sich selbst, Ihre Bedürfnisse, Wünsche und langfristigen Ziele herausfinden können. Sie erfahren auch, wie Sie anderen bei der Selbstanalyse helfen können, zudem lernen Sie einige faszinierende Beispiele für Selbstanalyse-Mind-Maps kennen.

*Seite **179**: Natürliche Architektur: Tafel 20*

Selbstanalyse mit Hilfe von Mind Maps

Ob Sie nun das Für und Wider eines Arbeitsplatzwechsels abwägen oder Ihre langfristigen Prioritäten ausarbeiten wollen – in jedem Fall können Mind Maps zur Erhellung Ihrer Gedanken und Gefühle eine ganze Menge beitragen.

Weil die Mind Map die ganze Bandbreite kortikaler Fähigkeiten nutzt, spiegelt sie das Selbst umfassend wider. Wenn Sie dieses deutliche äußere Bild Ihrer selbst gesehen haben, werden Sie wahrscheinlich viel weniger unter den nachteiligen Folgen von Entscheidungen zu leiden haben, die gegen Ihre Natur und Ihre wahren Bedürfnisse und Wünsche gerichtet sind.

Es ist hilfreich, die Selbstanalyse mit einer vollständigen Bild-Mind-Map zu beginnen, die so viele Ihrer wichtigen Eigenschaften und Persönlichkeitsmerkmale wie möglich enthält. Dieses Verfahren ist in fünf Hauptstadien unterteilt:

1. Vorbereitung Ihrer Umgebung

Ehe Sie anfangen, sollten Sie Ihre Umgebung entsprechend den in Kapitel 10 gegebenen Empfehlungen (s. S. **109f.**) vorbereiten. Auf einem so sensiblen Gebiet wie der Selbstanalyse ist es besonders wichtig, dass Sie die besten Materialien verwenden und Ihre Umgebung so angenehm, bequem und geistig anregend wie nur möglich gestalten. Ihre Sorge für das eigene Wohl macht Ihre Selbstanalyse offener, vollständiger, tief gehender und Gewinn bringender.

2. Blitz-Mind-Map

Zeichnen Sie ein vielfarbiges, dreidimensionales Zentralbild, das entweder Ihre körperliche oder begriffliche Vorstellung von sich selbst enthält. Dann erstellen Sie eine Blitz-Mind-Map, bei der Sie Fakten, Gedanken und Gefühlen freien Lauf lassen. Mind Mapping unter großer Geschwindigkeit erleichtert es Ihnen, *alle* Ihre Gedanken auszudrücken, während der Versuch, ordentlich und sauber zu arbeiten, eher die für eine derartige Übung erforderliche spontane Aufrichtigkeit hemmt.

3. Überarbeitung und Revision

Wählen Sie jetzt Ihre Hauptäste oder Grundlegenden Ordnungs-Ideen aus. Hilfreiche GOI umfassen:

- Persönliche Geschichte – Vergangenheit, Zukunft, Gegenwart
- Stärken
- Schwächen
- Vorlieben
- Abneigungen
- Langzeitziele
- Familie
- Freunde
- Leistungen
- Hobbys
- Gefühle
- Arbeit
- Zuhause
- Verantwortung

*Mind Map einer leitenden Angestellten, die ihre Überzeugungen, sich selbst und ihren zukünftigen Lebensweg auf den Prüfstand stellt (s. S. **181**).*

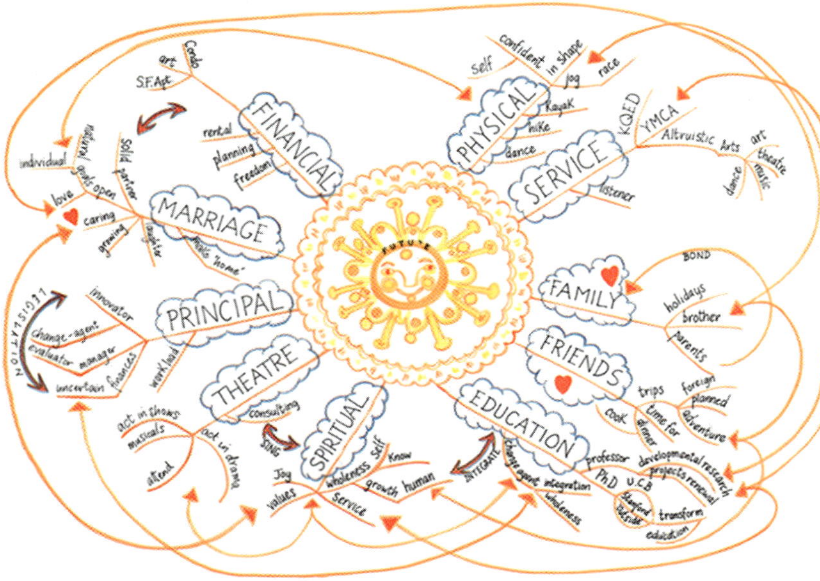

*Mind Map eines leitenden Managers eines multinationalen Konzerns, der sein Leben überdenkt und dabei seine Familie in den Mittelpunkt stellt (s. S. **181**).*

Der Punkt „Gefühle“ ist besonders wichtig und wird nur zu oft ausgeklammert. Farben, Formen, Symbole und Bilder sind beim Ausdruck dieses Persönlichkeitsaspekts in Ihrer Mind Map besonders hilfreich.

Andere nützliche GOI befassen sich mit der Richtung, in der Ihr Leben gegenwärtig verläuft oder die es nach Ihren Wünschen künftig einschlagen sollte. Diese GOI können auch die Hauptäste Ihrer Mind Map bilden.

- Lernen
- Wissen
- Geschäftsleben
- Gesundheit
- Reisen
- Freizeit
- Kultur
- Ziele
- Probleme

Nachdem Sie Ihre Blitz-Mind-Map fertiggestellt und Ihre Hauptäste ausgewählt haben, sollten Sie eine größere, künstlerischere und durchdachtere Fassung ausarbeiten. Diese endgültige Mind Map spiegelt Ihren inneren Zustand wider.

4. Entscheidungsfindung

Bei der Betrachtung Ihrer endgültigen Mind Map können Sie unter Anwendung der in Kapitel 12 (s. S. **125-129**) beschriebenen Methoden Entscheidungen treffen und Ihr künftiges Vorgehen planen.

Die Vergangenheit betrachten und künftige Ziele planen

Eine jährliche Rechenschaft über vergangene Leistungen und die Planung künftiger Ziele helfen außerordentlich bei der Ordnung und Planung Ihres Lebens. Die Mind Map bewirkt bei beiden Aufgaben Hervorragendes.

Nach der Bewertung Ihrer Vorjahresleistungen in Mind-Map-Form können Sie dieselbe Mind Map als Grundlage für eine weitere Mind Map verwenden, die Ihren Aktionsplan für das kommende Jahr beschreibt. Auf diese Weise können Sie das kommende Jahr nutzen, um auf Ihre Stärken und Prioritäten zu bauen und vielleicht weniger Zeit und Energie auf Gebiete verwenden, die sich in der Vergangenheit als weniger fruchtbar oder befriedigend erwiesen haben.

Mit den Jahren entwickeln sich diese jährlichen Mind Maps zu einem fortlaufenden Bericht, der Trends und Muster im Verlauf Ihres ganzen Lebens enthüllt und Ihnen wichtige Einsichten über sich selbst und Ihren Lebensweg vermittelt. Zudem empfehlen wir Ihnen, Selbstanalyse-Mind-Maps immer wieder anzufertigen: am Anfang und Ende jeder wichtigen Lebensphase, sei es beim Arbeitsplatzwechsel oder Umzug, beim Beginn oder Ende einer Beziehung oder bei einem Studienwechsel.

So helfen Sie anderen bei der Selbstanalyse

Sie möchten vielleicht auch Ihren Freunden oder Kollegen, die womöglich noch keinerlei Erfahrung mit dem Mind Mapping haben, bei der Selbstanalyse helfen. In solchen Fällen befolgen Sie die oben beschriebenen vier Stadien (S. **177ff.**), allerdings mit dem Unterschied, dass Sie, anstatt sich selbst zu analysieren, als Helfer für einen anderen arbeiten.

Ihr Freund oder Kollege kann sein Zentralbild beschreiben, während Sie es zeichnen. Dann diktiert er Ihnen alle Gedanken, Gefühle und Ideen, die ihm in den Sinn kommen, während Sie sie als Blitz-Mind-Map aufzeichnen. Sie werden wahrscheinlich Ihrem Freund/Ihrer Freundin oder Kollegen/Kollegin bei der Suche nach geeigneten Grundlegenden Ordnungs-Ideen helfen müssen. Danach können Sie eine umfassende Mind Map anfertigen, die alles Gesagte verkörpert. Im Anschluss daran erfolgt die Analyse entweder allein oder eventuell gemeinsam.

Beispiele für Selbstanalyse-Mind-Maps

Das erste Beispiel, auf S. **178** unten, stammt von einem führenden Manager eines multinationalen Konzerns, der eigentlich sein Leben im Hinblick auf Geschäftliches analysieren wollte. Doch als die Mind Map zunehmend seine Gefühle offenbarte, begann sie, alle wichtigen Bereiche in seinem Leben widerzuspiegeln. Die Mind Map umfasste Familie, Beruf, Sport, Fortbildung und persönliche Weiterentwicklung sowie sein Interesse für östliche Lehren und Praktiken. Er erklärte später, dass er vor der Selbstanalyse-Mind-Map seinen Beruf für sein Hauptanliegen gehalten hatte. Durch das Mind Mapping erkannte er, dass seine Familie seine wahre Lebensgrundlage bildete. Daraufhin veränderte er die Beziehung zu seiner Frau, seinen Kindern und anderen Verwandten und passte seinen Zeitplan seinen wirklichen Prioritäten an. Wie vorauszusehen war, verbesserte sich seine gesundheitliche und geistige Verfassung enorm, seine Familie kam ihm viel näher und auch sein Berufsleben veränderte sich positiv, da es seine neue Einstellung widerzuspiegeln begann.

Das zweite Beispiel, auf Seite **178** oben, stammt von einer leitenden Angestellten, die eine Veränderung ihres beruflichen und privaten Lebens plante. Sie fertigte die Mind Map an, um sich selbst und ihre Überzeugungen besser kennen zu lernen. Ursprünglich litt sie an einem geringen Selbstwertgefühl. Nach ihrer Selbstanalyse hatte sie alles Positive in sich selbst erkannt und akzeptiert.

Vorteile von Selbstanalyse-Mind-Maps

1. Sie liefern eine vergleichsweise objektive Sichtweise auf das eigene Selbst.
2. Durch die Nutzung aller kortikalen Fähigkeiten ergeben sie ein vollständiges und realistisches Bild der betreffenden Person.
3. Sie zeigen die betreffende Person im Großen wie im Kleinen mit allen wichtigen Einzelheiten.
4. Sie machen künftige Planungen leichter und genauer, indem sie sie in den Kontext der gegenwärtigen Situation stellen.
5. Sie stellen einen langfristigen Bericht dar und erlauben so dem Mind Mapper, auf lange Sicht klarer zu sehen.
6. Man kann mit ihnen auch anderen bei der Selbstanalyse helfen.
7. Durch den Einsatz von Farben, Bildern und Codes erleichtern sie den Ausdruck von Gefühlen und nehmen sie in die Selbstanalyse auf.

Überleitung

Nachdem Sie die Mind Map zur allgemeinen Selbstanalyse eingesetzt haben, konzentriert sich das folgende Kapitel darauf, wie Sie das Mind Mapping bei der Lösung spezieller persönlicher Schwierigkeiten einsetzen können.

Kapitel 19

Problemlösungen

Das erwartet Sie in diesem Kapitel:

- Vorwort
- So lösen Sie persönliche Schwierigkeiten
- So lösen Sie zwischenmenschliche Probleme
- Die verschiedenen Stadien bei der Lösung zwischenmenschlicher Probleme
- Vorteile von Mind Maps bei der Lösung zwischenmenschlicher Probleme
- Überleitung

Vorwort

Dieses Kapitel behandelt den Einsatz des Mind Mappings sowohl für das Lösen persönlicher Probleme wie auch von Schwierigkeiten in zwischenmenschlichen Beziehungen. Viele Ihrer bereits erworbenen Fähigkeiten – wie Selbstanalyse und Entscheidungsfindung – spielen bei der Problemlösung eine Rolle.

So lösen Sie persönliche Schwierigkeiten

Dieser Prozess ist nahezu identisch mit der Selbstanalyse, allerdings liegt hier der Schwerpunkt auf einer bestimmten Charaktereigenschaft oder einem Wesensmerkmal, das Ihnen vielleicht Sorgen bereitet.

Stellen wir uns z. B. vor, dass Sie extrem schüchtern sind. Sie beginnen mit einem Zentralbild (vielleicht, wie Sie Ihr Gesicht vor Schüchternheit hinter den Händen verbergen?), dann erstellen Sie eine Blitz-Mind-Map und setzen dabei alle Gedanken und Gefühle frei, die durch die Vorstellung von Schüchternheit ausgelöst werden. Bei der ersten Überarbeitung und Revision könnten Ihre Grundlegenden Ordnungs-Ideen Folgendes enthalten: die Situationen, in denen Sie schüchtern sind; die Gefühle, aus denen sich Ihre Schüchternheit zusammensetzt; Ihre Körperreaktionen dabei; das daraus folgende verbale und körperliche Verhalten; der Hintergrund Ihrer Schüchternheit (wann sie begann und wie sie sich entwickelte) und die möglichen Ursachen.

Nachdem Sie umfassend Ihr Problem beschrieben und analysiert haben, sollten Sie eine zweite Überarbeitung und Revision vornehmen. In dieser zweiten Mind Map sollten Sie jedes Element des Problems einzeln betrachten und einen genauen Handlungsplan für seine Lösung ausarbeiten. Durch diese verschiedenen Einzelschritte dürften Sie dann das Problem vollständig lösen können.

Manchmal stellt sich heraus, dass Sie sich in dem wahren Problem getäuscht haben. Wenn derselbe Begriff auf mehreren Ästen vorkommt, ist er wahrscheinlich von größerer Bedeutung als das Problem, das Sie in den Mittelpunkt gestellt haben. In einem solchen Fall sollten Sie ganz einfach eine weitere Mind Map mit dem neuen Begriff im Mittelpunkt anfangen und wie oben fortfahren.

So lösen Sie zwischenmenschliche Probleme

Enge zwischenmenschliche Beziehungen erfahren oft ein schmerzliches Ende, weil keiner der Beteiligten den Standpunkt des anderen ganz versteht oder wertschätzt. Wenn sich die Gemüter erhitzen und keine wirkliche Kommunikation stattfindet, befinden sich die Beteiligten in einer zunehmend destruktiven Assoziationsspirale.

Wenn etwa A sich von B verletzt fühlt, wird A wahrscheinlich negativ über B denken. Diese negativen Gedanken verstärken das Gefühl des Verletztseins bei A, was wiederum weitere ungute Gedanken über B auslöst. Diese destruktive Spirale gewinnt an Stoßkraft, bis das Problem völlig aus dem Ruder gerät. Schließlich werden sogar vergangene positive Ereignisse in den zerstörerischen Strudel mit hineingerissen und in einem schlechten Licht gesehen. Das Geburtstagsgeschenk des einen wird z. B. nicht mehr als Zeichen der Liebe gewertet, sondern als „Bestechung“ oder Ablenkung von irgendeinem Fehlverhalten.

Eine Mind Map kann klare Kommunikationskanäle zwischen den Beteiligten freilegen und so zur Vermeidung der negativen Assoziationsspirale beitragen. Darüber hinaus ermöglicht es die strahlenförmige, alles umfassende Struktur der Mind Map den Beteiligten, ihr Problem in einen größeren und positiveren Zusammenhang zu stellen. All dies wird durch die Tatsache bestätigt, dass zahlreiche Ehen und enge Freundschaften durch Mind Mapping gerettet wurden.

Die Mind Map über die Lösung zwischenmenschlicher Probleme von Tessa Tok-Hart auf S. **186** ist hierfür ein Beispiel. Sie externalisiert die Probleme, die Tessa selbst erlebt und auch bei anderen in der Kommunikation bemerkt hatte.

Das Zentralbild der beiden durch eine dicke Linie verbundenen Gesichter zeigt die betreffenden fundamentalen menschlichen Elemente, die Schlüsselwörter auf der rechten Seite sind unmittelbare Hindernisse, jene auf der linken Seite hilfreich in dem Prozess. Die Bögen am äußersten rechten Rand zeigen die Faktoren, die häufig Konflikte verursachen, die am linken Rand zeigen charakteristische Eigenschaften an, die Konflikte bezwingen können. Die Ohren des Gesichts auf der positiven Seite sind geöffnet und lauschen, die auf der rechten Seite sind den hereinkommenden Informationen verschlossen. Die verkürzten dicken Pfeile im Mittelpunkt der rechten Seite der Mind Map bedeuten eine völlige Kommunikationsblockade. Die großen Pfeile an den äußeren Bögen der Mind Map zeigen Krieg, Zerstörung, Entfremdung und Uneinigkeit auf der einen Seite und Kreativität, Freundschaft, Glück und Einigkeit auf der anderen.

Die verschiedenen Stadien bei der Lösung zwischenmenschlicher Probleme

Für eine erfolgreiche Lösung zwischenmenschlicher Probleme ist es nötig, dass sich beide Beteiligten mit Theorie und Praxis der Mind Maps gut auskennen. Dieses grundlegende Wissen vorausgesetzt, verläuft der Prozess in drei Hauptschritten.

1. Vorbereitung Ihrer Umgebung

Genau wie bei der Selbstanalyse ist es wichtig, dass Sie nur die besten Materialien verwenden und Ihre Umgebung so angenehm und dem Mind-Map-Prozess so förderlich wie möglich gestalten. Da das Ganze mehrere Stunden dauern kann, insbesondere bei schwer wiegenden Problemen, sollten Sie Pausen einplanen und eine leichte Mahlzeit bereitstellen, damit das Mind Mapping nicht schon mit der Analyse beendet wird, sondern bis zur Lösung gelangt.

2. Erstellen der Mind Maps

In diesem Stadium erstellt jeder Beteiligte drei große, voneinander getrennte Mind Maps: Abneigungen, Vorlieben und Lösungen. Bei jeder der Mind Maps sollten Sie das übliche Verfahren befolgen, erst eine Blitz-Mind-Map erstellen, diese dann sorgfältig überarbeiten und revidieren und schließlich Ihre GOI auswählen.

Abneigungen

Bis zu einer Stunde lang (oder mehr, falls nötig) erstellt jeder Beteiligte eine vollständige Mind Map über alle negativen Aspekte der Beziehung bis zum heutigen Tag. Gleichgültig, wie viele positive Aspekte es in der Situation geben mag, das jetzige Ziel besteht darin, die negativen Aspekte gänzlich und objektiv zu beschreiben.

Die Beteiligten müssen ihre Mind Maps ganz allein erstellen und dürfen während dieses Prozesses nicht miteinander sprechen.

Nachdem die negative Mind Map fertig ist, sollten Sie eine kurze Pause einlegen, während der Sie aber nur über andere Themen reden dürfen.

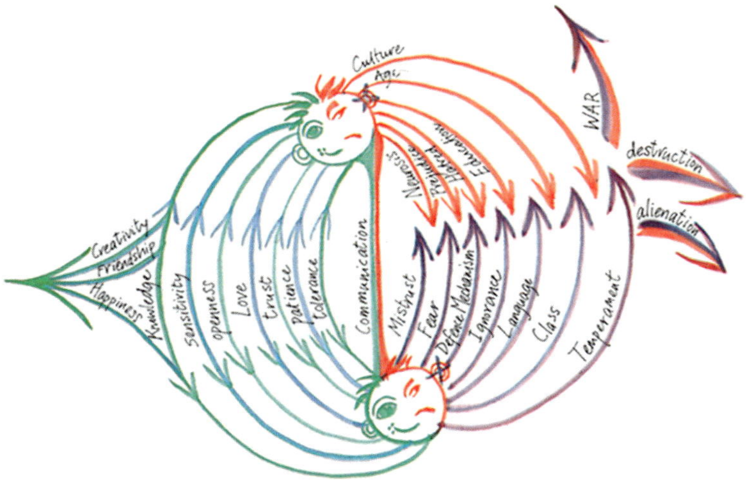

Mind Map von Tessa Tok-Hart über die Lösung von Kommunikationsproblemen (s. S. ***184****).*

Vorlieben

Jetzt erstellt man, bei gleicher Vorgehensweise, eine positive Mind Map, bei der jeder vergangene und gegenwärtige befriedigende Aspekt der Beziehung offenbart wird. Wiederum dürfen Sie sich während des Mind Mappings nicht unterhalten, erst nach der Vollendung der insgesamt drei Mind Maps erfolgt eine Diskussion nach festgesetzten Regeln.

Lösungen

Für diese Mind Map konzentrieren sich die Beteiligten getrennt auf die Lösungen und arbeiten jeweils einen Handlungsplan zur Lösung jedes Aspekts des Problems aus.

3. Diskussion nach festen Regeln

In diesem Stadium geben die Beteiligten nacheinander ihre Darstellungen (s. Kapitel 26) ab, zuerst die negativen Mind Maps, dann die positiven und zum Schluss die Lösungen.

Natürliche Architektur: Tafel 21

Währenddessen hat der augenblickliche Zuhörer jeweils ein unbeschriebenes Blatt Papier vor sich liegen, auf dem er alles, was über die Beziehung gesagt wird, umfassend und präzise in einer Mind Map erfasst. Zu diesem Zeitpunkt ist es nötig, dass der Zuhörer jeweils völlig ruhig mitschreibt. Er oder sie darf lediglich bei Unklarheiten nachfragen, ob man die Äußerungen und den Standpunkt des anderen richtig verstanden hat. Die absolute Befolgung dieser Regel ist besonders während des Austauschs der negativen Mind Maps wichtig, wenn einige Äußerungen möglicherweise überraschend, schockierend oder sogar traumatisch klingen.

Der jeweilige Partner, der im Augenblick der Zuhörer ist, muss immer daran denken, dass alle Äußerungen des anderen Partners aufgrund der Vielschichtigkeit der Wahrnehmung *aus dessen Sichtweise unbedingt wahr sind.* Diese Äußerungen muss der Zuhörer aufnehmen und integrieren, wenn er je den Grund für die Entstehung des Problems und die mögliche Lösung verstehen will.

Alle Beteiligten müssen unbedingt von ihrem Blickwinkel aus „die ganze Wahrheit und nichts als die Wahrheit“ sagen, da jegliches Verschweigen zu Unvollständigkeiten führt. Die Darstellungen sollten folgendermaßen ablaufen:

1. X legt das Negative dar, während Y eine Mind Map dazu erstellt.
2. Kurze Pause.
3. Y legt das Negative dar, während X eine Mind Map dazu erstellt.
4. Kurze Pause.
5. X legt das Positive dar, während Y eine Mind Map dazu erstellt.
6. Kurze Pause.
7. Y legt das Positive dar, während X eine Mind Map dazu erstellt.
8. Kurze Pause.
9. Y legt die Lösungen dar, während X eine Mind Map erstellt.
10. Kurze Pause.
11. X legt die Lösungen dar, während Y eine Mind Map anfertigt.
12. Diskussion. Einigung über Lösungen, Feier!

Am besten tauscht man die negativen Aspekte zuerst aus, weil sie offensichtlich den Kern des Problems darstellen. Es geht auf keinen Fall darum, Punkte zu machen oder einander zu verletzen, sondern darum, so vollständig wie möglich zu erklären, was einem Schmerz bereitet, denn nur so können beide Beteiligten die Wunden heilen.

In der Tat kann das Offenlegen aller negativen Aspekte in einer offenen und respektvollen Atmosphäre häufig ein Problem, das hauptsächlich durch das Missverstehen des Standpunkts des anderen entstanden war, schon mehr oder weniger lösen.

Wenn das Positive auf das Negative folgt, ist die Überraschung bei den Beteiligten oft genauso groß wie vorher der Schock bei den negativen Mind Maps. Die positiven Aspekte der Beziehung verleihen der Suche nach Lösungen noch zusätzliche Stoßkraft, da sie die Energien der Beteiligten in einen Mini-Team-Geist lenken, der instinktiv in Richtung Konsens führt. Unmittelbar nach dem Austausch der Lösungen sollten wechselseitige Übereinstimmungsbereiche identifiziert und Handlungspläne bekräftigt werden.

Vorteile von Mind Maps bei der Lösung zwischenmenschlicher Probleme

1. Ihre Struktur gewährleistet Offenheit bei den Beteiligten.
2. Sie ermöglichen jedem Beteiligten eine umfassende Sicht auf den Standpunkt des anderen.
3. Sie ermuntern zu Ehrlichkeit zwischen den Beteiligten.
4. Sie stellen das Problem in einen viel größeren Zusammenhang, erlauben ein tieferes Verständnis seiner Ursachen und treiben die Lösung voran.
5. Sie fungieren als fortlaufender Bericht der Beziehung; die positiven und Lösungs-Mind-Maps können als Quelle der Stärkung und Hilfe in der Weiterentwicklung der Beziehung dienen.
6. Diese Methode erlaubt es dem Einzelnen nicht nur, den anderen zu verstehen, sondern auch, wichtige Einblicke in das Selbst zu gewinnen, was zu stärkerem Selbstbewusstsein und größerer Reife führt.
7. Sie führen zu innigerem Verständnis füreinander, einer intensiveren Bindung zwischen den Partnern, einer unbelasteteren Beziehung und zu größerer Achtung für die einzigartigen Standpunkte des anderen.

Der in diesem Kapitel beschriebene Prozess wird beträchtlich vereinfacht, wenn Sie bereits Ihre objektive Selbstanalyse abgeschlossen haben. In diesem Zusammenhang werden Sie feststellen, dass das Lösen persönlicher und zwischenmenschlicher Probleme unkomplizierter abläuft, bessere Erfolge zeitigt und in den meisten Fällen zu wachsender persönlicher und wechselseitiger Freude führt.

Überleitung

Zusätzlich zur Selbstanalyse und Problemlösung können Mind Maps in vielen anderen Bereichen des Alltagslebens von Vorteil sein. Im nächsten Kapitel befassen wir uns mit dem Mind-Map-Kalender – dem universellen persönlichen Ordnungssystem!

Kapitel 20

Der Mind-Map-Kalender

Das erwartet Sie in diesem Kapitel:

- Vorwort
- Die Prinzipien des Mind-Map-Kalenders
- Der Jahresplan
- Der Monatsplan
- Der Tagesplan
- Die Lebensplanung
- Vorteile des Mind-Map-Kalenders
- Überleitung

Vorwort

Herkömmliche Kalender sind das fundamentale lineare Hilfsmittel, das uns fest unter die Knute der Zeit nimmt. In diesem Kapitel lernen Sie einen neuen, revolutionären Mind-Map-Kalender kennen, mit dem Sie Ihre Zeit gemäß Ihren Bedürfnissen und Wünschen verwalten können statt umgekehrt. Der Mind-Map-Kalender kann sowohl als Planungskalender als auch zur Retrospektive von Ereignissen, Gedanken und Gefühlen genutzt werden. Er vereint Terminkalender und Tagebuch.

Die Prinzipien des Mind-Map-Kalenders

So wie Mind Mapping einen Riesenschritt weg von linearen Standardnotizen darstellt, übertrifft auch der Mind-Map-Kalender oder Universelle Persönliche Zeitplaner übliche Tagebücher und Terminkalender bei weitem.

Der Mind-Map-Kalender nutzt sowohl die in herkömmlichen Tagebüchern und Zeitplanern verwendeten kortikalen Fähigkeiten (Wörter, Zahlen, Listen, Folge und Gliederung) als auch Farbe, Vorstellungskraft, Symbole, Codes, Humor, Wachträume, Gestalt (Gesamtbild), Mehrdimensionalität, Assoziationen und visuellen Rhythmus.

Als wahrer und vollständiger Spiegel Ihres Gehirns befähigt Sie der Mind-Map-Kalender dazu, mit allen drei Raumdimensionen sowie mit Farbe und Zeit zu arbeiten. Somit ist er nicht nur ein Planungssystem zum *Zeit-*, sondern auch zum *Selbst-* und *Lebens*management.

Der Jahresplan

Der Jahresplan soll Ihnen einen Überblick über die wichtigen Ereignisse des Jahres vermitteln. Er sollte so positiv wie möglich sein (um Ihnen ein fortlaufendes unterstützendes Feedback zu geben) und keine genauen Einzelheiten enthalten, da diese besser in den Monats- und Tagesplänen aufgehoben sind.

In Ihrem Jahresplan sollten Sie ausgiebig Farben, Codes und Bilder verwenden und Ihre persönlichen Farbcodes erfinden, um – falls nötig – anderen Personen den Zugriff zu erschweren. Diese Farbcodes sollten Sie auch in Ihrem Monats- und Tagesplan verwenden, um bei Kreuzverweisen, Planung und Wiederabruf Übereinstimmung und Unmittelbarkeit zu gewährleisten.

Der Monatsplan

Die Monatsplanseite im Mind-Map-Kalender entsteht einfach als eine erweiterte Version eines Monatsabschnitts aus dem Jahresplan. Datum und Tage stehen links von oben nach unten, die Stunden von links oben nach rechts oben.

Um Papier und Geist nicht überzustrapazieren, hat jeder Tag nicht mehr als fünf Besprechungen / Ereignisse / Aufgaben, die als farbige Bilder, farbige Codes oder Schlüsselwörter verzeichnet werden. Alle zusätzlichen Einzelheiten können Sie in den Tagesplan schreiben. Das Beispiel auf Seite **194** zeigt den August 1990 in meinem Kalender, in dem ich Besprechungen, besondere Ereignisse, Ziele und die auf Geschäftsreisen in verschiedene Länder verbrachte Zeit vermerkt habe.

Ein durchgehender Farbcode ermöglicht einen sofortigen Überblick über das kommende Jahr. Genauso können Sie mit einem Blick auf den Vorjahreskalender mit den zwölf Monatsplänen das vergangene Jahr überschauen und sich garantiert erinnern. Darüber hinaus bilden diese Jahres- und Monatspläne die ideale Grundlage für Ihren Jahresrückblick und neue Zielsetzungen (s. Kapitel 18, S. **180f.**). Kreuzverweise, Überlegungen und Beobachtung der Gesamttrends fallen Ihnen viel leichter, wenn Sie das ganze Jahr überblicken können.

Der Tagesplan

Die Tagesseite des Mind-Map-Kalenders basiert auf den 24 Stunden des Tages, der Mind Map als Planungs- und Gedächtnishilfe und der Tatsache, dass das menschliche Gehirn ein visionärer, zielorientierter Mechanismus ist.

Genau wie beim Jahres- und Monatsplan werden so viele Mind-Map-Gesetze wie möglich angewandt. Im Idealfall erstellen Sie zwei Mind Maps für jeden Tag: die erste im Voraus zur Planung des Tages, die zweite zur Kontrolle seines Verlaufs – sie ist auch als Rückblick zur Rekapitulierung des Tages geeignet.

Das Beispiel auf Seite **195** zeigt den 2. August meines Monatsplans. In diesem Tagesplan gaben mir die 24 Stunden in der oberen linken Ecke einen realistischen Blick auf die verfügbare Zeit dieses Tages. Das Zentralbild der Mind Map dieses Tages war das Ihnen vorliegende Buch. Der lächelnde Mund, der Aladins Wunderlampe ähnelt, bedeutete, dass ich Teile des Buchs diktierte und mir vom „Geist“ meiner Vorstellungskraft Inspiration erhoffte.

Der Tag teilte sich in fünf Hauptäste auf, wovon der weitaus größte meine Arbeit an dem Buch darstellte. Spaziergang, Joggen, Massage und Gymnastik sollten meinen Denkprozess unterstützen und mich körperlich auf die folgenden Tage vorbereiten, die ich an dem Buch zu arbeiten plante. Am Abend stand eine private Feier an.

Wie der Jahres- und Monatsplan können auch die Tagespläne zum Rückblick auf jeden Abschnitt Ihres Lebens genutzt werden, entweder als Überblick oder ins Detail gehend. Schnelles Überfliegen kann eine ganze Woche, einen ganzen Monat oder gar ein Jahr in prächtiger Lebendigkeit wieder zurückbringen.

Die Lebensplanung

Wie andere Zeitplaner kann Ihnen auch der Mind-Map-Kalender dabei helfen, über verschiedene Aspekte Ihres Lebens auf dem Laufenden zu bleiben. Um den Geist nicht mit Unnötigem vollzustopfen, sollte man wiederum nur ein paar wichtige Grundlegende Ordnungs-Ideen verwenden. Als besonders nützlich erweisen sich hier:

- Gesundheit
- Familie und Freunde
- Kreativität
- Arbeit

In jedem dieser Teile können Sie Telefonanrufe, Besprechungen, Urlaub usw. planen und mittels einer Mind Map darstellen sowie kreative Einfälle und Erinnernswertes notieren.

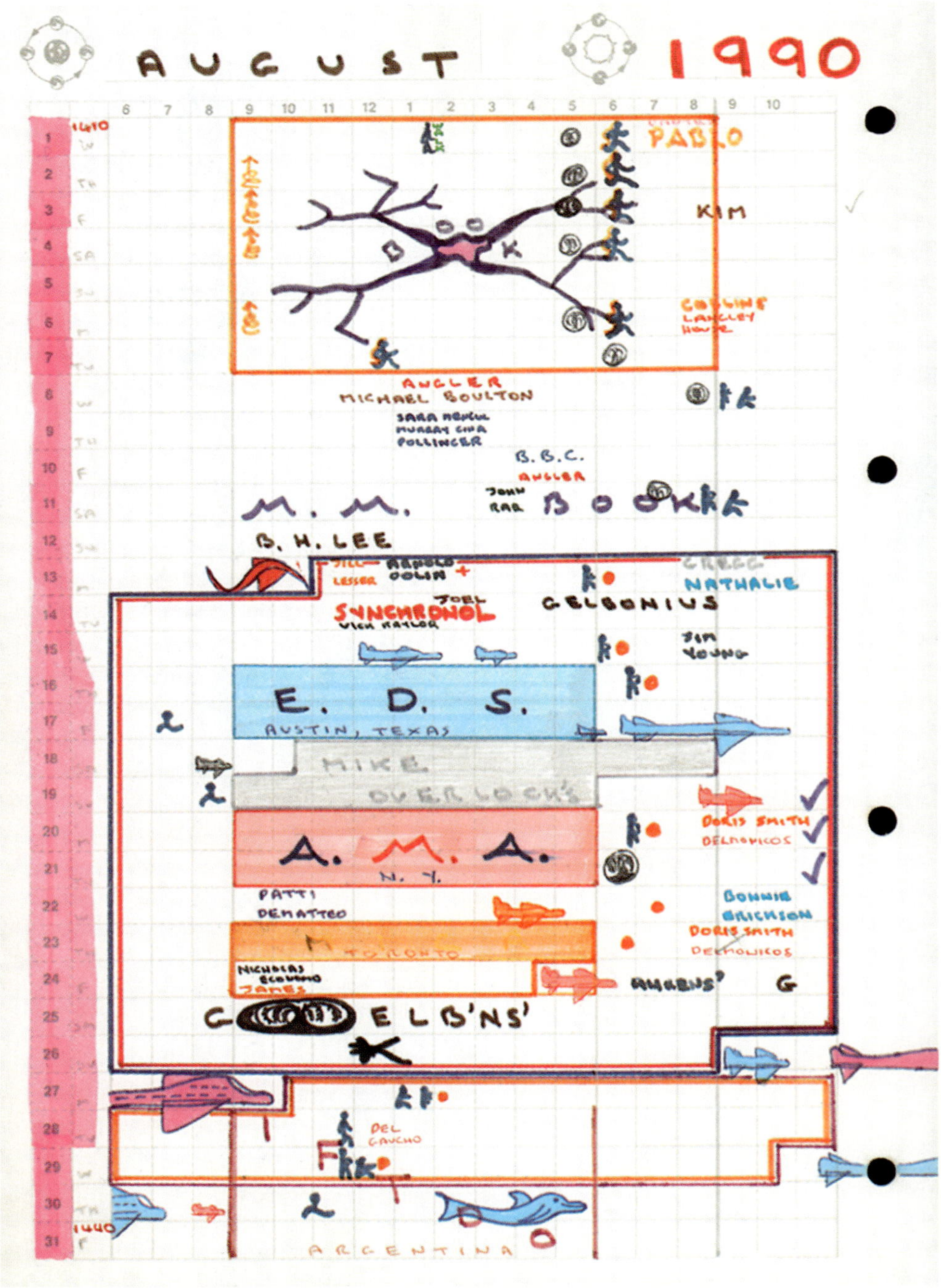

Die „lineare" Seite aus Tony Buzans Kalender nutzt jede kortikale Fähigkeit, um den Terminplan kreativer und leichter erinnerbar zu führen (s. S. ***192****).*

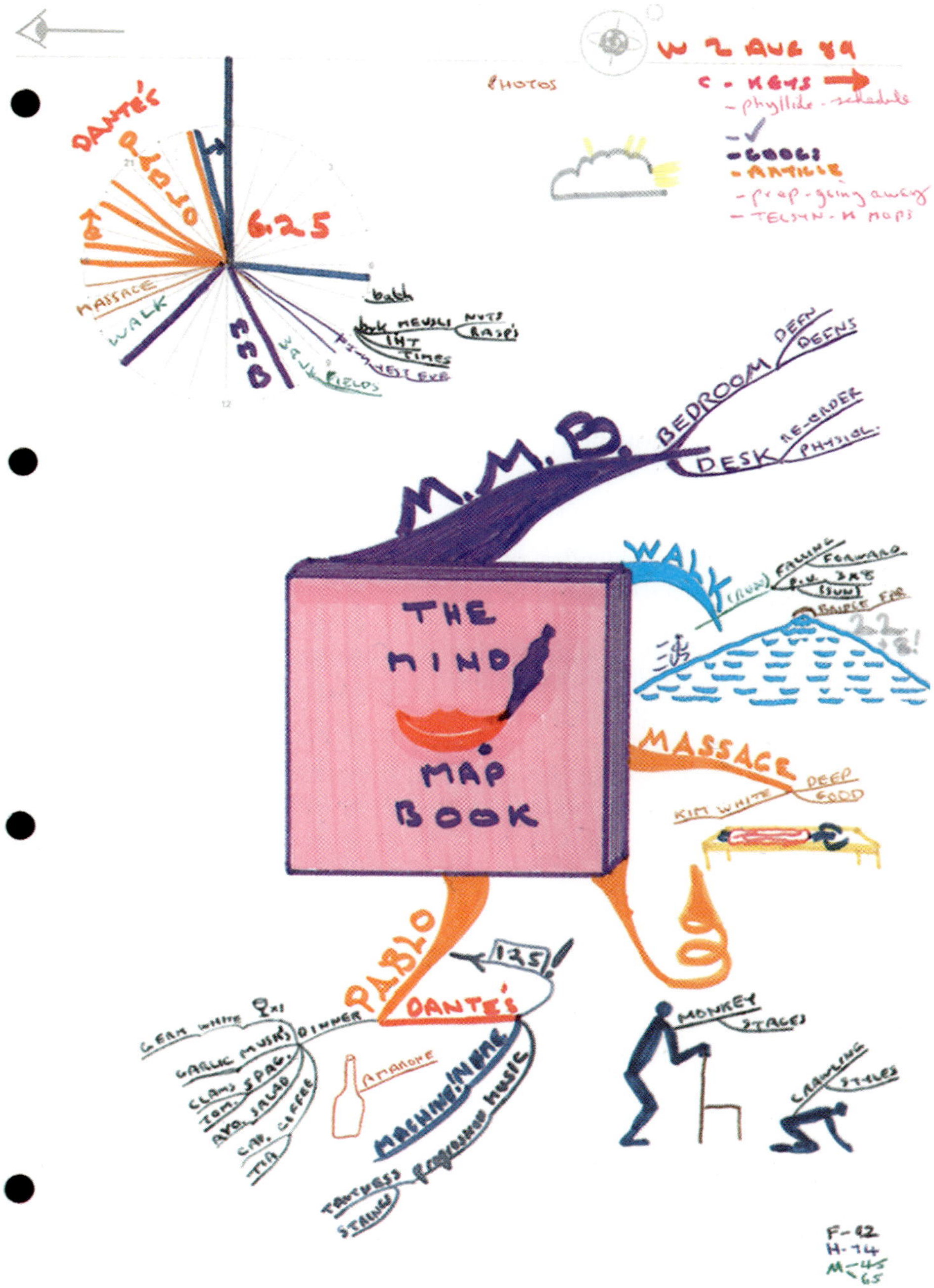

Eine Mind Map aus Tony Buzans Tagebuch, die den Beginn der Arbeit an dem vorliegenden „Das Mind-Map-Buch" darstellt (s. S. ***192-193****).*

Vorteile des Mind-Map-Kalenders

1. Er bietet sowohl einen makroskopischen wie auch einen mikroskopischen Blick auf Ihr Leben und wird mit zunehmendem Umfang zu einem umfassenden Hilfsmittel in der Lebensführung.

2. Er spricht das Auge an, und zwar umso stärker, je mehr sich die Fähigkeiten des Mind Mappers verbessern.

3. Die Jahres-, Monats- und Tagespläne erlauben einen sofortigen Überblick über einjährige Phasen, mit Kreuzverweisen und der Möglichkeit zur Beobachtung langfristiger Trends.

4. Der Mind-Map-Kalender stellt jedes Ereignis in den Zusammenhang eines ganzen Jahres.

5. Das Kalendersystem ist in sich eine multidimensionale Mnemotechnik aus multidimensionalen Mnemotechniken! Somit liefert es einen praktisch vollständigen externalisierten Erinnerungskern Ihres Lebens.

6. Der Mind-Map-Kalender gibt Ihnen die Kontrolle über die für Sie wichtigsten Lebensbereiche.

7. Aufgrund seines Designs fördert dieses System die persönliche Weiterentwicklung, weil es dem Gehirn erlaubt, das folgende Lernmodell effektiver zu nutzen. Dieses Lernmodell bezieht sich auf die Tatsache, dass das Gehirn durch Versuche arbeitet, denen ein Ereignis folgt, dem wiederum Feedback folgt, das dann von Ihrem Gehirn überprüft und seinem Ziel angepasst wird – dem Erfolg.

8. Die Verwendung von Bild, Farbcode und den anderen Mind-Map-Gesetzen ermöglicht Ihnen den sofortigen Zugriff auf Informationen.

9. Aufgrund der visuellen Anziehungskraft des Mind-Map-Kalenders ermuntert er Sie zu seinem Gebrauch. Darin unterscheidet er sich wesentlich von den üblichen Zeitplanern, die bei vielen Menschen auf unbewusste Ablehnung stoßen – sodass sie „vergessen“, Dinge zu notieren, sie an die falsche Stelle schreiben oder den Zeitplaner mit schlechtem Gewissen gar nicht benutzen.

10. Beim nochmaligen Durchschauen Ihres Tagebuchs können Sie Ihr Leben Revue passieren lassen!

Überleitung

Mind Mapping vergrößert nicht nur Ihre Fähigkeiten zur Selbstanalyse, Problemlösung und persönlichen Organisation, es kann auch Ihr Familienleben bereichern. Der nächste Abschnitt erkundet die vielen aufregenden Möglichkeiten, bei denen Sie Mind Maps für familiäre Studien und zur Unterhaltung einsetzen können.

*S. **198**: Natürliche Architektur: Tafel 22*

Abschnitt B

Familie

Kapitel 21

Familienstudien und Geschichtenerzählen

Das erwartet Sie in diesem Kapitel:

- Vorwort
- Mit Mind Maps Geschichten erzählen
- Die Organische Studienmethode für Familien
- Der Familien-Studientag
- Vorteile des Familien-Mind-Mappings
- Familien-Mind-Mapping in der Praxis
- Überleitung

Vorwort

Dieses Kapitel erkundet die vielen Möglichkeiten, die in Kapitel 17, „Die Gruppen-Mind-Map", beschriebenen Techniken in der Familie anzuwenden. Ob zur Unterhaltung oder zu Studienzwecken eingesetzt, Familien-Mind-Mapping ist aufregend, eine Herausforderung und obendrein ein Vergnügen. Zudem kann es Ihre Beziehungen untereinander verbessern.

Mit Mind Maps Geschichten erzählen

Bereiten Sie zuerst Ihre Umgebung und Ihre Materialien vor: Legen Sie Mind-Mapping-Papier auf dem Fußboden oder auf Tischen aus, dazu viele farbige Stifte bester Qualität. Der Geschichtenerzählprozess gliedert sich in sieben Hauptstadien:

1. Sich eine Idee ausdenken

Jedes Familienmitglied macht ein individuelles Brainstorming, das Ideen für ein superkreatives Märchen liefert. Die Ideen können die Form von möglichen Titeln annehmen (je phantastischer, umso besser) oder vielleicht die zentralen Charaktere (Tiere, Pflanzen, Außerirdische, Menschen) behandeln.

Jeder liest seine Einfälle laut vor, dann wird über die in der heutigen Gruppengeschichte vorkommenden Titel oder Charaktere abgestimmt. Die Wahl fällt womöglich schwer, aber Sie können sich die anderen Titel und Charaktere merken und ein andermal verwenden.

2. Individuelles Brainstorming

Jetzt nimmt jeder ein neues Blatt Papier, zeichnet das gewählte Zentralbild oder den gewählten Charakter und fertigt in etwa 20 Minuten eine Blitz-Mind-Map der ersten Ideen an, die ihm in den Sinn kommen und die die Geschichte originell, packend und außergewöhnlich machen.

3. Überarbeitung und Revision

Jedes Familienmitglied wählt jetzt Grundlegende Ordnungs-Ideen aus, vorzugsweise sollten einige oder alle der folgenden darunter sein:

- Handlung
- Charaktere
- Stoff
- Schauplatz
- Sprachebene
- Farben
- Bilder
- Moral der Geschichte
- Gefühle
- Schlussfolgerungen

Sie bilden die Hauptäste auf den überarbeiteten und revidierten Mind Maps. Jüngere Familienmitglieder benötigen vielleicht ein wenig Hilfe von ihren Eltern. Erklären Sie einfach, dass Charaktere die „Leute in der Geschichte“ sind, Handlung „das, was in der Geschichte passiert“ usw. Diese Mind Maps sollten in 30 bis 40 Minuten gezeichnet werden.

4. Inkubationsphase

Jetzt brauchen Sie alle eine Pause! Spielen Sie etwas, trinken und essen Sie, dann schauen Sie sich rund 30 Minuten lang alle Mind Maps an und besprechen sie. Das wird wahrscheinlich ebenso amüsant wie überraschend sein – oft entdeckt man dabei, dass die eigenen Familienmitglieder viel einfallsreicher sind, als man es sich je hätte träumen lassen! Aber denken Sie daran: Äußern Sie sich ausschließlich positiv über die Ideen der anderen Familienmitglieder. Jegliche Kritik oder Entmutigung in diesem Stadium verringert drastisch das Selbstvertrauen und das Vergnügen der kritisierten Person.

5. So erstellen Sie die erste Gruppen-Mind-Map

Sie können entweder einen „Sekretär" ernennen oder aber die Familienmitglieder wechseln sich beim Zeichnen der riesigen Mind Map ab. Beginnen Sie mit einem vielfarbigen, multidimensionalen Zentralbild, dann wählen Sie die besten GOI aus und verbinden sie miteinander zu einem vollständigen Abriss der Geschichte. Sie können beliebig viele Begriffe von jedem der Hauptäste ausstrahlen lassen.

6. Die Geschichte erzählen

In einem Kreis um die fertige Mind Map sitzend, erzählen die Familienmitglieder nacheinander jeweils einen Teil der Geschichte. Man kann sich zu jedem beliebigen Zeitpunkt abwechseln, doch sollte die Geschichte dabei am besten ein wenig in der Luft hängen, damit sich die nächste Person anhand der Mind Map eine einfallsreiche, phantastische oder lustige Fortsetzung ausdenken kann.

Jedes Familienmitglied sollte die Geschichte noch etwas phantastischer und einfallsreicher gestalten wollen. Das ermuntert alle anderen dazu, die Mind Map als Grundlage für eine wirklich einfallsreiche Phantasiegeschichte zu sehen.

Es ist zu empfehlen, diese Phase des Geschichtenerzählens auf Band mitzuschneiden.

7. So erstellen Sie die zweite Gruppen-Mind-Map

Nach einer weiteren kurzen Pause können Sie die Geschichte von Cassette abspielen oder noch einmal erzählen, wobei gleichzeitig die endgültige, schönere Mind Map erstellt wird. Diese endgültige Mind Map kann man entweder in der Gruppe oder einzeln, jeder für sich, anfertigen. Bei gelungenen Geschichten ist es besonders angebracht, den vollständigen Text zu übertragen, und zwar in großer Schrift und mit nicht mehr als zehn Zeilen pro Seite. Gegenüber jeder beschrifteten Seite sollte eine Seite freigelassen werden, und auf jeder freien Seite kann ein anderes Familienmitglied ein zum Text passendes Bild malen.

Auf diese Weise fertigt die Familie eine großartige Märchenbibliothek und lernt zudem viele Fähigkeiten, die in der Schule angewandt werden können. Die Mind Maps und die Illustrationen kann man in den Kinderzimmern aufhängen.

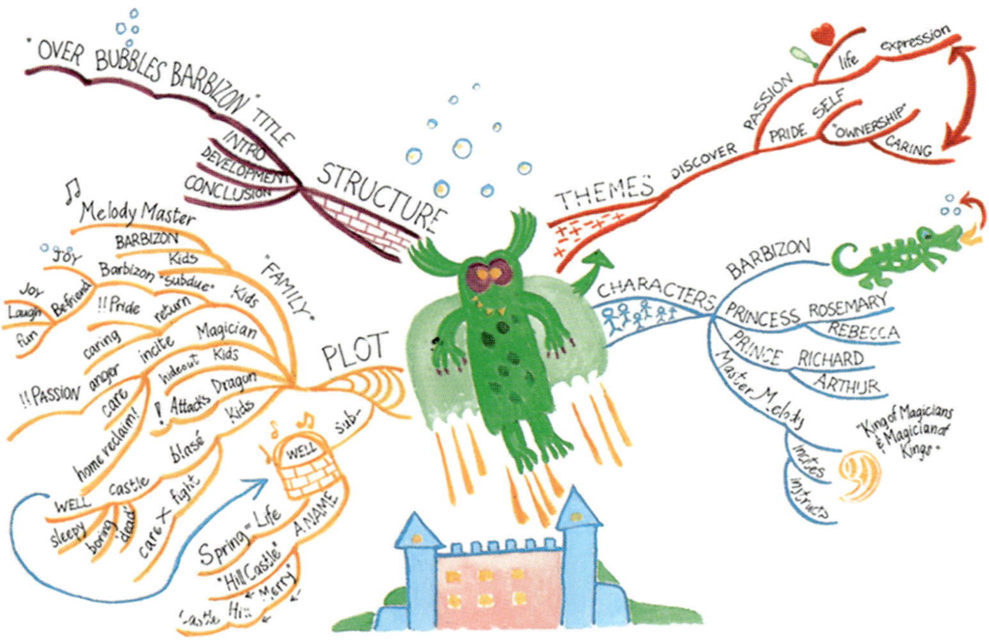

Märchen-Mind-Map von Donna Kim und ihren Kindern (s. S. ***199-201****).*

Die Organische Studienmethode für Familien

Die Organische Studienmethode mit Mind Maps – wie in Kapitel 14 (S. **141-144**) und in Tony Buzan, *Kopftraining*, Kapitel 9, beschrieben – befähigt den Einzelnen, die Geschwindigkeit, das Verständnis, die Wirksamkeit und die Leistungsfähigkeit beim Lernen um das Fünf- bis Zehnfache zu steigern. Durch die Anwendung derselben Methode auf Gruppen- oder Familienstudien kann sich diese Verbesserung um die Zahl der Gruppenmitglieder vervielfachen.

Die Organische Studienmethode besteht aus zwei Hauptphasen, Vorbereitung und Anwendung, und kann wie folgt für Gruppenarbeit eingesetzt werden:

Natürliche Architektur: Tafel 23

1. Vorbereitung

- Entscheiden Sie als Gruppe über die in dieser Sitzung zu lesende *Menge*, und stellen Sie durch sehr schnelles Überfliegen des Textes den Schwierigkeitsgrad fest. Die Lesemenge kann von einem einzigen Kapitel in einer kurzen Sitzung über einen Abschnitt aus einem Buch in einer längeren Sitzung bis hin zu einem ganzen Buch am Familienstudientag reichen (s. unten). Bei längeren Studiensitzungen können die Familienmitglieder entscheiden, ob alle dasselbe Material lesen und dann vergleichen oder sich mit unterschiedlichen Texten befassen und diese dann zu einem Ganzen zusammenfügen.
- Legen Sie einen angemessenen *Zeitraum* für Ihre Sitzung fest und teilen Sie diesen in entsprechende Phasen ein, in denen jeweils ein bestimmter Textteil behandelt werden soll.
- Erstellen Sie jeder für sich eine Blitz-Mind-Map Ihres gesamten *gegenwärtigen Wissens* über das Thema. Dies macht Sie geistig wacher und baut assoziative „Haken“ auf, die dann neue Informationen aufnehmen können. Zudem können Sie dabei leichter Ihre Wissenslücken erkennen, die besonderer Aufmerksamkeit bedürfen.
- Schauen Sie sich die Mind Maps der anderen an, tauschen Sie Ideen aus und erstellen Sie eine oder mehrere Mind Maps über das bestehende Gruppenwissen.
- Fertigen Sie individuell eine Mind Map über die *Ziele* dieser Sitzung an. Besonders hilfreich sind in dieser Phase die GOI „Wer?“, „Wann?“, „Wo?“, „Warum?“, „Was?“, „Wie?“, und „Welcher?“
- Schauen Sie wieder die Mind Maps der anderen an, tauschen Sie Ideen aus und fertigen Sie Mind Maps über die Gruppenziele für diese Sitzung.
- Das Erstellen von Mind Maps über Ihr bestehendes Wissen und Ihre Ziele wird Ihre Motivation und Ihre Konzentration auf das Thema verbessern.
- Fertigen Sie erst jeder für sich und danach in der Gruppe eine Mind Map über alle Fragen an, die in dieser Sitzung beantwortet werden sollen.

2. Anwendung

- Verschaffen Sie sich jeder für sich einen *Überblick* über den Text, indem Sie Inhaltsangabe, Hauptüberschriften, Ergebnisse, Schlussfolgerungen, wichtige Graphiken oder Illustrationen und alles andere, was Ihnen ins Auge fällt, anschauen.
- Versuchen Sie, die Hauptelemente des Textes zu erkennen, diskutieren Sie Ihre Eindrücke mit den anderen Gruppenmitgliedern und erstellen Sie eine vorläufige Gruppen-Mind-Map über die Grundstruktur des Textes, den Sie vor sich haben.
- Jetzt gehen Sie weiter zur *Vorschauphase*, schauen Sie das im Überblick nicht abgedeckte Material an, vor allem den Anfang und das Ende von Absätzen, Abschnitten und Kapiteln, in denen sich die wesentliche Information meist konzentriert.
- Besprechen Sie Ihre Eindrücke wieder mit den übrigen Gruppenmitgliedern und beginnen Sie, einige wichtige Einzelheiten in die Gruppen-Mind-Map einzutragen.
- Als nächstes kommt die *Einsichtnahme*. Dies ist die Phase, in der Sie Ihr geistiges Puzzle zusammenfügen müssen. Gehen Sie nochmals Ihr Material durch, setzen Sie die Informationen ein, die Sie im Überblick und in der Vorschau

noch nicht abdecken konnten. In dieser Phase kennzeichnen Sie die Schwierigkeiten und machen Sie weiter – mit den Schwierigkeiten befassen Sie sich bald.

- Schließlich kommt die *Nachschau*. Während dieser Phase gehen Sie noch einmal die schwierigen Teile und Problembereiche durch, die Sie vorher übersprungen haben. Sehen Sie sich den Text nochmals an, um offene Fragen zu beantworten, nicht erfüllte Ziele zu erreichen und Ihre individuelle Mind Map zu vervollständigen.
- Die anschließende Gruppendiskussion hilft Ihnen bei der Lösung von Problemen, bei der Beantwortung zäher Fragen und beim Erreichen noch offener Ziele. Dann malen Sie allein oder als Gruppe noch die letzten Tupfer Ihrer Mind Map.
- Nach Vollendung dieses Gruppenstudienprozesses verfügt jeder Teilnehmer sowohl über einen Gesamtüberblick über das Material wie auch über Detailwissen. Der Gesamtüberblick ist in den großen Gruppen-Mind-Maps und den Hauptästen enthalten, wohingegen das Detailwissen in den Detailbereichen der Mind Maps ausgedrückt ist.

Der Familien-Studientag

Jede Familie, deren Mitglieder gerne ihr Wissen erweitern möchten – sei es aus Studiengründen oder allgemeinem Interesse -, kann einen Familienstudientag abhalten. Ein Familienstudientag soll das Lernen so effizient und unterhaltsam wie möglich machen.

Mit Hilfe dieses Typs von Studienplan und gut geordneten Mind-Map-Aufzeichnungen kann der Inhalt eines ganzen Buches in einer halben bis zu einer Stunde den Gruppenmitgliedern vermittelt werden! Am Studientag beschäftigt sich jedes Familienmitglied zwei Stunden lang mit einem bestimmten Buch. So können also in einer vierköpfigen Familie an einem Tag vier Bücher gelesen und mit Hilfe von Mind Maps verstanden und diskutiert werden!

Der Studienplan wurde von Tony Buzan in *Harnessing the ParaBrain* ausführlich beschrieben, doch die Grundschritte möchten wir wie folgt zusammenfassen:

1. Fangen Sie gegen 10 Uhr mit einer leichten sportlichen Betätigung an (30 Minuten) – etwa mit Spielen, Stretching oder Aerobic. Dies sollte mehr dem Aufwärmen dienen und nicht in körperliche Anstrengungen ausarten.

2. Überfliegen Sie den zu lesenden Text (15 Minuten).

3. Pause! Ruhen Sie sich aus, machen Sie ein Spiel oder entspannen Sie sich anderweitig (5 bis 10 Minuten).

4. Legen Sie die Studienzeit fest, teilen Sie sie in Abschnitte auf, in denen Sie angemessene Materialteile abdecken wollen (10 Minuten).

5. Erstellen Sie eine Mind Map über Ihr bereits vorhandenes Wissen über das Thema, Ihre Ziele und die Fragen, die Sie beantworten wollen (20 Minuten).

6. Pause (5 bis 10 Minuten)!

7. Verschaffen Sie sich schnell einen Überblick über Ihr Buch, lesen Sie die Inhaltsangabe, die Hauptüberschriften usw. Dann vermerken Sie die Hauptäste auf der Gruppen-Mind-Map (15 Minuten).

8. Vorschau auf das Buch, schauen Sie das Material genauer an, fahren Sie mit Ihrer Mind Map fort (15 Minuten).

9. Mittagspause (1 Stunde).

10. Es folgt die Einsichtsphase, während der Sie mit den anderen Familienmitgliedern diskutieren und zusammen Ihre Problembereiche lösen können (30 Minuten).

11. Pause (5 bis 10 Minuten)!

12. Nun folgt die Nachbereitung des Buches, bei der Sie sich mit eventuell noch vorhandenen herausragenden Problemen oder Fragen befassen und die letzten Einzelheiten in Ihre Mind Map eintragen (30 Minuten).

13. Pause (5 bis 10 Minuten)!

14. Es folgt der Austausch, bei dem jedes Familienmitglied eine vollständige Zusammenfassung des aus dem Studientext Gelernten mit Hilfe der eigenen Mind Map des Buches abgibt. (Näheres über Präsentationen finden Sie in Kapitel 26.)

    Jede Präsentation sollte ungefähr 25 Minuten dauern, nach den ersten beiden sollte eine fünf- bis zehnminütige Pause eingeschoben werden. Während der Darstellung eines Mitglieds fungieren die anderen als Sekretäre, fertigen ihre eigenen Mind Maps an und versuchen, den gebotenen Inhalt mindestens ebenso gut wie der Redner zu erfassen.

    Dank der Vorteile der Aufbereitung, der Organisation und der Möglichkeit des Rückgriffs auf die Mind Map des Vortragenden sollten Sie alle Ihre eigenen Mind Maps und die der anderen verfeinern und auf das höchstmögliche Niveau bringen können.

    Die Mind Map auf S. **207** ist das Ergebnis eines Studientages, der im Frühling in einem Garten im englischen Somerset abgehalten wurde. Zwei Familien, die Ayres und die Collins, studierten Bücher und anderes Informationsmaterial über den sich entwickelnden Familiengenius und wandten so das, was sie über den Lernprozess erfuhren, sogleich beim Lernen an!

    Die endgültige Mind Map des Studientages vervollständigten die Mütter, Lynn Collins und Caro Ayre. Das Zentralbild stellt die vier Viertel ihrer Studienthemen dar. Jeder Ast wurde raffiniert numeriert, sodass aus der Zahl gleichzeitig ein den Inhalt des Astes darstellendes Bild wurde.

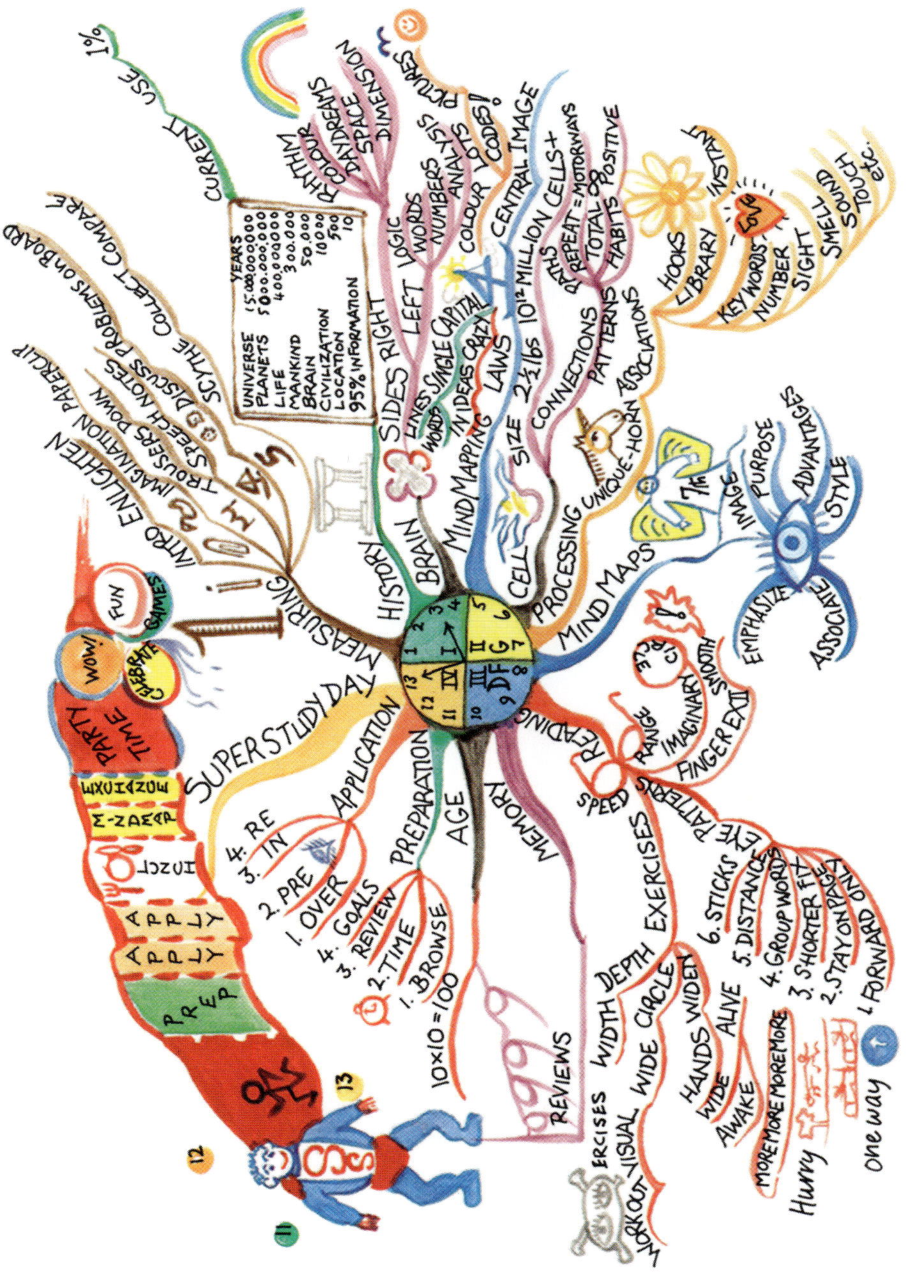

Mind Map eines Studientages, die von zwei Müttern, Lynn Collins und Caro Ayre, erstellt wurde (s. S. ***206****).*

Die Zahl 3 ist z. B. in der Form einer Gehirnhälfte verkörpert, weil dieser Ast von den Funktionen der linken und rechten Gehirnhälfte handelt, wohingegen die Ziffer 6 von einem Einhorn dargestellt wird – und für Einzigartigkeit steht! Die Mind Map enthält noch viele andere witzige Bilder – Sie sollten sich den Spaß gönnen, sie zu suchen!

15. Feier – perfektionieren Sie Ihre eigene Methode!
Feiern könnten Sie den gelungenen Tag etwa mit einem Kino- oder Theaterbesuch oder dem Besuch einer Sportveranstaltung, einem besonders guten Abendessen, dem Austausch bestimmter „Preise" oder dem Kauf eines „Familiengeschenks".

Am Tag nach einem solchen Studientag fällt Ihnen vielleicht auf, dass Sie sich besser an den betreffenden Text erinnern und mehr darüber wissen als noch am Vortag. Das kommt daher, dass sich dank Ihrer Träume oder im Schlaf Ihre Ideen in Ihrem Geist integrieren und neu ordnen konnten.

Danach befähigen regelmäßige Wiederholungen in den auf Seite **107** empfohlenen Abständen Sie dazu, den Text weiterhin abrufen und verstehen zu können.

Vorteile des Familien-Mind-Mappings

1. Das Familien-Mind-Mapping bietet alle Vorteile, die in Kapitel 17 bereits unter dem Stichwort „Gruppen-Mind-Mapping" beschrieben wurden (s. S. **172f.**).

2. Durch den Einsatz von Mind-Mapping beim Geschichtenerzählen wird die Kreativität der Familie gesteigert.

3. Die Geschwindigkeit und Effektivität des individuellen Lernens wird um die Zahl der Familienmitglieder vervielfacht.

4. Während des Mind-Mapping-Studienverlaufs sprechen die Familienmitglieder über den Stoff, statt ihn nur still zu lernen. Forschungsergebnisse belegen, dass aktives Verbalisieren zu einer effektiveren Verarbeitung der Information führt, die sich auch leichter wieder abrufen lässt.

5. Durch den Einsatz von Mind Maps anstelle linearer Aufzeichnungen stellt die Familie sicher, dass das Wissen beim Informationsaustausch intensiviert statt verfälscht wird.

6. Die Familienmitglieder vergrößern ihre Fähigkeit, neue Wissensgebiete zu verstehen.

7. Folglich steigern sie ihre Fähigkeit, sich auf Prüfungen vorzubereiten und in diesen zu glänzen.

8. Wichtiger noch: Die Einstellung zum Lernen und zu Prüfungen wandelt sich. Mit Hilfe von Familien-Mind-Mapping können alle Familienmitglieder dazu kommen, das Lernen als Vergnügen statt als Strafe zu betrachten.

9. Der Einsatz von Mind Maps als Hilfsmittel beim Lernen und als Mittel zur Kommunikation mit anderen Familienmitgliedern kann die Motivation aller Beteiligten steigern, ihre Denkfähigkeit und ihre Mind-Mapping-Fertigkeiten im Hinblick auf Notizen und Aufzeichnungen zu verbessern.

10. Das Familien-Mind-Mapping stärkt den Familienzusammenhalt, da jedes Familienmitglied in alle intellektuellen Interessen der anderen einbezogen wird. Es kann unterstützend dabei mitwirken. Jedes Mitglied der Familie kann ein Gefühl der Zufriedenheit und wachsende Motivation entwickeln und mit den anderen teilen. Die Familie wird eine Familie von Freunden.

Familien-Mind-Mapping in der Praxis

Viele Familien, die mit dem Abhalten regelmäßiger Studientage begonnen haben, konnten in der Vergangenheit erleben, wie sich ihre Kinder im Leistungsniveau enorm verbesserten. Die Kinder verbesserten sich in Einzelfächern teilweise vom Klassenletzten bis zum Klassenbesten, in allen übrigen Fächern konnten sie sich teilweise bis zum Zweit- oder Drittbesten steigern.

Und auch die Eltern übertrafen sich selbst am Arbeitsplatz und bei der Weiterbildung.

Eine schwedische Familie, Eltern und drei Kinder, hatten an ihren Studientagen so großen Spaß, dass sie sie sechs Monate lang regelmäßig jedes Wochenende abhielten. Als die Kinder in der Schule immer besser abschnitten und ihren Freunden von ihren spannenden und lustigen Studientagen erzählten, wurde die Familie zum Schluss förmlich von den Kindern der Nachbarschaft belagert, ob sie mitmachen könnten!

Überleitung

In diesem Kapitel haben wir die Hauptanwendungen des Familien-Mind-Mappings behandelt und gleichzeitig gesehen, wie sie in den Bildungs- und Ausbildungsbereich überschwappen können.

Der nächste Abschnitt behandelt ausführlich die Vorteile des Mind Mappings in besonderen Ausbildungsfragen wie etwa dem Aufsatzschreiben, bei Prüfungsvorbereitungen, beim Unterrichten und beim Niederschreiben von Notizen aus Büchern, Vorträgen und Filmen.

Abschnitt C

Bildung und Ausbildung

Kapitel 22

Denken

Das erwartet Sie in diesem Kapitel:

- Vorwort
- Mind Mapping für Aufsätze
- Mind Mapping für Prüfungen
- Mind Mapping für Projekte und Berichte/Referate
- Beispiele für Mind-Map-Projekte
- Vorteile von Mind Maps bei Präsentationen und schriftlichen Darstellungen
- Überleitung

Vorwort

Dieses Kapitel deckt drei Hauptanwendungsbereiche von Mind Maps in puncto Denken und Aufzeichnungen ab – das Vorbereiten und Verfassen von Aufsätzen, die Vorbereitung auf Prüfungen und die Ausarbeitung von Projekten oder Berichten.

Mind Mapping für Aufsätze

Während man beim Aufzeichnen eines Buches oder eines Vortrags die wesentlichen Bestandteile aus einem linearen Material zur Erstellung einer Mind Map verwendet, heißt es beim Notizenmachen für einen Aufsatz, zuerst einmal die wesentlichen Bestandteile des Themas in einer Mind Map zu erkennen und dann die Mind-Map-Notizen zum Aufbau einer linearen Gliederung zu verwenden. Sie sollten dabei folgendermaßen vorgehen:

- Wie gewohnt sollten Sie Ihre Mind Map mit einem Zentralbild beginnen, das das Aufsatzthema darstellt.
- Dann können Sie die entsprechenden Grundlegenden Ordnungs-Ideen als Ihre Hauptäste oder wesentlichen Unterpunkte wählen, wie in Kapitel 9 (S. **83-89**) und Kapitel 13 (S. **132-138**) beschrieben. In dieser Phase sollten Sie dem, was das Thema oder die Frage von Ihnen verlangt, Ihre genaue Aufmerksamkeit schenken. Der Wortlaut des Aufsatzthemas gibt Ihnen gewöhnlich Aufschlüsse über die GOI.
- Lassen Sie Ihren Geist ungehindert schweifen und fügen Sie Informationen oder Argumente, die Sie anbringen wollen, auf Ihrer Mind Map dort ein, wo es Ihnen am wichtigsten erscheint. Es können unbegrenzt viele Äste und Nebenäste von Ihren GOI ausstrahlen. Während dieser Mind-Mapping-Phase sollten Sie Codes (Farben, Symbole oder beides) verwenden, um Kreuzverbindungen oder Assoziationen zwischen verschiedenen Bereichen darzulegen.
- Als nächstes überarbeiten Sie Ihre Mind Map zu einem zusammenhängenden Ganzen.
- Jetzt schreiben Sie den ersten Entwurf Ihres Aufsatzes, wobei Sie die Mind Map als Gerüst verwenden. Eine gutgeordnete Mind Map sollte Ihnen alle wichtigen Gliederungspunkte Ihres Aufsatzes liefern, die bei jedem Punkt zu erwähnenden Schlüsselargumente und die Beziehung, in der diese Argumente zueinander stehen. In dieser Phase sollten Sie so schnell wie möglich schreiben und alles, was Ihnen besondere Schwierigkeiten bereitet, wie bestimmte Wörter oder grammatikalische Strukturen, überspringen. Auf diese Weise lassen Sie Ihre Gedanken viel freier und unblockierter fließen und Sie können später immer noch auf die Problembereiche zurückkommen, genau wie bei der Lektüre eines Buches.
- Bei einer eventuellen Schreibblockade hilft Ihnen das Erstellen einer weiteren Mind Map darüber hinweg. Meist genügt schon das Zeichnen des Zentralbildes, um den Geist wieder anzuregen und zum Herumspielen mit Ihrem Aufsatzthema zu bringen. Falls Sie eine zweite Blockade haben sollten, fügen Sie einfach zu den bisherigen Schlüsselwörtern und Bildern ein paar neue Linien hinzu – und die natürliche Neigung Ihres Gehirns nach „Vervollständigung" der leeren Fläche wird die Leerräume mit neuen Wörtern und Bildern füllen. Gleichzeitig sollten Sie an die unendliche Assoziationsfähigkeit Ihres Gehirns denken und *alle* Ihre Gedanken strömen lassen, vor allem jene, die Sie als „abstrus" abgetan haben. Solche Blockaden verschwinden, sobald Sie erkennen, dass sie nicht von der Unfähigkeit Ihres Gehirns herrühren, sondern von einer tief liegenden Versagensangst und einem Missverständnis über die Funktionsweise des Gehirns.

- Schließlich sollten Sie Ihre Mind Map und Ihren Aufsatz überarbeiten. Fügen Sie Querverweise ein, belegen Sie Ihre Argumente mit mehr Beweisen oder Zitaten und ändern bzw. erweitern Sie Ihre Schlussfolgerungen wo nötig.

Es sollte nicht unerwähnt bleiben, dass man mit der Mind-Map-Methode nur eine einzige Mind Map und einen schnellen ersten Entwurf statt der üblichen 20 Seiten Notizen und zwei oder drei Entwürfe benötigt. Ein Textverarbeitungsprogramm ergänzt eine Mind Map ausgezeichnet, aufgrund der mit ihm verbundenen Flexibilität beim Entwurf. Das Mind-Map-Plus-Computerprogramm ist ebenfalls ein hervorragender Helfer beim Verfassen von Aufsätzen.

Schüler oder Studenten, die regelmäßig Prüfungen ablegen, werden es sehr nützlich finden, jeden Aufsatz innerhalb einer genau festgelegten Zeit, wie unter Examensbedingungen, zu schreiben. Dieses Verfahren bewährt sich vor allem in akademischen Wettbewerbssituationen, wenn Ihr Gehirn beständiges Training braucht, um unter extremen Prüfungsbedingungen zu glänzen.

Drei der Mind Maps auf den Seiten **214** und **215** stammen von schwedischen Schülern, Karen Schmidt, Katarina Naiman und Thomas Enskog, und wurden für Aufsätze über Sport, Schweden beziehungsweise Computer angefertigt. Wie Katarina beim Anfertigen ihrer Mind Map bemerkte: „Je mehr ich schrieb und zeichnete, umso mehr kam mir in den Sinn – je mehr Einfälle ich hatte, umso kühner und origineller fielen sie aus. Ich habe erkannt, dass eine Mind Map nie aufhört. Nur ein lieber Mensch, Magenknurren oder fürchterlicher Durst können mich dazu bringen, dass ich mit dem Mind Mapping aufhöre!“

Diese Mind Maps, zwei davon auf schwedisch, stellen zudem die Universalität der Mind-Mapping-Sprache unter Beweis.

Mind Mapping für Prüfungen

Wenn Sie während eines ganzen Kurses Mind-Map-Aufzeichnungen erstellt und Ihre Mind Maps in den empfohlenen Abständen wiederholt haben, sind Sie für die Prüfungen bestens vorbereitet. Sie brauchen nun lediglich die richtige Methode, um Ihr Wissen in eine hervorragende Leistung umzuwandeln.

- Als Erstes lesen Sie die Prüfungsfragen ganz durch, wählen sich die Fragen aus, die Sie beantworten wollen, und notieren in Mini-Mind-Maps alle Gedanken, die Ihnen beim Lesen der Fragen spontan in den Sinn kommen.
- Als Nächstes müssen Sie entscheiden, in welcher Reihenfolge Sie die Fragen beantworten und wie viel Zeit Sie sich für die Beantwortung jeder Frage zugestehen.
- Widerstehen Sie jetzt der Versuchung, die erste Frage sofort in allen Einzelheiten zu beantworten, sondern erstellen Sie Blitz-Mind-Maps zu *allen* Fragen, die Sie zu beantworten beabsichtigen. Dadurch befähigen Sie Ihren Geist, die Verästelungen aller Fragen unabhängig von der speziellen Frage zu erkunden, die Sie gerade beantworten – und das *während der gesamten Prüfung*.

*Mind Map von K. Naiman für ein Schulprojekt über Schweden (s. S. **213**).*

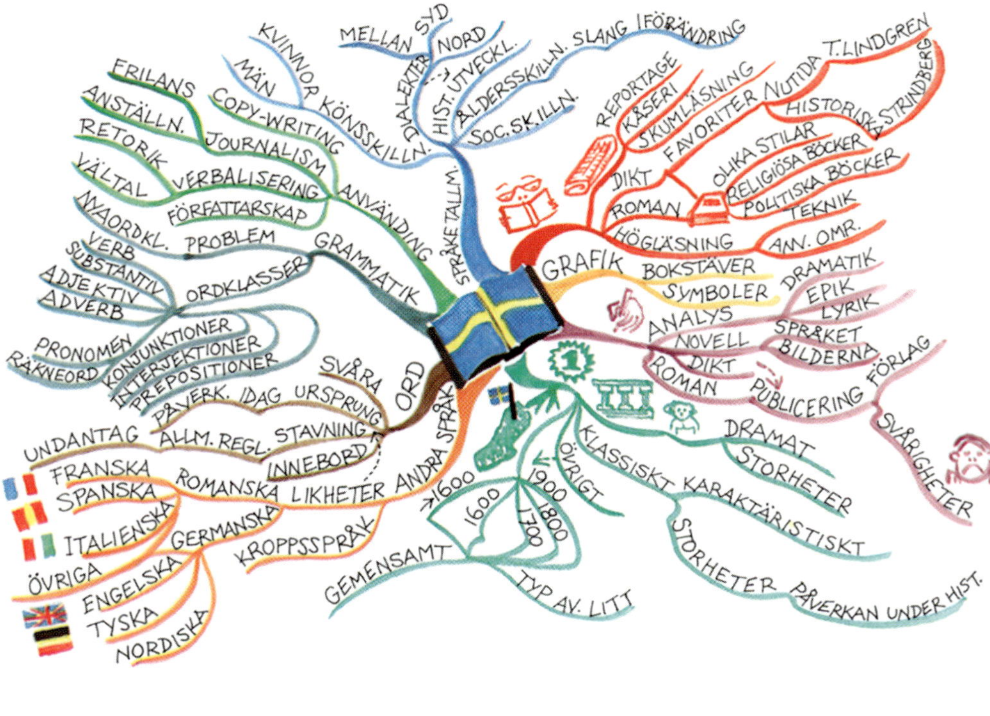

Mind Map von Thomas Enskog für ein Schulprojekt *(s. S. **213**).*

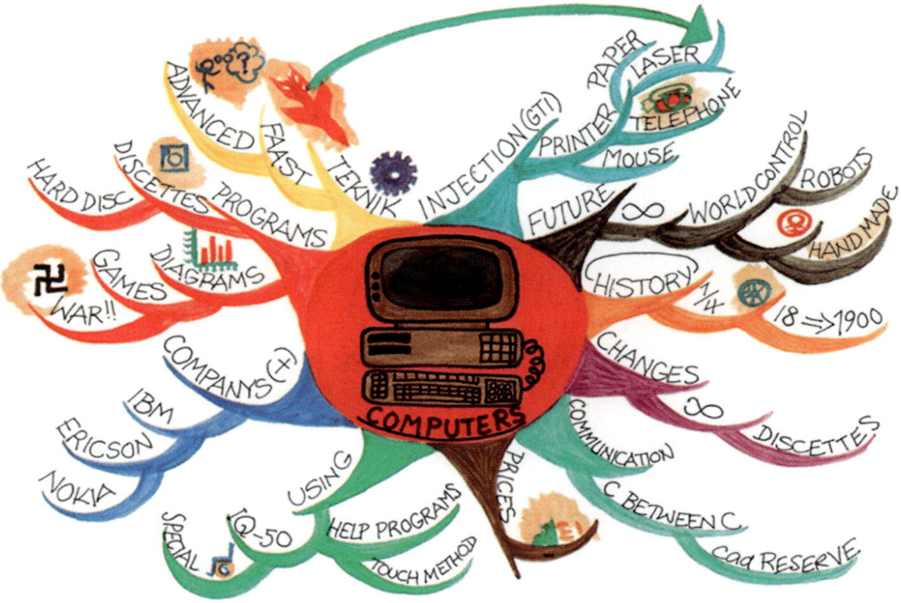

Eine der Mind Maps von James Lee, die ihm beim Bestehen seiner Prüfungen halfen *(s. S. **216**).*

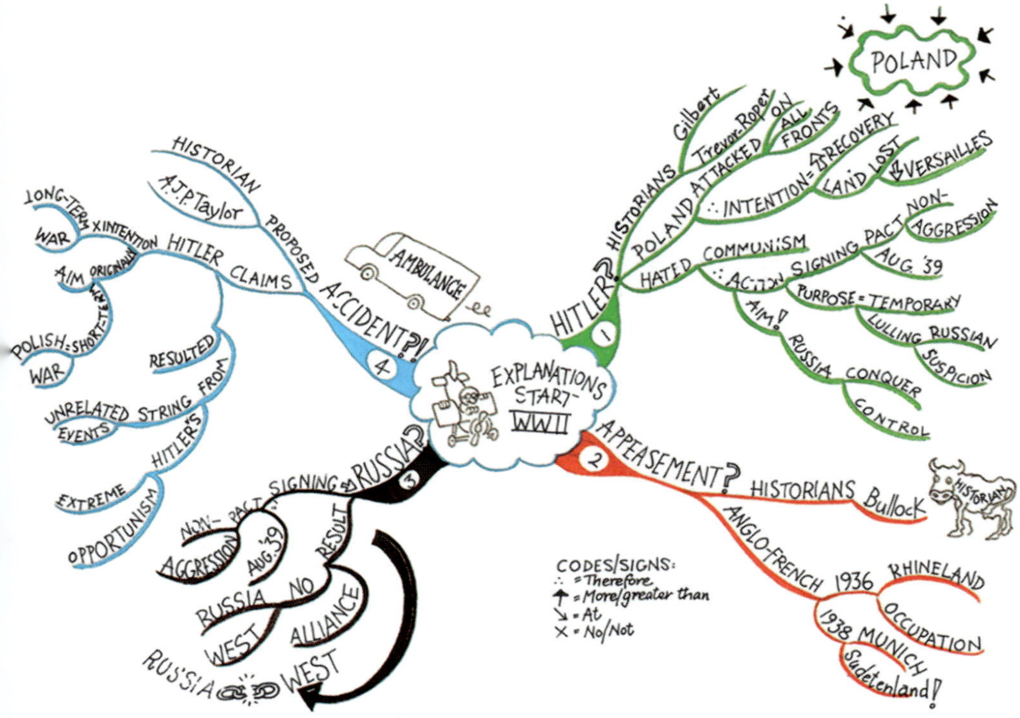

- Dann kommen Sie wieder zur ersten Frage zurück und erstellen eine Mind Map, die als Gerüst für Ihre Antwort fungiert. Das Zentralbild entspricht Ihrer Einleitung, wohingegen jeder der Hauptäste eine Hauptüberschrift oder einen wesentlichen Abschnitt des Aufsatzes liefert. Für jede Erweiterung Ihrer Hauptäste sollten Sie ein oder zwei Absätze schreiben können.
- Während Sie Ihre Antwort aufbauen, werden Sie feststellen, dass Sie am Anfang Querverweise innerhalb Ihrer ganzen Wissensstruktur anbringen und mit der Hinzufügung Ihrer eigenen Gedanken, Assoziationen und Deutungen schließen können. Solch eine Antwort beweist dem Prüfer ein umfassendes Wissen und die Tatsache, dass Sie fähig sind zu analysieren, zu ordnen, zu verbinden und Beziehungen herzustellen sowie sich vor allem Ihre eigenen kreativen und originellen Gedanken zu diesem Thema zu machen. Anders ausgedrückt: So erzielen Sie Bestnoten!

Die Mind Map auf Seite **215** unten ist eine von Hunderten von Mind Maps des Studenten James Lee. Diese Mind Maps sollten ihm beim Bestehen seiner Schulabschluss- und Universitätsaufnahmeprüfungen helfen. Im Alter von 15 Jahren versäumte James aufgrund von Krankheit sechs Monate lang den Unterricht und sollte wegen seiner schlechten Leistungen ein Jahr wiederholen. James überzeugte seine Lehrer, es ihn doch versuchen zu lassen, und begann mit intensivem Mind Mapping. Innerhalb von drei Monaten holte er den Lernstoff eines Jahres auf und bestand von zehn Prüfungen sieben mit der Note Eins, den Rest mit der Note Zwei. Die Mind Map auf Seite **215** unten fertigte James für das Fach Geschichte an, wobei er die Hauptgründe für den Ausbruch den Zweiten Weltkriegs darlegte.

Mind Mapping für Projekte und Berichte/Referate

Facharbeiten oder Referate reichen von ein paar Seiten bis zur Länge einer Doktorarbeit und können durch Mind Maps wesentlich vereinfacht werden.

Solche Facharbeiten können intensive Recherchen und schriftliche, graphische oder mündliche Schlussdarstellung beinhalten, aber die Methode ist im Wesentlichen die gleiche wie für Aufsätze und Prüfungen.

Wie bei jeder Studienaufgabe besteht der erste Schritt in der Entscheidung, wie viel man in einer vorgegebenen Zeit abzudecken plant. Diese Zeitplanung sowie die Planung des Umfangs sind bei langfristigen Projekten genauso wichtig wie bei kurzfristigen.

Während der Recherchephase können Sie Mind Maps für Aufzeichnungen aus Quellenmaterial, zum Notieren der Untersuchungsergebnisse und zum Ordnen und Verknüpfen Ihrer Ideen sowie als Grundlage Ihrer endgültigen schriftlichen oder mündlichen Darstellung einsetzen. (Weitere Informationen zu mündlichen Darstellungen finden Sie in Kapitel 26.)

Wie bei Aufsätzen oder Examensantworten sind die mit Hilfe von Mind Maps angefertigten Facharbeiten und Referate mit großer Wahrscheinlichkeit viel besser strukturiert, stärker auf den Punkt gebracht, kreativer und origineller als jene, die auf den mühseligen herkömmlichen Methoden linearer Aufzeichnungen, Entwürfe und nochmaliger Entwürfe beruhen.

Beispiele für Mind-Map-Projekte

Die Mind Map auf Seite **219** fasst ein Projekt zusammen, das von IBM und einem Jugendausbildungsprogramm der britischen Regierung durchgeführt wurde. Dieses Projekt sollte Orientierungshilfen für die effektivste Unterrichtung junger Menschen ausarbeiten. Diese Zusammenfassung stellte sich als so nützlich heraus, dass sie mit einer Reihe anderer Mind Maps in das IBM-Ausbildungshandbuch übernommen wurde.

📖 Ein anderes Beispiel betrifft eine 13-jährige amerikanische Schülerin namens Lana Israel, die durch ihr zusammen mit Tony Buzan verfasstes Buch *Brain Power for Kids – How to Become an Instant Genius* eine sehr erfolgreiche Autorin wurde.

Lanas Karriere begann mit ihrer Teilnahme an einem wissenschaftlichen Projektwettbewerb ihrer Schule in Florida. Da sie vom Mind Mapping fasziniert war, wählte Lana als ihr Projekt eine Untersuchung über die Auswirkungen von Mind Mapping auf den Lernprozess. Sie entschied sich zu einer Reihe von Experimenten über Erinnerung und Kreativität, wofür sich ihre Klassenkameraden als Versuchspersonen zur Verfügung stellten. Wie jede gute Wissenschaftlerin teilte sie ihre Versuchsteilnehmer in eine Experimental- und eine Kontrollgruppe ein und überwachte sorgfältig die jeweiligen Testergebnisse.

Die Schülergruppe, die das Mind Mapping anwandte, wies eine deutliche Verbesserung der Ergebnisse auf, und Lana errang dank der Genauigkeit und Kreativität ihres Projekts den ersten Platz des Wissenschaftswettbewerbs des ganzen Verwaltungsbezirks. Damit qualifizierte sie sich für den Wettbewerb der amerikanischen Bundesstaaten, bei dem sie unter 42 Teilnehmern Platz zwei errang.

Daraufhin lud Amanda Morgan-Hagan, eine ehemalige Lehrerin Lanas, sie zur 8. Weltkonferenz für Lehrer hochbegabter Schüler ein, die im australischen Sydney stattfand. Zitat Morgan-Hagan: „Lana zeigte mir ihre Arbeiten und ich sah auf den ersten Blick, dass sich diese für die Konferenz bestens eignen und die Lehrer aus aller Welt eine wunderbare Darstellung hören würden."

Weil sie Mind Maps als Grundlage ihrer Darstellung einsetzte, erlangte Lana unverzüglich Berühmtheit. Sie erschien im landesweiten Fernsehen, gab zahlreiche Radiointerviews und wurde von den führenden Tageszeitungen befragt. Ihr Buch fand größte Beachtung, und Hunderte von Interessierten schrieben ihr. Eine von Lanas Mind Maps finden Sie auf Seite **242**.

Was im Rahmen eines wissenschaftlichen Schulprojekts begann, entwickelte sich zu Lanas Lebensaufgabe. Sie meint hierzu: „Mind Mapping hat mir so sehr geholfen, dass ich dieses Wissen mit anderen teilen möchte. Ich möchte weltweit die Ausbildung ändern." Tatsächlich ist John Sculley, Vorstand von Apple Computers, der Meinung, Lana werde durch Mind Mapping die Welt verändern.

S. ***218****: Natürliche Architektur: Tafel 24*

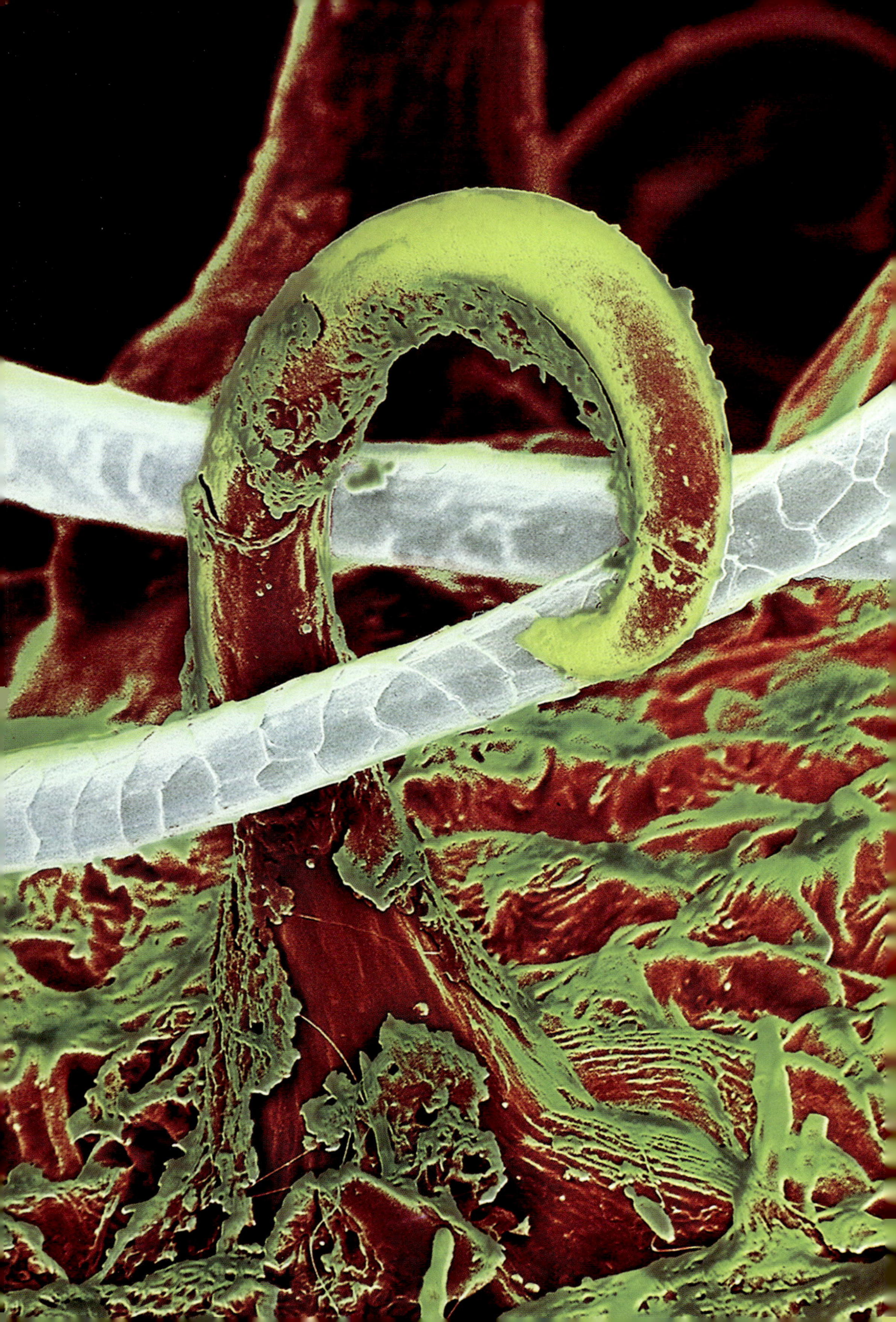

*Mind Map der IBM-Ausbildungsabteilung für eine Lern-Initiative in Zusammenarbeit mit der britischen Regierung (s. S. **217**).*

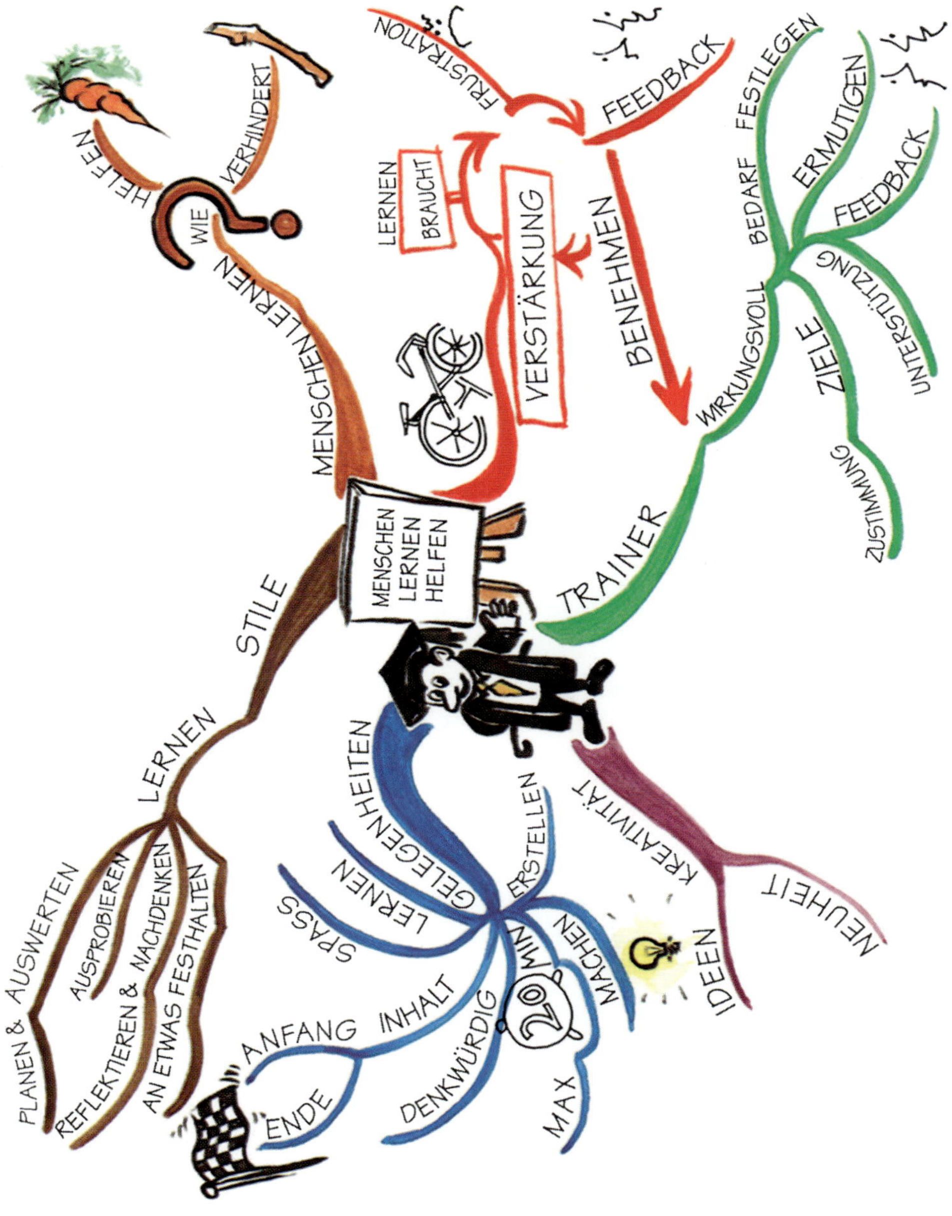

Vorteile von Mind Maps bei Präsentationen und schriftliche Darstellungen

1. Sie verhindern Stress und Frustration, die durch falsche Organisation, Versagensängste und Schreibblockaden hervorgerufen werden.
2. Sie setzen Ihre assoziativen „Haken“ frei, damit diese neue Informationen und Ideen aufnehmen können und so Ihre Kreativität und Originalität steigern.
3. Sie verringern drastisch die zur Vorbereitung, Strukturierung und Fertigstellung der mündlichen oder schriftlichen Darstellung erforderliche Zeit.
4. Sie ermöglichen Ihnen dadurch fortlaufende Kontrolle über den analytischen und kreativen Prozess.
5. Folglich können Sie Ihre Darstellung, Ihr Projekt, Ihren Aufsatz oder Bericht besser auf den Punkt bringen, ordnen und die darin enthaltenen Informationen sinnvoller verknüpfen.

Überleitung

Wie die Geschichte Lana Israels so deutlich belegt, entwickelt sich ein Schüler, der nach den optimalen Methoden lernt, automatisch zu einem guten Lehrer. Das nächste Kapitel erkundet, auf welch vielfältige Weise Mind Mapping allen Menschen helfen kann, die in Lehrberufen tätig sind.

Kapitel 23

Unterrichten

Das erwartet Sie in diesem Kapitel:

- Vorwort
- Das sich entwickelnde Gehirn
- Anwendungsmöglichkeiten von Mind Maps im Unterricht
- Unterricht an Sonderschulen
- Vorteile des Unterrichtens mit Mind Maps
- Überleitung

Vorwort

Dieses Kapitel beleuchtet die Rolle der Lehrer und zeigt, auf welch vielfältige Weise Mind Maps zum Einsatz kommen können, um den Unterricht und Lernprozess anregender, unterhaltsamer und effektiver zu gestalten.

Die Rolle der Lehrer

Der Lehrberuf ist zu Recht einer der wichtigsten Berufe in unserer Gesellschaft, weil Lehrer für den wertvollsten aller Reichtümer verantwortlich sind, den menschlichen Intellekt. In Anbetracht der Tatsache, dass das Gehirn synergetisch funktioniert, indem es auf der Grundlage seines bereits vorhandenen Wissens gigantische Strukturen aufbaut, gewinnt die Rolle des Lehrers sogar noch an Bedeutung.

S. 222: Natürliche Architektur: Tafel 25

Wenn der Schüler/Student auf einer falschen oder schwachen Wissensgrundlage aufbaut, wird mit großer Wahrscheinlichkeit letztlich die gesamte Struktur zusammenbrechen. Leider führen in solchen Fällen verstärkte Anstrengungen zu immer schlechteren Ergebnissen.
Deshalb müssen alle Lehrer begreifen, dass den Schülern und Studenten als Allererstes das geistige Alphabet – das Lernen, wie man lernt – beigebracht werden muss – sogar noch vor dem Lesen, Schreiben und Rechnen.

Um dieses Ziel zu erreichen, benötigt das Gehirn ein geeignetes Hilfsmittel – die Mind Map.

Das sich entwickelnde Gehirn

Wann lernt das menschliche Gehirn zum ersten Mal Mind Mapping? – „Wenn man es ihm beibringt", antworten Sie vielleicht.

Die korrekte Antwort jedoch lautet: „Zum Zeitpunkt der Geburt (oder sogar schon davor)!"

Betrachten wir einmal, wie sich das Gehirn des Kindes entwickelt, vor allem wie es lernt zu sprechen. Eines der ersten Wörter, die Babys sprechen, lautet: „Mama". Warum „Mama"? Weil Mama der Mittelpunkt (ihrer Mind Map) ist! Von ihr strahlen die Äste Liebe, Nahrung, Wärme, Schutz, Fortbewegung und Erziehung aus.

Somit wendet ein Baby vom Zeitpunkt seiner Geburt und im weiteren Verlauf seines Lebens instinktiv innerlich das Mind Mapping an, indem es von jedem Mittelpunkt Äste ausstrahlen lässt und Assoziationsnetzwerke schafft, die sich schließlich zum gesamten Wissensschatz des Erwachsenen entwickeln.

Ein Lehrer muss sicherstellen, dass diese verzweigten Netzwerke kontinuierlich Nahrung bekommen, um zu gewährleisten, dass sie nicht nur beständig weiterwachsen, sondern auch äußerlich manifestiert werden können.

Anwendungsmöglichkeiten von Mind Maps im Unterricht

Abgesehen vom Vertrautmachen der Schüler mit Theorie und Praxis des Mind Mapping kann der Lehrer Mind Maps vielfältig einsetzen, um den Unterricht und den Lernprozess einfacher und unterhaltsamer zu gestalten.

1. Vorbereiten der Unterrichtsnotizen

Eine der wirksamsten Anwendungsmöglichkeiten für Mind Maps sind die Unterrichtsnotizen. Die Vorbereitung einer Unterrichtsstunde in Mind-Map-Form geht viel schneller als das Ausformulieren und bringt den großen Vorteil, dass sowohl der Lehrer als auch seine Schüler/Studenten immer den Überblick über das ganze Thema behalten. Eine Unterrichtsstunde in Mind-Map-Form kann man leicht jedes Jahr aktualisieren, ohne dass die Mind Map konfus wird, und dank ihrer mnemonischen Qualitäten kann man durch rasches Durchlesen vor der Stunde schnell wieder das Thema in den Brennpunkt rücken.

Weil das Wissen des Lehrers sich weiterentwickelt, wird die Mind Map, falls sie jahrelang verwendet wird, ziemlich unterschiedliche Stunden hervorbringen. Dadurch wird die Langeweile abgestandener Unterrichtsvorbereitungen ohne zusätzliche Arbeit vermieden! Das Unterrichten bereitet mehr Spaß und wird sowohl für Lehrer wie auch Schüler interessanter.

Mit Hilfe von Mind Maps als Unterrichtsgerüst kann der Sprecher das perfekte Gleichgewicht zwischen einem freien Vortrag auf der einen Seite und einer klaren, gut gegliederten Darstellung auf der anderen Seite halten. Mind Maps lassen exaktes Timing während der Stunde zu, gestatten es aber auch dem Vortragenden, seine Inhalte seinem Zeitbudget anzupassen, falls sich die ihm zugedachte Redezeit aus irgendwelchen Gründen ändert. Diese Anpassungsfähigkeit kann sich zudem als sinnvoll erweisen, wenn unmittelbar vor der Stunde noch neue Informationen zugänglich werden (eine Zeitungsnotiz, ein vorhergehender Sprecher).

Barry Buzan fertigte die Mind Map auf Seite **226** für einen weit ausholenden Vortrag vor Wissenschaftlern und Beamten des Auswärtigen Amtes an. Das Thema war von der Konferenzleitung vorgegeben und deshalb nicht auf ein einziges Wort oder Bild reduziert. Es gibt etliche Codewörter auf der Mind Map, die auf Wissensbereiche oder Ideen anderer Autoren verweisen, die dem Redner vertraut sind. Beachten Sie den langgestreckten Aufbau, der eine Alternative für die Gestaltung der Haupt- und Nebenäste zulässt. Von dieser Art von Mind Map ausgehend könnte ein entsprechend geübter Redner zehn Minuten oder zehn Stunden lang sprechen. Jeder der Hauptäste könnte selbst zu einer Unterrichtsstunde werden, sodass die Mind Map auch zur Vorbereitung eines ganzen Kurses dienen könnte. Sie könnte zudem als Universitätsvorlesung verwendet werden (was auch geschah). Darüber hinaus könnte sie als Vorbereitung für einen Aufsatz dienen.

Die Mind Map über chemische Kinetik auf Seite **227** oben stammt von Graham Wheeler, dem Leiter der Chemieabteilung der Herschel Grammar School in England. Sie deckt einen ganzen Abschnitt eines Chemiekurses für Fortgeschrittene ab und wird sowohl vom Lehrer als Unterrichtsplan als auch von den Schülern verwendet, damit sie dem Unterricht besser folgen können.

In den fünf Jahren, seitdem Graham Wheeler seine Leistungskurse Chemie mit Hilfe von Mind Maps abhält, hat er eine Versetzungsquote von 98 Prozent erreicht.

2. Jahresplanung

Die Mind Map kann dem Lehrer einen Überblick über den Unterrichtsstoff des gesamten Jahres geben, indem sie die einzelnen Halbjahres- oder Trimesterabschnitte und den Unterrichtstyp zeigt. (Z. B. könnte ein Erdkundelehrer die jährliche Häufigkeit der Exkursionen und Diavorführungen im Verhältnis zu den herkömmlichen Stunden mühelos feststellen.)

3. Semester- oder Trimesterplanung

Dies ist eine Unterteilung des Jahresplans, die oft die Form einer kleineren Mind Map annimmt, die sich aus einem oder mehreren Ästen des Jahresplans entwickelt. Der Halbjahresplan könnte aufzeigen, welche Themen des Lehrplans der Lehrer in welcher ungefähren Reihenfolge abzudecken wünscht.

4. Tagesplanung

Dieser Plan nimmt eine ähnliche Form wie der Tages-Mind-Map-Kalender (beschrieben in Kapitel 20, Seite **191-197**) an und zeichnet die besonderen Einzelheiten, wie etwa Beginn und Ende, Klassenzimmer, zu behandelnder Stoff usw., auf.

5. Unterrichtsstunden und Unterrichtspräsentation

Mit Hilfe einer großen Tafel, einer Flipchart oder eines Overheadprojektors kann der Lehrer im Laufe der Stunde den entsprechenden Teil der Mind Map zeichnen. Diese externalisierte Widerspiegelung des Gedankenprozesses hilft, die Struktur des Unterrichts zu erhellen. Sie wird zudem das Interesse der Schüler oder Studenten fesseln und ihre Erinnerung und ihr Verständnis des behandelten Stoffes vergrößern. Man kann auch „Skelett"-Mind-Maps zur Vervollständigung aushändigen, oder die Schüler und Studenten können Schwarz-Weiß-Kopien selbst durch Farben ergänzen.

6. Prüfungen

Wenn in einer Prüfung vor allem das Wissen und das Verständnis der Schüler und Studenten und weniger ihre Ausdrucksfähigkeiten geprüft werden sollen, bietet die Mind Map die ideale Lösung. Sie kann dem Lehrer auf einen Blick zeigen, ob der Stoff generell verstanden worden ist, und welche Hauptstärken und Schwächen ein Prüfling aufweist. Die Mind Map enthüllt auch jene Bereiche, in denen die Assoziationskette aus irgendwelchen Gründen schiefgelaufen ist. Diese Methode erlaubt dem Lehrer einen klaren, objektiven Blick auf den Wissensstand des Schülers, der nicht durch Fähigkeiten in anderen Gebieten wie grammatikalische Richtigkeit, Rechtschreibung oder saubere Handschrift getrübt wird. Darüber hinaus spart der Lehrer sich enorm viel Zeit für das Korrigieren enormer Stapel von Prüfungsarbeiten!

Christine Hogan, Leiterin der School of Management an der Curtin University of Technology im australischen Perth, hat dieses Konzept weiterentwickelt. Als Koordinatorin für Organisationsverhaltensprogramme im Grundstudium führte sie das gesamte Lehrpersonal und alle Studenten ins Mind Mapping ein. Sie meint: „Wir stellten es als Hilfsmitel für Prüfungen vor. Zu Semesterbeginn bekamen die Studenten Richtlinien für die Arbeitseinheiten samt Zielvorgaben für jede Woche auf einer Doppelseite präsentiert. Auf der dem Text gegenüberliegenden Seite wurden sie aufgefordert, eine zusammenfassende Mind Map anzufertigen. Man sagte ihnen, dass bei der Prüfung eine Mind Map drankäme und dass man ihnen eine Auswahl aus den wöchentlichen Themen vorlegen würde, wie z. B.:

*Mind Map von Professor Barry Buzan für einen Vortrag vor Wissenschaftlern und Beamten des englischen Auswärtigen Dienstes (s. S. **224**).*

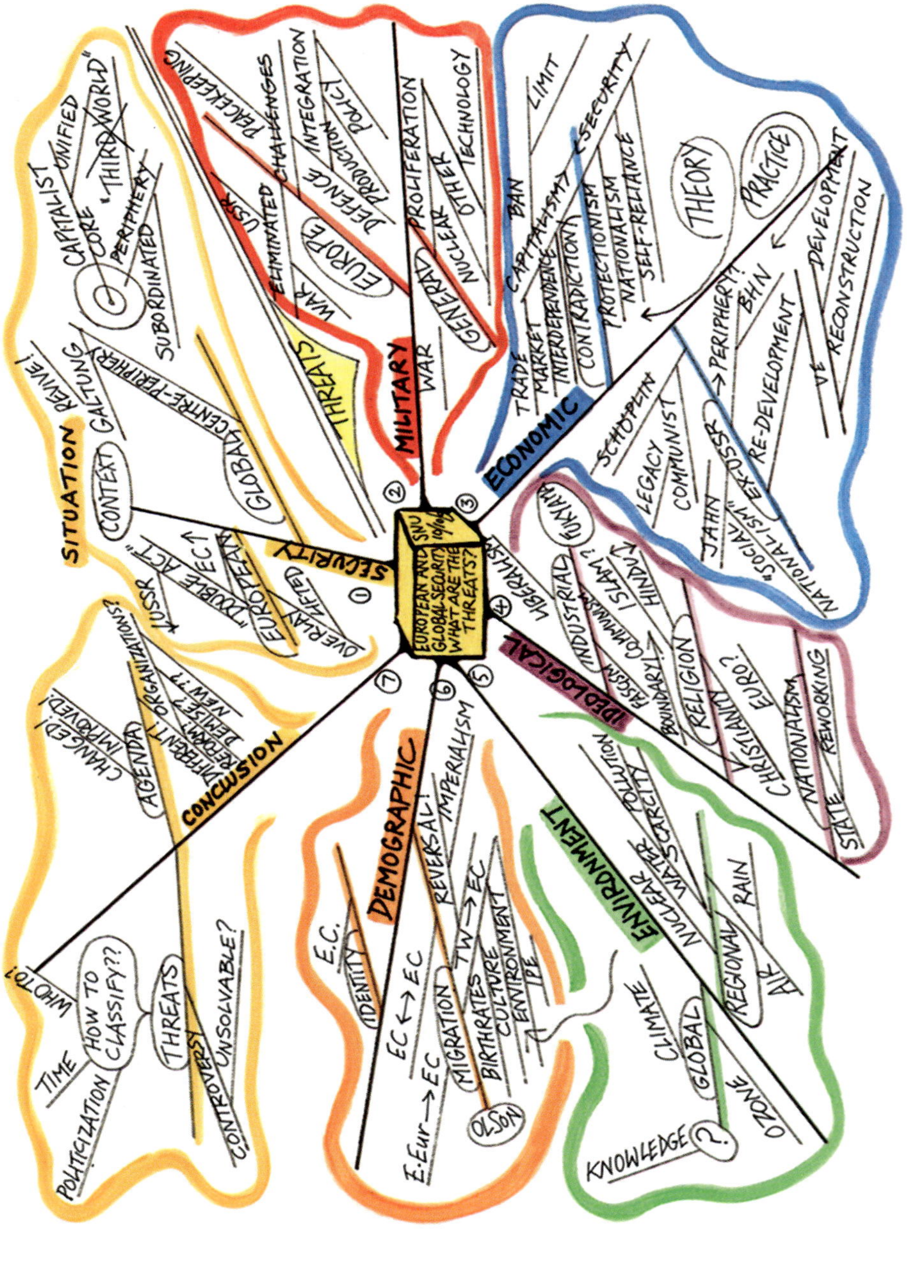

*Mind Map über chemische Kinetik von Graham Wheeler, die einen gesamten Abschnitt eines Chemiekurses abdeckt (s. S. **224**).*

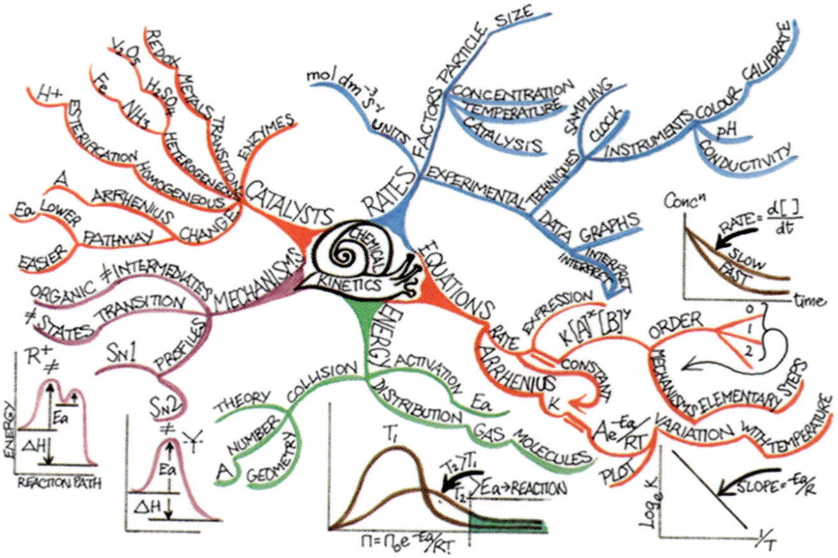

*Mind Map von Douglas Brand über berufliche Ausbildung (s. S. **228**).*

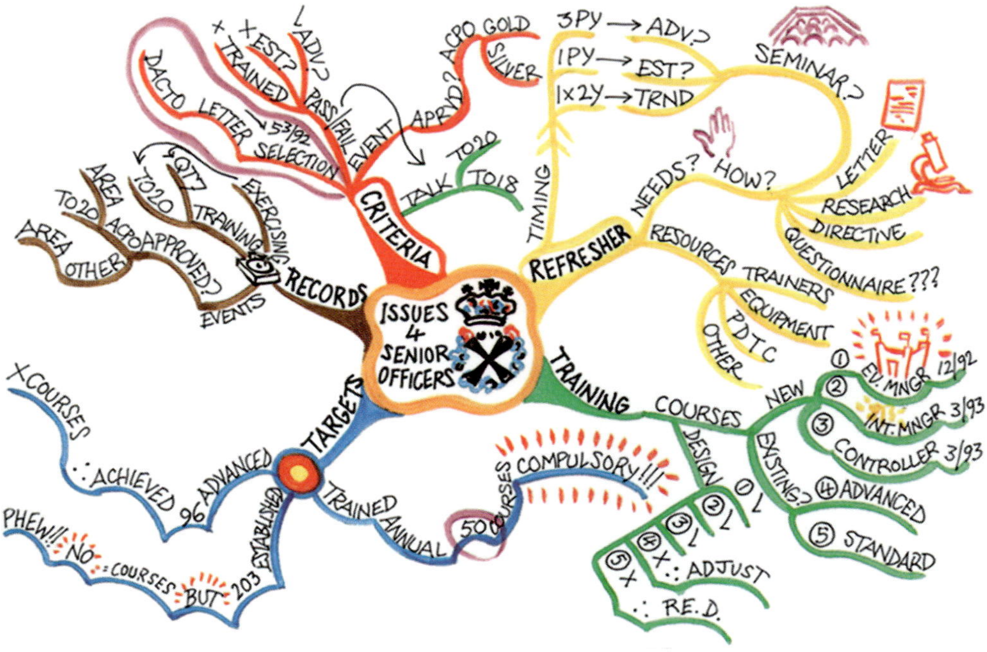

> Zeichnen Sie eine Mind Map zum Thema „Motivation“ oder „Führungsstärke“, die die grundlegenden Theorien/Konzepte/Modelle und Ihre eigenen Ideen zu diesem Thema aufzeigt. Verwenden Sie hierfür eine Doppelseite in Ihrem Antwortheft.

Darauf entwickelten wir folgendes Bewertungsschema:

Bewertungsschema

a)	*Inhalt*	
	Breite (abgedeckter Rahmen der Theorien/Konzepte)	5
	Tiefe (abgedeckte Details)	5
b)	*Abgedeckte eigenen Ideen*	4
c)	*Angewandte Mind-Mapping-Strategien*	
	Farbe	2
	Symbol	2
	Pfeile	2
	erreichte Gesamtpunktzahl:	**20**

Mind Mapping ist unserer Überzeugung nach eine Strategie, mit der man eher das Tiefen- als das Oberflächenlernen fördern kann. Biggs und Telfer (1987) sowie Marton und Slajo (1976) forschten über Tiefen- und Oberflächenlernen, wobei Tiefe von innen motiviert wird, die Studenten also die Bedeutung ihrer Arbeit zu verstehen versuchen und den Zusammenhang von neuen Ideen und Konzepten begreifen. Oberflächen-Lernen ist eher von außen motiviert und führt zu rein mechanischem Lernen.

Watkins und Hattie (1985) zeigen auf, dass Oberflächenlernverfahren am häufigsten auf Unter- und Mittelstufenniveau erfolgreich angewandt werden und dass wenige Studenten es für nötig befinden, ihre Strategien auf Universitätsniveau zu modifizieren. Viele unserer Studenten werden gebeten, im Mind Mapping zu Tiefenlernen zu wechseln, wo sie ermutigt werden, das ganze Bild zu sehen und Verbindungen zwischen Theorien, Konzepten und ihren eigenen Ideen herzustellen.“

7. Projekte

Mind Maps eignen sich perfekt zur Planung, Überwachung und Darstellung von Projekten. Sie fördern bereits im frühen Stadium umfassendes und auf den Punkt gebrachtes Denken, ermöglichen es sowohl dem Lehrer wie den Schülern, Fortschritte zu überprüfen und das wachsende Netz aufeinander bezogener Informationen zu beobachten, und liefern eine ideale Gliederung sowohl für schriftliche wie auch für mündliche Schlussdarstellungen.

Mind Maps können insbesondere bei der Berufsausbildung nützlich sein. Im Londoner Polizeidienst Metropolitan Police Service (mit einer Belegschaft von 44.000 Mitarbeitern) ist die Aus- und Weiterbildung von wachsender Bedeutung. Superintendent Douglas Brand setzte eine Mind Map (s. S. **227** unten) ein, um alle offen gebliebenen Ausbildungsfragen zu berücksichtigen, nachdem der Service einen allgemeinen Bericht abgeschlossen hatte.

Die Mind Map zeigt, wie sowohl umfassende Erwägungen als auch komplizierte Details in einer einzigen Mind Map behandelt werden können. Sie deckt zudem Bereiche ab, die die in der Ausbildung involvierten Mitarbeiter als nützlich erachten könnten.

Ein anderes Beispiel zeigt, wie Mind Maps zur Planung von Unterrichtsstunden in einem derzeit rasant wachsenden Lernbereich eingesetzt werden: dem Spracherwerb. Die Mind Map auf Seite **230** wurde als Unterrichtsplan für eine Gruppe nichtmuttersprachlicher Englischschüler von Charles La Fond gezeichnet, der einige internationale Sprachenschulen leitet. Die Bilder in der Mind Map sollen die Studenten anregen, während des Sprachkurses Fragen zu stellen, sie sollen außerdem Diskussionen fördern und Handlungsmöglichkeiten aufzeigen. Diese Mind Map liefert die Grundlage für einen Unterrichtstag und wird auch zur Wiederholung eingesetzt.

Die Mind Map auf Seite **231** zeigt noch detaillierter, wie Mind Maps vor allem im Grammatikunterricht eingesetzt werden können. Die Mind Map von Lars Soderberg, einem schwedischen Linguisten und Lehrer, verkörpert einen umfassenden Überblick über die Hauptbestandteile französischer Grammatik. Die Mind Map erfasst auf einer Seite die häufig als besonders kompliziert erachtete Materie und macht sie auf der anderen Seite klar verständlich und leicht zugänglich.

Unterricht an Sonderschulen

Mind Maps eignen sich besonders gut zum Unterrichten von Menschen mit Lernstörungen. Die Mind Map auf Seite **231** erstellte der Autor zusammen mit einem neunjährigen Jungen, den wir „Timmy“ nennen wollen. Timmy litt an ziemlich schlimmer Cerebralparese, was bedeutete, dass seine Antriebsfunktionen wesentlich eingeschränkt waren. Er wurde von vielen als nichtbildungsfähig und unintelligent eingeschätzt.

Tony Buzan verbrachte einen Nachmittag mit ihm – inmitten von Farbstiften und Malpapier. Er bat ihn zuerst, ihm von seiner Familie zu erzählen. Timmy schaute gespannt zu, wie Tony sich dazu Aufzeichnungen machte, und verbesserte sogar einmal die ziemlich komplizierte Schreibweise des Namens seiner Schwester.

Timmy wurde dann nach seinen Hauptinteressen gefragt und ohne Zögern sagte er „das All und Dinosaurier“, sodass diese Begriffe als Hauptäste auf der Mind Map vermerkt wurden. Dann fragte Tony ihn, was ihm am All gefalle. „Die Planeten“, lautete die Antwort. Danach benannte Timmy präzise die Planeten in ihrer korrekten Reihenfolge und bewies damit, dass er nicht nur weit mehr von unserem Sonnensystem wusste als 90 Prozent der Bevölkerung, sondern dass er auch eine ganz klare Vorstellung davon hatte. Als Timmy zum Saturn kam, hielt er inne, schaute Tony in die Augen und sagte „Huuubsch …“

Als das Gespräch auf Dinosaurier kam, bat Timmy um einen Stift und zeichnete etwas. Weil solches Gekritzel nie bedeutungslos ist, bat ihn Tony um die Erklärung, was es bedeute. Timmy erläuterte, dass es sich hierbei, ziemlich deutlich erkennbar, um einen Diplodokus und einen Tyrannosaurus Rex handle: Vater, Mutter, Kind.

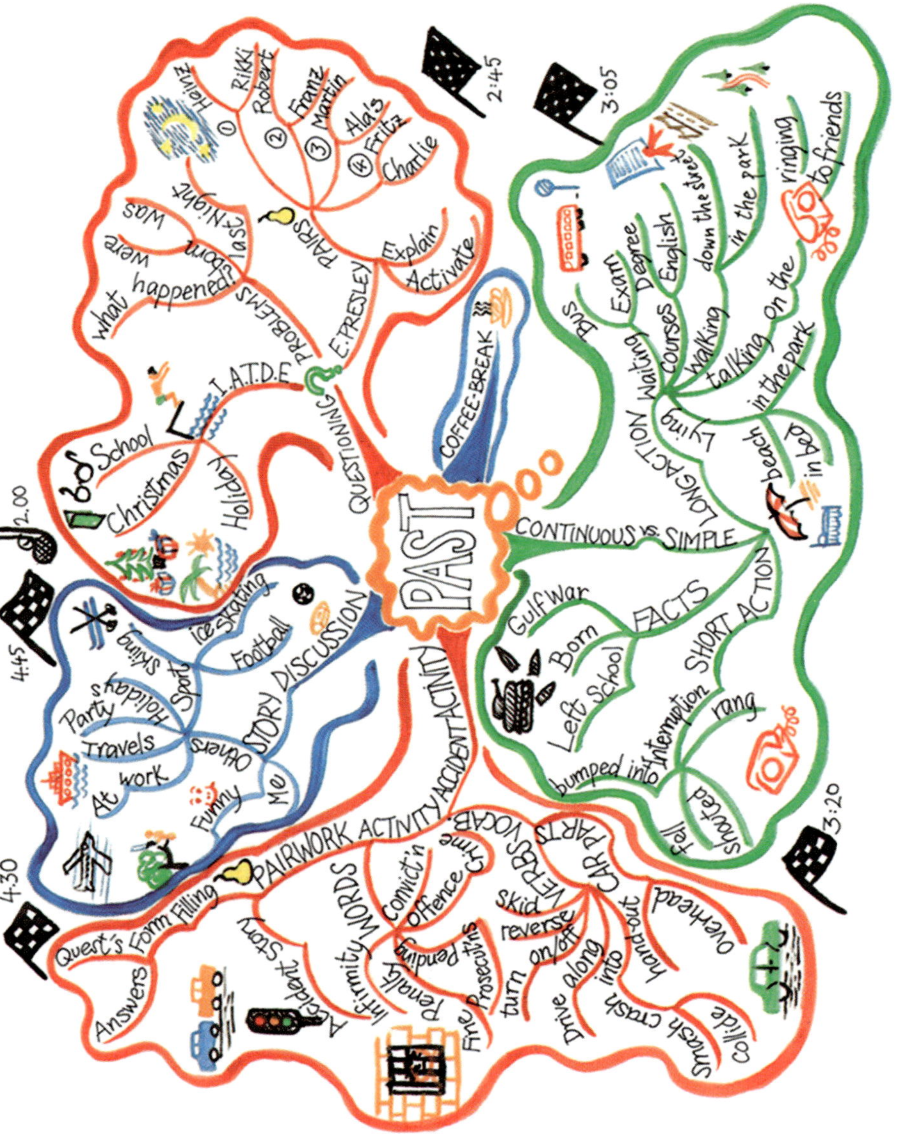

*Mind Map des Lehrers einer Sprachenschule, Charles La Fond, für eine Gruppe nichtmuttersprachlicher Englischschüler (s. S. **229**).*

Lars Soderbergs Mind Map: Überblick über die französische Grammatik (s. S. 229).

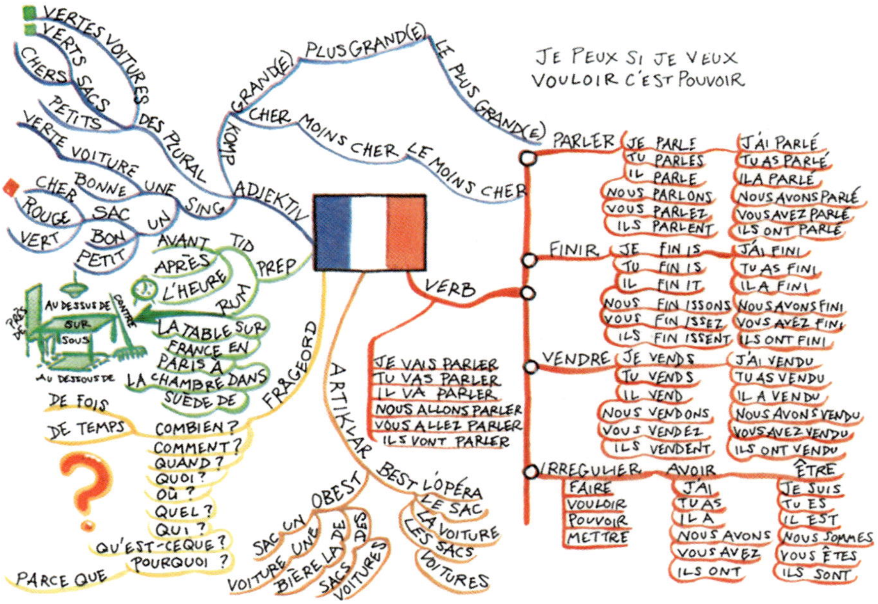

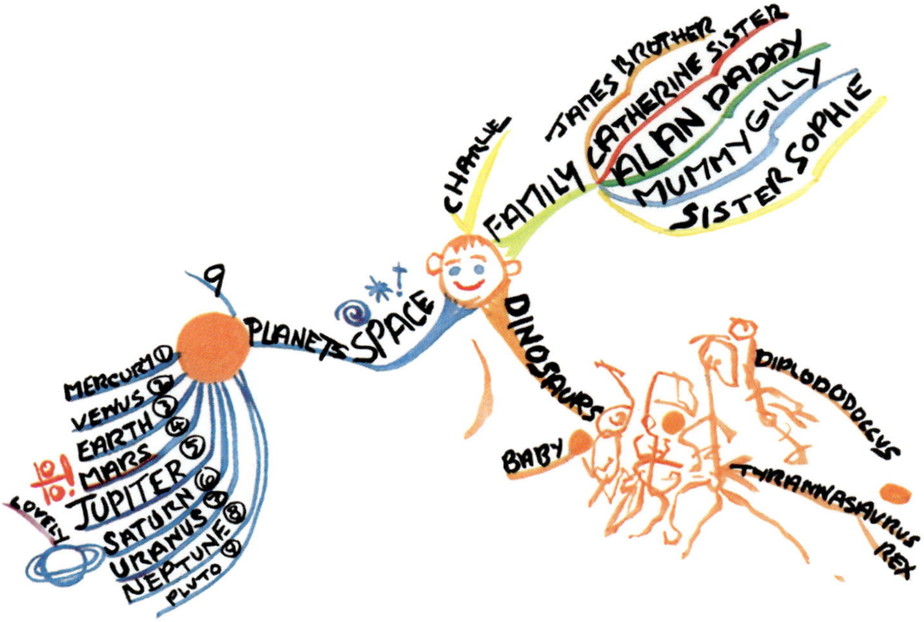

Mind Map von „Timmy" mit Hilfe von Tony Buzan, die die Fähigkeiten und das Wissen eines Lernbehinderten belegt (s. S. 229).

Timmys Verstand war so klar wie der eines guten Universitätsstudenten, er konnte lediglich seine Gedanken nicht miteinander vernetzen und sie nicht körperlich ausdrücken.

Er bat mich um die Erstellung einer Mind Map von sich selbst. Wieder kritzelte er etwas und erklärte es so: Das Orange stelle seinen Körper dar, der ihn sehr glücklich mache. Der schwarze Schnörkel im oberen Teil sei sein Gehirn, das ihn sehr glücklich mache, der gelbe Schnörkel stelle jene seiner Körperteile dar, die nicht funktionierten, was ihn sehr unglücklich mache. Er hielt einen Augenblick inne und fügte dann den dunklen Schnörkel, der den unteren Teil der Mind Map bedeckt, hinzu. Das stelle dar, wie er jetzt sein Denken einsetzen wolle, damit es ihm beim besseren Funktionieren seines Körpers helfe.

In diesem und vielen anderen ähnlichen Fällen befreit Mind Mapping das „lernbehinderte" Gehirn von semantischen Beschränkungen, die oft die Behinderung, falls vorhanden, vergrößern bzw. sie überhaupt erst hervorrufen können.

Vorteile des Unterrichtens mit Mind Maps

1. Mind Maps wecken automatisch das Interesse der Schüler und machen sie somit aufnahmebereiter und kooperativer im Klassenzimmer.

2. Sie führen zu mehr Spontaneität, Kreativität und Spaß beim Unterricht und bei der Darstellung – sowohl für Lehrer wie für Schüler.

3. Im Verlauf der Jahre bleiben die Notizen des Lehrers nicht starr, sondern sind flexibel und anpassungsfähig. Angesichts des heutigen schnellen Wandels und der rasanten Entwicklung müssen Lehrer fähig sein, ihre Unterrichtsvorbereitungen schnell und ohne großen Aufwand zu verändern und zu ergänzen.

4. Weil Mind Maps nur relevantes Material in einer klaren Form darstellen, an die man sich auch erinnern kann, schneiden die Schüler/Studenten bei Prüfungen besser ab.

5. Anders als lineare Texte zeigen Mind Maps nicht nur die Fakten, sondern auch die *Beziehungen zwischen diesen Fakten* und ermöglichen so den Schülern und Studenten ein tiefer gehendes Verständnis des Stoffs.

6. Der Umfang der Unterrichtsmaterialien reduziert sich drastisch.

7. Mind Maps sind besonders nützlich für Kinder mit Lernstörungen. Indem sie das Kind von der „Tyrannei der Semantik“ befreien, die oft für 90 Prozent der Schwierigkeiten verantwortlich ist, erlauben sie eine natürliche, umfassendere und schnellere Ausdrucksweise.

Überleitung

Nachdem wir den Einsatz von Mind Maps bei schriftlichen Darstellungen und im Unterricht selbst behandelt haben, müssen wir uns noch mit ihrer Anwendung bei einer der wichtigsten Lernaktivitäten, dem Erstellen von Aufzeichnungen, befassen. Das nächste Kapitel behandelt detailliert den besten Einsatz von Mind Maps beim Aufzeichnen eines Buches, Vortrags, Videos, Films oder von einem Computerprogramm.

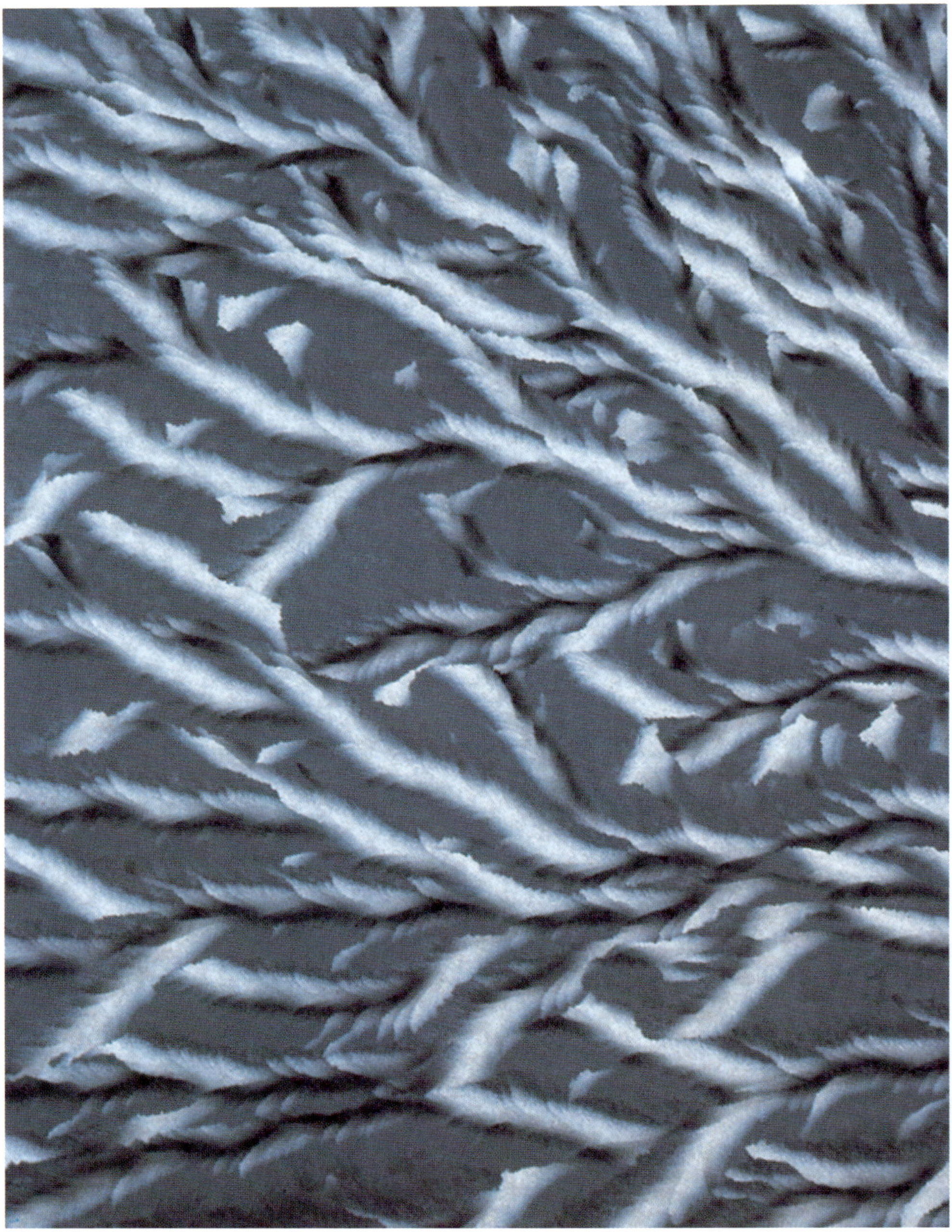

Natürliche Architektur: Tafel 26

Kapitel 24

Entwicklung einer Master-Mind-Map

Das erwartet Sie in diesem Kapitel:

- Vorwort
- Mind Mapping eines Buches
- Mind Mapping von Vorträgen/Videos/Computerprogrammen/Filmen
- Wiederholung Ihrer Mind-Map-Aufzeichnungen
- Erstellen einer Master-Mind-Map
- Vorteile von Mind-Map-Aufzeichnungen und Master-Mind-Maps
- Überleitung

Vorwort

Wir haben bereits in Kapitel 3 einerseits den abstoßenden intellektuellen Morast, der durch die herkömmliche lineare Aufzeichnungsmethode entsteht, und andererseits die vielen Vorteile von Mind-Map-Aufzeichnungen gesehen. In diesem Kapitel beziehen wir die Mind-Mapping-Technik nun insbesondere auf das Lesen von Büchern, das Hören von Vorlesungen und den Erwerb eines umfangreichen, integrierten Wissens.

Mind Mapping eines Buches

Zur kurzen Wiederholung: Die Methode, eine Mind Map über ein Buch zu erstellen, gliedert sich in zwei Teile – Vorbereitung und Anwendung – und insgesamt acht verschiedene Phasen. Unten werden die Phasen kurz mit den empfohlenen Zeiten aufgeführt.

Eine vollständige zusammenfassende Mind Map von Vanda North über die Organische Studienmethode, die einen Studientagesplan zeigt, finden Sie auf Seite **239**.

Vorbereitung

1. Überfliegen – Zeichnen des Zentralbildes der Mind Map (10 Minuten)
2. Festlegung des Zeitrahmens und der Materialfülle, die abgedeckt werden soll (5 Minuten)
3. Erstellung einer Mind Map Ihres vorhandenen Wissens über das Thema (10 Minuten)
4. Definition der Ziele und Erstellung einer Mind Map darüber (5 Minuten)

Anwendung

5. Überblick – Hinzufügen wesentlicher Mind-Map-Äste
6. Vorschau – erste und zweite Ebenen
7. Einsichtnahme – Eintragen von Einzelheiten in die Mind Map
8. Nachschau – Fertigstellung der Mind Map

Vorbereitung

1. Überfliegen (10 Minuten)

Vor der detaillierten Lektüre des Buches sollten Sie sich unbedingt einen schnellen Überblick verschaffen. Am besten schauen Sie sich Vorder- und Rückumschlagseiten und die Inhaltsangabe an und blättern dann ein paarmal die Seiten durch, um so ein Gefühl für das Buch zu bekommen.

Dann nehmen Sie ein großes unliniertes Blatt und zeichnen ein Zentralbild, das das Thema oder den Titel zusammenfasst. Wenn sich auf dem Umschlag oder im Buch selbst ein besonders auffallendes oder buntes Bild befindet, verwenden Sie es ruhig. Wenn Sie sich der vom Zentralbild ausstrahlenden Hauptäste einigermaßen sicher sind, können Sie diese auch gleich hinzufügen. Sie werden oft mit den Hauptteilen oder Kapiteln des Buches oder aber Ihren Hauptzielen beim Lesen übereinstimmen.

Indem Sie in dieser frühen Phase Ihre Mind Map beginnen, geben Sie Ihrem Gehirn einen zentralen Brennpunkt und den grundlegenden Aufbau, innerhalb dessen es all die bei der Lektüre des Buches gesammelten Informationen integrieren kann.

2. Festlegung des Zeitrahmens und der Materialfülle, die abgedeckt werden soll (5 Minuten)

In Anbetracht Ihrer Studienziele, des Buchinhalts, des Schwierigkeitsgrades und der Menge Ihres bereits vorhandenen Wissens entscheiden Sie jetzt über die Zeit, die Sie der gesamten Aufgabe widmen wollen, und über die in jeder Studienperiode abzudeckende Materialfülle.

3. Mind Mapping Ihres bereits vorhandenen Wissens über das Thema (10 Minuten)

Jetzt „wenden" Sie sich vom Buch und von Ihrer früheren Mind Map „ab" und erstellen *so schnell wie möglich* eine Blitz-Mind-Map zu allem, was Sie bereits über das betreffende Thema wissen. Dies schließt alle Informationen, die Sie durch Ihr anfängliches Überfliegen gewonnen haben, ebenso ein wie alle allgemeinen oder Spezialkenntnisse, die Sie irgendwann einmal aufgeschnappt haben und die im weitesten Sinne zum Thema gehören.

Die meisten Menschen sind entzückt und überrascht herauszufinden, dass sie tatsächlich viel mehr über das Thema wissen als ursprünglich angenommen. Diese Übung ist auch besonders wertvoll, weil sie passende Assoziationen oder „Haken" an die Oberfläche Ihres Gehirns bringt und es in Bezug auf Ihr Studienthema aktiviert. Dadurch können Sie auch Stärken und Schwächen Ihres Wissens erkennen und sehen, welche Aspekte Sie ergänzen müssen.

4. Festlegung Ihrer Ziele und Erstellung einer Mind Map darüber (5 Minuten)

In dieser Phase können Sie entweder mit einem andersfarbigen Stift Ihre bestehende Mind Map, die Sie gerade fertiggestellt haben, ergänzen oder aber Sie nehmen ein neues Blatt Papier und fertigen eine weitere Blitz-Mind-Map über die Ziele an, die Sie bei der Lektüre des Buches verfolgen. Diese Ziele können Sie in Form spezieller Fragen, die Sie beantwortet haben möchten, formulieren – oder als Wissensgebiete, über die Sie mehr herausfinden möchten, oder aber vielleicht auch als Fähigkeiten, die Sie gerne erwerben würden.

Das Mind Mapping Ihrer Ziele erhöht auf diese Weise stark die Wahrscheinlichkeit, dass Ihr System Auge-Sehzentrum jegliche hinsichtlich dieser Ziele relevante Information, auf die es stößt, registriert. Praktisch fungiert die Mind Map Ihrer Ziele als Appetitanreger für Ihre Suche. So wie eine Person, die tagelang nichts gegessen hat, nur mehr ans Essen denkt, so verstärkt eine gute vorbereitende Mind Map Ihren Wissenshunger.

Anwendung (die benötigte Zeit hängt vom Material ab)

5. – 8. Überblick, Vorschau, Einsichtnahme, Nachschau

Nach Abschluss Ihrer Vorbereitungen können Sie mit den vier Ebenen der Lektüre beginnen – Überblick, Vorschau, Einsichtnahme, Nachschau -, die Sie tiefer in den Inhalt des Buches führen. (Näheres über diese Phasen auf S. **204-205**.)

Sie können jetzt entweder während des Lesens eine Mind Map erstellen oder das Buch beim Lesen anstreichen und hinterher eine Mind Map anfertigen. Beide Verfahren sind gleichwertig – welches Sie wählen, hängt allein von Ihrer persönlichen Entscheidung ab und auch evtl. davon, ob das Buch Ihnen selbst gehört.

- Eine Mind Map während der Lektüre anzufertigen, ist vergleichbar mit einem fortlaufenden Gespräch mit dem Autor, das das sich mit fortschreitender Lektüre entwickelnde Wissen widerspiegelt. Die wachsende Mind Map befähigt Sie auch, Ihren Wissensstand ständig zu überprüfen und das Zusammentragen der Informationen diesem anzupassen.
- Mind Mapping im Anschluss an die Lektüre hat den Vorteil, dass Sie Ihre Mind Map erst dann erstellen, wenn Sie bereits den ganzen Inhalt des Buches und die Weise, wie ein Teil sich auf den anderen bezieht, verstanden haben. Ihre Mind Map wird deshalb umfassender und stärker auf den Punkt gebracht und wahrscheinlich weniger der Korrektur bedürfen.

Welche Methode Sie auch wählen, Sie sollten immer daran denken, dass das Mind Mapping eines Buches ein wechselseitiger Prozess ist. Es geht nicht darum, bloß die Gedanken des Autors in Form einer Mind Map zu kopieren, sondern sie vielmehr in den Zusammenhang Ihres eigenen Wissens, Ihres Verständnisses, Ihrer Interpretation und Ihrer besonderen Ziele zu stellen und zu integrieren. Ihre Mind Map sollte daher idealerweise Ihre eigenen Kommentare, Gedanken und kreativen Erkenntnisse enthalten, die aus dem Gelesenen erwachsen. Mit Hilfe verschiedener Farben oder Codes können Sie Ihre Beiträge von denen des Autors leicht unterscheiden.

Mind Mapping von Vorträgen/Videos/ Computerprogrammen/Filmen

Diese Mind Maps ähneln stark dem Mind Mapping eines Buches, jedoch mit dem Unterschied, dass Sie häufig an das lineare Fortschreiten des Vortrags oder der Darbietung gebunden sind und sich nicht beliebig auf die verschiedenen Teile des Materials beziehen können.

Aus diesem Grund ist es besonders wichtig, so schnell wie möglich einen Überblick über das Thema zu gewinnen. Noch vor Beginn des Vortrags, Videos oder Films sollten Sie Ihr Zentralbild und möglichst viele Hauptäste zeichnen. (Die meisten guten Redner freuen sich, wenn sie einer an ihrem Thema interessierten Person helfen können, und werden Ihnen gern vor dem Vortrag einen kurzen Abriss der Hauptgebiete geben, die sie abzudecken planen.)

Ehe der Vortrag oder Film beginnt, können Sie, wenn es die Umstände erlauben, wieder in zwei Minuten eine Blitz-Mind-Map über Ihr bestehendes Wissen zu dem Thema erstellen, um Ihr Gehirn auf die Aufnahme neuer Informationen einzustimmen.

*Mind Map von Vanda North, die die Organische Studienmethode zusammenfasst (s. S. **236** und Kap. 21)*

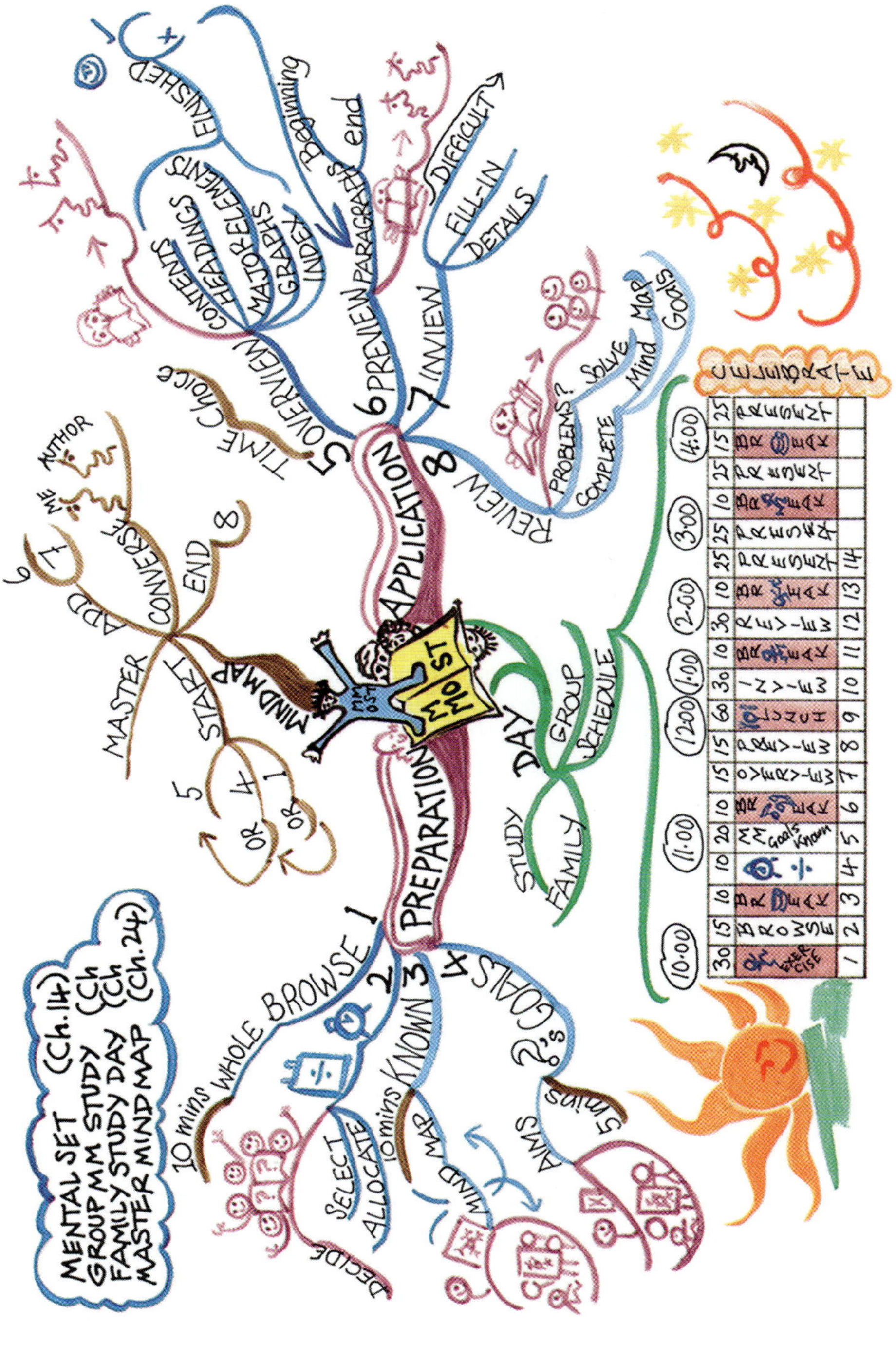

Mit dem Fortschreiten der Zeit können Sie die Informationen und Ideen in Ihre Original-Mind-Map übertragen, wann immer sie besonders relevant erscheinen, und falls nötig den grundlegenden Aufbau korrigieren. Wie beim Mind Mapping eines Buches sollten Sie immer Ihre eigenen Kommentare und Beiträge als Reaktion auf jene des Redners vermerken.

Machen Sie sich keine Sorgen, wenn die gesammelten Informationen ein wenig konfus werden, und Ihre Mind-Map-Aufzeichnungen ein Durcheinander zu sein scheinen. Wie bereits dargelegt, sind die so genannten „sauberen" linearen Aufzeichnungen viel schlechter geeignet, Informationen an Ihr Gehirn zu vermitteln.

Lana Israel, das in Kapitel 22 erwähnte Mädchen, verwendet offensichtlich Mind Maps ganz selbstverständlich als wesentlichen Teil ihres Schulalltags. Ihre Mind Map auf Seite **242** ist eine Kombination aus Aufzeichnung, Aufsatz und Prüfungsvorbereitung.

Lana stellt fest: „Diese Mind Map entstammt meinen Geschichtsaufzeichnungen. Mein Lehrer doziert normalerweise jeden Tag und natürlich zeichne ich seine Vorträge mit Mind Maps auf. Diese Mind Map handelt von den frühesten amerikanischen Parteien und ihren Standpunkten. Das Zentralbild illustriert die politische Spaltung, die zur Bildung zweier getrennter Parteien führte. Beim bloßen Blick auf mein Bild bin ich mir sofort wieder des Themas der Mind Map und der allgemeinen Charakteristika der Parteien bewusst. Die Demokraten stammten mehr aus dem Volk, die Föderalisten eher aus dem Adel.

Der Einsatz von Bildern in Mind-Map-Aufzeichnungen eignet sich hervorragend, um Konzepte zu bündeln, Informationen wiederabzurufen und Geschichte zu einem wahren Vergnügen zu machen. Anstelle einer Mind Map müsste man mindestens zwei bis drei Seiten lineare Aufzeichnungen schreiben – und drei Seiten statt einer zu lesen, macht nicht eben Spaß. Darüber hinaus kann man diese Mind Map in weniger als einer Minute wiederholen, was Zeit spart und das Erinnern erleichtert, da die Schlüsselwörter eng miteinander verbunden sind. Mit Mind Mapping gewinnt man beim Lernen Spaß, Einzigartigkeit, Kreativität, bessere Erinnerung, Ordnung. Dank Mind Maps habe ich eine Eins in Geschichte bekommen!"

Wiederholung Ihrer Mind-Map-Aufzeichnungen

Nach Fertigstellung Ihrer Mind-Map-Aufzeichnungen sollten Sie sie regelmäßig wieder anschauen, um das Gelernte zu wiederholen. Die natürlichen Rhythmen Ihres Gedächtnisses erklärt Tony Buzan detailliert in den Büchern *Nichts vergessen* und *Kopftraining*. Die wesentlichen Punkte fassen wir hier kurz zusammen. Für eine einstündige Lernphase betragen die optimalen Intervalle und Zeiten für die Wiederholung:

- Nach 10 Minuten – legen Sie eine zehnminütige Wiederholung ein,
- nach 24 Stunden – eine 2-4minütige Wiederholung,
- nach einer Woche – eine zweiminütige Wiederholung,
- nach sechs Monaten – eine zweiminütige Wiederholung,
- nach einem Jahr – eine zweiminütige Wiederholung.

Danach sind die Informationen im Langzeitgedächtnis gespeichert. Statt bei jeder Wiederholung auf Ihre Original-Mind-Map zu schauen, sollten Sie lieber erst eine Blitz-Mind-Map über das erstellen, woran Sie sich erinnern. Dies zeigt Ihnen, woran Sie sich *ohne Hilfe* erinnern. Dann können Sie sie mit der Original-Mind-Map vergleichen, eventuelle Unterschiede anpassen und Ihre Erinnerungs-Schwachpunkte stärken.

Erstellen einer Master-Mind-Map

Wenn Sie an einem langfristigen Studienkurs teilnehmen, sollten Sie eine große Master-Mind-Map erstellen, die die wichtigen Unterpunkte, Themen, Theorien, Persönlichkeiten und Ereignisse in diesem Fach widerspiegelt. Jedes Mal, wenn Sie ein Buch lesen oder eine Vorlesung besuchen, können Sie wichtige neue Einsichten auf Ihrer Master-Mind-Map notieren und so einen äußeren Spiegel Ihres wachsenden Netzes inneren Wissens schaffen. In Kapitel 27, Seite **271** skizziert eine Vielzweck-Master-Mind-Map die Einsatzmöglichkeiten von Mind Maps bei einem Managementnotfall!

Die Mind Map auf Seite **243** von Brian Heller, einem Amateurornithologen und leitenden Angestellten bei IBM, über Vogelklassen und „Ordnungen" gibt ein ausgezeichnetes Beispiel solch eines äußeren Spiegelbildes ab. Auf einer einzigen Seite stellte Brian sein lebenslang erworbenes Wissen dar.

Diejenigen, die eine solche Mind Map erstellt haben, bemerken eine unerwartete, Gewinn bringende Tatsache. Nach einer gewissen Zeit beginnen die Grenzen der Mind Map sich anderen Themen und Disziplinen zu nähern. So berührt die Peripherie einer Master-Mind-Map über Psychologie sich allmählich mit den Themen Neurophysiologie, Mathematik, Philosophie, Astronomie, Geographie, Meteorologie, Ökologie usw.

Das heißt nicht, dass Ihre Wissensstruktur sich auflöst und zu weit vom Wesentlichen entfernt, sondern vielmehr, dass Ihr Wissen so tief und ausführlich wird, dass es sich allmählich auf andere Wissensbereiche erstreckt. Dieses Stadium intellektueller Entwicklung war den großen Denkern der Vergangenheit vertraut, in der alle Disziplinen mit allen anderen in Beziehung standen. In diesem Stadium hilft Ihnen Ihre Master-Mind-Map auch, Ihren Beitrag zur fortdauernden Erweiterung menschlichen Wissens zu leisten.

Vorteile von Mind-Map-Aufzeichnungen und Master-Mind-Maps

1. Sie befähigen Sie, das gesamte Wissens-„Bild“ immer im Blick zu behalten, und vermitteln Ihnen somit ein ausgewogeneres und umfassenderes Wissen des Themas in seiner Gesamtheit.

2. Sie brauchen viel weniger Platz als lineare Aufzeichnungen. Zwischen 10 und 1.000 Seiten Text können auf einem einzigen großen Mind-Map-Blatt zusammengefasst werden.

3. Sie geben Ihrem Gehirn einen zentralen Brennpunkt und eine Struktur, innerhalb derer Sie Ihr Wissen über jedes beliebige Thema integrieren können.

Mind Map von Lana Israel als Vorbereitung auf eine Geschichtsprüfung *(s. S. **217** und **240**).*

*Master-Mind-Map von IBM-Manager Brian Heller, die seine lebenslange Beschäftigung mit der Ornithologie zusammenfasst (s. S. **241**).*

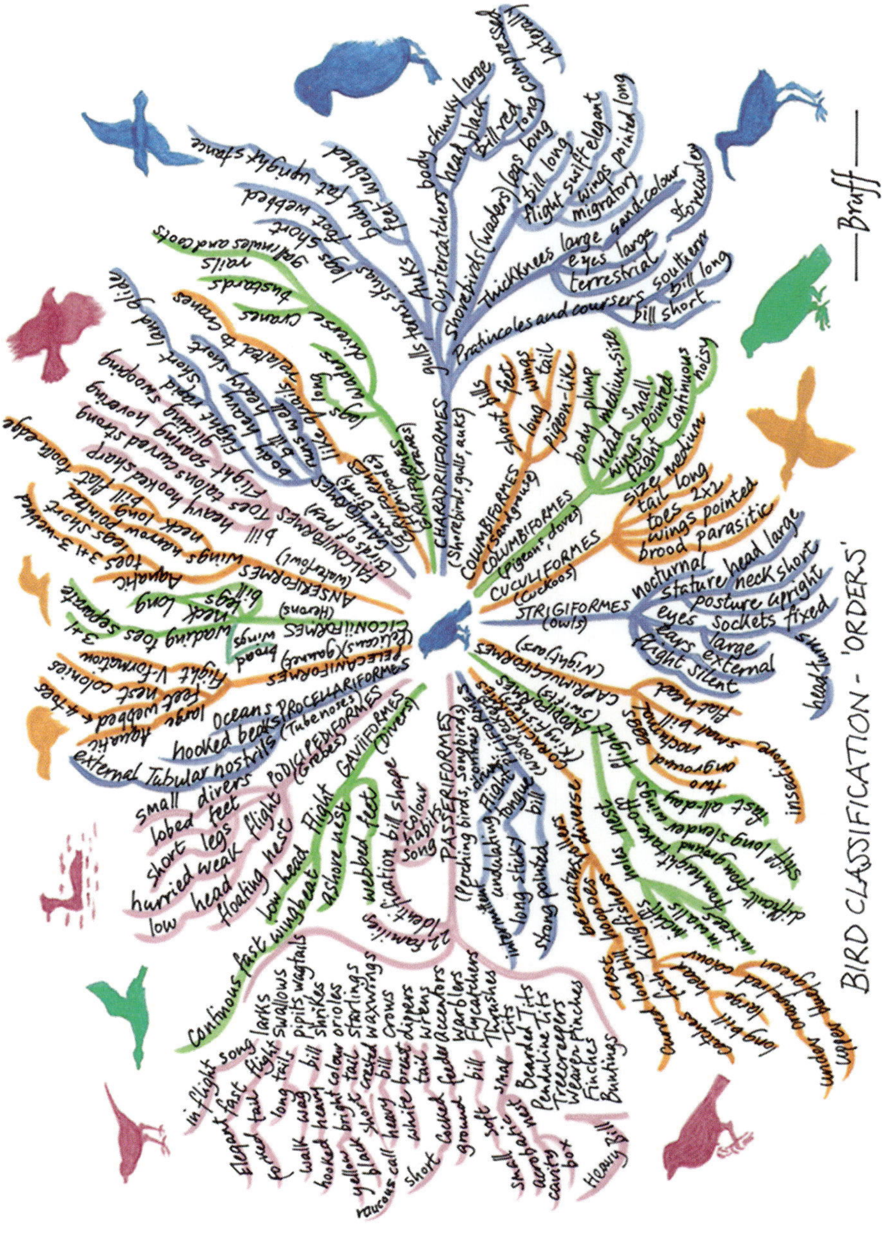

4. Sie vergrößern den Wissensdurst Ihres Gehirns.

5. Sie erlauben Ihnen, Ihre eigenen Gedanken und Ideen mit den in Büchern, Vorträgen oder anderen Darstellungen dargelegten Gedanken in Beziehung zu setzen.

6. Sie eignen sich viel besser für Wiederholungen.

7. Sie steigern Ihre Gedächtnisleistung und Ihr Verständnis von Büchern, Vorträgen und Darstellungen und befähigen Sie zu Höchstleistungen in jedem Studienfach.

Überleitung

Nach Abschluss ihrer formalen Ausbildung finden viele Leute Beschäftigung im Unternehmensbereich oder in einem akademischen Beruf. Die nächsten Kapitel zeigen Ihnen, wie Sie mit Hilfe von Mind Maps Ihr Arbeitsleben einfacher, erfreulicher und produktiver gestalten können.

Abschnitt D

Unternehmensbereich und Berufsleben

Kapitel 25

Besprechungen

Das erwartet Sie in diesem Kapitel:

- Vorwort
- Mind Mapping für den Einzelnen
- Mind Mapping in der Gruppe
- So leiten Sie Besprechungen mit Hilfe von Mind Maps
- Vorteile von Mind Maps bei Besprechungen
- Überleitung

Vorwort

Bei einer Besprechung sollte sich im Idealfall jeder sowohl aktiv beteiligen als auch zuhören. Mind Mapping führt hier sowohl auf individueller wie auch auf Gruppenebene zu einer aktiven Beteiligung, und eben in der aktiven Beteiligung liegt der Schlüssel zu einer wirklich anregenden und produktiven Besprechung.

*S. **247**: Natürliche Architektur: Tafel 27*

Mind Map von Lady Mary Tovey über eine Besprechung (s. S. **248**).

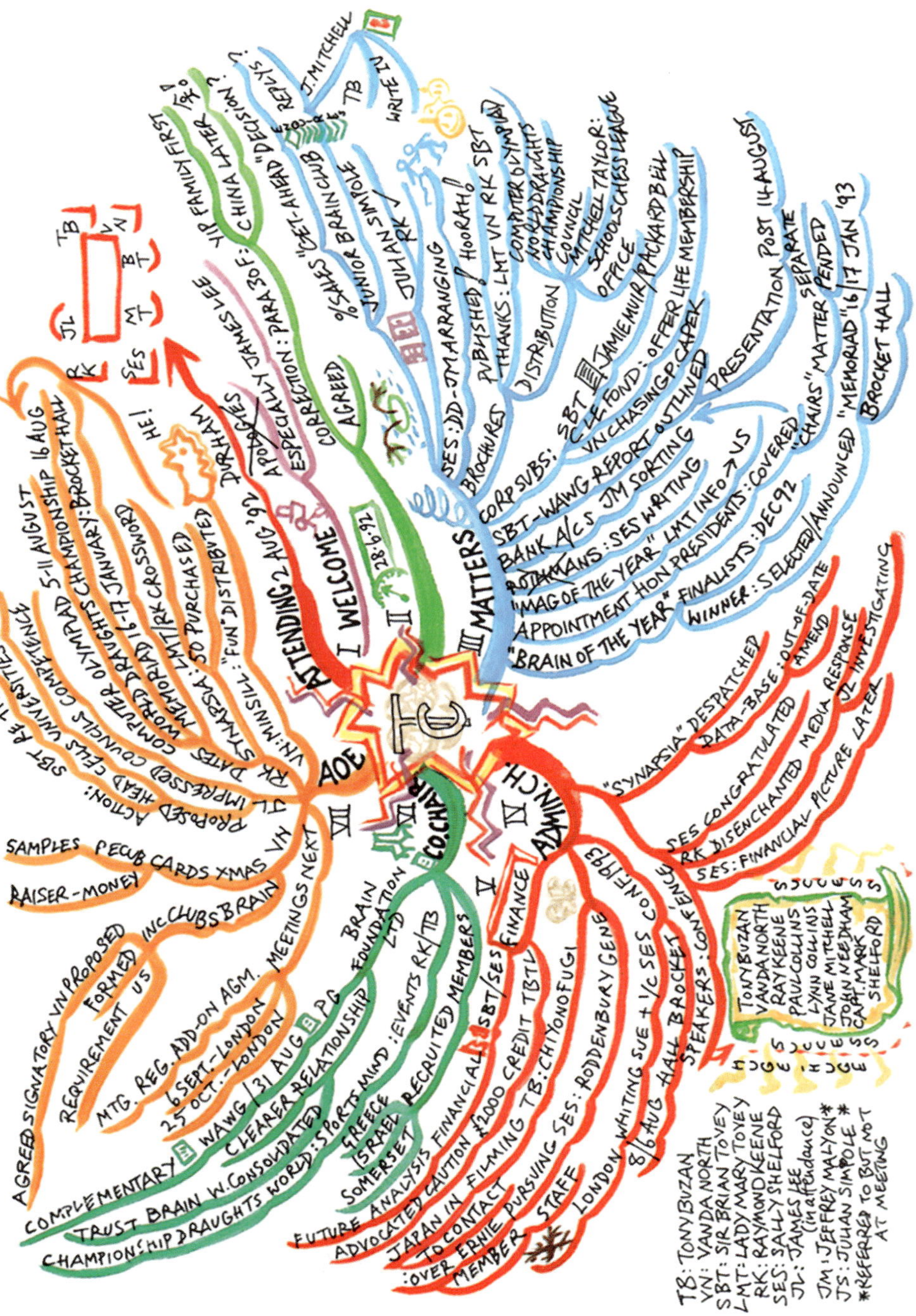

Mind Mapping für den Einzelnen

Unter Anwendung der bereits in Kapitel 14 (S. **139-146**) und Kapitel 24 (S. **235-244**) beschriebenen Techniken können Einzelpersonen in Besprechungen ihre eigenen Mind Maps erstellen.

Das Besprechungsthema liefert das Zentralbild, und die Hauptpunkte der Tagesordnung stimmen mit den Hauptästen überein. Im Lauf der Besprechung können Sie Ideen und Informationen überall da einfügen, wo sie relevant scheinen. Oder Sie können auch für jeden Redner eine Mini-Mind-Map erstellen. Solange Sie alles auf dasselbe Blatt Papier zeichnen, können Sie problemlos Querverweise herstellen, sobald sich Themen und Tendenzen aus der Besprechung herauskristallisieren.

Noch einmal: Sie müssen sich keine Sorgen über das „schlampige“ Aussehen Ihrer Mind-Map-Aufzeichnungen machen. Sie spiegeln lediglich den wirren Kommunikationsstand zu diesem Zeitpunkt wider und können später überarbeitet werden.

Die Mind Map auf Seite **246** stammt von Lady Mary Tovey und zeigt eine vierstündige Vorstandssitzung des Brain Trust. Das Zentralbild stellt humorvoll das Hauptbesprechungsthema dar; die Mind Map selbst deckt das Äquivalent von acht Seiten Standardnotizen ab. Lady Mary zeichnete die Sitzordnung der Teilnehmer während der Besprechung ein – eine sehr hilfreiche zusätzliche Gedächtnisstütze.

Die Mind Map auf Seite **251** ist ein Beispiel einer mehrsprachigen japanisch/englischen Mind Map. Sie stammt von einem leitenden Angestellten von IBM Japan und wurde als fortlaufender Bericht sowohl geschäftlicher wie auch gesellschaftlicher Treffen während einer Drei-Tage-Konferenz in Barcelona erstellt. Diese Mind Map diente zudem bei der Rückkehr des Managers in seine japanische Zentrale als Grundlage für einen Bericht.

Mind Mapping in der Gruppe

Neben den individuellen Mind Maps sollte zudem für alle sichtbar eine Master-Mind-Map auf einer großen Tafel, einem Bildschirm oder einer Flipchart angebracht werden. So kann der Protokollführer alle Beiträge registrieren und sie in die Gesamtstruktur der Besprechung aufnehmen.

Dadurch vermeidet man das bekannte Problem, dass gute oder gar hervorragende Ideen verworfen werden oder nie auftauchen, weil die herkömmlichen Methoden zur Strukturierung und Protokollierung von Besprechungen dem Entstehen einer natürlichen Gruppenkommunikation zuwiderlaufen.

Eine Gruppen-Mind-Map kann sowohl einen Brainstorming-Teil wie auch einen Planungsteil verkörpern. Eine Mind Map sollte eine Besprechung zwischen Schachgroßmeister Raymond Keene, Lord Brocket, Annette Keene, Vanda North und Tony Buzan über das Fortbestehen von Brocket Hall als internationalem Zentrum für Geistestraining und auch als Schauplatz einer Reihe anderer Ereignisse zusammenfassen. Standort, Finanzierung und Marketing wurden ausführlich erörtert. Als Folge des Treffens wurden sieben neue Wettkämpfe in Denksportarten ins Leben gerufen.

Ein besonderer Vorteil des Einsatzes von Mind Maps bei Besprechungen liegt darin, dass die Mind Map ein klareres und ausgewogeneres Bild des eigentlichen Besprechungsinhalts wiedergibt. Forschungsergebnisse belegen, dass bei traditionellen Besprechungen Personen bevorzugt werden, die als Erste, als Letzte, am lautesten, mit besonderem Nachdruck sprechen oder die über einen größeren Wortschatz verfügen oder die eine höhere Position innehaben. Die Mind Map zerschlägt diese informatorischen Vorurteile, gewährt einen objektiveren und zusammenhängenderen Blick, lässt so alle zu Wort kommen und fördert eine ausgewogene Beteiligung und die verstärkte Zusammenarbeit.

So leiten Sie Besprechungen mit Hilfe von Mind Maps

Mind Maps sind besonders bei der Leitung einer Besprechung von Vorteil. Der Vorsitzende hat die Tagesordnung in einer Basis-Mind-Map zusammengefasst und kann dieses grundlegende Gerüst verwenden, um Gedanken anzufügen, Diskussionen zu leiten und die Grundskizze dessen aufzuzeichnen, woraus schließlich das Sitzungsprotokoll erwächst. Mit Farbcodes kann man Handlung, Ideen, Fragezeichen und wichtige Bereiche aufzeigen.

Eine Abwandlung besteht darin, einen formellen Mind-Map-Protokollführer zu ernennen, der neben dem Vorsitzenden sitzt, damit dieser auf vielen Ebenen gleichzeitig agieren kann, während er zugleich den Überblick über die Entwicklung der Besprechung behält.

Bruce Johnstone von der Investmentgesellschaft Fidelity setzte diese Methode besonders erfolgreich ein. In einer Ausgabe der Zeitschrift *Money* wird beschrieben, wie Johnstone Jahresgewinne von durchschnittlich 21 Prozent in den vergangenen zehn Jahren erwirtschaftete und Amerikas bester Investor wurde.

In dem Artikel heißt es: „Etliche Bücher in seinem Büro weisen ihn als einen Menschen aus, der entschlossen ist, das Beste aus seinem Verstand zu machen: darunter befinden sich Titel wie *The Brain User's Guide* (Das Handbuch für den Gehirnbenutzer) und *Use Both Sides of Your Brain* (Benutzen Sie beide Gehirnhälften). Ein Ergebnis seiner Studien ist das Mind Mapping, ein Aufzeichnungsdiagramm, das Schlüsselwörter und Ideen auf einer einzigen Seite methodisch zusammenstellt. Bei den 14-tägigen Besprechungen, oft mit 30 oder mehr Analysten und Fondsmanagern, sitzt Johnstone an einem Ende des Konferenztischs und erstellt ein Diagramm der Diskussion, während Peter Lynch, die Kapazität des Fidelity Magellan, des besten amerikanischen Wachstumsfonds, jedem Sprecher mit Hilfe einer Eieruhr drei Minuten Redezeit zuteilt.

Auf einer Sitzung vergangenen November zeichnete Johnstone einen grünen Ast, auf den er 'AT&T – vielleicht – dereguliert' schrieb. Davon zweigte eine andere – dunkelrote Linie ab, mit den Punkten: 'Flexibilität – Steigerung – Raten' und eine andere 'Kauft AT&T!' Nach der Besprechung orderte Johnstone 20.000

Aktien zu je 25 Dollar. Innerhalb von zwei Wochen stiegen sie auf beachtliche 27 Dollar."

Vorteile von Mind Maps bei Besprechungen

1. Sie gewährleisten, dass jeder Teilnehmer alle Gesichtspunkte der übrigen Teilnehmer versteht.
2. Sie stellen alle Beiträge in einen Zusammenhang.
3. Das Erfassen *aller* individuellen Beiträge auf einer Mind Map steigert die Energie, die Begeisterung und die Zusammenarbeit in der Gruppe.
4. Jedes Gruppenmitglied verfügt über einen vollständigen Sitzungsbericht, wodurch sichergestellt wird, dass jeder die getroffenen Entscheidungen versteht und sich genau an sie erinnert.
5. Weil Mind Maps ein so effizientes Kommunikationsmittel darstellen, dauern Mind-Map-Besprechungen gewöhnlich nur etwa ein Fünftel so lange wie herkömmliche Meetings.
6. Mind Maps erhöhen die Wahrscheinlichkeit, dass gesetzte Ziele erreicht werden.

Überleitung

Die meisten Besprechungen erfordern auch mündliche Darstellungen vor einer Versammlung. Das nächste Kapitel behandelt den Einsatz von Mind Maps zur Vergrößerung Ihrer Fähigkeiten bei der Präsentation von Ideen und Informationen im Geschäftsleben.

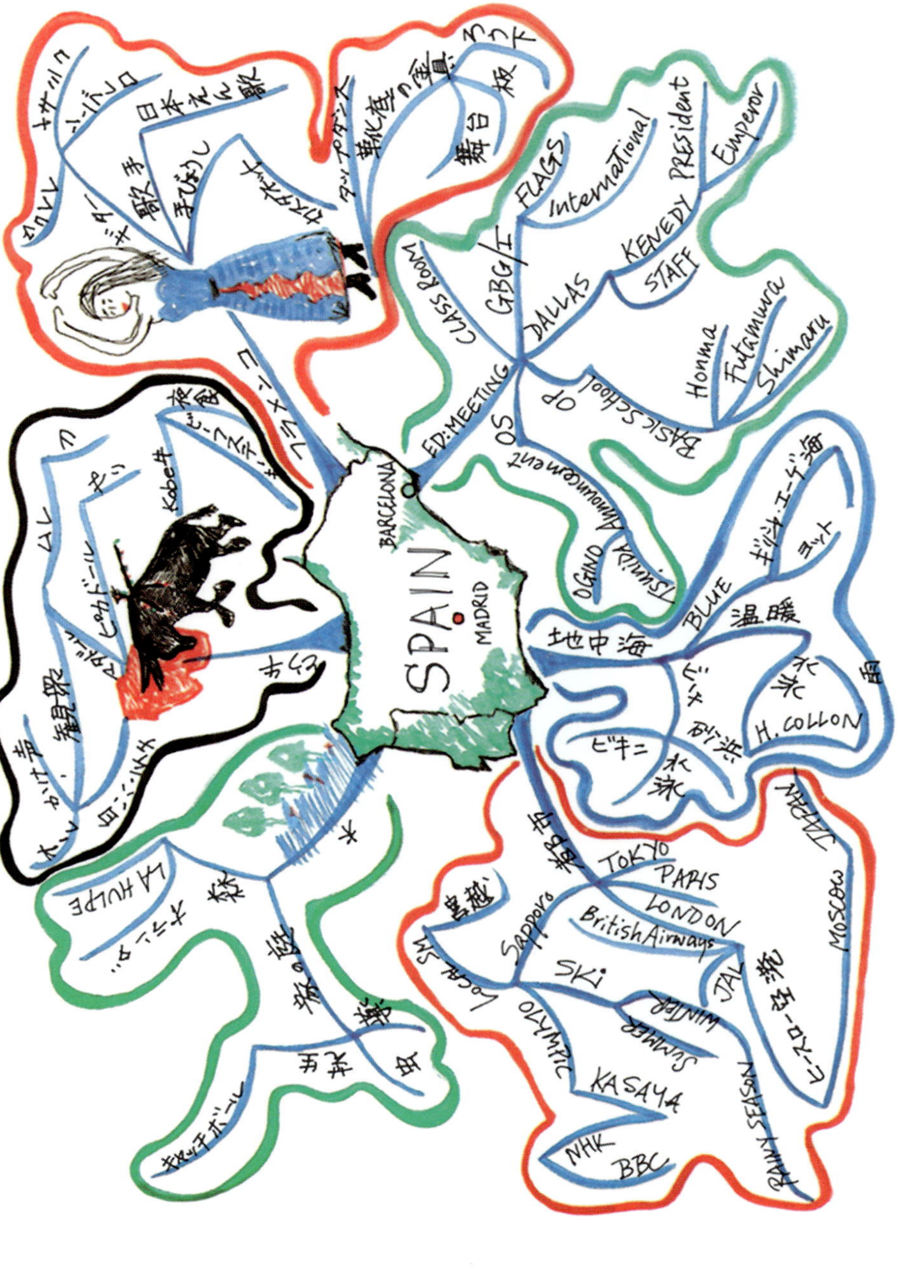

*Mehrsprachige Mind Map einer dreitägigen Konferenz in Spanien (s. S. **248**).*

Kapitel 26

Öffentliche Reden und Auftritte

Das erwartet Sie in diesem Kapitel:

- Vorwort
- Mind Maps zur Vorbereitung eines öffentlichen Auftritts
- Mind Mapping oder lineare Vorbereitung?
- So halten Sie eine Mind-Map-Rede
- Beispiele für Mind-Map-Reden
- Vorteile von Mind Maps bei Reden
- Überleitung

Vorwort

Das freie Sprechen – unter vier Augen, in kleinen oder großen Gruppen, im Radio oder Fernsehen – ist im heutigen Geschäftsleben ausgesprochen wichtig. Dennoch hat eine erstaunliche Zahl von Menschen Angst vor öffentlichen Vorträgen – größere Angst als vor Spinnen, Schlangen, Krankheiten, Krieg und sogar größere Angst als vor dem Tod! Das Mind Mapping kann Ihnen bei der Überwindung dieser Angst helfen und befähigt Sie, Ihre Informationen und Ideen vorzubereiten und einleuchtend, interessant und eindrucksvoll darzustellen. Davon handelt dieses Kapitel. Zudem geben wir Ihnen einige amüsante Beispiele, wie man Reden *keinesfalls* vortragen sollte!

Mind Maps zur Vorbereitung eines öffentlichen Auftritts

Das Geschäftsleben ist heute viel stärker als gemeinhin angenommen mit dem Bildungswesen verknüpft. In beiden Bereichen spielt Kommunikation eine zentrale Rolle. Und jede Kommunikation umfasst das Vermitteln und Empfangen von Informationen, also das Lehren und Lernen.

Die Vorbereitung einer geschäftlichen Präsentation ist deshalb nahezu identisch mit dem Erstellen einer Mind Map zur Prüfungsvorbereitung oder zum Verfassen eines Aufsatzes oder Artikels (s. Kap. 22). Sie weist auch viele Ähnlichkeiten mit der Selbstanalyse- und Problemlösungs-Mind-Map auf (s. Kap. 18 und 19).

- Nach dem Zeichnen Ihres Zentralbildes erstellen Sie als Erstes eine Blitz-Mind-Map über alles, was Ihnen in den Sinn kommt und irgendwie mit Ihrem gewählten Thema in Verbindung steht.
- Betrachten Sie nochmals Ihre Blitz-Mind-Map, ordnen Sie die Haupt- und Nebenäste und tragen Sie alle Schlüsselwörter, die Ihnen einfallen, ein. Da jedes Schlüsselwort mindestens eine Minute Ihrer Darstellung beanspruchen wird, sollten Sie Ihre Mind Map auf *maximal* 50 Schlüsselwörter und Bilder für einen einstündigen Vortrag beschränken.
- Sehen Sie Ihre Mind Map nochmals an und stutzen Sie sie noch mehr zurecht, indem Sie sich alles irrelevanten Materials entledigen. In diesem Stadium sollten Sie auch mit Hilfe von Codes anzeigen, wo Sie Dias, Videos, besondere Querverweise, Beispiele usw. einsetzen wollen.
- Jetzt überlegen Sie sich die Reihenfolge, in der Sie Ihre Hauptäste darlegen wollen, und numerieren Sie diese entsprechend.
- Zum Schluss legen Sie die angemessene Zeit fest, die Sie benötigen, um jeden Ast in Ihrer Rede zu behandeln, und dann brauchen Sie nur mehr Ihren eigenen Anweisungen zu folgen!

Mind Mapping oder lineare Vorbereitung?

Lineare Methoden bei der Vorbereitung von Reden weisen gegenüber dem Mind Mapping mehrere Nachteile auf:

1. Weil der Redner sich an geschriebene Notizen halten muss, verliert er den Blickkontakt mit den Zuhörern.

2. Weil er an seinen Notizen „klebt“, kann der Redner wichtige Punkte nicht mit Gesten unterstreichen.

*S. **254**: Natürliche Architektur: Tafel 28*

3. Die geschriebene Sprache unterscheidet sich stark von der gesprochenen. „Grammatikalisch korrekt" geschriebene Sprache eignet sich nicht für den mündlichen Vortrag und langweilt das Publikum fast zwangsläufig. Eine Mind Map schenkt dem Redner völlige Ausgewogenheit zwischen der Spontaneität der natürlichen Sprechweise und der Gliederung seiner ausgearbeiteten Ideen. In dieser Kombination liegt der Schlüssel zu eindrucksvoller (und selbstbewusster) Rede.

4. Eine allzu gründlich ausgearbeitete Rede ist nie aktuell. Sie erlaubt dem Redner nicht, sich auf die unmittelbaren Bedürfnisse der Zuhörer einzustellen oder die Rede als Reaktion auf Argumente anderer Redner zu verändern.

5. Nach etwa 20 Minuten konzentriert sich die Aufmerksamkeit der Zuhörer in den ersten 30 Reihen weniger auf den Inhalt der Rede als vielmehr auf die Zahl der noch verbliebenen vorzutragenden Seiten einer linear vorbereiteten Rede!

6. Die völlige Abhängigkeit von einer starren Form birgt Gefahren in sich.

7. Weil der Redner an seine Notizen gefesselt ist, kann er die Darstellung nur schwer kürzen, wenn er das Zeitlimit zu überschreiten droht.

Zwei wahre Begebenheiten sollen diese Punkte veranschaulichen: Unser erster Redner musste auf einer dreitägigen Konferenz in Washington, D.C. einen Vortrag halten. 2.300 Delegierte nahmen an der Konferenz teil, unser Redner sprach als viertletzter von insgesamt 75 Rednern. Er musste seine ausformulierte Rede hinter einem Podium halten – und zwar unmittelbar nach der Mittagspause, zu einem höchst undankbaren Zeitpunkt.

Er war alles andere als ein Vortragskünstler und gegen Ende seiner 45-minütigen Rede schlummerten die meisten Zuhörer. Sie alle wachten bei seinem Schlussschrei auf: „Um Himmels willen! Die letzte Seite ist weg!" Die letzte Seite war tatsächlich verschwunden. Und in diesem Augenblick nackten Entsetzens hatte er nicht den leisesten Schimmer, was auf dieser letzten Seite stand!

Unser zweiter Redner, ein Admiral, war bekannt für seine Fähigkeit, selbst besonders langweilig ausgearbeitete Reden interessant klingen zu lassen. Er konnte eine Rede auf die gleiche Weise vortragen, wie ein Schreibautomat etwas auf ein Blatt Papier überträgt – fehlerlos, aber ohne jede Kenntnis des Inhalts.

Der Admiral sollte vor höheren Marineoffizieren eine Rede halten, und da er wenig Zeit hatte, bat er seinen Assistenten, eine einstündige Rede für ihn zu schreiben.

Er hielt seine Rede, ahnte aber, dass etwas nicht stimmte, als er nach einer Stunde bemerkte, dass er noch gleich viele Seiten vor sich hatte.

Endlich dämmerte ihm die Wahrheit – man hatte ihm zwei Kopien derselben Rede gegeben. Doch – welch ein Horror – die Kopien waren so geordnet: Seite 1, Seite 1, Seite 2, Seite 2 usw. Wegen seines hohen Rangs hatte niemand den Hinweis gewagt, dass dies vielleicht ein wenig zu viel der für die Erinnerung durchaus hilfreichen Wiederholung sei! Eine Mind Map hätte ihm diese Peinlichkeit erspart.

So halten Sie eine Mind-Map-Rede

Im Gegensatz zu linearen Notizen schenkt eine Mind Map dem Redner sowohl Freiheit und Flexibilität wie auch geordneten Aufbau und Genauigkeit.

Wenn Zuhörer vor oder während der Rede Fragen stellen, kann man sie unmittelbar mit der Mind Map in Beziehung setzen. Wenn sich Ihr Zeitrahmen plötzlich vergrößert oder zusammenschrumpft, können Sie Ihre Darstellung schnell und problemlos anpassen. Die Flexibilität einer Mind Map erlaubt Ihnen die Kürzung oder Erweiterung Ihrer Rede. Genau getimte Reden sind in sich selbst beeindruckend und zeugen zudem von Höflichkeit den Zuhörern und den anderen Rednern gegenüber.

Wenn Ihr Vorredner ähnliche Argumente, aber mit mehr Wissen oder Nachdruck als Sie vorgebracht hat, können Sie schnell Ihre Mind Map ändern oder erweitern, indem Sie diese Punkte besonders hervorheben und so bei Ihren Zuhörern die Assoziation „war der toll, bin ich toll“ auslösen.

Andererseits können Sie, wenn der Redner falsche oder unlogische Kommentare abgegeben hat, diese auch mit Ihrer Mind Map verbinden und in Ihre Rede einbauen, um anschließend zur Diskussion anzuregen.

Um die Zuhörer zu fesseln und zu gewährleisten, dass sie dem Gedankenmuster folgen, können Sie im Lauf der Rede eine Mind Map erstellen und sie als „einfache kleine Ideenlandkarte“ vorstellen.

Beispiele für Mind-Map-Reden

Die Mind Map auf Seite **258** bildet die Grundlage einer Rede über die Zukunftsprognosen des Futurologen John Naisbitt. Das Zentralbild zeigt John Naisbitt. Der Pfeil über seinem Kopf verkörpert seine Vision für die Jahre 1990 bis 2000. Die zehn nummerierten Äste entsprechen den zehn Hauptbereichen des von Naisbitt für diese Zeitspanne vorhergesagten Wandels.

Naisbitt prophezeit in ihr, dass die Wirtschaft sich global entwickelt und immer mehr auf Information beruht; dass die Welt eine Renaissance der bildenden Künste, der Literatur und der Spiritualität erleben wird; dass die Bedeutung der Hauptstädte als Handelszentren zurückgeht, dass der Sozialismus in Gestalt des Wohlfahrtsstaates verschwindet; dass Englisch die globale Sprache sein wird, dass die Medien elektronisch und global miteinander verbunden sein werden; dass das Wirtschaftsleben sich im Wesentlichen vom Atlantik an den Pazifik verlagern wird; dass Politik individueller und unternehmerischer wird; dass in allen Bereichen Wachstum als unendlich gesehen wird und Freihandel herrscht. Als Folge dieser Veränderungen wird der Trend zu einer allgemeinen Verringerung von Kriegen und Konflikten gehen. All diese Veränderungen können im Kontext von Naisbitts ersten Megatrends gesehen werden, die in dem Kasten oben links in der Mind Map dargestellt sind.

Diese Mind Map bildet die Grundlage einer Diskussion über die Zukunft der Welt, die von einem Tag bis zu einer Woche dauern kann. Sie wurde von Tony Buzan erstellt, der die in Kapitel 14, 16 und 24 beschriebenen Methoden 1987 während eines zweitägigen Seminars in Stockholm anwandte. Auf diesem Seminar stellte Naisbitt seine Ideen Vertretern aus Regierung und Wirtschaft sowie Wissenschaftlern und führenden Bildungsfachleuten vor.

Die zweite Mind Map (S. **259** oben) stammt von Tony Buzan, Dekan der Young Presidents' Organisation Faculty, und ist eine Begrüßungsrede vor einem internationalen Auditorium von Professoren und hochrangigen Persönlichkeiten. Die Mind Map diente sowohl als Grundlage für die Eröffnungsrede wie auch als Wiederholung für teilnehmende Mitglieder der Faculty.

Die dritte Mind Map (S. **259** unten) erstellte der Schachgroßmeister Raymond Keene, Schachkorrespondent der *Times* und des *Spectator,* und der produktivste Autor über Schach überhaupt. Die Mind Map entstand bei der Vorbereitung für einen Vortrag, den Keene im spanischen Fernsehen auf Spanisch hielt. Sie handelt von dem großen spanischen Schachspieler und Schriftsteller des 16. Jahrhunderts, Ruy Lopez, und den intellektuellen und politischen Einflüssen seiner Zeit.

Keene meint dazu: „Der Vorteil einer Mind Map bei der Vorbereitung einer Rede oder beim Verfassen eines Artikels ist ein zweifacher: Der Autor wird ständig von den sich verzweigenden Ideenbäumen zu neuen und immer gewagteren Gedanken angeregt; gleichzeitig gewährleisten die Schlüsselwörter und Bilder, dass in der Fülle geschriebener und gesprochener Wörter kein Argument ausgelassen wird.

Die Mind Map ist in diesem Zusammenhang besonders nützlich. Ohne Umblättern oder Herumgeraschel kann man die Zuhörer im Voraus über die Gliederung und die wichtigsten Punkte informieren. Weil Sie die ganze Zeit mit nur einem Blatt arbeiten, können Sie das Publikum vorab über die wichtigsten Punkte informieren, und zum Schluss können Sie rekapitulieren, um zu zeigen, dass Sie Ihre These bewiesen haben. Mit linearen Notizen läuft man Gefahr, einfach da aufzuhören, wo die Notizen enden, im Wesentlichen zufällig, oft eher durch die Chronologie als durch den Inhalt bestimmt.

Unter der Voraussetzung, dass der Redner sein Thema völlig beherrscht, fungieren die Schlüsselwörter als Katalysatoren für Enthusiasmus und Ex-tempore-Ideen anstelle einer trockenen Faktenwiedergabe, die oft mehr von Daten (z. B. Vortrag beginnt mit dem Lebensbeginn des Behandelten und hört mit dessen Ende auf) als vom Inhalt bestimmt ist. Wenn der Redner das Thema nicht völlig im Griff hat, machen lineare Notizen das Ganze nur noch schlimmer. Egal, ob man einen Artikel schreibt oder eine Rede vorbereitet, die Mind Map funktioniert als Lotse, die einen durch den Ozean der Inhalte geleitet."

Erwähnenswerterweise schrieb Keene dies als Teil eines Artikels für *The Times,* und dieser beruhte auf der Mind Map, die er für seine Darstellung im spanischen Fernsehen verwendet hatte.

Mind Maps haben sich bei Reden und Präsentationen als so nützlich erwiesen, dass der Psychologe und Autor Michael J. Gelb ein ganzes Buch, *Present Yourself,* darüber verfasst hat, das auf Radialem Denken und der Mind-Map-Methode beruht. Es überrascht kaum, dass er für die Präsentation des Buches eine vollständige Mind Map ersonnen hat.

*Mind Map von Tony Buzan über eine zweitägige Konferenz und ein 400-seitiges Buch von John Naisbitt (s. S. **256f.**).*

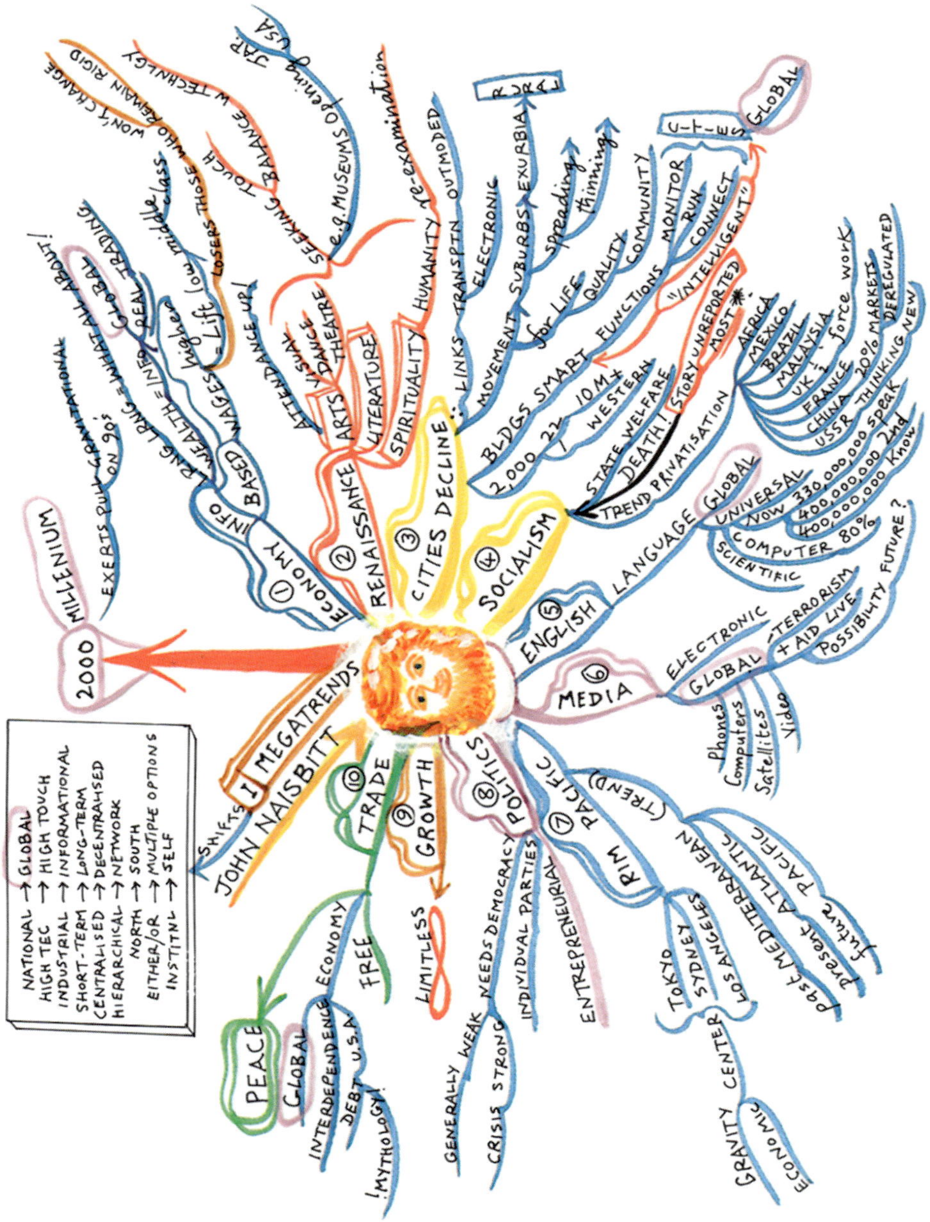

*Mind Map von Tony Buzan für eine Begrüßungsrede (s. S. **257**).*

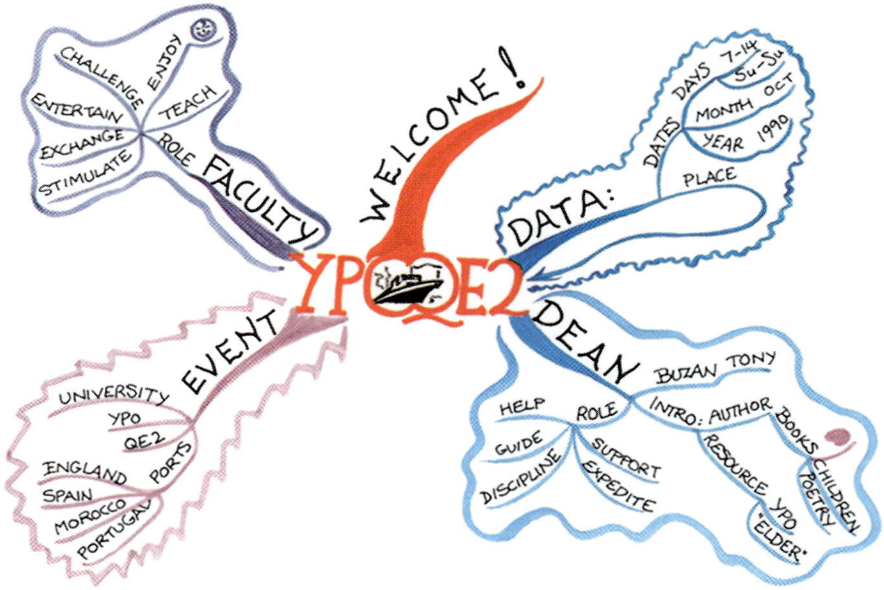

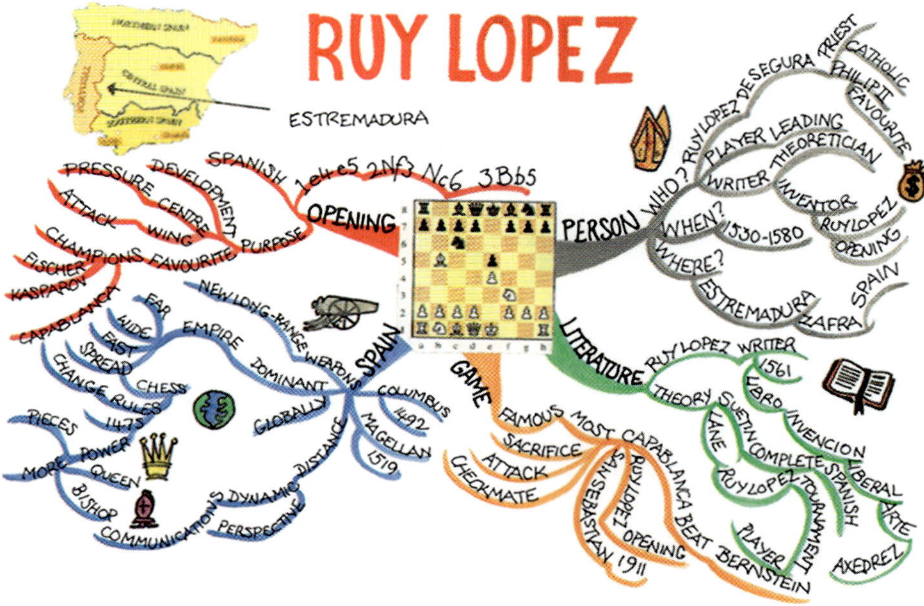

*Mind Map von Raymond Keene als Vorbereitung zu einem Vortrag im spanischen Fernsehen (s. S. **257**).*

Vorteile von Mind Maps bei Reden

1. Sie bieten mehr Chancen für Blickkontakt mit dem Publikum.
2. Sie geben Ihnen Bewegungsfreiheit.
3. Sie steigern die aktive Teilnahme sowohl des Redners wie der Zuhörer.
4. Sie nutzen eine größere Bandbreite kortikaler Fähigkeiten.
5. Mind Mapping ermöglicht Ihnen die Anpassung Ihrer Darstellung an die Bedürfnisse des Publikums und ein exaktes Timing.
6. Mind Mapping erleichtert es Ihnen, die Schlüsselargumente zu ändern oder zu erweitern.
7. Mind Maps führen zu einer besseren, amüsanteren, leichter zu erinnernden Rede, sowohl für den Redner wie für das Publikum.
8. Sie schenken Ihnen die Freiheit, Sie selbst zu sein.

Überleitung

Nachdem wir uns mit dem speziellen Einsatz von Mind Maps bei Besprechungen und Reden beschäftigt haben, konzentriert sich das nächste Kapitel darauf, wie Mind Maps zur Verbesserung der Kommunikation und zu verstärkter Effizienz in vielen anderen Managementsituationen genutzt werden können.

Kapitel 27

Management

Das erwartet Sie in diesem Kapitel:

- Vorwort
- Mind Maps im Management
- Beispiele für Management-Mind-Maps
- Vorteile von Management-Mind-Maps
- Überleitung

Vorwort

Das Thema „Management" mit Hilfe von Mind Mapping würde allein ein ganzes Buch füllen. Dieses Kapitel zeigt, wie alle vorher beschriebenen Mind-Map-Anwendungen ingesamt in einem Managementzusammenhang zur Steigerung von Effizienz, Produktivität und Vergnügen kombiniert werden können.

Mind Maps im Management

Mind Maps können von jedem eingesetzt werden – egal ob er oder sie in einem Unternehmen oder in einem akademischen Beruf tätig ist –, in jeder Situation, in der man sonst lineare Aufzeichnungen anfertigen würde. So kann man den Tagesverlauf mit einem Mind-Map-Kalender planen (s. Kap. 20). Zudem kann man alle Telefonate, Besprechungen, Beratungen und Unterredungen mit Hilfe von Mind Maps aufzeichnen, um zu gewährleisten, dass die Beteiligten alles, was besprochen und beschlossen wurde, umfassend und genau verstanden haben.

Unternehmen wie EDS, Digital Computers und British Petroleum haben durch den Einsatz von Mind Maps bei ihren Schulungskursen enorm viel Geld einsparen können – in manchen Fällen sogar 80 Prozent! Dr. Mike Stanley, Projektleiter bei der Boeing Aircraft Corporation in Seattle, komprimierte ein Flugzeugkonstruktionshandbuch auf eine acht Meter lange Mind Map, was ihm firmeninterne Auszeichnungen einbrachte (s. S. **170f.**). Stanley meint hierzu:

Gegenüberliegende Seite oben: Natürliche Architektur: Tafel 29

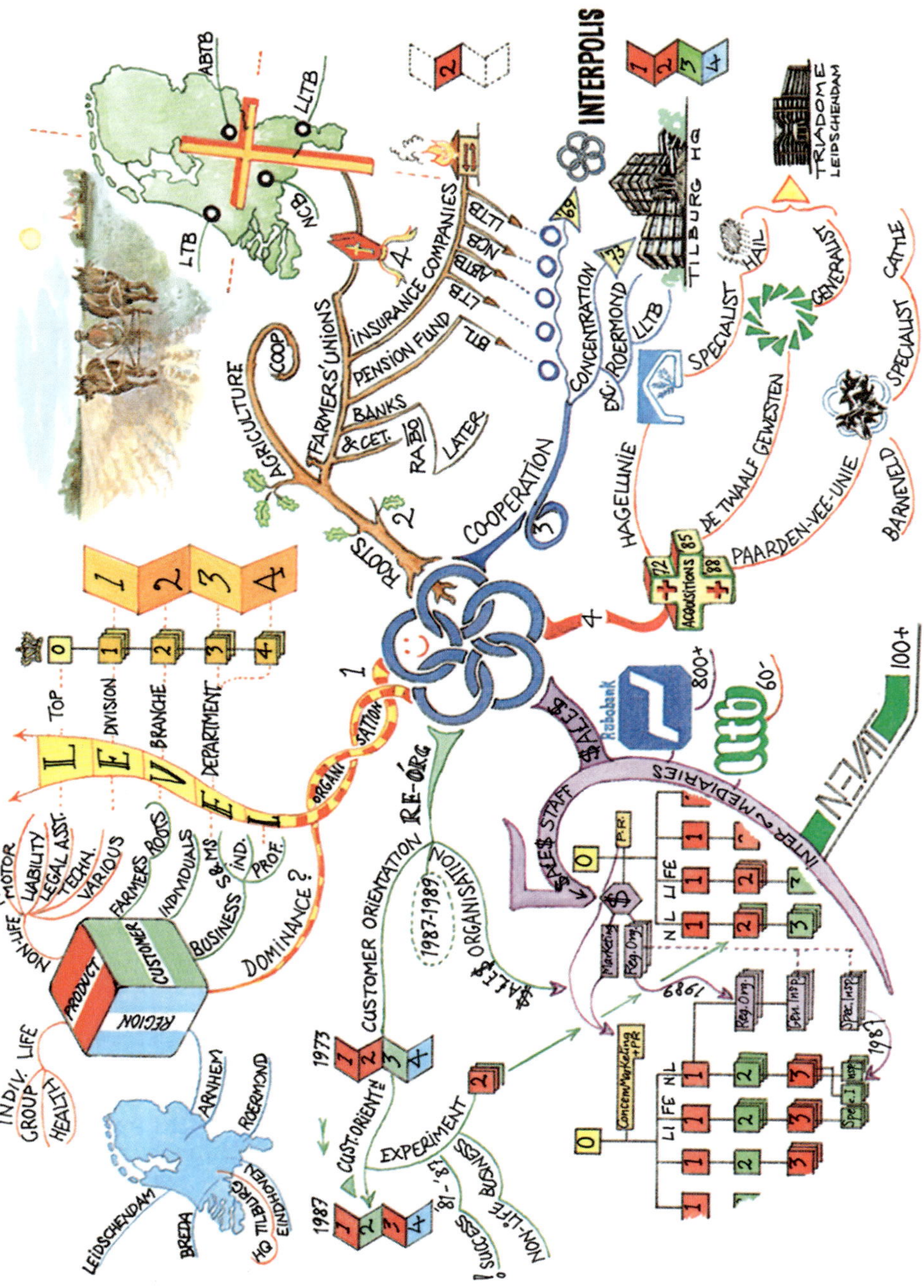

*Mind Map von Jan Pieter Six von Interpolis (s. S. **264**).*

*Ganz unten: Mind Map von Nigel Temple. Sie wird als Grundlage verwendet, um die Marketingbedürfnisse jedes Kunden festzustellen (s. S. **265**).*

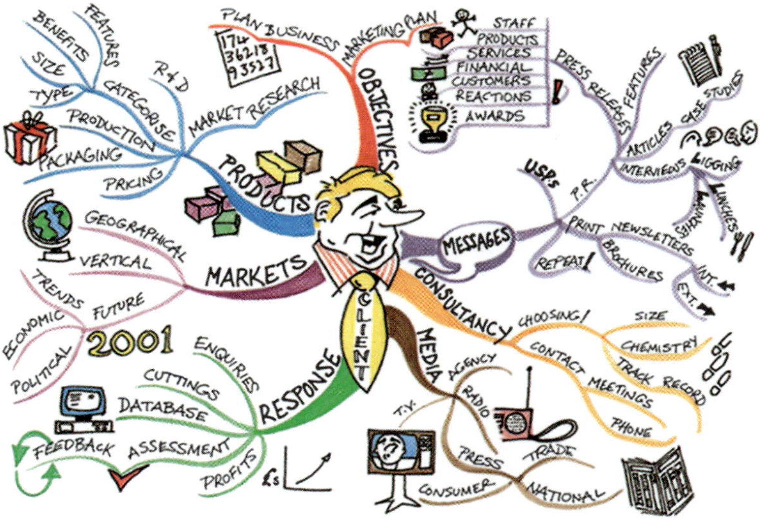

„Mind Mapping ist ein wesentlicher Bestandteil meines Qualitätsverbesserungsprogramms bei Boeing. Dieses Programm führte dieses Jahr zu Einsparungen in Höhe von zehn Millionen Dollar (zehnmal mehr als unser Ziel lautete). Wir haben eine einzigartige Anwendungsmöglichkeit von Mind-Mapping-Techniken entwickelt, um die Qualitätsverbesserungsprojekte bei Boeing zu bestimmen. Innerhalb eines Monats haben wir über 500 Projekte identifiziert, was Einsparmöglichkeiten in Millionenhöhe entspricht."

Neben der vergrößerten Lerngeschwindigkeit und -effizienz besiegen Mind Maps die übliche Gedächtnisverlustkurve, derzufolge 80 Prozent des Gelernten innerhalb von 24 Stunden vergessen wird. Die Wiederholung mittels Mind Maps in den in Kapitel 24 beschriebenen Zeitabständen gewährleistet, dass das Gelernte vom Gehirn sowohl behalten wie auch genützt wird. Die bereits beschriebenen Fähigkeiten – Entscheidungsfindung, Ordnen der eigenen Ideen und der Ideen anderer, individuelle und Gruppenkreativität, Analyse, Erkennen und Lösen von Problemen, Bestimmen des Zeitlimits und der darin abzudeckenden Materialfülle sowie insbesondere Gedächtnis und Kommunikation – sind für erfolgreiches Management unerlässlich.

Beispiele für Management-Mind-Maps

1. Managementstruktur

Mit Mind Maps kann man ein ganzes Unternehmen strukturieren, sie können als stabilisierende Vision des Unternehmens fungieren und anderen das Unternehmen erläutern. Die Mind Map auf Seite **262** stammt von Jan Pieter H. Six, Vizepräsident von Interpolis, einer niederländischen Versicherungsgesellschaft. Sowohl bei der Strukturierung wie bei der Darstellung seiner Gesellschaft nach außen berücksichtigte Six: Organisation, Wurzeln, Kooperation, Akquisitionen, Verkäufe und Reorganisation.

Unternehmensorganisation

Die Unternehmensentwicklung wird aus zwei Blickwinkeln betrachtet: Führungsebene (Vorstand, Unternehmensbereich, Zweigstelle oder Abteilung) und Dominanz in der Organisationsstruktur des Produkts (Leben, Nichtleben), des Kunden (Landwirte, Privatpersonen, Unternehmen) oder der Region.

Wurzeln

Interpolis entstammt den katholischen Landwirtschaftsgenossenschaften. Die Landwirte sind in vier katholischen Landwirtschaftsverbänden organisiert, einer in jeder Diözese. Diese Verbände gründeten ihre eigenen genossenschaftlichen Einrichtungen.

Kooperationen
1969 schlossen sich die Pensionskasse und die vier Versicherungsgesellschaften zu Interpolis zusammen. Vier Jahre danach wurden die fünf Unternehmen in Tilburg konzentriert. Die Unternehmensstruktur wurde vor allem durch das Produkt bestimmt.

Akquisitionen
1972 kaufte Interpolis den Hagelversicherer Hagelunie auf, 1985 die Generalversicherung De Twaalf Gewesten. Beide Gesellschaften unterhalten ein gemeinsames Büro, Triadome genannt. Der Viehbestandsversicherer Paarden-Vee-Unie ist Interpolis' jüngster Kauf.

Verkäufe
Interpolis verkauft seine Produkte durch Agenten. Dabei kann man zwischen drei Verteilungskanälen unterscheiden: den 800+ Rabobanken, den 60+ LLTB-Agenten und 100+ NEVAT-Agenten. Bis vor wenigen Jahren bestand das Verkaufspersonal aus einer Marketingabteilung und fünf regionalen Verkaufsorganisationen mit jeweils einem Generalinspektor und fünf spezialisierten Inspektoren.

Reorganisation
Die Reorganisation brachte zwischen 1987 und 1989 viele Veränderungen mit sich. 1987 wurden die spezialisierten Inspektoren vom Verkauf abgetrennt, zu verschiedenen Spezialkorps umgewandelt und drei Abteilungen angegliedert.

2. Marketing

Mind Mapping stellt ein wichtiges Marketinghilfsmittel dar. Temple Marketing in Großbritannien verwendet eine „Marketing-Matrix-Mind-Map" (MMMM) zur Planung der Marketingbedürfnisse jedes einzelnen Kunden.

Die Mind Map auf Seite **263** hat Nigel Temple erstellt, Gründer, Präsident und Hauptgeschäftsführer von Temple Marketing in Großbritannien. Sie stellt die Grundlage des Marketingplans für jeden Kunden dar.

Die Mind Map berücksichtigt: die Bandbreite der Produkte, die der Kunde zu vermarkten wünscht; die Unternehmens- und Marketingziele des Kunden; die wichtigsten Botschaften, die der Kunde der Öffentlichkeit vermitteln will, sowie das Medium, das dabei eingesetzt weden soll; außerdem geht sie auf Art und Aufbau der Beratungsvereinbarungen, den Einsatz der verschiedenen Medien und ihre Einbeziehung in den bzw. ihren Ausschluss aus dem Gesamtmarketingplan ein. Sie enthält zudem die Art der erwünschten Reaktion und die Überwachungsmittel hierfür sowie die kurz-, mittel- und langfristigen Zielmärkte.

Vollendete EDS-„Führungs"-Mind-Map (s. S. ***266f.****).*

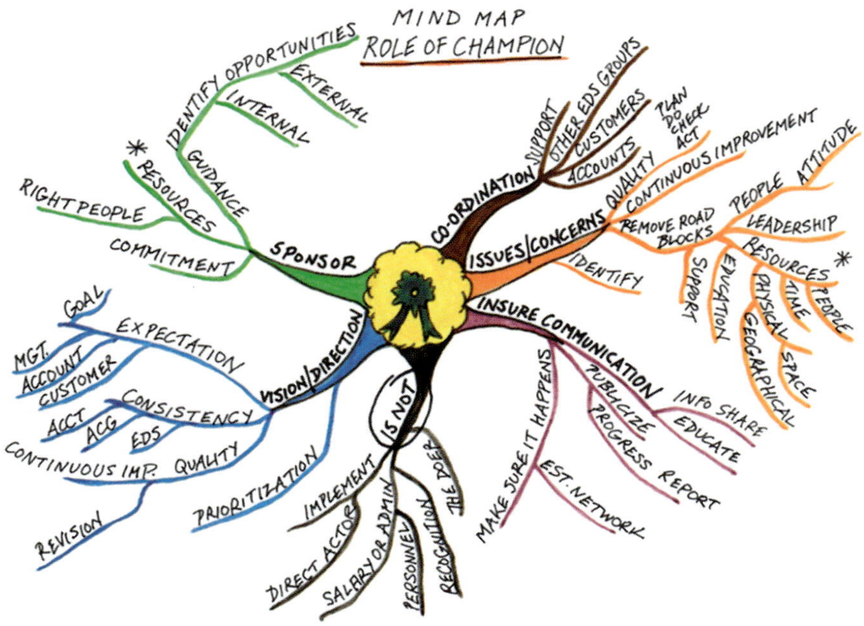

3. Führungsrolle

Electronic Data Systems (EDS) zählt das Unterrichten der Geistigen Alphabetisierung unter seinen Beschäftigten zu einem wichtigen Unternehmensziel.

Ein Hauptmerkmal dieser Kampagne ist die Entwicklung von Führungseigenschaften. Dazu musste man ein völliges Verständnis der einzelnen Projektziele erreichen und den Sinn der Führungsrolle für die vielen und unterschiedlichen Projekte darlegen.

Um die Führungsrolle in jeder Gruppe zu identifizieren, wurde der gesamten Gruppe eine unbeschriebene Mind Map ausgehändigt (s. S. **268**), die sie dann als Gruppe ausfüllte. Jim Messerschmidt und Tony Messina (Direktoren des Führungsprojekts bei EDS), die Projektleiter und Urheber der Mind Maps, stellten fest: „Es lief außerordentlich gut, dauerte nur sehr kurze Zeit, und jeder verstand, was wir zu erreichen versuchten und worin der Sinn der Führungsrolle liegt." Ein Beispiel einer vollständigen Führungs-Mind-Map finden Sie oben.

Mind Map von Thomas H. Schaper über den effektiven Einsatz von Zeitmanagement in seinem Leben (s. unten).

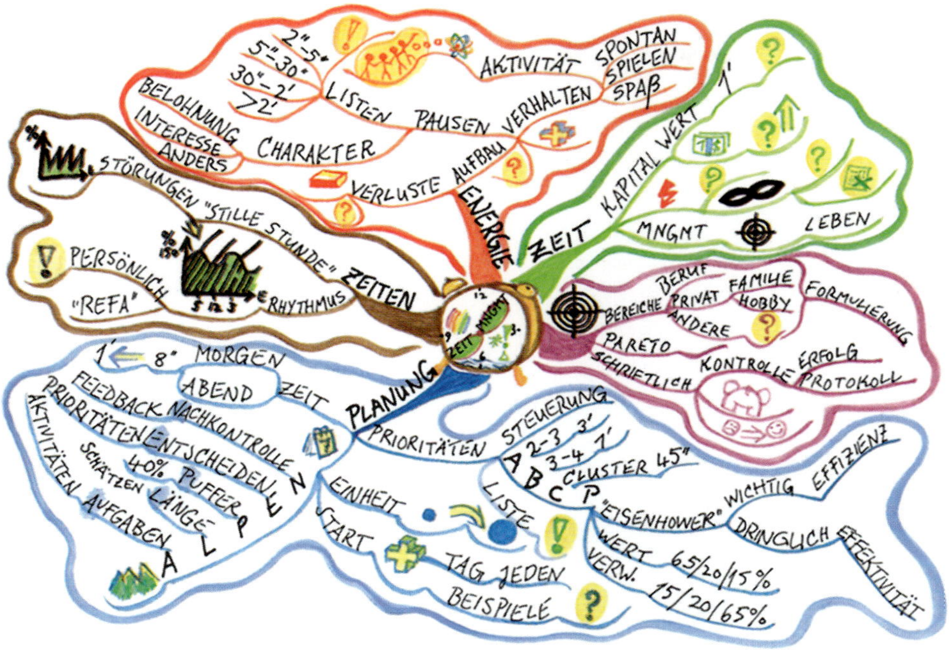

4. Zeitmanagement

Wie bereits in Kapitel 20 besprochen, eignet sich die Mind Map besonders gut für das Zeitmanagement. Die Mind Map oben erstellte Thomas H. Schaper von Association International Management in Göttingen.

Schapers Mind Map behandelt seine Anweisungen an andere Manager in Bezug auf einen effektiven Zeiteinsatz in der Lebensführung. Die Mind Map konzentriert sich auf folgende Zielgebiete: die Art der Planung (verkörpert durch die Gedächtnisstütze ALPEN für die ersten Schritte beim persönlichen Zeitmanagement); die Art der Biorhythmen und die Energiemaximierung durch entsprechendes Zeitmanagement.

Wie es oft mit Mind Maps passiert, so hat auch Schaper entdeckt, dass sich seine Mind Map für vielfältige Zwecke eignet. Sie half ihm, sein eigenes Selbst- und Zeitmanagement zu verbessern, und befähigte ihn zur Führung seiner Mitarbeiter. Das Mind Mapping wurde für ihn ein Brennpunkt seines Interesses und ließ ihn zum anerkannten Fachmann auf dem Gebiet werden.

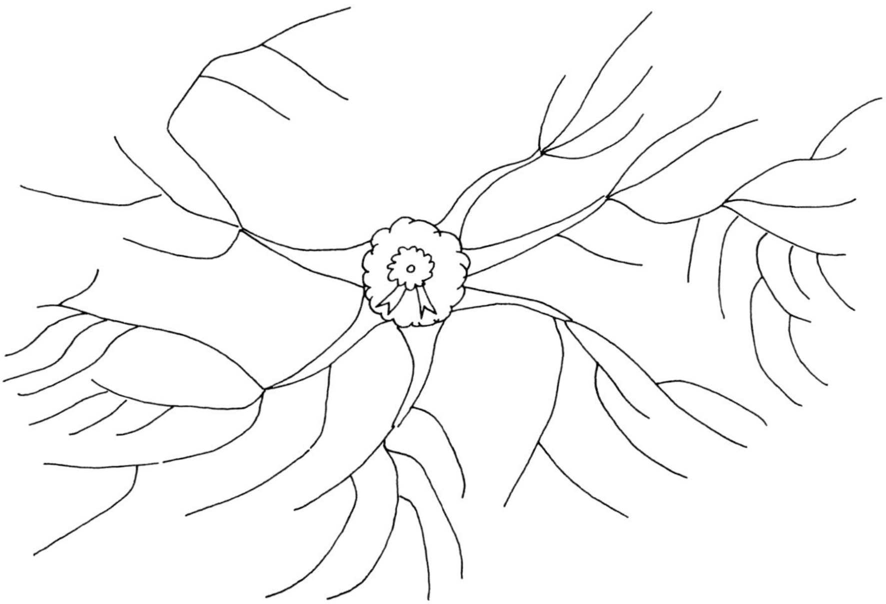

„Führungs"-Mind-Map, eingesetzt von Jim Messerschmidt und Tony Messina. Dieses Bild zeigt das erste Stadium der fertigen Mind Map (s. S. ***267****).*

5. Rechnungs- und Wirtschaftsprüfung – Kanzleientwicklung

Mind Maps werden auch in der Rechnungs- und Wirtschaftsprüfung immer wertvoller. Preisgekrönte Studenten des English Institute of Chartered Accountants bereiten sich mit Mind Maps auf ihre Prüfungen vor, Steuerberater in höchst renommierten Gesellschaften nutzen sie zur Problemlösung und Kundenberatung. Und wie die Mind Map von Brian Lee (s. S. **270**), Mitbegründer von B. H. Lee & Company, Accountants, Auditors and Taxation Consultants, zeigt, werden Mind Maps auch bei einem späteren Wachstum und bei der Expansion von Kanzleien eingesetzt. Lees Mind Map zeigt drei Hauptäste: Gefahren, Kanzleientwicklung und Expansion. Er beschreibt die Mind Map folgendermaßen:

Gefahren

„Die Hauptgefahr liegt in der Überbeanspruchung der Ressourcen durch zu große Ausdehnung. Man muss die Gefahren berücksichtigen, die der Laufbahnstruktur von Partnern und Personal bei einer Expansion drohen könnten, welcher Druck auf Einkünfte, Ausgaben und Reinvestmentpläne entstehen und wie viel Energie fehlgeleitet und abgelenkt werden oder sich als zu begrenzt erweisen könnte."

Kanzleiwachstum
„Wir dürfen nicht nur expandieren, wir müssen uns auch konsolidieren. Es nützt nichts, neue Kunden zu werben, wenn man gleichzeitig alte verliert. Man muss auch erkennen, dass sich die Entwicklung auf das Personal und den Kundenstamm gleichermaßen beziehen sollte.

Wachstum kann erreicht werden durch Marketing, Werbung und vor allem durch den bestehenden Kundenstamm. Unterstützen kann man dies durch das Abhalten von Budgetbesprechungen, die Betonung anderer Serviceleistungen und durch Seminare und besondere Ereignisse."

Expansion
„Expansion muss definiert werden. Dabei dreht sich alles um eine Reihe von Ausgangsfragen. Wer expandiert? Partner, Gesellschafter, Kunden, Belegschaft? Wann soll expandiert werden? Über welchen Zeitraum hinweg? Wo wollen Sie expandieren, z. B. vor Ort, im Kundenbereich? Wollen Sie mittels eines Jointventures, des Aufkaufs anderer Unternehmen, durch Kooperation mit anderen oder durch die Bildung anderer Partnerschaften expandieren? Wie beschreiben Sie die Möglichkeiten in jedem dieser Bereiche, und was könnte jemanden davon überzeugen, sich an einem solchen Expansionsplan zu beteiligen, etwa durch Frühpensionierung, Urlaub, Aushilfen, Erweiterung des Unternehmensbereiches oder Verringerung der Verantwortung bei gleichzeitig höherem Einkommen! Welche Kosten bringt eine derartige Expansion mit sich: Kapitalkosten, Zinsen und Kosten gegenüber der normalen Einkommensrate?

Aufmerksamkeit sollte man walten lassen bei den Methoden für die Verwirklichung der Expansion und der Identifizierung der Möglichkeiten hierfür. Was sind die Gründe? Woher kommt das Geld? Wird es sich auszahlen? Ist die Expansion sicher? Verleiht sie den von allen benötigten Status? Kenntnisse über Interna und Externa sowie Kenntnisse aus anderen Bereichen sollten zur Beantwortung dieser Fragen angewandt werden."

Lee fasst zusammen: „Rechnungs- und Wirtschaftsprüfung funktioniert seit jeher innerhalb eines sehr logischen, manchmal begrenzten Rahmens. Das Mind Mapping entwickelt Gedanken, die diese Grenzen weit überschreiten."

6. Vielfältiger Nutzen in einem

🕮 Jean-Luc Kastner, Leitender Manager der Hewlett Packard Medical Products Group Europe, stand vor einem Problem. Sein Unternehmen stellt ein Computersystem her, das den Herzrhythmus überwachen und analysieren sowie Störungen früh genug erkennen kann, um dem behandelnden Arzt die entsprechende Behandlung zu ermöglichen.

Seine Firma bietet ein viertägiges Seminar über Herzrhythmusstörungen an, in dem spezialisierte Ausbilder unterrichten. Eines Tages meldete sich ein für dieses Seminar zuständiger Mitarbeiter für zwei Monate krank. Kastner, als der Chef und als die einzige andere Person, die über genug Hintergrundwissen für dieses Seminar verfügte, musste ihn vertreten. Dieser Notfall machte es erforderlich, dass er sein bestehendes Wissen ordnete, ergänzte und das Seminar leitete:

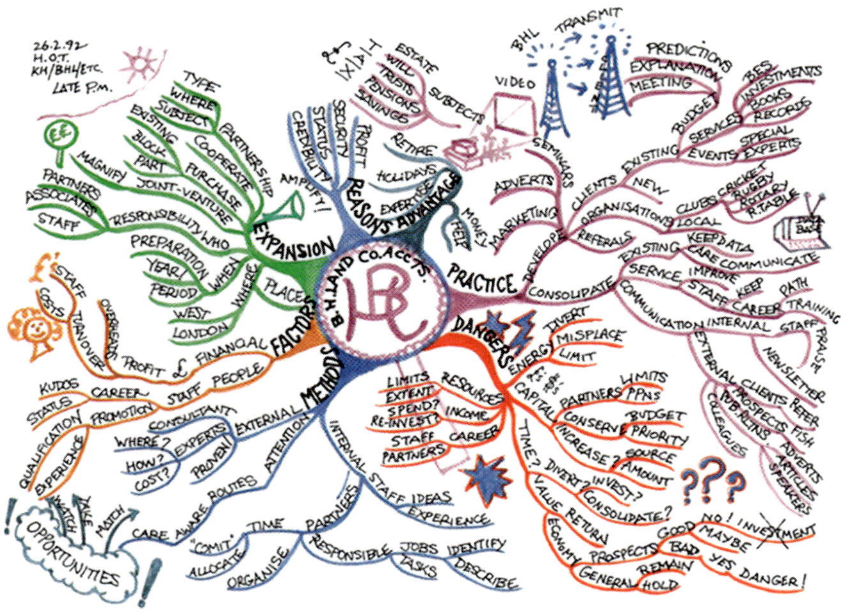

Mind Map von B. H. Lee, Rechnungs- und Wirtschaftsprüfer, über Wachstum, Expansion und damit verbundene Risiken in einem Unternehmen (s. S. ***268f.****).*

„Das ‘Herzrhythmusstörungen-Seminar’ soll die Hewlett-Packard-Vertriebsingenieure mit fundiertem Wissen über folgende Bereiche ausstatten:

- die Physiologie des menschlichen Herzens
- die wichtigsten Herzrhythmusstörungen und ihre Folgen
- die Funktionsweise des Computeralgorithmus
- die Bedienung von Arrhythmie-Computersystemen

Zudem mussten die Seminarteilnehmer zu Folgendem fähig sein:

- den Anwender auszubilden (Krankenschwestern, Pfleger oder Ärzte)
- einige der Eigenschaften zu erklären, die zu Problemen mit dem Computer führen könnten. (Der Computer ersetzt keinen Kardiologen!)“

*Jean-Luc Kastners Mind Map für ein viertägiges Seminar (s. S. **269-273**).*

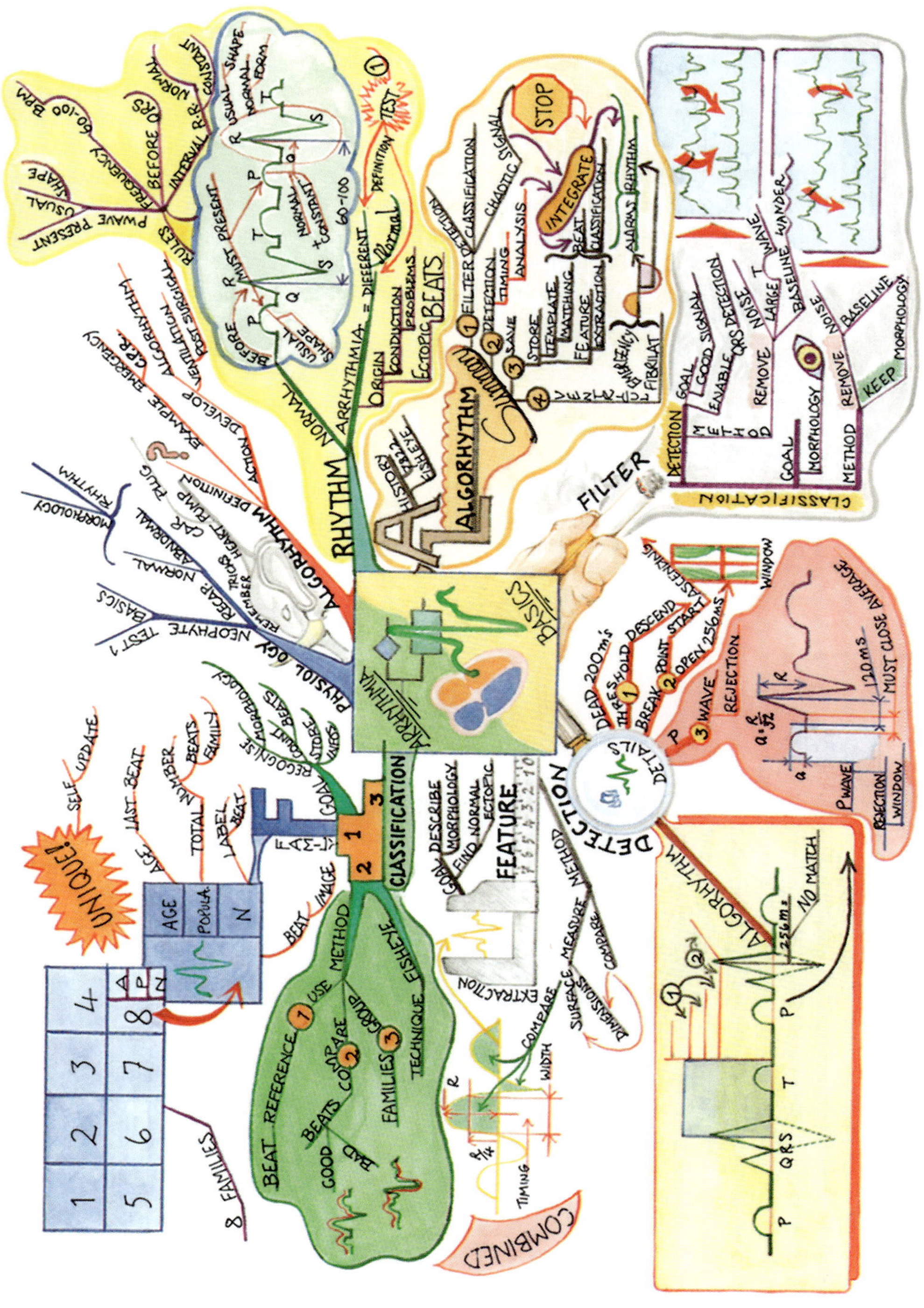

Anwendung der Mind-Map-Methode beim Unterrichten

„Dieser Kurs schien sich ausgezeichnet dazu zu eignen, bei einem sehr schwierigen Thema den Unterricht mittels Mind Map zu testen. Ich entwickelte den Kurs innerhalb von fünf Tagen, indem ich eine Mind Map des bestehenden Materials mit folgenden Zielen anfertigte:

- Alle Teilnehmer sollten nach vier Tagen die Abschlussprüfung ablegen.
- Alle Teilnehmer sollten sich ihre eigenen Kurshandbücher zusammenstellen.
- Der Einsatz von Overheadprojektoren sollte vermieden werden.
- Die Gedächtnisleistung sollte nach einem Monat um 100 Prozent höher als üblich sein (sie rangierte oft weit unter 40 Prozent).
- Sowohl Lehrer wie auch Teilnehmer sollten mit Freude partizipieren.“

Aufbau

„Die Master-Mind-Map wurde als Straßenkarte eingesetzt. Jeder Ast verkörperte ein Hauptthema und für jeden Ast entwickelte ich eine Mind Map, die auf einer Flipchart reproduziert werden konnte. Nach zwei Stunden gab es eine Pause.“

Der Kurs

„Zu Kursbeginn wies man die Teilnehmer an, alle persönlichen Schreibmaterialien draußen zu lassen. Ihnen wurden unlinierte DIN-A3-Blätter und farbige Stifte zur Verfügung gestellt. Dann führte man die Teilnehmer ins Mind Mapping ein.

Der Kurs wurde in 40-minütige Abschnitte mit Pausen unterteilt. Während der Pausen hatten die Schüler Zugang zu computergestützten Unterrichtshilfsmitteln, die Patienten-EKGs simulierten. So konnten sie ihr Wissen überprüfen.

Wenn ein Ast der Master-Mind-Map vollständig war, sollten die Teilnehmer ihre eigene Master-Mind-Map entwickeln. Dazu wurde ein großes Blatt Papier an der Wand befestigt und die ganze Gruppe baute gemeinsam die Master-Mind-Map auf (s. S. **271**).

Am Abend wurden die Teilnehmer gebeten, die Master-Mind-Map für sich zu kopieren, nochmals anzusehen und mit den Tagesunterlagen abzuheften. Am nächsten Morgen schauten die Teilnehmer die Master-Mind-Map des Vortages nochmals zusammen an. Dann erst ging man zum nächsten Punkt über. Vor der Abschlussprüfung schaute die Gruppe die Master-Mind-Map noch einmal an und besprach sie ausführlich. Danach folgte eine zweistündige Abschlussprüfung.“

Ergebnisse

„Wir haben den Kurs nach den beschriebenen Richtlinien ausgeführt. Die zwölf Teilnehmer kamen aus England, Frankreich, Deutschland, Italien und Irland. Alle zwölf schlossen mit 18 von 20 möglichen Punkten ab – dem besten je erreichten Ergebnis. Nach einem Monat führte ich eine informelle Umfrage durch, der Erinnerungsfaktor betrug weit über 70 Prozent. Die Rückmeldung war ausgezeichnet, die Teilnehmer fanden die Methode erfolgreicher, nützlicher und unterhaltsamer als den alten Dia-Vortrag. Einige Teilnehmer meinten sogar, das Tempo des Mind-Map-Kurses passe sich viel besser denen an, deren Englisch nicht perfekt sei. Dies beweist den Erfolg des Mind-Map-Unterrichts. Mittlerweile wurde der Mind-Map-Kurs viermal von unterschiedlichen Ausbildern mit vergleichbaren Ergebnissen abgehalten. Mind Mapping ist eindeutig die Lehrmethode der neunziger Jahre."

Vorteile von Management-Mind-Maps

1. Sie führen zu besserem Management und besserer Organisation, zu motivierteren Arbeitskräften. Dies wiederum bedeutet weniger Krankentage und ein besseres Unternehmensimage.
2. Sie verbessern die Kommunikation zwischen den Mitarbeitern.
3. Sie machen die Ausbildung effizienter und effektiver.
4. Sie steigern die Verkaufsergebnisse.

Überleitung

Die Computer-Mind-Map wurde erst kürzlich erfunden. Das nächste Kapitel erklärt, wie Computertechnologie und menschliche Technologie zusammenspielen.

Kapitel 28

Computer-Mind-Mapping

Das erwartet Sie in diesem Kapitel:

- Vorwort
- So erstellen und überarbeiten Sie eine Computer-Mind-Map
- Umfang und Tiefe
- Datenverwaltung
- Spontanen Einfällen nachspüren
- Gruppenpartizipation
- Ausdrucken
- Die Zukunft der Computer-Mind-Maps
- Überleitung

Vorwort

Bis vor kurzem wurden Mind Maps ausschließlich mit farbigen Stiften und Papier angefertigt. Doch kann man dank der heutigen Technologie Mind Maps auch am Computer erstellen, weil diese mittlerweile über ausreichende Speicherkapazität, Geschwindigkeit und die benötigte Software verfügen.

Derzeit kann Computer-Mind-Mapping noch nicht mit den unendlichen visuellen Variationen, der Beweglichkeit und dem Minimum an Werkzeugen der traditionellen Mind-Mapping-Methode konkurrieren. Doch auf folgenden Gebieten können Computer-Mind-Maps die persönliche Produktivität entscheidend verbessern: automatische Mind-Map-Generierung, Mind-Map-Überarbeitung, Datenspeicherung, Datenabruf, Texteingabe, Datenverwaltung. Die Erstellung vieler verschiedener Variationen derselben Mind Map wird ebenfalls erleichtert und beschleunigt.

Dieses Kapitel stellt Ihnen die Arbeit von Michael Jetter vor, der seit sieben Jahren zusammen mit den Autoren die Mind-Map MindManager-Software entwickelt.

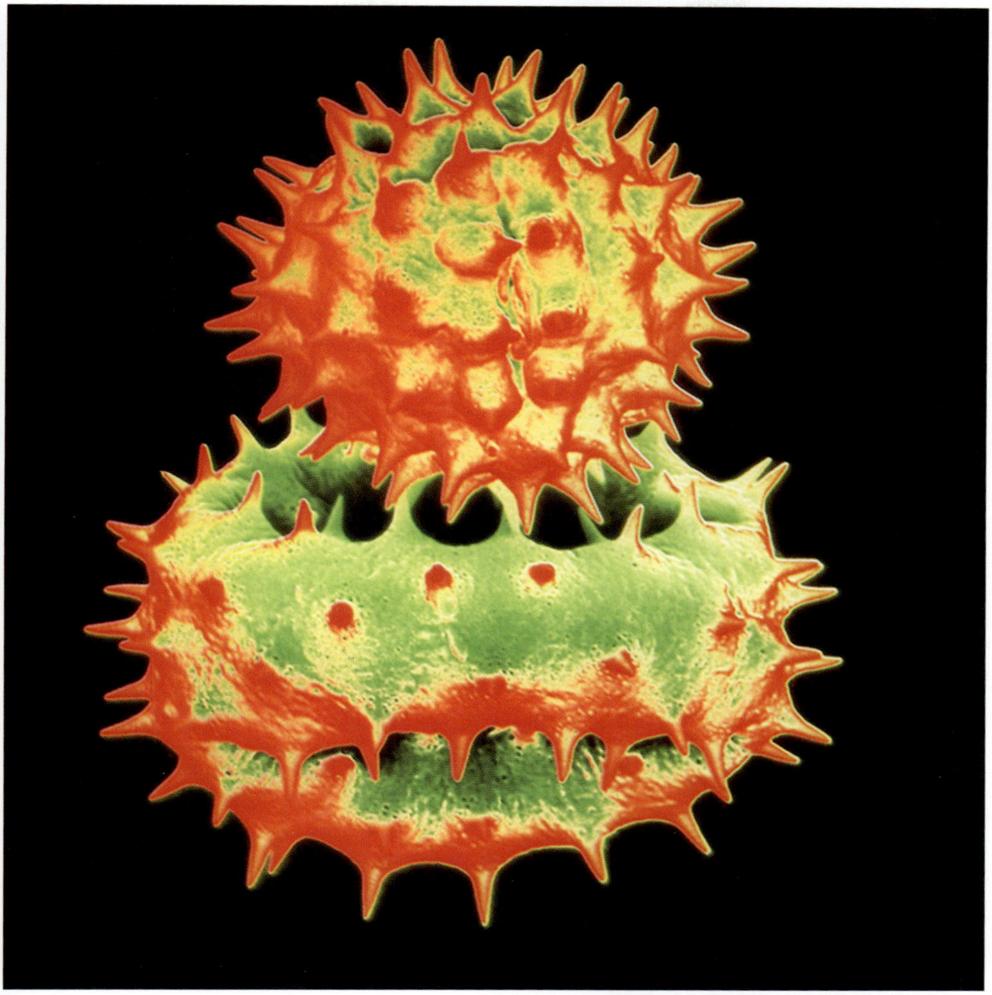

Natürliche Architektur: Tafel 30

So erstellen und überarbeiten Sie eine Computer-Mind-Map

Die Erstellung einer Computer-Mind-Map ist sehr einfach. Nachdem Sie das Programm installiert haben, rufen Sie es einfach auf. Aus Ihrem Startmenü wählen Sie den Befehl „Erstelle eine neue Mind Map". Dadurch wird unverzüglich ein neues Display geschaffen, auf dem Sie Ihr Schlüsselwort für Ihre neue Mind Map eingeben. Wenn dieses Schlüsselwort, Ihr Zentralbild, eingegeben ist, zeichnet der Computer automatisch Ihr Zentralbild der Mind Map farbig in die Mitte des Bildschirms.

Genau wie bei einer herkömmlichen Mind Map fügen Sie Ihre Hauptthemen und Äste hinzu, wobei jeder Hauptast als eine Schlüsselworteingabe in Ihren Computer identifiziert wird. Alle Nebenäste werden automatisch positioniert und bunt gefärbt, wobei jeder Nebenast die Farbe des Hauptthemas bekommt.

Während des kreativen Stadiums ermuntert die Mind Map Sie, die Informationen flüssig auf den Bildschirm zu bringen und sich nicht zu viele Sorgen um den genauen Aufbau und die korrekte Platzierung der Einfälle zu machen. Das neue Computer-Mind-Mapping trennt ausgezeichnet den kreativen vom überarbeitenden Teil des Mind-Mapping-Vorgangs.

Die Äste können später an andere Stellen versetzt, anders eingefärbt, kopiert, bewegt, und auch der gesamte Aufbau kann, falls erforderlich, neu strukturiert werden. Jedes einzelne Element oder jeder Neben- und sogar Hauptast kann an jede beliebige Stelle auf der Mind Map bewegt werden. Man kann auch Äste individuell mit Schlüsselwörtern einfärben, die sich von der Astlinie unterscheiden, und Schlüsselwörter können vor einfachem oder gerastertem Hintergrund erscheinen. Dies erlaubt eine Vielzahl von Codes für Themen, Aufgabenzuteilung und Definitionen der verschiedenen Bereiche.

Umfang und Tiefe

Mit Hilfe des Zooms kann man Mind Maps von immenser Größe (Mega-Mind-Maps) erstellen. Ohne diese Funktion würde die Größe des Bildschirms die Informationsmenge, die deutlich gesehen werden kann, einschränken, ein Problem, das bei herkömmlichen Mind Maps ein abermaliges Zeichnen auf größerem Papier oder das Weiterzeichnen auf einem Extrablatt erforderlich macht.

Die Alternativen, die der Computer bietet, machen den wichtigsten Vorteil der Computerversion aus. Es gibt insbesondere zwei Optionen:

1. Mit der neuen Computertechnologie können Mind Maps innerhalb von Mind Maps auf mehreren Ebenen verlinkt werden. Bei sehr vielen Ebenen sind einige der detailliertesten Äste schwerer zu lesen. Der Computer löst dies sofort mit dem Zoom, mit dem Sie jeden beliebigen Ausschnitt vergrößern können. Wenn noch größere Details erforderlich sind, kann der Zoom im Zoom eingesetzt werden. Dies erlaubt Ihnen, jedes Detail auf der Mind Map zu betrachten, während gleichzeitig auf dem Bildschirm die Originalstruktur der Gesamt-Mind-Map sichtbar bleibt.

2. Während des Entstehungsprozesses einer Mega-Mind-Map gewinnen Ideen am Randbereich möglicherweise so an Bedeutung, dass sie zu neuen Mittelpunkten werden. Mit dem Mind-Map-Computerprogramm kann jeder Einfall oder Ast ein neuer zentraler Brennpunkt werden, um den sich alle anderen Elemente der Mega-Mind-Map gruppieren und von dem sie ausstrahlen. So erhält man eine ungeheure Bandbreite verschiedener Blickwinkel der Originalstruktur, wodurch das Verständnis aller in der Originalidee enthaltenen Wechselbeziehungen enorm vergrößert wird.

Datenverwaltung

Einer der Hauptvorteile von Computer-Mind-Mapping liegt in der Fähigkeit, Ihre Daten zu verwalten und neu zu ordnen. Eine vollständige Datenverwaltung erlaubt es Ihnen, Dateien in Inhaltsverzeichnisse, Subinhaltsverzeichnisse usw. einzuordnen. Dadurch können Sie problemlos und sofort Items aus jeder Kategorie finden. Das Mind-Map MindManager-Programm erlaubt Ihnen, eine Textdatei zu erstellen, die mit jedem beliebigen Ast Ihrer Mind Map verbunden ist, und diese Dateien in eine einzige Datei, die sich zur Textverarbeitung eignet, zu vereinen.

Spontanen Einfällen nachspüren

Wo Ihre Daten nicht geordnet sind, sondern die Form spontaner Gedanken annehmen, die Sie zwar aufzeichnen wollen, die aber gegenwärtig keine besonderen Assoziationen haben, bietet sich eine spezielle Möglichkeit für Notizen an. Im Computer-Mind-Mapping erlaubt Ihnen eine „Notizbuchfunktion", Einfälle in einer Datei oder einem Inhaltsverzeichnis zu speichern, um sie zu sichern und evtl. entsprechend mit anderen Dateien zu verbinden.

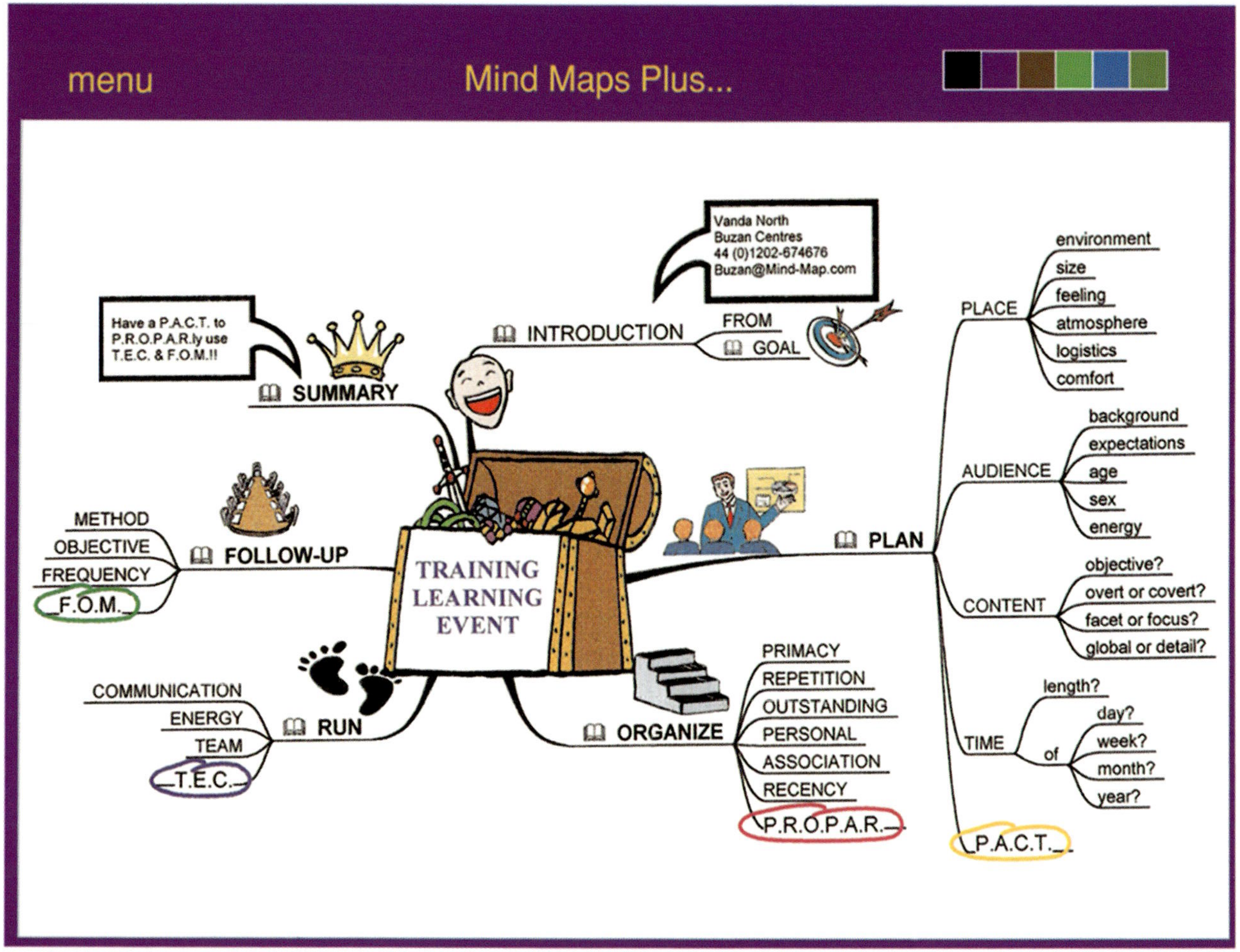
menu
Mind Maps Plus...
TRAINING
LEARNING
EVENT
PLAN
PLACE
environment
size
feeling
atmosphere
logistics
comfort
AUDIENCE
background
expectations
age
sex
energy
CONTENT
objective?
overt or covert?
facet or focus?
global or detail?
TIME
length?
of
day?
week?
month?
year?
P.A.C.T.
ORGANIZE
PRIMACY
REPETITION
OUTSTANDING
PERSONAL
ASSOCIATION
RECENCY
P.R.O.P.A.R.
RUN
COMMUNICATION
ENERGY
TEAM
T.E.C.
FOLLOW-UP
METHOD
OBJECTIVE
FREQUENCY
F.O.M.
SUMMARY
Have a P.A.C.T. to P.R.O.P.A.R.ly use T.E.C. & F.O.M.!!
INTRODUCTION
FROM
GOAL
Vanda North
Buzan Centres
44 (0)1202-674676
Buzan@Mind-Map.com

Eine Mind-Map die mit der Mind Manager Software erstellt wurde. Die Mind-Map und alle anhängenden Notizen werden gemeinsam erstellt, und dann wie hier gezeigt ausgedruckt.

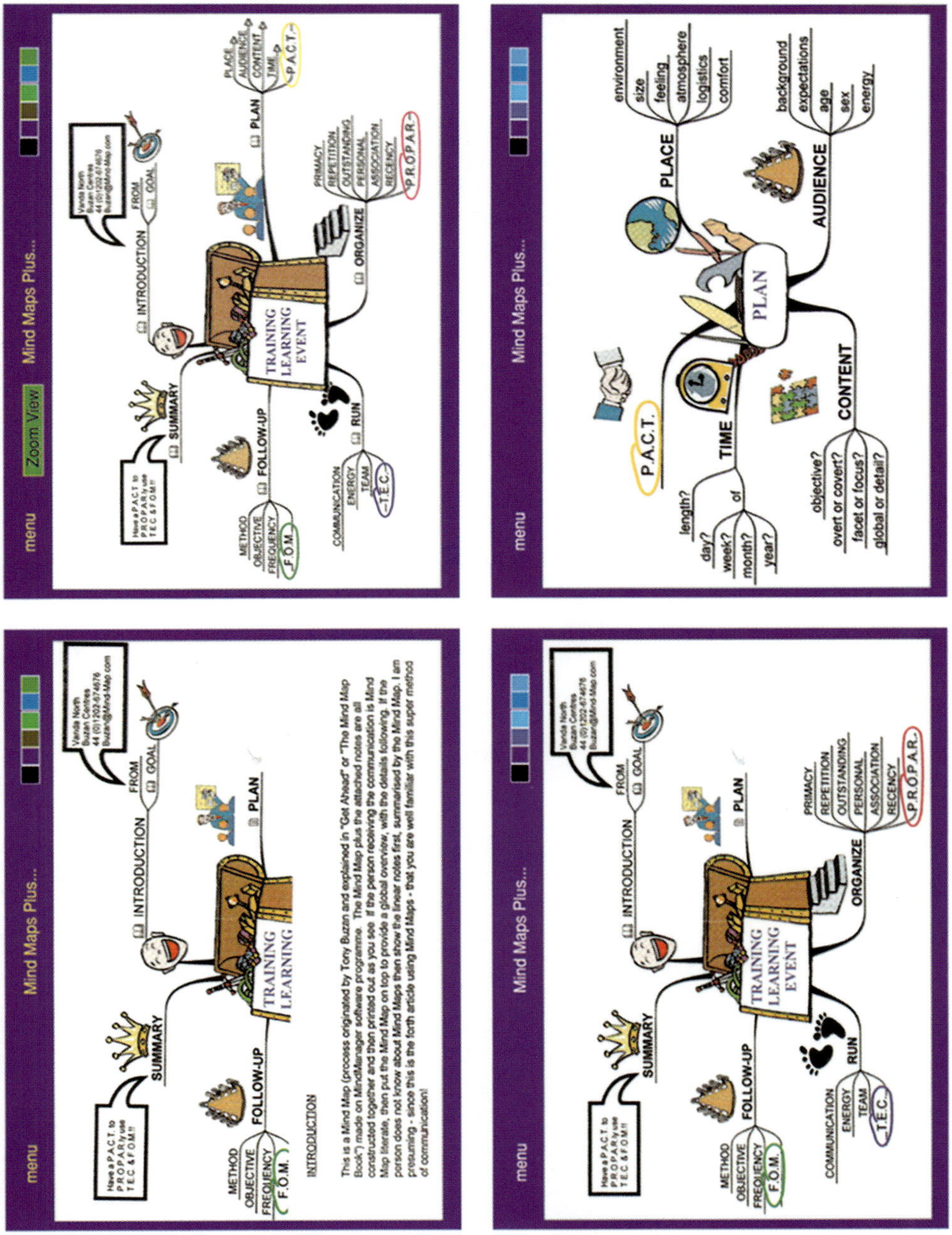

Wenn die Person, die diese Information erhält, mit Mind Maps vertraut ist, dann sollte die Mind Map ohne Zusatzinformationen einen guten Überblick geben.

Gruppenpartizipation

Ein spezielles Programm-Menü zum Hinzufügen neuer Äste zu einer Mind Map wurde besonders groß konstruiert, damit eine Gruppe, etwa bei einer Managementbesprechung, vor einem Computer das Mind-Mapping verfolgen kann. Auf diese Weise kann eine ganze Gruppe zum Entwicklungsprozess beitragen, wobei ein Gruppenmitglied die Wünsche der anderen in den Computer eingibt. Dieses Verfahren führt zu einem gemeinsamen Engagement für die Computer-Mind-Map, die dann für alle Gruppenmitglieder ausgedruckt oder kopiert werden kann (s. Entwicklung einer Master-Mind-Map, Kapitel 24).

Heute können sogar Mind-Maps, die an Computern an verschiedenen Standorten erstellt werden, durch Modems vernetzt werden. So können Tausende von Menschen gleichzeitig Mega-Mind-Maps erstellen!

Ausdrucken

Mind-Map-Graphiken können entweder schwarz-weiß oder farbig auf einer Vielzahl von Druckern und Plottern ausgedruckt werden. Zudem kann man den Text direkt ausdrucken, ebenso Dateien, die zur Datenübertragung in andere Software zur weiteren Verarbeitung oder zur Verwendung in anderen Dokumenten eingerichtet wurden. Spezielle PCX-Dateien können zur Einbeziehung in Handbücher erstellt werden.

Die Zukunft der Computer-Mind-Maps

Das Computer Mind-Mapping ist seit der Mitte der 90er Jahre den Kinderschuhen entwachsen und stellt sich jetzt als Kraft strotzender Jugendlicher dar!

Durch Pen-Pad Computer wird der Input in den Computer immer mehr wie beim traditionellen Mind Mapping. Die unvermeidlichen Fortschritte bei tragbaren Laptops werden Farbbildschirme immer breiter erhältlich machen – zu mäßigen Preisen und bei niedrigem Gewicht.

Bald wird es für Studenten, Manager und Privatnutzer ganz selbstverständlich sein, einen leistungsstarken Computer mit vielen Software-Programmen täglich dabei zu haben. Mind Mapping Software wird mit anderer Software kompatibel werden, so dass dem geistig alphabetisierten Benutzer eine große Auswahl von Anwendungsmöglichkeiten zur Verfügung steht.

Bleiben Sie in Kontakt! In jeder neuen Ausgabe des Mind-Map-Buches werden wir Sie über die neuesten Entwicklungen in der Mind Mapping Software informieren. Wenn Sie gute Beispiele haben, bitte schicken Sie sie uns, und schauen Sie sich die vielen Computer Mind Maps in der Mind Map Gallery bei www.Mind-Maps.com an!

Überleitung

Wie sieht angesichts des parallelen Wachstums von künstlicher und menschlicher Intelligenz unsere wahrscheinliche und mögliche Zukunft aus? Im Schlusskapitel zeichnet Tony Buzan sein persönliches Bild einer prognostizierten Intelligenzrevolution, beschreibt den Aufstieg der Gehirnsterne und schließt mit der Aussicht auf geistig alphabetisierte Individuen, die auf eine geistig alphabetisierte Gesellschaft und eine von Radialem, strahlendem Denken geprägte Zukunft hinarbeiten.

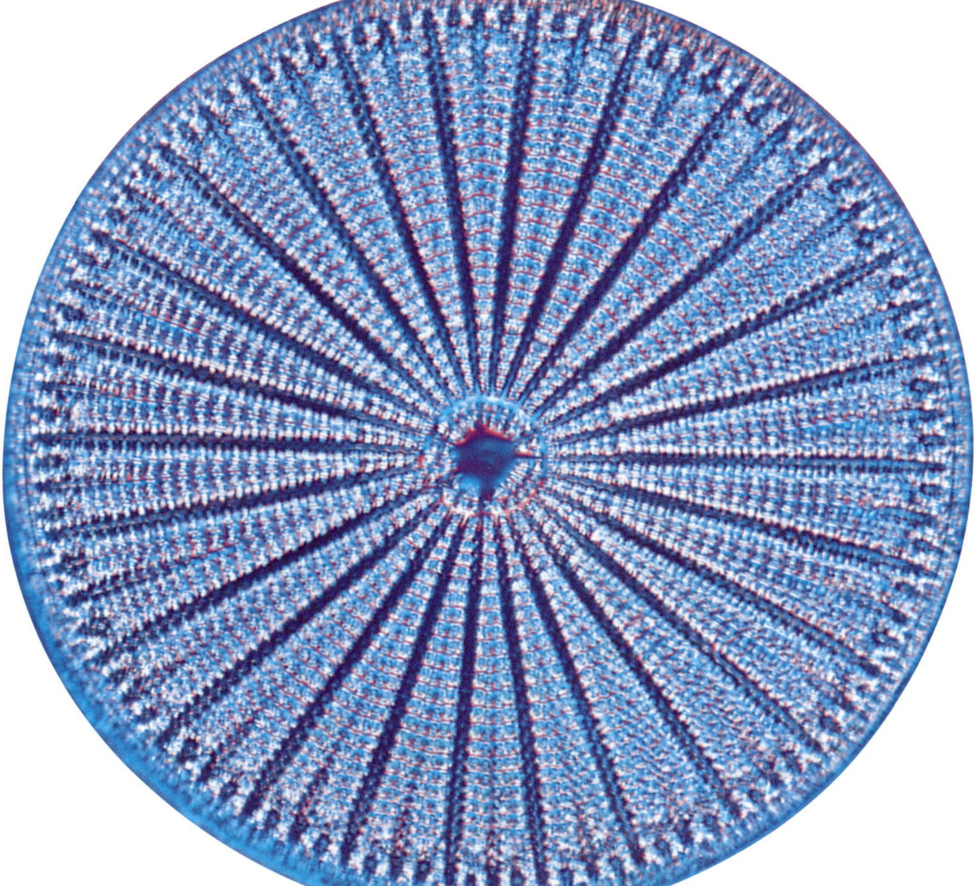

Natürliche Architektur: Tafel 31

Abschnitt E

Die Zukunft

Kapitel 29

Aufbruch in eine Welt des Radialen Denkens und der Geistigen Alphabetisierung

Das erwartet Sie in diesem Kapitel:

- Vorwort
- Die Intelligenzrevolution
- Die Geistige Alphabetisierung
- Radiales Denken und radiale Zukunft

Vorwort

Das letzte Kapitel des *Mind-Map-Buches* befasst sich mit den erstaunlichen, ermutigenden aktuellen Trends auf dem Gebiet des Denkens und des Gehirns und mit dem Aufstieg einer neuen Kategorie von Helden und Heldinnen – den Gehirnstars.

Dieses Kapitel erforscht die Auswirkungen des Radialen Denkens und des Mind Mappings auf unsere Zukunft und untersucht die Möglichkeiten, die sich einer geistig alphabetisierten Welt aus den Blickwinkeln einzelner Personen, ganzer Familien, Organisationen, Gesellschaften und einer globalen Zivilisation eröffnen.

Die Intelligenzrevolution

Die Welt steht am Vorabend einer wichtigen Umwälzung: der Entdeckung, dass Intelligenz ihre eigene Natur verstehen und sich dadurch selbst steigern und nähren kann. Gleichzeitig erkennen wir, dass unser intellektuelles Kapital unser wichtigstes Vermögen ist.

Olympiamannschaften widmen heutzutage 50 Prozent ihrer Trainingszeit der Entwicklung ihrer mentalen Stärke und Ausdauer. Die führenden amerikanischen Informationstechnologieunternehmen geben allein Hunderte von Millionen Dollar für die Förderung ihrer Mitarbeiter auf dem Gebiet der Geistigen Alphabetisierung aus.

Die Gehirninformationsexplosion

In den vergangenen Jahren interessierte sich die breite Öffentlichkeit plötzlich enorm für die Leistungen des Gehirns, als eine wachsende Zahl britischer und internationaler Zeitungen und Zeitschriften große Artikel über seine Funktionsweise veröffentlichte.

- Die Zeitschrift *Fortune* stellte „Brain Power" groß auf dem Titel dar und behauptete, dass das „intellektuelle Kapital" der wertvollste Aktivposten der Gesellschaft werde.
- Die Zeitschrift *Omni* brachte zwei große Artikel über das Gehirn und das Altern und eine spezielle Gehirndiät heraus.
- Der deutsche *Stern* berichtete über die Entwicklung geistiger Fitness.
- Die Zeitschrift *Synapsia* schrieb ausführlich über die Entwicklung des globalen Gehirns.
- *Newsweek* ging der Frage nach, wie die Naturwissenschaft neue Bereiche des Geistes erschließt, und berichtete in einem Aufsehen erregenden Artikel über die Geistige Alphabetisierung.
- *Time* diskutierte Drogen und das Gehirn.
- *US News* brachte eine Sonderdoppelausgabe über kreatives Denken und eine weitere Ausgabe über die Beziehung zwischen Gehirn und Körper.
- *The New Scientist* bildete auf einem Titelblatt 20 Gehirne ab!
- Die englische *Times* schrieb über die neurowissenschaftliche Revolution.
- Das *Wall Street Journal* stellte die Forschung über die Gehirnzellen allgemein verständlich dar.
- *Scientific America* befasste sich in einem Themenheft mit „Geist und Gehirn", Gedächtnis und Lernen.

In zeitlicher Übereinstimmung mit diesem zunehmenden Medieninteresse sehen wir eine neue Art von Superstars auf der internationalen Bühne aufsteigen – die Gehirnstars.

Die „Gehirnstars“

Das 20. Jahrhundert begann mit Stars aus der Filmbranche, dann folgten rasch Sänger, Rock- und Popgrößen sowie Sportler. Das 21. Jahrhundert, das Jahrhundert des Gehirns, begann bereits mit den so genannten „Gehirnstars“, die das Prinzip eines gesunden Geistes in einem gesunden Körper an den Tag legen. Heute schon pinnen sich Kinder auf der ganzen Welt Poster von Schachweltmeistern wie dem athletischen und dynamischen Gary Kasparov an die Wand und träumen davon, internationale Schachgroßmeister zu werden.

Auch die charmante junge Ungarin Judith Polgar, die jüngste Schachgroßmeisterin überhaupt, wird zur Kultfigur. Dominic O'Brien, der erste Gedächtnisweltmeister, der Gedächtnis-Mind-Maps einsetzt, um sich an rekordbrechende Wissensmengen zu erinnern, erscheint jetzt regelmäßig im internationalen Fernsehen. Und dann wäre noch Spieleprofi Raymond Keene zu erwähnen, der weltweit die meisten Bücher über Spiele und Denken geschrieben hat (mehr als 100!). Durch seine Mind Maps, Artikel und Fernsehauftritte (s. S. **257**) hat er sich eine 180.000-köpfige Fangemeinde aufgebaut, die noch um ein Uhr nachts seine Sendungen ansieht.

Zu dieser wachsenden Intelligenzbrigade gehören auch Carl Sagan, der bekannte Astronom und Leiter einer Milliarden-Dollar-teuren Suche nach außerirdischer Intelligenz; Omar Sharif, dessen Bridgekünste heute seine Schauspielerkarriere sogar noch übertreffen; Edward de Bono, der auf der ganzen Welt vor großem Publikum Vorträge über laterales Denken hält; Bobby Fischer, das Gewicht hebende Schachgenie, der dieses Spiel wieder ins Bewusstsein der Öffentlichkeit brachte und mit 50 Jahren ein erfolgreiches Comeback gegen Boris Spassky hatte; sowie Stephen Hawking, der in Cambridge lehrende Physiker, dessen Buch *Eine kurze Geschichte der Zeit* bis jetzt länger als jedes andere Buch jemals auf der Bestsellerliste stand.

Diesen Gehirnstars und geistigen Athleten gesellte sich auch der außergewöhnliche Universalgelehrte, Mathematikprofessor und 65-jährige Dameweltmeister Dr. Marion Tinsley hinzu. Tinsley straft alle Legenden über das Alter und sinkende geistige Fähigkeiten Lügen, ist seit 1954 die Nummer Eins weltweit und hat in dieser Zeit nur sieben Spiele verloren. Kürzlich schlug er den neuen Zweitbesten der Welt, Chinook – ein Computerprogramm. Mit der Feststellung, dass er nur einen kleinen Teil seiner Radialen Denkfähigkeiten einsetzte, bereitete er einem Computer, der pro Minute drei Millionen Züge berechnen kann und über eine Datenbank von mehr als 27 Milliarden Zügen verfügt, eine vernichtende Niederlage!

Parallel zu diesem Trend verläuft die wachsende Beliebtheit geistig anspruchsvoller Quizsendungen und die Verleihung von Preisen wie „Brain of the Year“ des „Brain Trust“, der kürzlich Gary Kasparow für geistige Spiele zuerkannt wurde, Chiyonofuji für körperliche Fähigkeiten und Gene Roddenberry für seine Arbeit in der Entwicklung der Medien.

Die Denksportolympiade

Eine Umfrage von David Levy, der 1968 Berühmtheit erlangt hatte, weil er Computer im Schach herausforderte und in den folgenden 20 Jahren alle Computer schlug, belegt ein verblüffendes weltweites Interesse an geistigen Sportarten.

Laut einer kürzlich erstellten Umfrage spielen 100 Millionen Menschen Trivial Pursuit und Monopoly, 200 Millionen vergnügen sich sogar mit Scrabble und Kreuzworträtseln. Ca. 60 Millionen spielen Bridge, 250 Millionen spielen Dame, und über 300 Millionen spielen Schach.

Während die Mind-Map Bewegung ihre eigene Revolution in Gang setzt, ereignet sich parallel eine Revolution im weltweiten Denksport. 1997 wurde die erste Denksport Olympiade in London abgehalten, an der über 3.000 Teilnehmer aus 50 Ländern teilnahmen. Mittlerweile wurden vier Olympiaden abgehalten (über 30.000 Teilnehmer aus 74 Ländern!). Die Olympiade zeigte Wettkämpfe in Brett-, Karten- und Computerspielen, und in allen wichtigen geistigen Fähigkeiten wie Gedächtnis, Kreatives Denken, Speed Reading, Intelligenz und Mind Mapping.

Die Geistige Alphabetisierung

Alle diese Trends spiegeln die wachsende internationale Tendenz zu Geistiger Alphabetisierung wider, die wie folgt definiert wird:

> Was die Beherrschung des Alphabets und seiner unendlichen Kombinationsmöglichkeiten für die herkömmliche Bildung und die Kenntnis der Zahlen und Kombinationsmöglichkeiten für die Mathematik bedeutet, bedeutet das Wissen um das biologische und begriffliche Alphabet des Gehirns und seine offensichtlich unendlichen Kombinationsmöglichkeiten für die Geistige Alphabetisierung.

Das Mind-Map-Buch mit seiner Betonung der strahlenförmigen biologischen und begrifflichen Architektur des Gehirns ist eine Einführung in die Geistige Alphabetisierung, ein Konzept, das hoffentlich tief gehende positive Auswirkungen auf den Einzelnen, die Familie, auf Organisationen, Gesellschaften und die Zivilisation allgemein haben wird.

1. Das geistig alphabetisierte Individuum

In unserem historischen „geistig analphabetischen Zustand“ ist der Geist des Einzelnen in einem relativ kleinen Begriffsrahmen gefangen, ohne Zugang zu den grundlegendsten Hilfsmitteln Geistiger Alphabetisierung, mit denen er ihn erweitern könnte. Sogar im herkömmlichen Sinne „gebildete“ und belesene Menschen werden deutlich von der Tatsache eingeschränkt, dass sie nur einen Teil der verfügbaren biologischen und begrifflichen Denkhilfsmittel einsetzen.

Die Abbildung zeigt in aufsteigender Reihenfolge die relative Größe der „geistigen Bildschirme“ von Menschen, die ungebildet sind, linear denken und radial

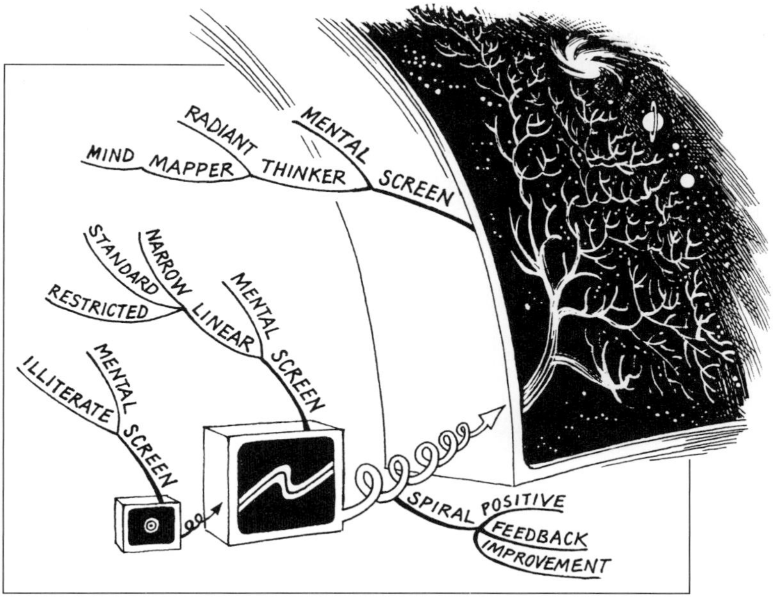

denken. Das automatische schleifenförmige Selbstverstärkungsfeedback des radialen Denkers erlaubt dem Bildschirm, unendlich groß zu werden (s. unten).

Kognitive Verstärkung

Der geistig alphabetisierte Mensch kann die radialen synergetischen Denkmotoren anschalten und Begriffsrahmen und neue Paradigmen mit unbegrenzten Möglichkeiten schaffen. Die oben abgebildete Illustration zeigt die „geistigen Bildschirme“ der geistigen Analphabeten, derer, die linear denken, und jener mit einem radial denkenden Geist. Dieser letzte Bildschirm wächst, dank der Art der intellektuellen Maschinerie, die ihn antreibt, immer weiter ins potenziell Unendliche. Das automatische schleifenförmige Selbstverstärkungsfeedback des radialen Denkers erlaubt diese ungeheure intellektuelle Freiheit und spiegelt die jedem Gehirn innewohnende Fähigkeit zur Entwicklung wider.

Radiales Denken befähigt Sie, sich freier in den wesentlichen intellektuellen Fähigkeiten der Entscheidungsfindung, der Erinnerung und des kreativen Denkens zu bewegen. Das Wissen um die Architektur Ihres Denkens erlaubt Ihnen, nicht nur mit Hilfe Ihres bewussten Denkprozesses Entscheidungen zu treffen, sondern auch mit Ihrem parabewussten Denken zu arbeiten – jenen weiten Kontinenten, Planeten, Milchstraßen und geistigen Universen, die nur auf ihre Entdeckung warten.

Der geistig alphabetisierte Mensch kann die lebenswichtigen Kraftwerke der Erinnerung und des kreativen Denkens als das sehen, was sie wirklich sind: praktisch identische geistige Prozesse, die lediglich verschiedene Punkte im Zeitablauf besetzen. Erinnerung ist die Wieder-*Erschaffung* der Vergangenheit in der Gegenwart. Kreativität ist die Projektion eines ähnlichen geistigen Konstrukts aus der Gegenwart in die Zukunft. Die bewusste Entwicklung der Erinnerung oder der Kreativität durch den Einsatz von Mind Maps vergrößert automatisch die Kraft beider Fähigkeiten.

Am effektivsten kann der Einzelne seine Geistige Alphabetisierung vorantreiben und den kognitiven Bildschirm verstärken, indem er die in Kapitel 10 beschriebenen Richtlinien für Radiales Denken befolgt. Diese Richtlinien bilden die Trainingsgrundlage für die Entwicklung jener geistigen Fähigkeiten, wie sie auch von den „Großen Gehirnen" (s. Kap. 2 und S. **295-304**) angewandt wurden. Tatsächlich ersann Leonardo da Vinci, der wohl unbestritten der größte Allroundnutzer geistiger Fähigkeiten war, eine vierteilige Formel für die Entfaltung eines vollendeten Gehirns, die diese Richtlinien perfekt widerspiegelt.

Leonardo da Vincis Grundsätze für die Entwicklung eines vollendeten Geistes:

1. Studiere die Wissenschaft der Kunst.

2. Studiere die Kunst der Wissenschaft.

3. Entwickle deine Sinne – lerne vor allem zu sehen.

4. Erkenne, dass alles mit allem verbunden ist.

In modernen Mind-Mapping-Begriffen hätte da Vinci gesagt:

„Entwickle alle deine kortikalen Fähigkeiten, entwickle die gesamte Bandbreite der Aufnahmemechanismen deines Gehirns, erkenne, dass dein Gehirn synergetisch funktioniert und ein unendlicher und radialer Assoziationscomputer in einem radialen, strahlenden Universum ist."

Durch die Anwendung der Mind-Map-Richtlinien und der Gesetze da Vincis kann das Gehirn seine einzigartige individuelle Ausdruckskraft entfalten und so Gebiete erforschen, von denen man bisher nicht zu träumen wagte. Wie Professor Pjotr Anokhin feststellte:

„Es gibt kein menschliches Wesen der Vergangenheit oder Gegenwart, das auch nur annähernd das volle Potenzial seines Gehirns erforscht hat. Aus diesem Grund akzeptieren wir keine Beschränkungen des menschlichen Gehirnpotenzials – es ist unendlich!"

2. Die geistig alphabetisierte Familie

In einer geistig alphabetisierten Familie wird die Betonung auf Wachstum, Kommunikation, Lernen, Kreativität und Liebe liegen, und jedes Familienmitglied wird die anderen Mitglieder derselben Familie als wunderbare, strahlende und unbeschreiblich komplexe Individuen wahrnehmen und wertschätzen.

John Rader Platt hat zu diesem Thema gesagt: „Wenn dieser Schatz an Komplexität irgendwie in ein sichtbares Licht transformiert werden könnte, sodass er unseren Sinnen leichter erfahrbar wäre, würde die biologische Welt im Gegensatz zur physischen Welt ein Lichtermeer sein. Die Sonne mit ihren Eruptionen wäre ein fahler Schimmer im Vergleich zu einem Rosenstrauch. Ein Wurm würde zu einem Leuchtturm, ein Hund zu einer Lichterstadt und menschliche Wesen würden wie strahlende Sonnen von Komplexität erscheinen und sich leuchtende Botschaften durch die fade Nacht der physischen Welt zuschicken. Wir würden einander blenden. Blickt auf die von einem Schein umgebenen Köpfe eurer seltenen und komplexen Gefährten. Ist es nicht so?" – Es ist so!

3. Die geistig alphabetisierte Organisation

In Zukunft, so hoffen wir, wird die geistig alphabetisierte Organisation, egal ob Verein, Schule, Universität oder Unternehmen, wie eine erweiterte Familie gesehen werden, die von denselben Prinzipien, denselben Visionen und demselben Wissen geleitet wird.

In den frühen neunziger Jahren sahen wir allmählich die ersten Anzeichen für diese Entwicklung. Der Brain Club, eine internationale Organisation für alle, die den Gebrauch ihres Gehirns erlernen wollen, hat „Zellen" in acht verschiedenen Ländern etabliert und veröffentlicht die internationale Zeitschrift *Synapsia*.

In Schulen befassen sich zunehmend mehr Lehrer und Schüler mit Geistiger Alphabetisierung und in Eton, der bekannten englischen Privatschule, zählte der Brain Club der Schule im ersten Jahr seines Bestehens bereits 300 Mitglieder! (S. S. **290**.)

Studenten der Universität Durham haben unter Leitung von James Lee einen Club zur Förderung der Geistigen Alphabetisierung gegründet und ein Netzwerk im gesamten englischen Universitätswesen aufgebaut.

Auch in der Geschäftswelt beschleunigt sich der Trend zur Geistigen Alphabetisierung. Über die zahlreichen in den Kapiteln 25, 26 und 27 angeführten Beispiele hinaus kommen sowohl Autoren aus dem Geschäftsleben wie auch Wissenschaftler zu denselben Schlussfolgerungen.

Peter Drucker prognostizierte in seinem Buch *Innovation and Entrepreneurship*, dass der Manager der Zukunft lediglich ein Helfer beim Lernen sein wird, während John Naisbitt in *Megatrends 2000* zehn Trends für die Menschheit bei ihrer Annäherung an die Jahrtausendwende beschreibt, in denen er einen Metatrend ausmacht, der allen übrigen Megatrends zugrunde liegt: *„Es dreht sich alles darum, zu lernen, wie man lernt."*

Beinahe Identisches sagt Alvin Toffler, Autor des Buches *Future Shock*, in seinem neuen Buch *Power Shift*: „Der Ungebildete der Zukunft ist nicht mehr der des Lesens Unkundige, sondern derjenige, der nicht weiß, wie man lernt zu lernen."

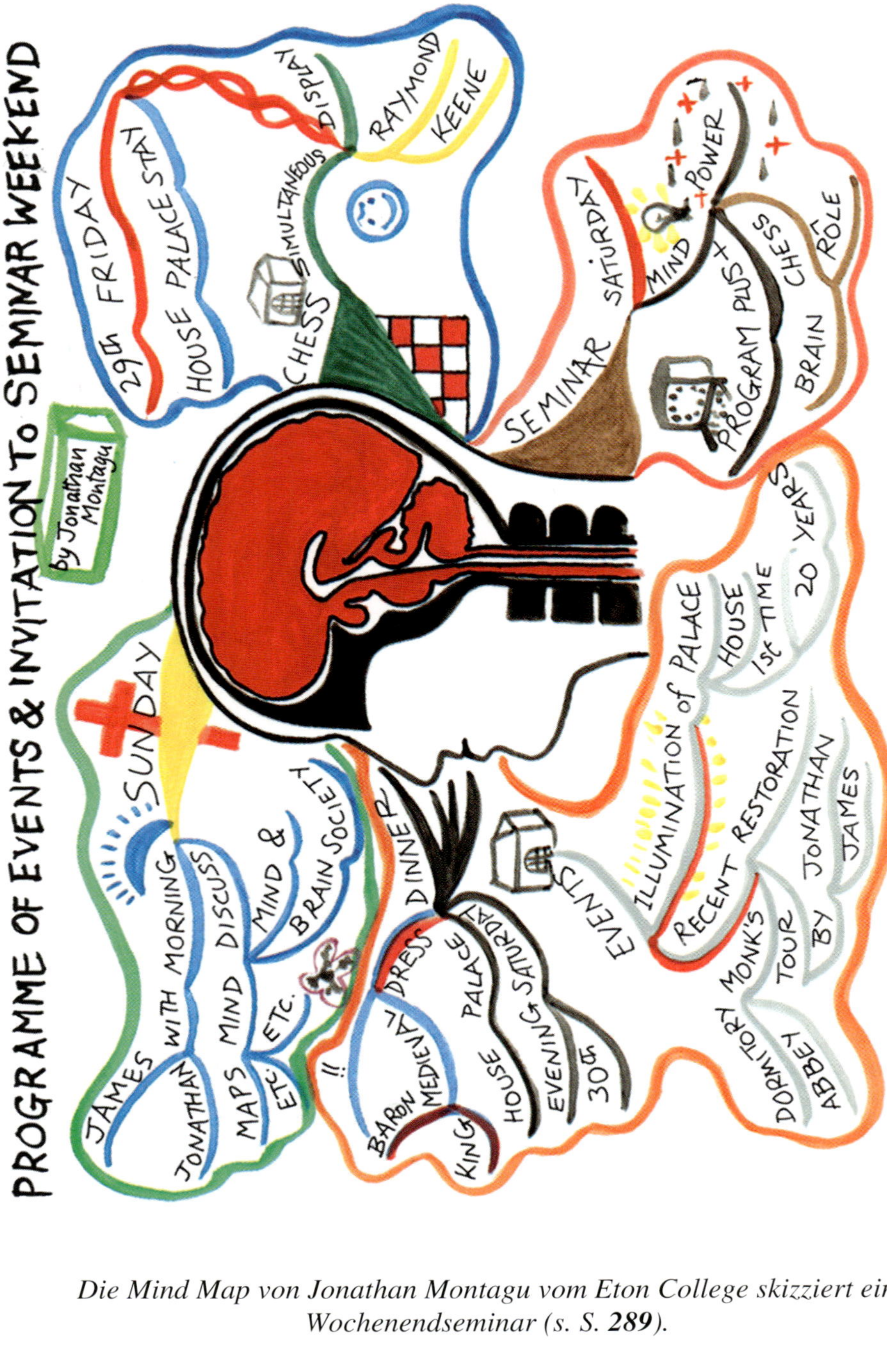

Die Mind Map von Jonathan Montagu vom Eton College skizziert ein Wochenendseminar (s. S. ***289****).*

*Mind Map von Scheich Talib, die einen Entwurf einer geistig alphabetisierten Gesellschaft zeigt (s. S. **292f.**).*

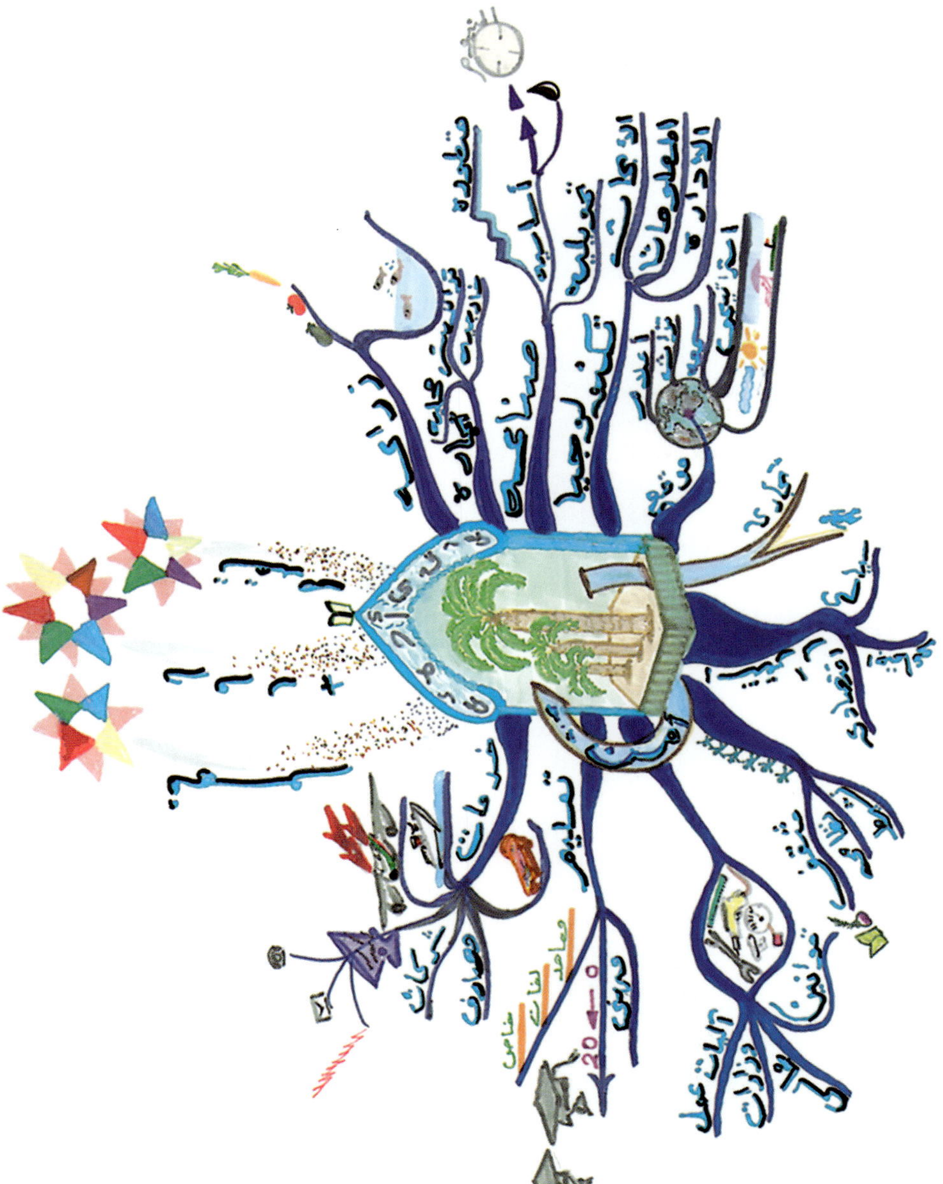

4. Die geistig alphabetisierte Gesellschaft

Mit der wachsenden Zahl der geistig alphabetisierten Individuen, Familien und Organisationen werden wir bald das Entstehen einer geistig alphabetisierten Gesellschaft erleben.

In Erkenntnis der Bedeutung dieses Trends und seiner Auswirkungen erklärte der US-Senat die neunziger Jahre zum „Jahrzehnt des Gehirns“: „Beschlossen wird vom im Kongress versammelten Senat und Repräsentantenhaus der Vereinigten Staaten von Amerika, dass das am 1. Januar 1990 beginnende Jahrzehnt hiermit als das „Jahrzehnt des Gehirns“ bezeichnet wird und dass der Präsident der Vereinigten Staaten zu einer Proklamation autorisiert und aufgefordert wird, in der alle Beamten und das Volk der Vereinigten Staaten aufgerufen werden, dieses Jahrzehnt mit entsprechenden Programmen und Aktivitäten zu begehen.“

Diese Initiative zeitigte bereits erhebliche Wirkung. Abgesehen von der Förderung weiterer Gehirnforschungen haben Unternehmen wie EDS spezielle Programme zur Geistigen Alphabetisierung ins Leben gerufen. Zudem wurde das Programm Education 2000 gestartet, das nach neuen Wegen sucht, die Lernfähigkeit des Gehirns zu verstehen, es wurden im ganzen Land lebenslange Lernprogramme einrichtet und die künftigen Bedürfnisse des Schulwesens erforscht. Zudem wurde ein intellektuelles Klima geschaffen, in dem das Gehirn zunehmend zum Thema in Radio- und Fernsehsendungen und in den Medien allgemein gemacht wird.

Auch einige besondere Initiativen wurden ins Leben gerufen. So ernannte man in Venezuela einen Minister für die Entwicklung der menschlichen Intelligenz.

Die Mind Map auf Seite **291** stammt von Scheich Talib, einem arabischen Philosophen und Gelehrten, und zeigt einen Entwurf für die Entwicklung einer geistig alphabetisierten Gesellschaft. Die Mind Map stellt ihre panlinguistische Natur unter Beweis, deckt die stabilisierenden Wurzeln von Bildung, Wirtschaft und Politik ab und schließt die anderen wichtigen Faktoren Landwirtschaft, Dienstleistungen, Funktionsmechanismen, Industrie, Kommunikation und Marketing mit ein.

Auf der rechten Seite der Mind Map wird die Informationstechnologie betont, weil sie für die Kommunikationsweise und Unternehmensführung moderner Gesellschaften immer wichtiger wird. Links zeigt der „Bildungs“-Ast zwei Augen mit Hüten, die einander ansehen.

Dazu Scheich Talib: „Dies schildert ausdrucksstark die Notwendigkeit, die Ausbilder auszubilden. In vielen Ländern, die die enorme Wichtigkeit dieses Punktes nicht erkannt haben, wurde diese Aufgabe vernachlässigt. Ein guter Plan kann nur gelingen, wenn auf jeder Ebene Änderungen möglich sind. Deshalb sollte der Plan flexibel, dynamisch und unbedingt lebendig sein.“

Besonders interessant an dieser Mind Map ist die Tatsache, dass während eines frühen Stadiums eine Kellnerin einen schnellen Blick darauf warf und auf die Frage, was sie denn wohl sehe, antwortete: „Das ist ein Bild darüber, wie man eine bessere Welt erschaffen kann.“ Sie konnte nicht Arabisch und kannte auch nicht das Thema. Dies veranschaulicht den Erfolg der Mind Map als grundlegendes Kommunikationsmittel wie auch die Bedeutung der angewandten Gehirnforschung.

5. Eine geistig alphabetisierte Zivilisation

Von der geistig alphabetisierten Gesellschaft ist es nur ein kleiner Schritt zur Entwicklung einer geistig alphabetisierten Zivilisation.

Am Anfang des 21. Jahrhunderts tat die *Brain Trust Charity* diesen Schritt und erklärte das 21. Jahrhundert zum Jahrhundert des Gehirns, und das dritte Jahrtausend zum Jahrtausend des Geistes. Wenn Sie mehr über diese Initiative herausfinden möchten, und sich mit Gleichgesinnten zusammenschließen möchten, dann suchen Sie die virtuelle Petition auf www.msoworld.com auf.

Mit der Explosion des Radialen Denkens durch Computer, Satelliten und Mediennetzwerke wagen wir gerade die ersten Schritte in Richtung auf eine globale Informationsstruktur, die jene eines Embryogehirns nachzuahmen beginnt. Man kann sich deshalb immer leichter einen Planeten vorstellen, auf dem Kommunikation und Wissen immer schneller und komplexer und gleichzeitig immer leichter zugänglich und verständlicher werden. Wir bewegen uns allmählich auf die Verwirklichung der Vision des Philosophen Olaf Stapledon zu, der in *Star Maker* ein globales Gehirn in etwa vier Millionen Jahren voraussagt:

„In der wirklichen Erfahrung der menschlichen Rasse wird das System der Strahlung, die den ganzen Planeten umfasst und Abermillionen Gehirne einschließt, die körperliche Grundlage der Identität der menschlichen Rasse. Das Individuum entdeckt, dass es in allen Vertretern der Rasse verkörpert ist. Es genießt in einer einzigen plötzlichen Wahrnehmung den gesamten Körperkontakt, mitsamt der wechselseitigen Umarmungen aller Liebenden. Durch die Myriade von Füßen aller Männer und Frauen erfasst es mit einem Griff seine Welt. Es sieht mit allen Augen und erkennt auf einen Blick alle visuellen Felder. So erkennt es sofort und als fortdauernde variierte Sphäre die gesamte Oberfläche des Planeten.

Doch nicht nur das.

Es steht jetzt über dem Gruppengeist, wie dieser über den Individuen. Es beobachtet sie, wie man vielleicht die lebenden Zellen seines eigenen Gehirns betrachtet, doch auch mit dem distanzierten Interesse dessen, der einen Ameisenhügel beobachtet, und dennoch ist es fasziniert von der seltsamen und so unterschiedlichen Natur seiner Mitmenschen, doch in erster Linie ist es Künstler, der nur seine Vision und deren Darstellung kennt.

In der Art seiner Rasse versteht ein Mensch alle Dinge astronomisch. Durch alle Augen und alle Observatorien schaut er seine reisende Welt an und lugt nach draußen ins All. Indem er das Sonnensystem gleichzeitig von beiden Rändern seiner Welt aus betrachtet, nimmt er die Planeten und die Sonne stereoskopisch wie in einer Vision wahr. Zudem umfasst sein wahrgenommenes „Jetzt" nicht nur einen Augenblick, sondern ein Zeitalter."

Können wir uns allmählich solch einer geistig alphabetisierten Zukunft nähern? Das *Mind-Map-Buch* legt dies nahe.

Radiales Denken – radiale Zukunft

Um diese Möglichkeiten zu untersuchen, müssen wir uns vorübergehend vom Kosmos ab- und dem Kortex zuwenden und in dem Chaos deprimierender Nachrichten über die wirtschaftliche Lage, Umweltverschmutzung und den allgemeinen globalen Zustand nach Hoffnung suchen. Wenn wir zu einem vollständigen Verständnis unserer gegenwärtigen Situation und einer realistischeren Deutung unserer Zukunft gelangen wollen, müssen wir sehr genau den einzigen Faktor betrachten, der am drastischsten alle künftigen Möglichkeiten beeinflusst. Dieser entscheidende Faktor ist *nicht* die Umwelt, auch nicht wirtschaftliche oder psychologische Theorien, nicht einmal die „grundlegende Aggressivität der Menschheit" oder die „irreversiblen Gezeiten der Geschichte". Der wichtigste, aufgrund seiner Offensichtlichkeit fast schon blind machende Faktor ist jener, der auch zum Thema dieses Buches wurde: das radial denkende menschliche Gehirn.

In unserem wachsenden Wissen über dieses unglaublich komplexe und geheimnisvolle Organ und über die Menschheit – über uns selbst und unsere radialen, strahlenden Mitmenschen – und in unserem wachsenden Wissen über die Miteinanderverbundenheit und das Aufeinanderbezogensein aller Dinge liegt unsere Hoffnung für die Zukunft.

So kann es sein. – So soll es sein!

Anhang

Quiz: Notizen der „Großen Gehirne“

Hier zeigen wir Ihnen 17 Aufzeichnungen großer Denker aus den Bereichen Politik, Militär, Architektur, bildende Kunst, Dichtung, Naturwissenschaft und Literatur.

Sie belegen, dass eine fortgeschrittene Intelligenz ganz selbstverständlich eine größere Bandbreite kortikaler Fähigkeiten als üblich einsetzt. Zu Ihrer Information und Unterhaltung stellen wir die Notizen hier in Form eines Rätsels dar. Wir schlagen vor, dass Sie sie durchblättern und dabei herauszufinden versuchen, von welchem großen Denker welche Aufzeichnung stammt. Zum Zeitpunkt der Drucklegung betrug das höchste erzielte Ergebnis sieben korrekte Antworten von insgesamt 17 Aufgaben!

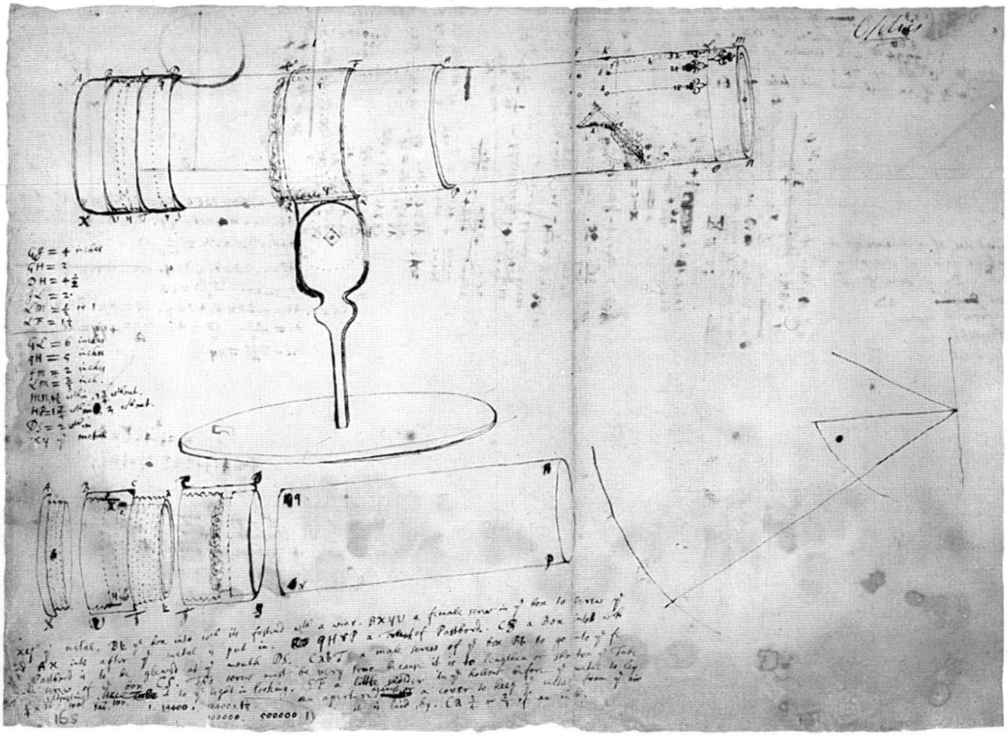

Notiz A

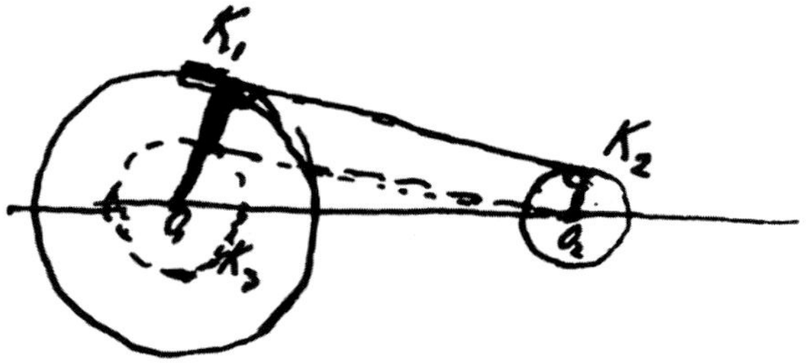

The radius of K_3 is the difference $r_3 = r_1 - r_2$.
The tangent $O_2 \to K_3$ is || to the tangent on K_1 and K_2 and can be easily constructed. This gives the solution.
A. E.

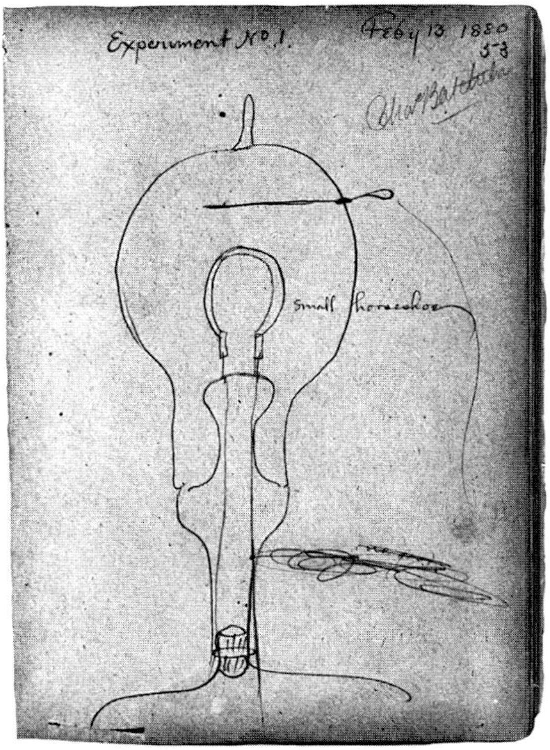

Notiz C

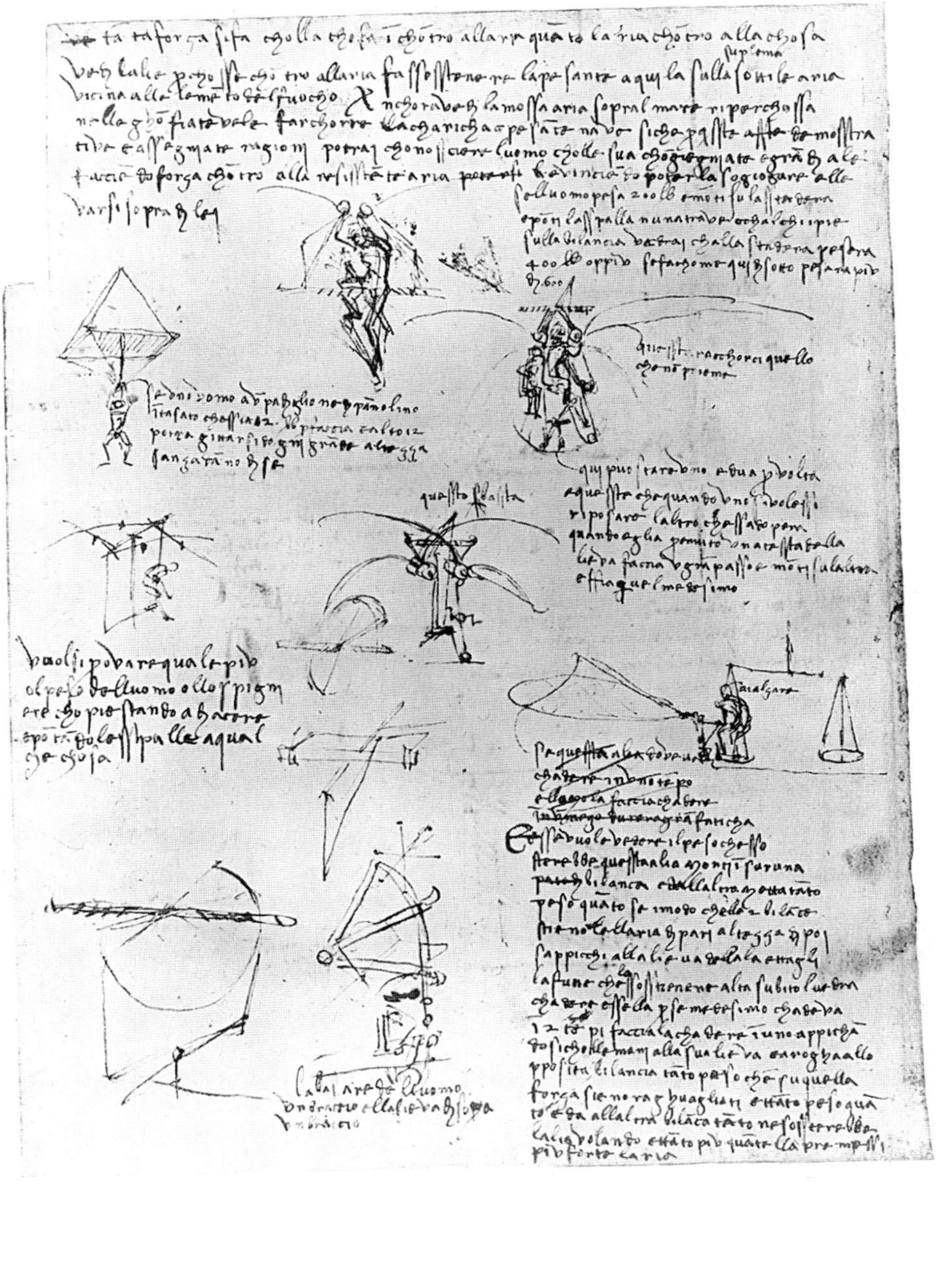

Notiz D

In the annexed designe of this experim^t

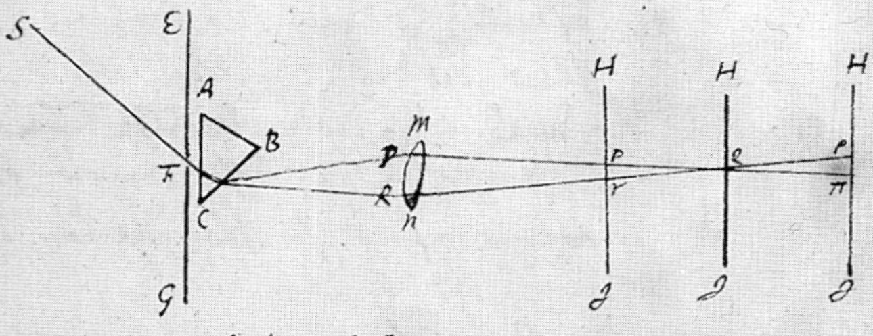

ABC represents y^e Prism set endwise to sight, close by y^e hole F of y^e window EG. Its verticall angle ACB may conveniently be about 60 degrees. MN designes y^e Lens. Its breadth 2½ or 3 inches. SF one of ye streight lines in wch difform rays may be conceived to flow successively from ye Sun. FP & FR two of those rays unequally refracted, which ye Lens makes to converg towards Q, & after decussation to diverge again. And HI ye paper at divers distances on which ye colours are projected: which in Q constitute whitenesse, but are red & yellow in R, r, & ρ; & blew & purple in P, p, & π.

If you proceed further to try ye impossibility of changing any uncompounded colour, wch I have asserted in ye 3^d & 13th propositions; 'tis requisite y^t ye Room be made very dark, least any scattering light mixing wth ye colour disturb & allay it & render it compound, contrary to ye designe of ye experim^t. 'Tis also requisite that there be a perfecter separation of ye colours then after ye manner above described can be made by ye refraction of one single Prism; & how to make such further separations will scarce be difficult to them that consider y^e discovered laws of refractions. But if tryall shall be made wth colours not throughly separated, there must be allowed changes proportionable

Notiz F

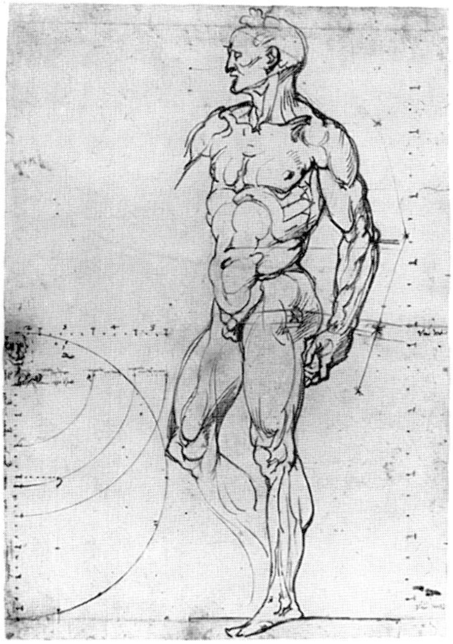

Notiz G

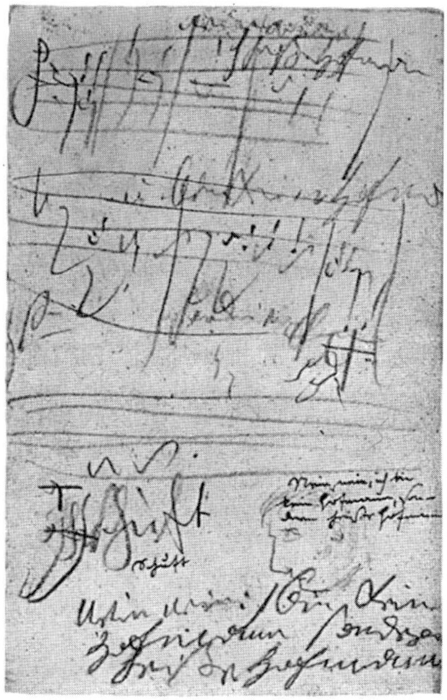

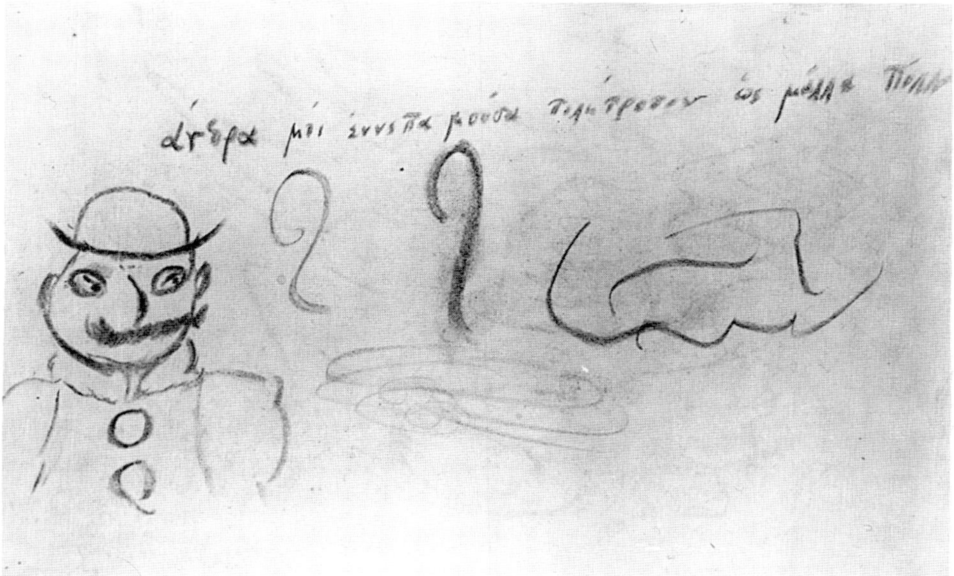

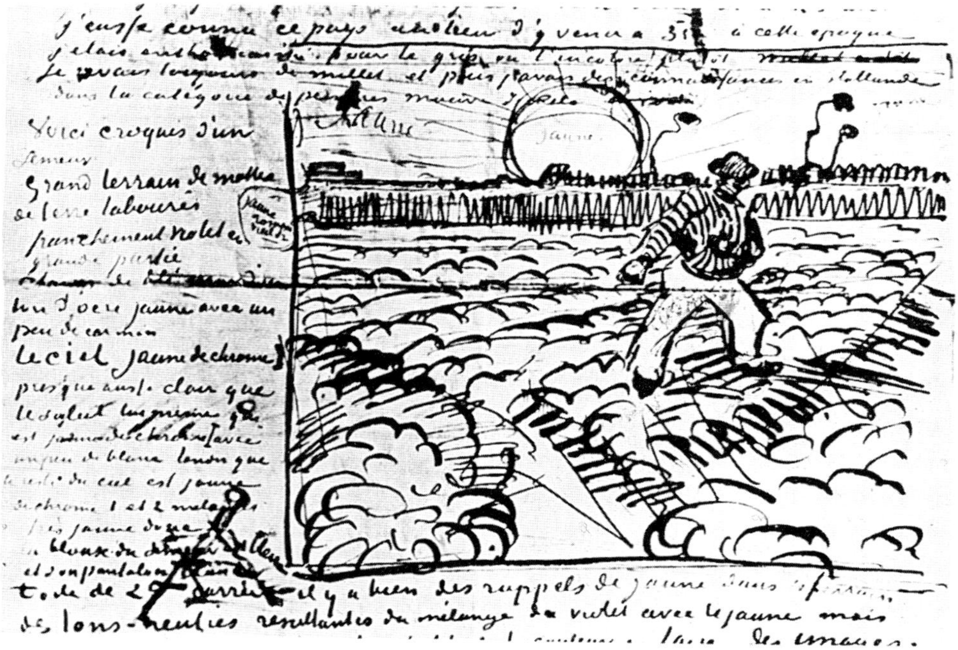

Notiz I

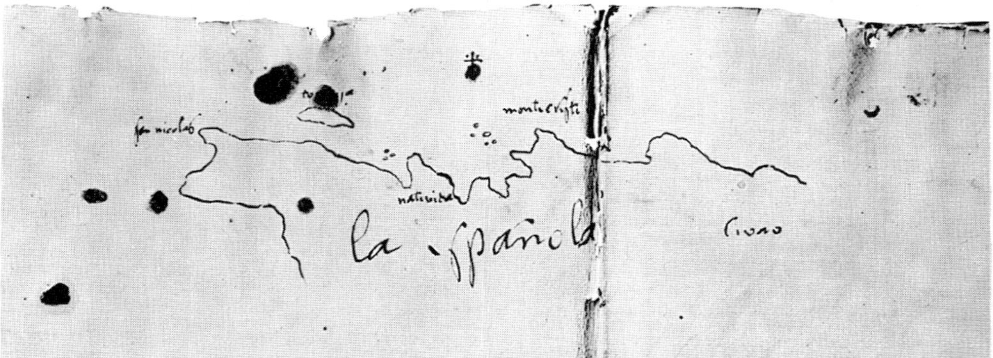

Notiz J

Notiz K

Notiz L

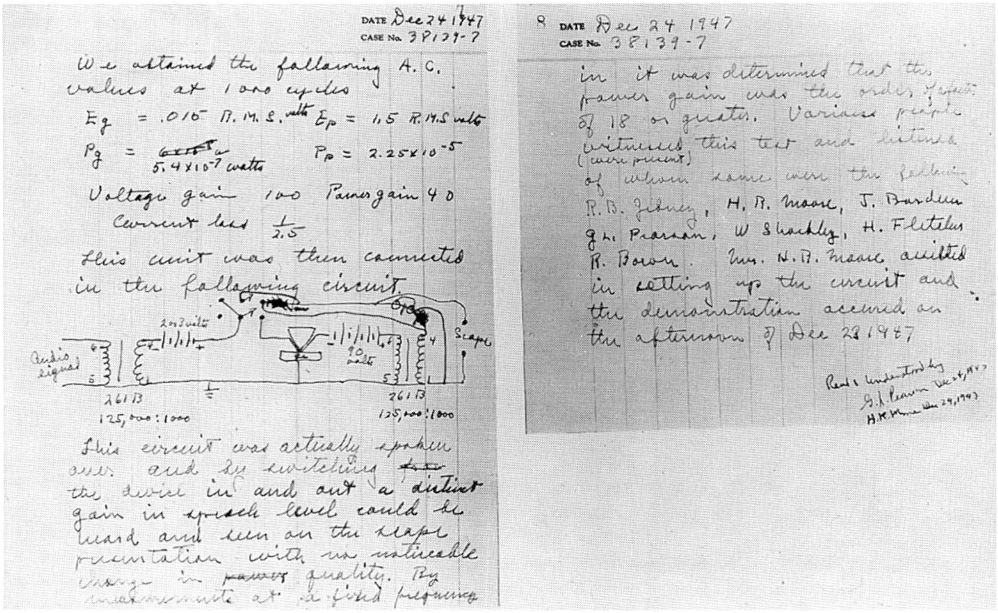

DATE Dec 24 1947
CASE No. 38139-7

We obtained the following A.C. values at 1000 cycles

E_g = .015 R.M.S. volts E_p = 1.5 R.M.S. volts

P_g = 5.4×10^{-7} watts P_p = 2.25×10^{-5}

Voltage gain 100 Power gain 40

Current loss $\frac{1}{2.5}$

This unit was then connected in the following circuit

This circuit was actually spoken over and by switching the device in and out a distinct gain in speech level could be heard and seen on the scope presentation with no noticeable change in quality. By measurements at a fixed frequency

8 DATE Dec 24 1947
CASE No. 38139-7

in it was determined that the power gain was the order of a factor of 18 or greater. Various people witnessed this test and listened (were present) of whom some were the following R.B. Gibney, H.R. Moore, J. Bardeen, G.L. Pearson, W. Shockley, H. Fletcher, R. Bown. Mr. H.R. Moore assisted in setting up the circuit and the demonstration occurred on the afternoon of Dec 23 1947

Read & understood by G.L. Pearson Dec 24, 1947
H.R. Moore Dec 24, 1947

Notiz N

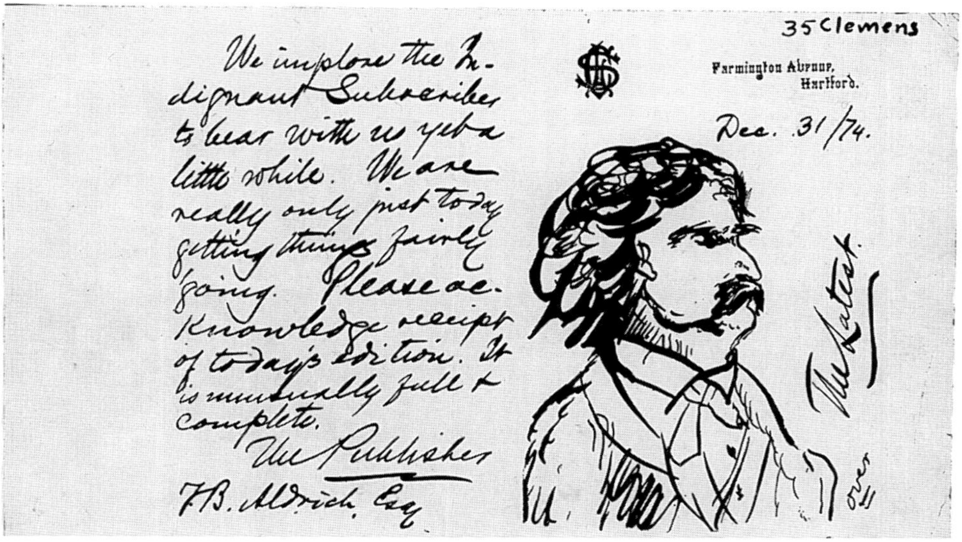

35 Clemens

Farmington Avenue, Hartford.

Dec. 31/74.

We implore the Indignant Subscriber to bear with us yet a little while. We are really only just today getting things fairly going. Please acknowledge receipt of today's edition. It is unusually full & complete.

The Publisher

T.B. Aldrich, Esq.

Notiz O

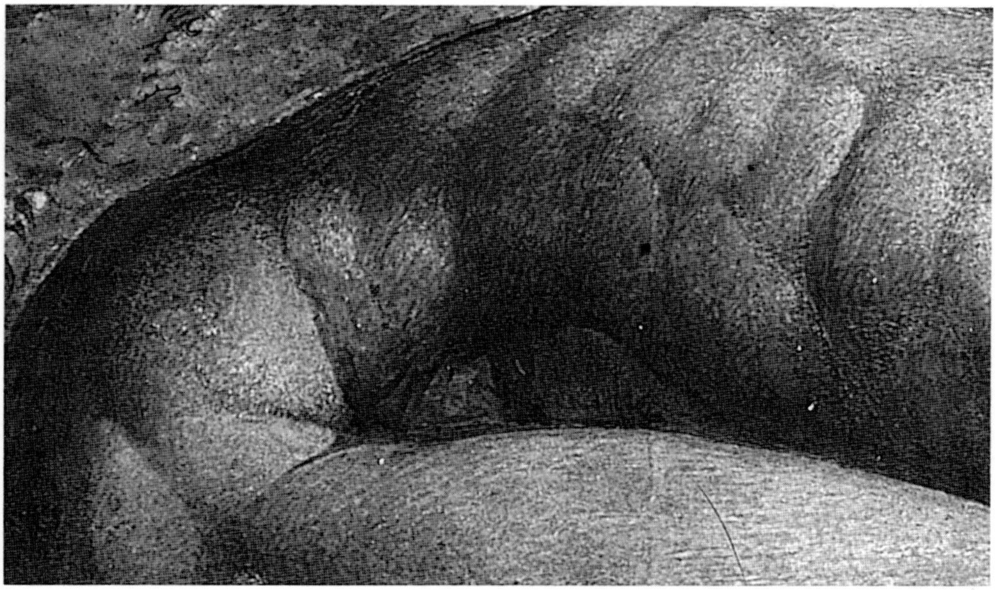

Notiz P

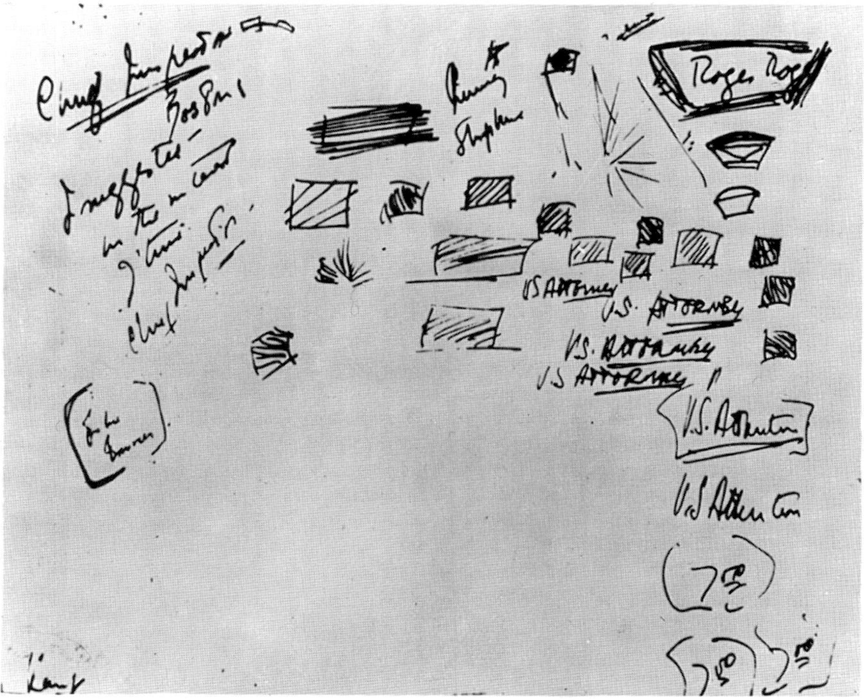

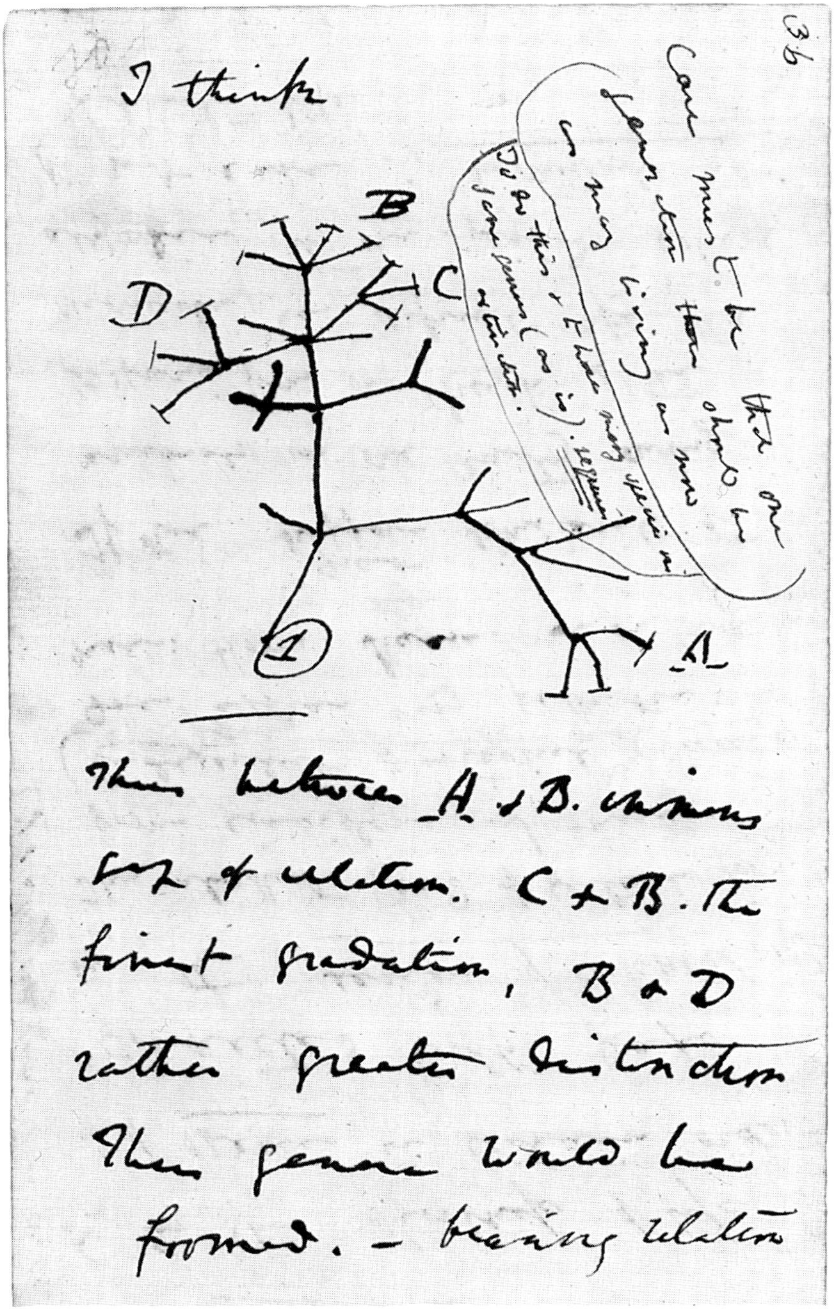
36
I think
Case must be that one generation then should be as many living as now
To do this & to have many species in same genus (as is). requires extinction.
B
C
D
1
A
Thus between A & B. immense gap of relation. C & B. the finest gradation, B & D rather greater distinction Thus genera would be formed. — bearing relation

Notiz Q

Lösungen zum Rätsel: Tafeln zur Natürlichen Architektur

Seite		
2-3	Tafel 1	Nebelfleck
19	Tafel 2	Quiver-Baum, Namibia
30	Tafel 3	Blitz
42	Tafel 4	Insulinmolekül
47	Tafel 5	„Ordnung durchdringt Chaos“: Computergraphik: Ljapunow-Exponent für die logistische Gleichung mit dem Parameter, der in der Folge AABABABAABABAB... variiert. A: Abszisse, B: Ordinate. Die orangefarbene Figur im Vordergrund zeigt Periodizität an, der blaue Hintergrund hingegen Chaos)
55	Tafel 6	Mikrophotographie einer Kieselalge
58	Tafel 7	Blatt einer Sägenfächerpalme
62	Tafel 8	Oberes Ende eines Löwenzahnsamens
70	Tafel 9	Gorgonenkoralle
78	Tafel 10	Venusmuschel
82	Tafel 11	„Siebenflügliger Vogel“ (Computergraphik: chaotischer Anziehungspunkt, erreicht durch sich wiederholende Punkte auf der Ebene. Die Punkte wandern chaotisch in dieser Abbildung herum, nur eine große Zahl von Punkten erlaubt uns die Wahrnehmung geordneter Strukturen)
95	Tafel 12	Mit Tau bedecktes Spinnennetz
118	Tafel 13	Pfauenmännchen schlägt Rad
122	Tafel 14	Gorgonenkoralle

Lösungen zum Rätsel: „Große Gehirne“

Seite		
41 (oben)	Notiz 1	Pablo Picasso: Seite der Handschrift „Asul y Blanco“, 1894
41 (unten)	Notiz 2	Leonardo da Vinci: Zeichnung
295	Notiz A	Isaac Newton: Eigenhändiger Entwurf eines Spiegelteleskops
296 (oben)	Notiz B	Albert Einstein: Diagramm als Antwort auf die Frage einer Schülerin
296 (unten)	Notiz C	Thomas Edison: Zeichnung einer Glühbirne aus einem Notizbuch von 1880
297	Notiz D	Leonardo da Vinci: Zeichnungen eines Fallschirms und der Flügel einer Flugmaschine
298	Notiz E	Isaac Newton: Brief an Oldenburg, 6.2.1671, mit Beschreibung des Lichtexperiments
299 (oben)	Notiz F	Michelangelo: anatomische Studie
299 (oben)	Notiz G	Beethoven: Seite aus Konversationsbüchern, 1819, die zur Kommunikation mit Besuchern dienten
299 (unten)	Notiz H	James Joyce: Zeichnung von Leopold Bloom, aus „Ulysses“
300 (oben)	Notiz I	Vincent van Gogh: Brief an Emile Bernard, Arles, Juni 1988
300 (unten)	Notiz J	Christopher Columbus: Landkartenskizze der Insel Santo Domingo (Hispaniola), aus dem Logbuch der „Santa Maria“-Fahrt
301 (oben)	Notiz K	William Lamb: „Das Lamm“
301 (unten)	Notiz L	Leonardo da Vinci: Notenschrift

302 (oben)	Notiz M	Labornotizbuch des Nobelpreisträgers Walter H. Brattain, 23.12.1947, über die Entdeckung des Transistoreffekts
302 (unten)	Notiz N	Mark Twain: Selbstporträt, 1874
303 (oben)	Notiz O	William Blake: „Newton“ (Detail)
303 (unten)	Notiz P	John F. Kennedy: Gekritzel, 2.7.1963
304	Notiz Q	Charles Darwin: Zeichnung des Evolutionsbaums

Literaturhinweise

Aiken, E.G., Thomas, G.S., und **Shennum, W.A**. 'Memory for a lecture: Effects of notes, lecture rate, and information density.' *Journal of Educational Psychology* **67** (3), 439-44, 1975.

Anderson, J.R. *Cognitive Pschyology and Its Implications.* Second edition. New York: W.H. Freemann & Co., 1985.

Anderson, J.R. 'Retrieval of propositional information from long-term memory.' *Cognitive Psychology* **6**, 451-74, 1974.

Anokhin, P.K. 'The forming of natural and artificial intelligence.' *Impact of Science on Society, Vol. XXIII* **3**, 1973.

Ashcraft, M.H. *Human memory and cognition.* Glenview, Illinois: Scott, Foresman & Co., 1989.

Atkinson, Richard C., und **Shiffrin, Richard M.** 'The Control of Short-term Memory'. *Scientific American,* August 1971.

Baddeley, Alan D. *The Psychology of Memory.* New York: Harper & Row. 1976.

Bever, T. and **Chiarello, R.** 'Cerebral dominance in musicians and non-musicians.' *Science* **185**, 137-9, 1974.

Bloch, Michael. 'Improving Mental Performance' biographical notes. Los Angeles: Tel/Syn 1990.

Borges, Jorge Luis. *Fictions* (vor allem 'Funes, the Memorious'). London: Weidenfeld & Nicolson, 1962.

Bourne, L.E., Jr., Dominowski, R.L., Loftus, E.F., und **Healy, A.F.** *Cognitive Processes.* Englewood Cliffs, NJ: Prentice-Hall Inc., 1986.

Bower, G.H., und **Hilgard, E.R.** *Theories of Learning.* Englewood Cliffs, NJ: Prentice-Hall Inc., 1981.

Bower, G.H., Clark, M.C., Lesgold, A.M., und **Winzenz, D.** 'Hierarchical retrieval schemes in recall of categorized word lists.' *Journal of Verbal Learning and Verbal Behavior* **8**, 323-43, 1969.

Breznitz, Z., 'Reducing the gap in reading performance between Israeli lower- and middle-class first-grade pupils,' *Journal of Psychology* **121** (5), 491-501, 1988.

Brown, Mark. *Memory Matters.* Newton Abbot: David & Charles, 1977.

Brown, R., und **McNeil, D.** 'The „Tip-of-the-Tongue" Phenomenon'. *Journal of Verbal Learning and Verbal Behavior* **5**, 325-37.

Bugelski, B.R., Kidd, E., und **Segmen, J.** 'Image as a mediator in one-trial paired-associate learning', *Journal of experimental Psychology* **76**, 69-73, 1968.

Buzan, Tony. *Kopftraining*. München: Goldmann, 1993.

Buzan, Tony. *Nichts vergessen*, Kopftraining für ein Supergedächtnis, München: Goldmann, 1994.

Buzan, Tony. *Brain Selling*. Landsberg am Lech: mvg-verlag, 1996.

Buzan, Tony. *Harnessing the ParaBrain*. London: Wyvern Business Books, 1988.

Buzan, Tony. *Make the Most of Your Mind.* Cambridge: Colt Books, 1977. London: Pan, 1981.

Buzan, Tony. *Speed and Range Reading.* Newton, Abbot: David & Charles, 1989.

Buzan, Tony. *Use Your Head.* London: BBC, 1974. Auch veröffentlicht unter: *Use Both Sides of Your Brain.* New York: E.P. Dutton, Viking Penguin NAL, 1990.

Buzan, Tony. *The Brain User's Guide.* New York: E. P. Dutton, 1983. Viking Penguin NAL, 1990.

Carew, T.J., Hawkins, R.D., und **Kandel, E.R.** 'Differential classical conditioning of a defensive withdrawal reflex in Aplysia Californica,' *Science* **219**, 397-400, 1983.

Catron, R.M., und **Wingenbach, N.** 'Developing the potential of the gifted reader.' *Theory into Practice,* **25** (2), 134-140, 1986.

Cooper, L.A., und **Shepard, R.N.** 'Chronometric studies of the rotation of mental images. In Chase, W.G., (Ed.) *Visual Information Processing.* New York: Academic Press, 1973.

Daehler, M.W., und **Bukatko, D.** *Cognitive Development.* New York: Alfred A. Knopf, 1985.

Domjan, M. und **Burkhard, B.** *The Principles of Learning and Behavior.* Monterey, Cal.: Brooks/Cole Publishing Co., 1982.

Dryden, Gordon und **Vos, Jeanette** (Ed.). *The Learning Revolution.* California; Jalmar Press, 1993.

Edwards, B. *Drawing on the Right Side of the Brain.* Los Angeles: J.P. Tarcher, 1979.

Eich, J., Weingartner, H., Stillman, R.C., und **Gillin, J.C.** 'State-dependent accessibility of retrieval cues in the retention of a categorized list.' *Journal of Verbal Learning and Verbal Behaviour* **14**, 408-17,1975.

Erickson, T.C. 'Spread of epileptic discharge', *Archives of Neurology and Psychiatry* **43**, 429-452, 1940.

Fantino, E., und **Logan, C.A.** *The Experimental Analysis of Behavior: A Biological Perspective.* San Francisco; W.H. Freeman & Co., 1979.

Frase, L.T., und **Schwartz, B.J.** 'Effect of question production and answering on prose recall', *Journal of Educational Psychology* **67** (5), 628-35, 1975.

Freidman, A., und **Polson, M.** 'Hemispheres as independent resource systems: Limited-capacity processing and cerebral specialisation', *Journal of Experimental Psychology: Human Perception and Performance* **7**, 1031-58, 1981.

Gawain, S. *Creative Visualization.* Toronto: Bantam Books, 1978.

Gazzaniga, M. 'Right hemisphere language following brain bisection: A 20-year perspective'. *American Psychologist* **38** (5), 525-37, 1983.

Gazzaniga, M. *Mind Matters.* Boston: Houghton Mifflin Co., 1988.

Gazzaniga, M. *The Social Brain.* New York: Basic Books Inc., 1985.

Gazzaniga, M. und **DeDoux, J.E.** *The Integrated Mind.* New York: Plenum Press, 1978.

Gelb, Michael. *Present Yourself.* London: Aurum Press, 1988.

Gelb, Michael und **Buzan, Tony.** *Lessons from the Art of Juggling.* USA; Crown Harmony, 1994.

Glass, A. L., und **Holyoak, K. J.** *Cognition.* New York: Random House, 1986.

Godden, D. R., und **Baddeley, A.D.** 'Context dependent memory in tow natural environments: On land and under water', *Britisch Journal of Psychology* **66**, 325-31, 1975.

Good, T.L., und **Brophy, J.E.** *Educational Psychology.* New York: Holt, Rinehart and Winston, 1980.

Greene, R.L. 'A common basis for recency effects in immediate and delayed recall', *Journal of Experimental Psychology: Learing, Memory and Cognition* **12** (3), 413-18, 1986.

Greenfield, Susan. *Brainpower: Working out the Human.* Element Books, 2000.
Grof, S. *Beyond the Brain: Birth, Death, and Transcendence in Psychotherapy.* New York: State University of New York Press, 1985.
Haber, Ralph N. 'How We Remember What We See'. *Scientific American,* 105, May 1970.
Halpern, D.F. *Thought and Knowledge: An Introduction to Critical Thinking.* Hillsdale, NJ: Erlbaum, 1984.
Hampton-Turner, C. *Maps of the Mind.* New York: Collier Books, 1981.
Hearst, E. *The First Century of Experimental Psychology.* Hillsdale, NJ: Lawrence Erlbaum Associates, 1979.
Hellige, J. 'Interhemispheric interaction: Models, paradigms and recent findings. In D. Ottoson (Ed.) *Duality and unity of the brain: Unified functioning and specialization of the hemispheres.* London: Macmillan Press Ltd., 1987.
Hirst, W., 'Improving Memory.' In M. Gazzaniga (Ed.) *Perspectives in memory research.* Cambridge, Mass.; The MIT Press, 1988.
Hooper, J., and **Teresi, D.** *The Three-pound Universe.* New York: Dell Publishing Co., Inc., 1986.
Howe, M.J.A. 'Using Students' Notes to Examine the Role of the Individual Learner in Acquiring Meaningful Subjet Matter.' *Journal of Educational Research* **64**, 61-3.
Hunt, E., und **Love, T.** 'How Good Can Memory Be?' In A.W. Melton und E. Martin (Eds.) *Coding Processes in Human Memory.* Washington DC: Winston/Wiley, 1972.
Hunter, I.M.L. ' An exceptional memory.' *British Journal of Psychology* **68**, 155-64, 1977.
Kandel, E.R., und **Schwartz, J.H.** 'Molecular biology of learning: Modulation of transmitter release.' *Science* **218**, 433-43, 1982.
Keyes, Daniel. *The Minds of Billy Milligan.* New York: Random House, 1981.
Kimble, D.P. *Biological Psychology.* New York: Holt, Rinehart and Winston Incl., 1988.
Kinsbourne, M., und **Cook, J.** 'Generalized and lateralized effects of concurrent verbalization on a unimanual skill,' *Quarterly Journal of Experimental Psychology* **23**, 341-5, 1971.
Korn, E.R. 'The use of altered states of consciousness and imagery in physical and pain rehabilitation,' *Journal of Mental Imagery* **7** (1), 25-34, 1983.
Kosslyn, S.M. *Ghosts in the Mind's Machine.* New York: W.W. Norton & Co., 1983.
Kosslyn, S.M. 'Imagery in Learning.' In M. Gazzaniga (Ed.) *Perspectives in Memory Research.* Cambridge, Mass.: The MIT Press, 1988.
Kosslyn, S.M., Ball, R.M., und **Reiser, B.J.** 'Visual images preserve metric spatial information: Evidence from studies of image scanning,' *Journal of Experimental Psychology: Human Perception and Performance* **4**, 47-60, 1978.
LaBerge, S. *Lucid Dreaming.* New York; Ballantine Books, 1985.
LaPorte, R.E., und **Nath, R.** 'Role of performance goals in prose learning.' *Journal of Educational Psychology,* **68**, 260-4, 1976.
Leeds, R., Wedner, E., und **Bloch, B.** *What to say when: A guide to more effective communication.* Dubuque, Iowa: Wm. C. Brown Co. Publishers, 1988.
Loftus, E.F. *Eyewitness Testimony.* Cambridge, Mass.; Harvard University Press, 1979.

Loftus, E.F., und **Zanni, G.** 'Eyewitness testimony: The influence of wording of a question.' *Bulletin of the Psychonomic Society* **5**, 86-8, 1975.

Luria, A.R. *The Mind of a Mnemonist.* London: Jonathan Cape, 1969.

Madigan, S.A. 'Interserial repetition and coding processes in free recall.' *Journal of Verbal Learning and Verbal Behavior* **8**, 828-35, 1969.

Matlin, W.M. *Cognition.* New York: Holt, Rinehart & Winston Inc., 1989.

Mayer, R.E. *Thinking, problem solving, cognition.* New York: W.H. Freeman & Co., 1983.

Mendak, P.A. 'Reading and the Art of Guessing.' Reading World **22** (4), 346-51, May 1983.

Miller, G.A. 'The magical number seven, plus or minus two: Some limits on our capacity for processing information.' *Psychological Review* **63**, 81-97, 1956.

Miller, W.H. *Reading Diagnosis Kit.* West Nyack, NY: The Centre for Applied Research in Education, 1978.

Neisser, U. *Memory Observed: Remembering in Natural Contexts.* San Francisco: W.H. Freeman & Co., 1982.

Nelson, T.O. 'Savings and forgetting from long-term memory:' *Journal of Verbal Learning and Verbal Behavior* **10**, 568-76, 1971.

North, Vanda. *Get Ahead.* Buzan Centers Ltd.

Ornstein, R. *The Psychology of Consciousness.* New York: Harcourt Brace Jovanovich, 1977.

Paivio, A. 'Effects of imagery instructions and concreteness of memory pegs in a mnemonic system,' *Proceedings of the 76th Annual Convention of the American Psychological Association;* 77-8, 1968.

Paivio, A. *Imagery and Verbal Processes.* New York: Holt, Rinehart & Winston Inc., 1971.

Penfield, W., und **Perot, P.** 'The Brain's Record of Auditory and Visual Experience: A Final Summary and Discussion.' *Brain* **86**, 595-702.

Penfield, W., und **Roberts, L.** *Speech and Brain-Mechanisms.* Princeton, NJ: Princeton University Press, 1959.

Penry, J. *Looking at Faces and Remembering Them: A Guide to Facial Identification.* London: Elek Books, 1971.

Recht, D.R., und **Leslie, L.** 'Effect of prior knowledge on good and poor readers' memory of text.' *Journal of Educational Psychology* **80** (1), 116-20, 1988.

Reid, G. 'Accelerated learing: Technical training can be fun.' *Training and Development Journal* **39** (9), 24-7, 1985.

Reystak, R.M. *The Mind.* Toronto; Bantam Books, 1988.

Rickards, J.P., and **DiVesta, F.J.** *Journal of Educational Psychology* **66** (3), 354-62, 1974.

Robertson-Tchabo, E.A. Hausmann, C.P., und **Arenberg, D.** 'A classical mnemonic for older learners: A trip that works!' In K.W. Schaie and J. Geiwitz (Eds.) *Adult development and aging.* Boston: Little, Brown & Co., 1982.

Robinson, A.D. 'What you see is what you get.' *Training and Development Journal* **38** (5), 34-9, 1984.

Rogers, T.B., Kuiper, N.A., und **Kirker, W.S.** 'Self-reference and the encoding of personal information.' *Journal of Personality and Social Psychology* **35**, 677-88, 1977.

Rosenfield, I. *The Invention of Memory: A New View of the Brain.* New York: Basic Books Inc., 1988.

Rossi, E.L. *The Psychobiology of Mind-Body Healing: New Concepts of Therapeutic Hypnosis.* New York: W.W. Norton & Co., 1986.

Ruger, H.A., und **Bussenius, C.E.** *Memory*. N.Y.: Teachers College Press, 1913.

Russell, Peter. *The Brain Book.* London: Routledge & Kegan Paul, 1979.

Schachter, S., und **Singer, J.E.** 'Cognitive, social and physiological determinants of emotional state.' *Psychological Review* **69**, 377-99, 1962.

Schaie, K.W., und **Geiwitz J.** *Adult Development and Aging.* Boston: Little, Brown & Co., 1982.

Siegel, B.S. *Love, Medicine and Miracles.* New York: Harper & Row, 1986.

Skinner, B.F. *The Behavior of Organisms: An Experimental Analysis.* New York: Appleton-Century-Crofts, 1938.

Snyder, S.H. *Drugs and the Brain.* New York: W.H. Freeman & Co., 1986.

Sperling, G.A. 'The information available in brief visual presentation.' *Psychological Monographs* **74**, Whole No. 498, 1960.

Sperry, R.W. 'Hemispheric deconnection and unity in conscious awareness.' *Scientific American* **23**, 723-33, 1968.

Springer, S., und **Deutch G.** *Left Brain, Right Brain.* New York: W.H. Freeman & Co., 1985.

Standing, Lionel. 'Learning 10,000 Pictures.' *Quarterly Journal of Experimental Psychology* **25**, 207-22.

Stratton, George M. 'The Mnemonic Feat of the „Shass Pollak",' *Physiological Review* **24,** 244-7.

Suzuki, S. *Nurtured by love: a new approach to education.* New York: Exposition Press, 1969.

Tart, C.T. *Altered States of Consciousness.* New York: John Wiley & Sons Inc., 1969.

Thomas, E.J. 'The Variation of Memory with Time for Information Appearing During a Lecture.' *Studies in Adult Education,* 57-62, April 1972.

Toffler, A. *Power Shift: knowledge, wealth and violence in the twenty first century.* London: Bantam Books, 1992.

Tulving, E. 'The Effects of Presentation and Recall of Materials in Free-Recall Learning.' *Journal of Verbal Learning and Verbal Behavior* **6**, 175-84.

Van Wagenem, W., und **Herren, R.** 'Surgical division of commissural pathways in the corpus calloseum.' *Archives of Neurology and Psychiatry* **44**, 740-59, 1940.

von Restorff, H. 'Über die Wirkung von Bereichsbildungen im Spurenfeld. *Psychologische Forschung* **18**, 299-342.

Wagner, D. 'Memories of Morocco: the influence of age, schooling and environment on memory.' *Cognitive Psychology* **10**, 1-28, 1978.

Walsh, D.A. 'Age difference in learning and memory.' In D.S. Woodruff and J.E. Birren (Eds.) *Aging: Scientific perspectives and Social Issues.* Monterey Cal.: Brooks/Cole Publishing Co., 1975.

Warren, R.M., und **Warren, R.P.** 'Auditory illusions and confusions.' *Scientific American* **223**, 30-6, 1970.

Wolford, G. 'Function of distinct associations for paired-associate performance,' *Psychological Review* **73**, 303-13, 1971.

Yates, F.A. *The Art of Memory.* London: Routledge & Kegan Paul, 1966.

Zaidel, E. 'A response to Gazzaniga: Language in the right hemisphere: Convergent perspectives.' *American Psychologist* **38** (5), 542-6, 1983.

Hinweis

Mind-Mapping-Seminare

Weitere Hinweise über Mind-Map-Produkte erhalten Sie bei:

Buzan Centre Austria
A 1010 Wien, Trattnerhof 2
Tel. 0043 / 1 / 533 70 15
Fax 0043 / 1 / 532 85 21
E-Mail: buzan@blc.co.at

Seminare, die das Buzan Centre Austria im deutschsprachigen Raum anbietet, sind auf Führungskräfte und Mitarbeiter abgestimmt, die die ganzheitliche Kapazität ihres Gehirns besser nutzen möchten, um schneller und effizienter Erfolge erzielen zu können.

Die Effektivität der Buzan-Seminare resultiert vor allem aus dem „Beschleunigungseffekt“: Die geschulten Mitarbeiter der teilnehmenden Betriebe können mit großer Zeitersparnis arbeiten, die sich daraus ergebende Kostenersparnis führt zur verbesserten Wettbewerbsfähigkeit der Unternehmen.

Das Buzan Centre Austria bietet mit Mind Mapping® in folgenden Bereichen Schulungen und Kurse an:

- verbessertes Informationsmanagement (effektiv lesen)
- Präsentationstraining in Deutsch und Englisch
- Ausbildungen im Fachtrainerbereich („Train the Trainer“) in Deutsch und Englisch
- Umsetzung von Visionen/Leitbildern für Führungskräfte
- „Brain sell“ für Verkäufer (das dazugehörige Buch ist ebenfalls beim mvg-verlag erschienen)
- Top-Service für Mitarbeiter im Kundenservice
- Teambildung mit Mind Mapping®

Für Projekte an Schulen und Universitäten sowie Organisationen stehen wir Ihnen gerne auf Anfrage als Seminarleiter oder als Gastreferenten zur Verfügung.

Tony Buzan können Sie beim Buzan Centre, England erreichen:

The Buzan Centres Limited
54 Parkstone Road, Bournemouth
Dorset BH 15 2 PG
U.K.
Tel. 0044 / 1202 – 67 46 76
Fax 0044 / 1202 – 67 47 76

Stichwortverzeichnis

T

U

V

W

Z

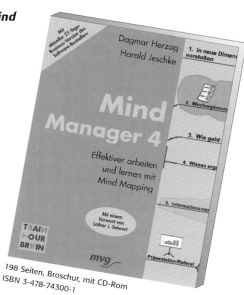